*International Finance*

# 国际金融

(第四版)

叶蜀君 编著

清华大学出版社
北京

## 内 容 简 介

本书是在上一版的基础上修订而成的，全书内容可分为国际金融基础知识（第一章到第五章）、国际金融理论（第六章到第九章）、国际金融实务（第十章到第十三章）和国际金融环境（第十四章到第十六章）四篇，介绍了国际金融学的基本常识、经典理论和分析方法，并根据近几年国际经济和金融领域发生的变化调整了教材框架与内容、更新相关数据、更新国际金融相关规则与条例、增加拓展阅读与案例等。本书在阐述国际金融基本内容的基础上，强调按知识系统的逻辑性编写，以清晰反映学科体系的基本原理，便于读者对学科体系的掌握，坚持将理论和实务融为一体，以提高读者用理论分析国际金融问题的能力。

本书适合用作高等院校经济、金融、贸易、管理、国际关系等专业的教材，也可供在职人员自学和培训使用。

本书封面贴有清华大学出版社防伪标签，无标签者不得销售。
版权所有，侵权必究。举报: 010-62782989，beiqinquan@tup.tsinghua.edu.cn。

图书在版编目（CIP）数据

国际金融/叶蜀君编著. —4版. 北京: 清华大学出版社，2022.4（2023.12重印）
ISBN 978-7-302-60259-0

Ⅰ. ①国… Ⅱ. ①叶… Ⅲ. ①国际金融 Ⅳ. ①F831

中国版本图书馆 CIP 数据核字(2022)第 036264 号

责任编辑: 王 青
封面设计: 李召霞
责任校对: 宋玉莲
责任印制: 宋 林

出版发行: 清华大学出版社
网　　址: https://www.tup.com.cn, https://www.wqxuetang.com
地　　址: 北京清华大学学研大厦 A 座　　　邮　编: 100084
社 总 机: 010-83470000　　　　　　　　　邮　购: 010-62786544
投稿与读者服务: 010-62776969, c-service@tup.tsinghua.edu.cn
质 量 反 馈: 010-62772015, zhiliang@tup.tsinghua.edu.cn
课 件 下 载: https://www.tup.com.cn, 010-83470332

印 装 者: 三河市天利华印刷装订有限公司
经　　销: 全国新华书店
开　　本: 185mm×260mm　　　印　张: 21.5　　　字　数: 494 千字
版　　次: 2005 年 9 月第 1 版　　2022 年 4 月第 4 版　　印　次: 2023 年 12 月第 2 次印刷
定　　价: 59.00 元

产品编号: 073816-01

# 第四版前言

《国际金融（第三版）》自2014年出版以来，国际金融市场的波动性和复杂性上升，影响国际金融形势的事件和现象层出不穷。从2018年起，美国开始采取保护主义、单边主义和构建新型经贸规则的政策组合，推动国际经贸规则保守化、碎片化和高标准化，迫使资本向美国流动，统一发达经济体战线，发展中国家面临资本流出和规则边缘化的双重压力。经贸摩擦的加剧、不确定因素的增多，使世界经济复苏力度明显减弱，各国货币政策全面宽松，美联储进行了降息和扩表，欧央行也重启量化宽松，延续负利率政策。2020年的新冠肺炎疫情危机重创全球经济金融发展，全球金融领域脆弱性不断增强，风险敞口日趋暴露。新兴市场受到更严重的冲击，随着美联储货币政策转向，通胀压力上升，巴西、俄罗斯、智利、墨西哥等国的央行被迫加息或多次加息，在防范外部冲击的同时，也将对内部发展带来影响。

在这样的国际金融背景下，国际金融体系继续发生深刻的变革。因此，本版在第三版的基础上，在以下几个方面进行了调整与修改。

第一，调整教材框架与内容。本版将全书内容调整为国际金融基础知识（第一章到第五章）、国际金融理论（第六章到第九章）、国际金融实务（第十章到第十三章）和国际金融环境（第十四章到第十六章）四个部分，以提高读者用理论分析金融问题的能力和学习的兴趣；在第三版的基础上对国际金融相关理论展开了更加详细的论述，包括汇率决定理论、国际收支调节理论、国际储备理论和国际资本流动理论；增加了一些体现时代特点的概括和总结，如在第二章中增加了对国际收支演变的阐述、在第十四章中加入了对亚洲基础设施投资银行的介绍、在第十六章中增加了我国国际金融监管面临的挑战与完善建议等。

第二，更新相关数据。由于国际金融涉及汇率的内容较多，同时近年来各国之间汇率变动较为频繁，本书再版时对书中涉及汇率数据的内容进行了更新，使读者能够更好地了解和认识到各国的汇率现状。主要修改章节为第一至第三章、第十四章，包括更新人民币即期外汇牌价、汇率、国际收支平衡表、各国外汇及黄金储备相关数据、特别提款权分布情况数据，以及国际金融机构当前发展的相关数据等。

第三，更新国际金融相关规则与条例。例如，在第一章列示的常见货币符号中，删除了几种现已使用欧元的国家的货币，并增加了外汇管制的相关内容；第二章有关国际收支账户构成的内容中，依据《国际收支手册（第6版）》做了更改，引入了初次收入和二次收入账户。

第四，以二维码资料形式增加扩展阅读、阅读专栏、案例分析。在每一章后都增加了阅读专栏或案例分析，如人民币自由可兑换和我国汇率制度改革、2020年我国国际收支状况分析、"一带一路"开创对外开放新格局等，既可以与读者分享金融热点信息，还可以帮助读者加深对章节知识的理解和体悟。同时，为了加强读者对国际金融知识的兴趣，增进读者对国际金融时事的见解，每一章都增加了2～3个扩展阅读，让读者可以更加深入地了解国际金融时事要事和形势变化。

第五，各章习题与思考题的增加和修改。增加了每章习题与思考题的数目，并将思考题与当前国际金融形势结合，帮助读者对国际金融的理论和实际问题有更深入的思考；增加了以单选题、多选题和判断题形式呈现的自测题，帮助读者通过扫码答题加强记忆。

本书在准确、系统地阐述国际金融的基本内容的基础上，强调按知识系统的逻辑性编写，以清晰反映学科体系的基本原理，便于读者对学科体系的掌握，坚持将理论和实务融为一体，以提高读者用理论分析金融问题的能力。

由于笔者水平有限，此次修订中难免存在不足之处，敬请广大读者提出宝贵意见和建议。在本版的修订过程中，北京交通大学研究生刘洁、张玉瑾、肖笛雨、辛宇在数据更新、扩展阅读补充等过程中做了大量工作。书中参阅和引用了大量国内外文献资料，这些资料在参考文献中已一一列出，在此向相关文献的作者、编者、出版社致谢。

# 目 录

第一章 外汇与汇率 .................................................. 1
 第一节 外汇 .................................................. 1
 第二节 汇率 .................................................. 3
 第三节 货币自由兑换 .......................................... 10
 第四节 汇率制度 .............................................. 11

第二章 国际收支 .................................................... 16
 第一节 国际收支的演变与分析 .................................. 16
 第二节 国际收支平衡表 ........................................ 19
 第三节 国际投资头寸 .......................................... 34

第三章 国际储备 .................................................... 46
 第一节 国际储备的概念、演变和作用 ............................ 46
 第二节 国际储备的来源及构成 .................................. 50
 第三节 中国的国际储备 ........................................ 57

第四章 国际资本流动 ................................................ 65
 第一节 国际资本流动概述 ...................................... 65
 第二节 国际资本流动的影响 .................................... 71
 第三节 国际资本流动与金融危机 ................................ 75

第五章 国际金融市场 ................................................ 81
 第一节 国际金融市场概述 ...................................... 81
 第二节 外汇市场 .............................................. 86
 第三节 欧洲货币市场 .......................................... 89
 第四节 国际资本市场 .......................................... 96
 第五节 金融衍生工具市场 ...................................... 102

第六章 汇率决定理论 ................................................ 106
 第一节 汇率的决定基础 ........................................ 106
 第二节 购买力平价理论 ........................................ 109

第三节　利率决定理论……………………………………………………112
　　第四节　国际收支理论……………………………………………………114
　　第五节　现代汇率决定理论………………………………………………115

## 第七章　国际收支调节理论……………………………………………………122
　　第一节　弹性分析理论……………………………………………………122
　　第二节　吸收分析理论……………………………………………………125
　　第三节　货币分析理论……………………………………………………128
　　第四节　内外部平衡冲突及调节理论……………………………………131
　　第五节　经常账户均衡研究的发展………………………………………136

## 第八章　国际储备理论……………………………………………………………144
　　第一节　国际储备适度规模理论…………………………………………144
　　第二节　国际储备多元化理论……………………………………………148
　　第三节　国际储备资产组合理论…………………………………………154

## 第九章　国际资本流动理论……………………………………………………158
　　第一节　国际资本流动一般模型…………………………………………158
　　第二节　国际间接投资理论………………………………………………160
　　第三节　国际直接投资理论………………………………………………163
　　第四节　发展中国家引进外资的理论……………………………………166
　　第五节　国际金融危机理论………………………………………………169

## 第十章　传统的外汇交易…………………………………………………………174
　　第一节　即期外汇交易……………………………………………………174
　　第二节　远期外汇交易……………………………………………………181
　　第三节　套利交易与掉期交易……………………………………………188

## 第十一章　外汇衍生交易…………………………………………………………195
　　第一节　外汇期货交易……………………………………………………195
　　第二节　外汇期权交易……………………………………………………205
　　第三节　金融互换交易……………………………………………………212

## 第十二章　国际信贷业务…………………………………………………………226
　　第一节　国际信贷……………………………………………………………226
　　第二节　国际贸易信贷………………………………………………………228
　　第三节　保付代理业务………………………………………………………237
　　第四节　国际信贷的其他形式………………………………………………240

## 第十三章　外汇风险防范 ································ 253

第一节　外汇风险概述 ································ 253
第二节　外汇风险的类型 ······························ 259
第三节　企业外汇风险的防范方法 ······················ 265

## 第十四章　国际金融机构 ·································· 278

第一节　国际金融机构概述 ···························· 278
第二节　国际货币基金组织 ···························· 280
第三节　世界银行集团 ································ 284
第四节　国际清算银行 ································ 289
第五节　亚洲开发银行 ································ 290
第六节　亚洲基础设施投资银行 ························ 292

## 第十五章　国际金融体系 ·································· 295

第一节　国际金融体系概述 ···························· 295
第二节　国际金本位体系 ······························ 296
第三节　布雷顿森林体系 ······························ 299
第四节　牙买加体系 ·································· 302
第五节　国际金融一体化 ······························ 304

## 第十六章　国际金融监管 ·································· 311

第一节　国际金融监管概述 ···························· 311
第二节　巴塞尔协议 ·································· 315
第三节　国际金融监管的发展趋势 ······················ 327
第四节　我国的金融监管 ······························ 330

## 参考文献 ·················································· 333

# 第一章

# 外汇与汇率

【学习目标】

- 了解外汇与汇率的基本概念
- 解释动态和静态的外汇含义
- 熟悉汇率的标价方式
- 具备汇率行情解读的能力
- 掌握外汇管制的内容
- 了解货币自由兑换的分类
- 辨别汇率制度的类型

绝大多数国家都有自己的货币，中国是人民币，美国是美元，英国是英镑，日本是日元。美元、英镑、日元对中国来说都是外币。通常情况下，一国货币不能在另一国流通，当需要清偿由国际经济交易引起的对外债权债务时，人们便需要把本国货币兑换成外国货币，或把外国货币兑换成本国货币，由此而产生外汇交易。外汇交易中必然涉及汇率。汇率是一个非常重要的变量，汇率的变动不仅影响每笔进口和出口交易的盈利与亏损，影响出口商品的竞争能力，而且会通过各种传导机制对一国的国内经济和国际经济产生影响。对汇率的研究是国际金融的重要内容。因此，本书从外汇与汇率开始研究国际金融。

## 第一节 外　　汇

### 一、外汇的概念

世界各国之间不断进行着各种各样的经济往来，有经济往来就必然会产生债权债务关系。例如，中国的一位进口商购买一辆德国宝马小汽车，需要支付欧元给德国出口商，若他还进口了日本本田小汽车则需要支付日元给日本出口商，这时这位中国进口商就需要将所持有的人民币兑换成欧元和日元去清偿债务。这种将本国货币兑换成外国货币，或者将外国货币兑换成本国货币以清偿国际债务的活动就被称为国际汇兑，而外汇则是**国际汇兑**（foreign exchange）的简称，是"国际主义的贸易与国家主义的货币"共存的结果①，行使国际货币的职能。

 扩展阅读1.1　世界主要外汇市场

外汇的概念可以从动态和静态两个角度界定。当外汇被看作是一种经济活动时，它就具有了动态的含义，是指人们将一种货币兑换成另一种货币以清偿国际间债务的金融活动，这时的汇率等同于国际结算。当外汇被看作是一种支付工具或手段时，它就具有了静态的含义，静态的外汇又有广义和狭义之分。

广义的静态外汇泛指一切以外国货币表示的资产。国际货币基金组织（IMF）曾经对此作过明确的说明："外汇是货币当局（中央银行、货币管理机构、外汇平准基金及财政部）以银行存款、国库券、长短期政府债券等形式保有的在国际收支逆差时可以使用的债权。"各国的外汇管理法令中一般沿用这一概念。例如，2008年8月1日，国务院第20次常务会议修订通过的《中华人民共和国外汇管理条例》中所称的外汇，是指下列以外币表示的可以用作国际清偿的支付手段和资产：①外币现钞，包括纸币、铸币；②外币支付凭证或者支付工具，包括票据、银行存款凭证、银行卡等；③外币有价证券，包括债券、股票等；④特别提款权；⑤其他外汇资产。

狭义的外汇是指以外币表示的可用于国际结算的支付手段。在此意义上，以外币表示的有价证券和黄金不能视为外汇，因为它们不能直接用于国际结算，只有把它们变为在国外的银行存款才能用于国际结算。至于暂时存放在持有国境内的外币现钞，同样不能直接用于国际结算，也不能算作外汇。外币在其发行国是法定货币。然而，一旦流入他国，外币便立即失去了法定货币的身份与作用，外币持有者须将这些外币向本国银行兑换成本国货币才能使用。即使是银行，也要将这些外币运回货币发行国或境外的外币市场，变为在国外的银行存款，才能用于国际结算。这就说明，只有存放在国外银行的外币资金及将对银行存款的索取权具体化了的外币票据才构成外汇，主要包括银行汇票、支票、银行存款等。这就是通常意义上的外汇。

## 二、外汇的特征

有些人认为外汇就是指外国货币，其实不然。以我国为例，通常只有自由兑换货币在国内才能被称为外汇。如果某种货币的持有人能自由地把该货币兑换为任何其他国家货币而不受任何限制，则这种货币就被称为可自由兑换货币。按照国际货币基金协定的规定，可自由兑换货币是指无须货币发行国批准，可以在国外金融市场上自由兑换成其他国家的货币或用于对第三国进行支付的货币，接受方应无条件接受并承认其法定价值。对于一个国家和地区而言，其发行的货币要成为外汇，除了货币发行方的经济实力雄厚、币值稳定、融入世界经济体系外，还应该具有三个基本特征：可自由兑换性、普

---

① 法国学者盖依丹·皮诺语。

遍接受性和可偿还性。可自由兑换性是指外汇能够自由地兑换成其他形式的资产或支付手段；普遍接受性是指外汇在国际经济交往中能为各国普遍接受和使用；可偿还性是指以外币表示的债权或资产一定可以得到偿付，否则国际汇兑的过程将无法进行。

### 三、外汇的类型

**1. 根据是否可以自由兑换，分为自由外汇和记账外汇**

自由外汇是指无须货币发行国批准便可以随时动用，或可以自由兑换为其他货币，向第三国办理支付的外汇。自由外汇的根本特征是可兑换货币，一般意义上的外汇都是自由外汇。

与自由外汇相对的是记账外汇，是指未经货币发行国批准不能自由兑换成其他货币或对第三国进行支付的外汇。这种外汇是支付协定的产物，只能用于协定国之间，不能兑换成其他货币，也不能向第三国支付。

**2. 根据外汇的来源不同，分为贸易外汇和非贸易外汇**

贸易外汇也称实物贸易外汇，是指来源于或用于进出口贸易的外汇，即由于国际间的商品流通所形成的一种国际支付手段。非贸易外汇是指贸易外汇以外的一切外汇，即一切非来源于或用于进出口贸易的外汇，如劳务外汇、侨汇和捐赠外汇等。

**3. 根据外汇的交割期限不同，分为即期外汇和远期外汇**

即期外汇又称现汇，是指买卖成交后两个营业日内办理交割手续的外汇。远期外汇又称期汇，是指买卖双方先按协定的汇率和数量签订协议，约定在将来办理交割手续的外汇。

# 第二节 汇 率

一国要与许多国家发生贸易、非贸易交往，交往中必然涉及本国货币与外币的兑换比率问题，所以一国货币对另一国货币都要有一个汇率。例如，1美元可以兑换6.476 1元人民币，而100日元才可以兑换5.587 1元人民币，这里的6.476 1和5.587 1就是汇率。汇率是一个非常重要的变量，其变动不仅影响每笔进口和出口交易的盈利与亏损，影响出口商品的竞争能力，而且会通过各种传导机制对一国的国内经济和国际经济产生影响。

### 一、汇率的含义与表示方式

汇率即外汇买卖的价格，又称汇价、外汇牌价或外汇行市。具体而言，汇率是指两国货币之间的相对比价，是一国货币用另一国货币表示的价格，或以一个国家的货币折算成另一个国家的货币的比率。它将同一种商品的国内价格与国外价格联系起来，为比较进口商品和出口商品、贸易商品和非贸易商品的成本与价格提供了基础。

汇率的表示方式有三种：①用文字表述的汇率，如美元兑人民币汇率6.476 1；②用两种货币代码符号表述的汇率，如USD/CHY6.476 1，这里的斜线表示兑换；③用两种货币的货币符号表述的汇率,如 6.476 1¥/$,这里的斜线的含义是"每一"。表 1-1 给出了汇率的三种表示方式比较。汇率的三种表示方式的形式虽然不同,但含义是一样的,都是 1 美元等于 6.476 1 元人民币。每一种货币都有货币代码符号与货币符号,二者指的是同一种货币。例如,美元的货币代码符号为 USD,货币符号为$;人民币的货币代码符号为 CHY,货币符号为¥。货币代码符号是国际标准代码,是由国际标准组织(International Standards Organization,ISO)在 1978 年 7 月 3 日统一制定的。表 1-2 给出了一些国家的货币名称、货币符号及货币代码符号。

扩展阅读 1.2　人民币汇率不宜过快上升

表 1-1　汇率的三种表示方式比较

| 文字表述的汇率 | 货币代码符号表述的汇率 | 货币符号表述的汇率 | 三种表示方式的含义 |
| --- | --- | --- | --- |
| 美元兑人民币 | USD/CHY | ¥/$ | 每一美元等于若干数额人民币 |
| 美元兑日元 | USD/JPY | J¥/$ | 每一美元等于若干数额日元 |
| 英镑兑美元 | GBP/USD | $/£ | 每一英镑等于若干数额美元 |
| 美元兑欧元 | USD/EUR | €/$ | 每一美元等于若干数额欧元 |

注：①货币代码符号表述的汇率中斜线表示兑换的意思,斜线前面的货币是基础货币,斜线后面的货币是标价货币。②货币符号表述的汇率中斜线表示"每一",斜线后面的货币是基础货币,斜线前面的货币是标价货币。

表 1-2　一些国家的货币名称、货币符号及货币代码符号

| 国家或地区 | 货币名称 | 货币符号 | 货币代码符号 |
| --- | --- | --- | --- |
| 中国 | 人民币 | ¥ | CHY |
| 美国 | 美元 | $ | USD |
| 英国 | 英镑 | £ | GBP |
| 日本 | 日元 | J¥ | JPY |
| 欧盟 | 欧元 | € | EUR |
| 瑞士 | 法郎 | SF | CHF |
| 加拿大 | 元 | Can$ | CAD |
| 澳大利亚 | 元 | A$ | AUD |
| 新加坡 | 元 | S$ | SGD |
| 丹麦 | 克朗 | DKr | DKK |
| 挪威 | 克朗 | NKr | NOK |
| 瑞典 | 克朗 | SKr | SEK |

按惯例,银行报出的货币汇率有 5 位有效数字,最后一位为点数,以此类推,从右边向左边数,第一位称为"点",第二位称为"十个点",第三位称为"百个点"。例如,某日 USD/CHY 的汇率为 6.476 1,第二天 USD/CHY 的汇率为 6.460 1,其含义是 USD/CHY 的汇率下降了 160 个点。

从表 1-2 可以看出,货币代码符号由三个英文字母组成,前两个英文字母代表国家

或地区，第三个字母代表该国或地区的货币名称。

## 二、汇率的标价方法

汇率是两国货币的比价，其表示方法有特殊性，既可以用甲国货币表示乙国货币，也可以用乙国货币表示甲国货币，因此有必要先确定汇率的标价方法。要确定两国货币之间的汇率，首先要明确以哪个国家的货币作为标准。在外汇交易中，人们把各种标价方法下数量固定不变的货币称为基础货币或基准货币，把数量随市场变动不断变化的货币称为标价货币或报价货币。我国外汇管理局公布的人民币汇率牌价是 100 美元、100 港元和 100 欧元所能够兑换的人民币数额，这里，美元、港元和欧元为基础货币，而人民币则为标价货币。

由于在计算和使用汇率时确定的标准不同，因而形成了直接标价法、间接标价法和美元标价法三种不同的标价方法。

**1. 直接标价法**

直接标价法也称应付标价法，是指以一定单位（1 个或 100 个、1 000 个单位）的外国货币为标准，计算应付出多少单位的本国货币。也就是说，直接标价法将外国货币当作商品，将本国货币作为价值尺度。

例如，在我国外汇市场上，外汇牌价显示 1 美元 = 6.476 1 元人民币，这对于我国来说就是直接标价法。在直接标价法下，汇率是以本国货币表示的单位外国货币的价格。外汇汇率上涨，说明外币币值上涨，表示单位外币所能换取的本币增多，本币币值下降；外汇汇率下降，说明外币币值下跌，表示单位外币所能换取的本币减少，本币币值上升。目前世界上大多数国家采用直接标价法，我国也采用直接标价法。可以看出直接标价法的特点主要有：①外币数量固定不变，折合本币的数量则随着外币币值和本币币值的变化而变化；②汇率的涨跌都由本币数额的变化表示。如果一定单位的外币折算成本币的数额比原来多，则说明外币汇率上升，本币汇率下跌。

**2. 间接标价法**

间接标价法也称应收标价法或数量标价法，是指以一定单位（1 个或 100 个、1 000 个单位）的本国货币为标准，计算应收进多少外国货币。也就是说，在这里本国货币被当作商品，用外国货币的数额来表示本国货币的价格，外国货币充当了价值尺度。

例如，1 英镑兑换 1.382 2 美元，对于英国来说，就是间接标价法。在间接标价法下，汇率是以外国货币表示的单位本国货币的价格。若一定数额的本国货币能兑换的外国货币比原来减少，说明外国货币升值；若一定数额的本国货币能兑换的外国货币比原来增多，则说明外国货币的币值下跌，本国货币的币值上升。目前世界上使用间接标价法的国家不多，主要有美国、英国、澳大利亚等。英国对所有国家的货币采用间接标价法，美国虽然也采用间接标价法，但对英镑使用了例外原则，采用直接标价法，即在美国的外汇市场上，英镑与美元的外汇标价是 1 英镑等于多少美元，而不是 1 美元等于多少英镑。

间接标价法的特点主要有：①本币数量固定不变，折合外币的数量则随着外币币值和本币币值的变化而变化；②汇率的涨跌都由外币数额的变化表示。如果一定单位的本币折算成外币的数额比原来多，则说明本币汇率上升，外币汇率下跌。

为了避免在概念上对汇率标价法产生混淆，一般惯例认为，无论在哪一种标价法中，外汇汇率都是指外币兑本币的汇率。例如，我国公布的外汇牌价就是指美元、日元等外币兑人民币的汇率，若是指人民币汇率，则将人民币看作基准货币，表示人民币兑外币的汇率。在纽约市场上，外汇汇率是指各种货币兑美元的汇率。在伦敦市场上，外汇汇率是指各种货币兑英镑的汇率；若是特别指明英镑汇率，则是英镑兑其他货币的汇率。

为了不引起混淆，本书有关对汇率的分析均以直接标价法为准，即外汇汇率上升是指本币贬值或外币升值。

**3. 美元标价法**

美元标价法是以美元作为基准货币，其他货币作为标价货币，即用1单位美元折算成若干其他货币的标价法。由于美元在国际贸易中应用广泛，在外汇市场上交易量大，因此外汇市场中各种货币一般都采用美元标价法。但美元对英镑、澳元、欧元的汇率采用非美元标价法，即英镑、澳大利亚元、欧元等作为基准货币，美元是标价货币。

由于外汇市场供求关系变化造成的货币对外汇价的上升称为货币升值，表现为直接标价法下的汇率降低。由于外汇市场供求关系变化造成的货币对外汇价的下降称为货币贬值，表现为直接标价法下的汇率升高。在美元标价法下，市场参与者不必区分直接标价法和间接标价法，都按市场惯例进行报价和交易。

## 三、汇率的种类

汇率的种类很多，可以从不同的角度进行分类。

**1. 基本汇率与套算汇率**

按汇率制定的方法，可以将汇率分为基本汇率和套算汇率。由于外国货币种类繁多，要制定本国货币与每一种外国货币之间的汇率有许多不便。因此，通常选定一些在本国对外经济交往中最常使用的货币，称之为关键货币[①]，制定本国货币与关键货币之间的汇率，这个汇率就是基本汇率。很多国家选择本国货币与美元之间的汇率作为基本汇率。

套算汇率又称交叉汇率，是指两国货币通过各自对关键货币的汇率套算出来的汇率。在国际金融市场上，一般都报各国货币对美元的汇率，而美国以外的其他国家之间的货币汇率，则由它们对美元的汇率套算出来。例如，假设 1 美元 = 0.897 8 欧元，1 美元 = 0.771 英镑，则欧元兑英镑的交叉汇率为 1 欧元 = 0.771/0.897 8 = 0.858 8 英镑。

**2. 买入汇率和卖出汇率、中间汇率和钞价**

按银行业务操作情况，可以将汇率分为买入汇率和卖出汇率、中间汇率和钞价。

买入汇率和卖出汇率是从银行买卖外汇的角度考虑的。各国外汇市场上，银行与工商企业、个人等客户进行本币与外币交易时，采用同时报出买入汇率和卖出汇率的双向

---

① 中国的关键货币包括美元、港币、日元和欧元。

报价法。买入汇率又称买（入）价，是指银行从客户或同业买入外汇时所使用的汇率。卖出汇率又称卖（出）价，是指银行向同业或客户卖出外汇时使用的汇率。

这里要注意两点：①买入或卖出是从银行报价的角度来说的，而不是从进口商或询价方的角度；②买卖的是"外汇"，而不是本币。银行从事外汇的买卖活动分别以不同汇率进行，往往以较低的价格买入、以较高的价格卖出。各国的低价买进、高价卖出之间的差幅不同，储备货币与非储备货币相差幅度也不相同。

在外汇市场上，银行通常采用双向报价，即同时报出买入和卖出汇率。按照惯例，无论是直接标价法还是间接标价法，在所报的两个汇率中，都是前一数值较小，后一数值较大。在直接标价法下，前一数值表示银行的买入汇率，后一数值表示银行的卖出汇率；而在间接标价法下，前一数值表示银行的卖出汇率，后一数值表示银行的买入汇率。

外汇市场上银行同业间报价也是采用双向报价方式，即银行在外汇交易中作为报价方向外报价时，总是同时报出买入价和卖出价。当银行报一种货币兑另一种货币的买入价和卖出价时，按国际惯例，买入价和卖出价是指银行买入和卖出基准货币的价格，即银行报买入价是指银行买入基准货币愿意支付若干标价货币的价格，银行报卖出价是指银行卖出基准货币将收取若干标价货币的价格。

中间汇率是买入汇率与卖出汇率的平均数。计算公式为：中间汇率 =（买入汇率 + 卖出汇率）/2。为了方便，新闻媒体在报道外汇行情时常采用中间汇率，人们在了解和研究某种货币汇率变化时也往往参照中间汇率。

钞价即银行购买外币钞票（包括铸币）的价格。前述的买入汇率、卖出汇率是指银行购买或出售外汇支付凭证的价格。银行买入外国钞票的价格低于买入各种形式支付凭证的价格。原因是银行在购入外币支付凭证后，通过航邮划账，可以很快地存入外国银行，开始生息，调拨动用；而银行买进外国的钞票，要经过一段时间，积累到一定数额以后才能将其运送并存入外国银行调拨使用。在此前买进钞票的银行要承受一定的利息损失，同时，将现钞运送并存入外国银行的过程中还有运费、保险费等支出，银行要将这些损失及费用开支转嫁给卖出钞票的顾客。不过，银行卖出外国现钞时，则使用一般的支付凭证的卖出汇率，现钞卖出价不再单列。表1-3是中国工商银行人民币即期外汇牌价。

如前所述，买入价、卖出价是从银行的角度说的，外汇的买入价低于卖出价，买卖价差是银行的利润。表1-3清楚地表明，外汇的买入价均低于外汇的卖出价。其中外汇的买入价、卖出价是指现汇的买入价、卖出价。钞买价是银行买入现钞的价格。现汇与现钞不同，现钞主要是指由境外携入或个人持有的可自由兑换的外国货币，如美元、日元、英镑的钞票和硬币或以这些外币钞票、硬币存入银行所形成的存款。现汇主要是指以支票、汇款、托收等国际结算方式取得并形成的银行存款。由于人民币是我国的法定货币，外币现钞在我国境内不能作为支付手段。银行在购买现钞后要支付因累积而损失的利息和要运到国外而产生的包装、运输、保险等费用。而现汇作为账面上的外汇，其转移出境只需进行账面上的划拨就可以了。因此在银行公布的外汇牌价中现钞与现汇并不等值，现钞的买入价要低于现汇的买入价。

表 1-3　中国工商银行人民币即期外汇牌价

日期：2021 年 1 月 5 日　　星期二　　　　　　单位：人民币/100 外币

| 币种 | 中间价 | 现汇买入价 | 现钞买入价 | 卖出价 |
|---|---|---|---|---|
| 美元（USD） | 645.76 | 644.47 | 639.3 | 647.05 |
| 港币（HKD） | 83.33 | 83.17 | 82.5 | 83.49 |
| 日元（JPY） | 6.265 7 | 6.243 8 | 6.065 2 | 6.287 6 |
| 欧元（EUR） | 792.92 | 790.14 | 767.55 | 795.7 |
| 英镑（GBP） | 877.28 | 874.21 | 849.21 | 880.35 |
| 瑞士法郎（CHF） | 734.51 | 731.94 | 711.01 | 737.08 |
| 加拿大元（CAD） | 507.25 | 505.47 | 491.02 | 509.03 |
| 澳大利亚元（AUD） | 496.44 | 494.7 | 480.55 | 498.18 |
| 新加坡元（SGD） | 489.84 | 488.13 | 474.17 | 491.55 |
| 丹麦克朗（DKK） | 106.57 | 106.2 | 103.16 | 106.94 |
| 挪威克朗（NOK） | 75.73 | 75.46 | 73.31 | 76 |
| 瑞典克朗（SEK） | 78.56 | 78.29 | 76.05 | 78.83 |
| 澳门元（MOP） | 80.91 | 80.75 | 80.1 | 81.07 |
| 新西兰元（NZD） | 464.47 | 462.84 | 449.61 | 466.1 |
| 卢布（RUB） | 8.72 | 8.69 | 8.42 | 8.75 |
| 南非兰特（ZAR） | 44.1 | 43.95 | 41.81 | 44.25 |
| 泰铢（THB） | 21.6 | 21.52 | 20.85 | 21.68 |

数据来源：中国工商银行网站（www.icbc.com.cn）

但是，现钞的卖出价与现汇的卖出价相同。如表 1-3 所示，中国工商银行买入 100 美元的现钞需付出 639.3 元人民币，买入 100 美元的现汇需付出 644.47 元人民币，卖出 100 美元可以收回 647.05 元人民币。现钞的卖出价与现汇的卖出价相同，即银行卖出 100 美元的现钞仍然可以收回 647.05 元人民币。现汇的买入价与卖出价相差 2.58 元人民币（647.05－644.47），此为银行买卖 100 美元所获得的利润。中间汇率是（买入汇率＋卖出汇率）/2，如美元的中间汇率是 645.76[(647.05＋644.47)/2]。对汇率进行分析时常使用中间汇率。例如，媒体为了方便人们参与外汇买卖，掌握外汇买卖行情，其报道的汇率多为中间汇率。我国结算本国贸易与非贸易的从属费用也采用外汇牌价的中间汇率。

**3. 电汇汇率、信汇汇率和票汇汇率**

按照外汇交易支付的方式，汇率可以分为电汇汇率、信汇汇率和票汇汇率。

**电汇汇率**（telegraphic transfer rate，T/T rate）是经营外汇业务的本国银行在卖出外汇后，以电报委托国外分支机构或代理行付款给收款人所使用的汇率。目前国际支付绝大多数用电信传递，因此电汇汇率是外汇市场的基本汇率，其他汇率都以电汇汇率作为计算标准。外汇市场上公布的汇率多为电汇买卖汇率。电汇方式下，银行在国内收进本国货币，在国外付出外汇的时间相隔不过一两日。由于银行不能利用顾客的汇款，而国际电报费又比较贵，所以电汇汇率最高。各国公布的外汇牌价，如无特别说明，均指电汇汇率。在国际金融市场上，由于汇率很不稳定，各国的进出口商为了避免外汇风险，一般都会在贸易合同中规定交易采用电汇汇率。

**信汇汇率**（mail transfer rate，M/T rate）是以信函方式买卖外汇时所用的汇率。银行卖出外汇后，通过信函通知分支行或代理行支付。由于这种付款方式所需的邮程较长，银行可以在一定时间内占用顾客的资金，因此信汇汇率比电汇汇率要低一些。

**票汇汇率**（mail transfer rate，D/D rate）是指银行卖出外汇收到本币后，开立以其国外分支机构或代理行为付款人的银行汇票，交给汇款人，由汇款人自行寄给或亲自携带交给国外收款人，收款人凭该银行汇票向汇入行提取款项的方式下所使用的汇率。因为汇票有即期和远期之分，所以票汇汇率可分为即期票汇汇率和远期票汇汇率。即期票汇汇率一般等于信汇汇率，低于电汇汇率。对于远期汇票而言，票汇支付期限越长，票汇汇率越低。这是因为收款人未从汇入行提取汇款之前，汇出行都可以利用汇款人的资金获取利息收益，期限越长，获得的收益也就越高。

### 4. 即期汇率与远期汇率

从外汇买卖的交割期限的角度划分，外汇汇率可以分为即期汇率和远期汇率。由于外汇买卖的交割日期不同，汇率也有所差异。

**即期汇率**（spot rate）又称现汇汇率，用于外汇的现货买卖，是买卖双方成交后，在两个营业日内办理外汇交割时所用的汇率。

**远期汇率**（forward rate）又称期汇汇率，用于外汇远期交易和期货买卖，是买卖双方事先约定，据以在将来一定日期进行外汇交割的汇率。即期汇率与远期汇率通常是不一样的，它们之间存在差额，这种差额称为**远期差价**（forward margin）。远期差价有升水、贴水和平价之分。当某种外汇的远期汇率高于即期汇率时，该外汇的远期汇率**升水**（premium）；反之，当远期汇率低于即期汇率时，该外汇的远期汇率**贴水**（discount）；当二者相等时，则称为**平价**（par value）。

区分远期升水和贴水，可以按照远期买卖差价的原则，因为远期交易的风险更高，远期买卖差价高于即期买卖差价的部分是对银行承担风险的一种补偿。

### 5. 官方汇率与市场汇率

按外汇管制的宽严程度不同，外汇汇率可以分为官方汇率和市场汇率。官方汇率是货币当局规定的，要求一切外汇交易都采用的汇率，可以是单一汇率，也可以是多重汇率。市场汇率是指在外汇市场上自由买卖外汇的实际汇率。

官方汇率与市场汇率之间往往存在差异。在外汇管制较严的国家不允许存在外汇自由买卖市场，官方汇率就是实际汇率；而在外汇管制较松的国家，官方汇率往往流于形式，通常有行无市，实际外汇买卖都是按市场汇率进行。

### 6. 单一汇率与复汇率

按汇率使用范围的不同，外汇汇率可以分为单一汇率与复汇率。单一汇率是指一种货币（或一个国家）只有一种汇率，这种汇率用于该国所有的经济交往中。复汇率是指一种货币（或一个国家）有两种或两种以上的汇率，不同的汇率用于不同的国际经济与贸易活动。复汇率是外汇管制的产物，曾被许多国家采用。双重汇率是指一国同时存在两种汇率，是复汇率的一种形式。

### 7. 固定汇率和浮动汇率

按汇率制度不同，外汇汇率可以分为固定汇率和浮动汇率。固定汇率是指政府选择黄金或外国货币作为标准，以法定的形式规定本国货币与另一国货币之间的固定比价，且这一比价的波动被限制在一定范围内。在金本位制度下和二战后的布雷顿森林体系下世界各国基本上都采用固定汇率。浮动汇率是指不是由货币当局规定的，而是由外汇市场的供求自发决定的两国货币之间的比率。1973年布雷顿森林体系崩溃后，主要工业国家都采用浮动汇率。

浮动汇率根据是否有政府的干预，可分为自由浮动汇率和管理浮动汇率。自由浮动汇率又称清洁浮动汇率，是指政府对汇率的波动不采取任何干预措施，汇率完全由外汇市场的供求情况决定和自行调整。事实上，自由浮动汇率只是一个理论的概念，世界上没有哪一个国家不对外汇市场进行干预以使汇率稳定或者使汇率朝着对本国有利的方向变动。管理浮动汇率是指政府通过参与外汇市场买卖等手段，干预外汇的变动和走向，汇率的变动由市场供求关系和政府干预行为共同决定。随着经济全球化的深入，各国经济交往越来越密切，其相互影响和依赖也越来越强，因此很多国家都在积极地干预外汇市场。

此外，根据汇率的浮动方式，浮动汇率又可分为单独浮动汇率、钉住单一货币浮动汇率、钉住一揽子货币浮动汇率和联合浮动汇率。单独浮动汇率是指一国货币不同任何一国货币产生固定联系，即其浮动不依赖其他任何国家的货币，其变动完全由外汇市场的供求状况决定。目前美国、日本和加拿大等国都采用单独浮动汇率。单一货币浮动汇率是指一国货币与另一国货币挂钩，其汇率波动被限定在很小的范围内。钉住一揽子货币浮动汇率是一种相对固定的汇率制度，一国会将本国货币钉住另一种货币或货币篮子。联合浮动汇率是指一些经济联系紧密的国家组成的货币集团，集团内成员国之间实行固定汇率制度，其货币间的汇率变动不能超过规定的幅度，各中央银行有责任和义务将汇率稳定在该幅度内。欧元诞生之前，参加欧洲货币体系的德国、法国、意大利等国实行的就是典型的联合浮动汇率，它们之间汇率基本稳定，对美元和其他国家的货币则实行联合浮动汇率。

## 第三节　货币自由兑换

货币自由兑换是一个综合性的经济金融问题，涉及面广泛，几乎影响一国对外和对内经济金融生活的各个领域，也是国际货币体系的一个重要内容。

### 一、货币自由兑换的含义

货币自由兑换即货币可兑换性，是指一种货币兑换成另一种货币或支付手段的能力。它可以按居民与非居民口径分为对外自由兑换与对内自由兑换，也可以按国际上现行通用的国际收支口径分为经常项目自由兑换与资本项目自由兑换。

货币自由兑换包含三个特征：

（1）货币可自由兑换的核心问题是货币兑换权，即一国货币持有者可以为任何目的而将持有的货币按照市场汇率兑换成另一货币的权利。

（2）货币兑换权是无限制的，表现在持有者、币种、数量、目的、价格和时间六个方面都没有任何限制。

（3）货币兑换权是国家和有关法律保证的权利。

迄今为止，世界上还没有哪一个国家达到这样高的货币可自由兑换程度。因此，各国对通货兑换的对象、币种、数量、目的、价格、时间方面有不同程度的限制。货币可自由兑换程度主要取决于一国的经济实力,同时也是一国外汇管理制度和政策的选择结果。实际上,由于国际经济环境不同,各国经济发达程度和社会经济金融条件不一样,不同国家或同一国家不同时期都采取了各种各样的措施和手段限制货币可兑换,致使货币可兑换性不同,出现了各种货币可兑换类型。

## 二、货币自由兑换的分类

**1. 按货币交易对象,货币可兑换分为外部可兑换和内部可兑换**

外部可兑换是指当某一货币的持有者可以根据本国立法规定和管理当局的规定完全自由地按照市场汇率将其持有的货币兑换成其他资产。

内部可兑换是指居民在同一税收和补贴条件下可以获得、交易和保留以外汇标价的某些国内资产的合法权利。货币内部可兑换通常允许国内居民在本国银行开立外汇存款账户和保留外汇现钞,可以自由买卖外汇,但个人所购外汇只能存在该国境内的银行,不能汇往国外,也不能用于对外支付。

**2. 按国际收支的项目,货币可兑换分为经常项目可兑换和资本项目可兑换**

经常项目下的货币可自由兑换是指对国际收支中经常账户的外汇支付和转移的汇兑实行无限制的兑换,即如果一国对经常项目下的对外支付解除了限制或管制,则该国货币就实现了经常项目下的货币可自由兑换。国际货币基金组织(IMF)在其章程第八条的二、三、四条款中,规定凡是能够实现不对经常性支付和资金转移施加限制、不实行歧视性货币措施或多重汇率、能够兑付外国持有的在经常交易中所取得的本国货币的国家,该国货币就是经常项目下的可自由兑换货币,即承担了国际货币基金组织协议第八条所规定的义务,成为"第八条款国"。此外,IMF还规定实现经常项目下的货币可自由兑换应对以下四项内容的支付不加限制:①所有与对外贸易、包括服务在内的其他经常性业务以及正常的短期银行信贷业务有关的对外支付;②应付的贷款利息和其他投资收入;③数额不大的偿还贷款本金或摊销直接投资折旧的支付;④数额不大的家庭生活费用汇款。

资本项目下的货币可自由兑换,又称资本和金融项目下的货币可自由兑换,是指对资本流入和流出的兑换均无限制。具体包括:①避免限制内资投资境外或者外资投资境内所需转移的外汇数量;②避免到国外投资的内资购汇流出或者相应外汇流入结转内资的审批或限制;③避免限制资本返还或者外债偿还汇出;④避免实行与资本交易有关的多重汇率制度。

一国货币要实现完全可兑换,一般而言要经历经常项目的部分可兑换、经常项目可兑换、经常项目可兑换加上资本项目部分可兑换、经常项目可兑换加上资本项目可兑换几个阶段。这是一个漫长的过程,需要具备一系列条件。

## 第四节 汇率制度

汇率制度又称汇率安排,是指一国货币当局对本国汇率水平的确定、汇率变动方式等问题所做的一系列安排或规定。汇率制度分为固定汇率制度和浮动汇率制度。

## 一、固定汇率制度

固定汇率制度是指政府用行政或法律手段确定、公布及维持本国货币与某种参考物之间的固定比价的汇率制度。充当参考物的东西可以是黄金，也可以是某一种外国货币或一组货币。以黄金为参考物的汇率制度是金本位制下的固定汇率制度。

### 1. 金本位制下的固定汇率制度

金本位制是以黄金为本位币的货币制度。在金本位制下，每单位的货币价值等同于若干重量的黄金（货币含金量）。各国货币按其所含黄金重量而有一定的比价。金本位制下黄金充当了商品交换的一般等价物，成为商品交换过程中的媒介。金本位制又分为金币本位制、金块本位制、金汇兑本位制。金币本位制是典型的金本位制。

金币本位制盛行于 1880—1914 年，是金本位货币制度的最早形式，以一定量的黄金为货币单位铸造金币。特点包括：①金币作为本位币，可以自由铸造、自由熔化，具有无限法偿能力；②限制其他铸币的铸造和偿付能力，辅币和银行券可以自由兑换金币或等量黄金；③以黄金为唯一准备金。

金币本位制下黄金可以自由输出或输入国境，并在输出入过程中形成铸币—物价流动机制，对汇率起到自动调节作用。

1914 年第一次世界大战（以下简称一战）爆发后，各国纷纷发行不兑现的纸币，禁止黄金自由输出，出现了金块本位制和金汇兑本位制。这两种制度下，虽然都规定以黄金为货币本位，但只规定货币单位的含金量，而不铸造金币，实行银行券流通。

金块本位制是一种以金块进行国际结算的变相金本位制，亦称金条本位制。在该制度下，由国家储存金块，作为储备；流通中各种货币与黄金的兑换关系受到限制，不再实行自由兑换，但在需要时可按规定的限制数量以纸币向本国中央银行无限制兑换金块。这种货币制度实际上是一种附有限制条件的金本位制。

金汇兑本位制是一种持有金块本位制或金币本位制国家的货币，准许本国货币无限制地兑换成该国货币的金本位制。在该制度下，国内只流通银行券，银行券不能兑换黄金，只能兑换实行金块或金本位制国家的货币，国际储备除黄金外，还有一定比重的外汇，外汇在国外才可兑换黄金，黄金是最后的支付手段。实行金汇兑本位制的国家，要使其货币与另一实行金块或金币本位制国家的货币保持固定比率，通过无限制地买卖外汇来维持本国货币币值的稳定。

在金块本位制和金汇兑本位制下，汇率决定的基础是它们之间的法定平价。实际汇率的波动幅度大于在金本位制下的波动幅度，但仍然是比较稳定的。

金块本位制和金汇兑本位制两种货币制度在 1973 年基本消失。

### 2. 布雷顿森林体系下的固定汇率制度

二战后根据 1944 年在美国新罕布什尔州布雷顿森林召开的国际金融会议上所签订的《布雷顿森林协定》确定下来的汇率制度是以美元为中心的固定汇率制度，主要内容是以国际间的《国际货币基金协定》的法律形式固定下来的。

在布雷顿森林体系下，美元取代黄金成为主要的国际储备资产。美元直接与黄金挂钩，规定每盎司黄金等于35美元（1美元含金量为0.888 671克），各国政府或中央银行可随时用美元向美国政府按这一比价兑换黄金。各国货币按固定比价与美元挂钩，从而间接地与黄金挂钩，这表明布雷顿森林体系实际上是一种国际金汇兑本位制。各国政府有义务通过干预外汇市场使汇率波动不超过上下各1%的幅度。只有当一国国际收支发生"根本性不平衡"时，才允许货币升值或贬值。货币平价的变动要得到国际货币基金组织的同意。由于各国货币均与美元保持可调整的固定比价，因此各国货币相互之间实际上也保持着可调整的固定比价，整个货币体系成为一个固定汇率的货币体系。

### 3. 两种固定汇率制度的比较

（1）产生的基础不同。金本位制下的固定汇率制度是在主要国家普遍实行金本位制的基础上自发形成的；布雷顿森林体系下的固定汇率制度是二战后的固定汇率制度，是在国际货币基金组织领导之下人为地建立起来的，并接受其监督。

（2）调节机制不同。在典型的金本位制下，汇率的波动由黄金自由地输出、输入而进行自动调节，各国货币当局不参与外汇市场活动；布雷顿森林体系下的固定汇率制度主要是各国货币当局利用外汇平准基金直接干预外汇市场维持汇率的稳定。

（3）货币内在价值不同。在典型的金本位制下，金币本身依其含金量的多寡具有实质性的价值；布雷顿森林体系下的固定汇率制度中，纸币本身没有价值，是靠法定含金量人为地确定其代表的价值，并以此决定汇率高低。

（4）汇率的稳定程度不同。金本位制下的汇率波动受制于黄金输送点，通过四大自由（自由铸造、自由熔化、自由兑换、自由输出入）维持汇率稳定。布雷顿森林体系下的固定汇率制度，实际上是一种国际金汇兑本位制，各国政府有义务通过干预外汇市场使汇率波动不超过上下各1%的幅度。只有当平价变动大于10%，一国国际收支发生"根本性不平衡"时，经国际货币基金组织事先同意或事后认可，可以变更其货币的含金量，即实行本币的法定贬值或升值。由于各国货币均与美元保持可调整的固定比价，因此各国货币相互之间实际上也保持着可调整的固定比价，整个货币体系成为一个固定汇率的货币体系。

以美元为中心的布雷顿森林体系的固定汇率制度能否维系取决于：①美国的政治和经济实力；②美国的国际收支状况和黄金储备水平；③各国是否严格遵守《国际货币基金协定》；④IMF的监管、协调是否得力。由于美国在二战后危机频发，国际收支逆差持续、黄金储备日趋减少，从1973年2月起这种固定汇率制度被中止，转而实行浮动汇率制度。

## 二、浮动汇率制度

浮动汇率制度是本国货币对外国货币的比价不加以固定，也不规定上下波动的界限，由外汇市场根据外汇的供求情况，自行决定本币对外币的汇率。

### 1. 浮动汇率的分类

（1）按政府是否干预，浮动汇率可分为自由浮动和管理浮动。自由浮动是指一国货币当局不进行干预，完全由外汇市场供求决定本国货币的汇率。管理浮动是指一国货币当局根据本国经济利益的需要，随时进行干预，使本国货币汇率朝着有利于本国经济利益的方向发展。

（2）按照浮动的形式，浮动汇率可分为单独浮动和联合浮动。单独浮动是指一国货币不同任何外国货币有固定比价关系，其汇率只根据外汇市场供求状况和政府干预的程度自行浮动。联合浮动又称共同浮动，是指由几个国家组成货币集团，集团内各国货币之间保持固定比价关系，而对集团外的其他国家的货币则共同浮动。

（3）按浮动程度划分，浮动汇率可分为钉住浮动、有限弹性浮动、较大弹性浮动。这是国际货币基金组织的归纳方式。钉住浮动是指一国（地区）采取措施使本国（地区）货币同某外国货币或一篮子货币保持固定比价关系。一篮子货币，除特别提款权外，还有其他组合货币。所谓其他组合货币，是一国按照本国同主要贸易伙伴国贸易比重选择和设计的模仿特别提款权的一篮子货币。这种钉住浮动汇率不同于布雷顿森林体系下各国货币都钉住美元的做法，在布雷顿森林体系下，各国货币所钉住的美元是同黄金挂钩的，而美元代表的黄金量又是固定的。钉住的货币的汇率却是浮动的。有限弹性浮动是指一国货币的汇率以一种货币或一组货币为中心上下浮动，不高度依赖该种外币，波动幅度也不大。有限弹性浮动分为单一货币的有限浮动和联合浮动。对单一货币的有限浮动允许有一定的波动幅度，这个幅度一般维持在中心汇率上下 2.25% 的范围内。联合浮动是指一些经济关系密切的国家组成集团，在成员国的货币间实行固定汇率并规定波动幅度，而对非成员国货币则采取共同浮动的做法。较大弹性浮动包括单独浮动和管理浮动。IMF 对单独浮动和管理浮动的解释是：单独浮动是在相对有限的管制条件下的汇率安排；管理浮动是在实行较为严格的外汇与资本流动管制条件下的汇率安排。

**2. 浮动汇率制度的特点**

（1）汇率波动频繁且幅度变化剧烈。浮动汇率制度下各国政府不再规定货币的法定比价和汇率界限，不承担维持汇率稳定的义务，汇率由市场供求决定，因此其汇率波动频繁、幅度变化剧烈，给国际经济秩序带来了不稳定的影响。

（2）单独浮动是主体。国际货币基金组织的统计资料表明，在各种汇率安排中，单独浮动是主体。由于大多数工业化国家都实行单独浮动方式，且它们的对外贸易总额占整个世界贸易总额的 70% 左右，因此它们在国际金融领域具有举足轻重的地位。

（3）有管理的浮动是共性。在浮动汇率制度下，完全自由浮动的汇率是不存在的。各国货币当局出于各种动机和考虑，都采取不同程度的措施对汇率的浮动进行干预。实际上它们采用的都是有管理的浮动，只是干预力度、干预频率大小有别。

（4）国际储备货币的多元化。在金本位制时期，英镑是各国的主要国际储备货币。实行以美元为中心的布雷顿森林体系下的固定汇率制度后，英镑被美元取而代之。在当前的浮动汇率制度下，各国的国际储备除了美元外，还有欧元、日元等，出现了储备货币多元化的格局。

**3. 浮动汇率制度的优缺点**

浮动汇率制度的主要优点包括：①汇率能发挥调节国际收支的经济杠杆作用。由于汇率是浮动的，一国的国际收支失衡可以经由汇率的上浮与下浮而予以消除。②只要国际收支失衡不特别严重，就没有必要调整财政货币政策，从而不会产生一国以牺牲内部平衡来换取外部平衡的问题。③减少了对外汇储备的需要，并使逆差国避免了外汇储备的流失。这是因为在浮动汇率制度下,各国货币当局没有干预外汇市场和稳定汇率的义务。这一方面使逆差国避免了外汇储备的流失,另一方面使各国不必保持太多的外汇储备,从而能把节约下来的外汇资金用于本国的经济发展。

浮动汇率制度的主要缺点是汇率频繁与剧烈的波动,使进行国际贸易、国际信贷与国际投资等国际经济交易的经济主体难以核算成本和利润,并使它们面临由于汇率波动所造成的较高的外汇风险,从而对世界经济发展产生不利影响。浮动汇率制度的另一个主要缺点是为外汇投机提供了土壤和条件,助长了外汇投机活动,这必然会加剧国际金融市场的动荡与混乱。

扩展阅读 1.3　目前人民币汇率制度适合当前国内外局势

## 思考与练习

1. 简述外汇和外币的区别。
2. 简述汇率的标价方法。
3. 简述汇率的种类。
4. 简述货币自由兑换的含义。
5. 简述汇率制度的类型。
6. 金币本位制下,汇率的波动为何以黄金输送点为界限?
7. 简述固定汇率制度的优缺点。
8. 与固定汇率制度相比,浮动汇率制度的优缺点是什么?

### 人民币的自由兑换

即测即练　　扫码答题

# 第二章

# 国 际 收 支

【学习目标】

- 知道国际收支的概念
- 说明理解国际收支概念时应该注意哪些问题
- 熟悉国际收支平衡表的构成及编制原理
- 具备解读与分析国际收支平衡表的能力
- 掌握国际收支失衡的类型和原因

国际收支能够反映一国与世界其他国家的各项经济交往。一国的国际收支状况反映在该国的国际收支平衡表上。本章在介绍国际收支的概念以及国际收支平衡表编制及其分析的基础上,结合我国的国际收支平衡表讲解如何阅读报表,并对国际收支不平衡的影响、国际收支的调节进行阐述。

## 第一节 国际收支的演变与分析

国际收支是研究国际金融的一条主线,有关国际收支的数据是研究和分析目标国家经济发展状况和发展趋势的重要指标。

### 一、国际收支概念的产生与发展

早在 17 世纪初叶的重商主义时代就有了国际收支的概念。当时的葡萄牙、法国、英国等一些国家的经济学家在大力宣传"贸易差额论"(通过扩大出口限制进口的方式积累金银货币)时,提出了国际收支的概念,并把它作为分析国家财富的积累、制定贸易政策的重要依据。由于当时国际经济处于发展初期,国际收支被解释为一国的对外贸易差额。

国际收支的含义随着国际经济交易的扩大,不断发展和丰富。在国际金本位制度崩溃之后,凡是涉及一国外汇收支的国际经济交易都被看作国际收支的内容,这是狭义国际收支的概念。狭义的国际收支是以现金支付为基础的,即只有以现金支付的国际经济交易才能计入国际收支,未到期的债权债务不能计入当年的国际收支。但是,一国的对外交易中,并非所有的对外交易都涉及货币支付,如补偿贸易。其中有些交易根本不需要支付,如以实物形式提供的无偿援助和投资等。这些不涉及货币支付的对外交易在国际经济交易中的比重不断增加，以跨国公司为载体的国际资本流动日益频繁。在这种情况下，国际收支由狭义概念发展为各国普遍使用的广义概念，即国际货币基金组织（IMF）在《国际收支手册》（第6版）中的规定：国际收支是一国某个时期内居民与非居民之间的经济交易汇总统计表。

2009年，国际货币基金组织出版《国际收支手册（第6版）》，全称为《国际收支和国际投资头寸手册（第6版）》（Balance of Payments and International Investment Position Manual, BPM6）。该手册体现了对外经济和国际经济的思路与框架方面的变化：一方面，要保持《国际收支手册（第5版）》内容的连续性，原来关于国际收支的定义、统计和分析框架在《国际收支手册（第6版）》中得到保留，但在细节上有修改和调整；另一方面，为适应全球经济的变化，《国际收支手册（第6版）》增加并突出了全球化、资产负债表问题的日益细化和金融创新等内容。国际投资头寸表是反映某一经济体在某一特定时点的对外金融资产和负债存量的统计报表。虽然《国际收支手册（第5版）》已经考虑了国际投资头寸数据的运用，但未予以强调，只是一种额外的补充，各国在实际编制国际投资头寸方面进展缓慢。《国际收支手册（第6版）》最重要的特色是突出国际投资头寸在反映一国对外经济活动和国际经济状况方面的作用，提供关于国际投资头寸更加细致的规范和指引，将国际收支和国际投资头寸结合起来，从流量和存量两个方面反映一国对外经济状况。

## 二、国际收支的特征

根据《国际收支手册》给出的定义和内涵，可将广义的国际收支概括为：国际收支是一个经济体（国家或地区）与其他经济体（国家或地区）的居民与非居民之间在一定时期（通常为1年）发生的全部对外经济交易的系统的货币记录。对于这一概念的内涵，需要从以下几个方面理解和把握。

### （一）国际收支是一个流量指标

流量指标，即时期指标，与之对应的是存量指标即时点指标①。根据统计学的定义，流量是变量在一定时期内发生变动的数值。从国际收支概念中的"一定时期"四个字可以得出国际收支是一个流量指标的结论。在提及国际收支时必须指明属于哪一阶段，它记录的是一国在这一时期的对外交易活动情况。

这与记录一个经济体在某一时点上的"国际投资头寸"不同。"国际投资头寸"是在某一时点上一个经济体对其他国家或地区的资产和负债的综合，因此它是一个存量指标。该存量的变化主要是由国际收支中的各种经济交易引起的。但流量与存量之间存在必然的联系，存量的变化量等于流量，如我国长期大量的净外资流入必然形成对外负债的累积。在分析一国的对外经济交往活动时，应将二者结合起来考虑。

---

① 流量是指一定时期内测算出来的量值；存量是指一定时点上测算出来的量值。例如，储蓄（$S$）是一个流量概念，而由历年的储蓄所形成的财富（$W$）则是一个存量概念。它们的关系是：$W = W_1 + S$，所以 $W - W_1 = S$，即存量的变化量等于流量。

## （二）国际收支记录的是在一国居民与非居民之间进行的交易

一项交易是否计入一国的国际收支，判断的标准是这项交易是否属于一国居民与非居民之间的交易。居民与公民在很大程度上有交叉，但却是两个完全不同的概念。公民是一个法律概念，是指具有或取得一国国籍，并根据该国法律规定享有权利和承担义务的个人。在国际收支的统计中，居民则是指在一国的经济领土内具有经济利益中心的经济单位。划分居民与非居民之间的交易构成国际收支体系的基础，也是国际收支统计中的一个难题。在理解居民的概念时，应注意把握一国的经济领土、经济利益中心和经济单位这三个关键词。

一国的经济领土包括：该国政府所管辖的地理领土；该国天空、水域和邻近水域下的大陆架；该国在世界其他地方的飞地。飞地是明确划分的经所在国政府同意由他国政府拥有或租用，用于外交、军事、科学或其他目的的地区，如大使馆、领事馆、军事基地、科学站、信息或移民办事处、援助机构等。按照这一标准，一国的大使馆等驻外机构是所在国的非居民。联合国、国际货币基金组织、世界银行等国际机构则是所有国家的非居民。

一个经济单位在一国的经济领土内是否具有经济利益中心，取决于该经济单位在该国的经济领土内是否已经有1年或1年以上的时间从事经济活动或交易，或计划如此行事。

经济单位即居民单位，由两大类经济体组成的：家庭和组成家庭的个人；法人和社会团体，如公司、非营利机构及该经济体中的政府。当一个家庭在某一国家居住1年或1年以上，并在该国拥有居住地时，这个家庭在该国就是一个经济利益中心，这个家庭的成员就是该国的居民。但有两个例外：①若该家庭的某一个成员不在其家庭作为居民的国家中居住，则该成员不构成该国的居民；②若一个人在外国连续工作1年或更长的时间，这个人就不再被视为居民家庭的成员，也不构成该国的居民。如果家庭的一个成员离开该家庭所在的国家，但在一段时间后又回到家庭中来，则该成员仍将被视为居民家庭的成员，构成该国的居民。

国际货币基金组织规定：外交人员、驻外军事人员是所在国家的非居民。受雇在本国驻外使领馆工作的外交人员属于其本国的居民，是驻在国的非居民；而受雇在外国使领馆工作的雇员，属于本国的居民。

## （三）国际收支是以交易为基础的系统货币记录

国际收支不是以支付为基础，而是以交易为基础的系统货币记录。一国的对外交易既有涉及货币收支的交易，也有不涉及货币收支的交易，如无偿援助、易货贸易、技术转让等，但最后都要折算成货币形式加以记录。一项国际经济交易可能有若干个日期，如签约日期，商品、劳务和金融资产所有权变更的日期，支付日期等。按照国际货币基金组织的规定，在国际收支的统计中，以商品、劳务和金融资产所有权变更的日期为准。

## （四）国际收支记录的是全部经济交易

经济交易是指经济价值从一个经济实体向另一个经济实体的转移。根据转移的内容和方向，经济交易可以分为四类：①金融资产与商品和服务的交换，如商品和服务的买卖（进出口贸易）等；②商品和服务与商品和服务的交换，即物物交换，如易货贸易、补偿贸易等；③金融资产与金融资产的交换，如货币资本借贷、对外直接投资、有价证券及无形资产（如专利权、版权）的转让、买卖等；④无偿的、单向的商品和劳务转移，如债权国对债务国给予债务注销、一国对另一国的投资捐赠等。

### 三、国际收支、国际借贷与国际账户的区分

国际收支与国际借贷有联系也有区别。国际借贷是由商品进出口、服务及资本交易等引起的国际收支活动或对外债权债务的综合情况。国际借贷是一个存量概念，反映的是一国在一定日期对外债权债务的综合情况。国与国之间的债权债务在一定时期内必须进行清算和结算，此过程一定涉及国际间的货币收支问题，债权国要在收入货币后了结债权关系，而债务国要通过支付货币来清偿债务，这就是国际收支问题。国际收支表示一国在一定时期内对外货币收支的综合情况，是一个流量概念。国际借贷属于原因，国际收支是其结果。国际借贷是国际收支的主要内容，因此国际借贷学说又被称为国际收支理论。

国际借贷分为固定借贷和流动借贷。固定借贷是指借贷关系虽已形成，但尚未进入实际支付阶段，不涉及资本流动的借贷。流动借贷是指已经进入实际收支阶段的交易，即国际收支中已经发生外汇收支的部分。只有流动借贷才会影响外汇市场的供求关系。

根据《国际收支手册（第6版）》，国际账户（international accounts）概括了一国居民与非居民的经济关系，主要包括三个部分：国际投资头寸表、国际收支平衡表、金融资产与负债账户的其他变动（other changes in financial assets and liabilities accounts）。其中，金融资产与负债账户的其他变动是指除了本国居民与非居民之间的经济交易之外的经济事件导致的价值变动流量的统计表，如估计的变化（valuation changes）便是这种价值变动流量之一。价值变动流量也称其他流量（other flows），这一统计是为了使某一时期的国际收支与国际投资头寸相一致。

扩展阅读2.1　中美贸易冲突升级对中国国际收支的影响

## 第二节　国际收支平衡表

### 一、国际收支平衡表的概念及构成

国际收支平衡表是一定时期内（通常为1年）一国（或地区）与世界其他国家（或地区）所发生的国际收支按特定账户分类和复式记账原则，以货币记录的综合统计报表。它集中反映了一国国际收支的具体构成和全貌，是进行国际收支分析的重要工具。

国际收支平衡表是根据世界统一规范原则编制的一国涉外经济活动报表，通过人人

都能读懂的数字和项目，将一国的涉外经济活动告诉所有想了解它的人。它所反映的国际收支是一国居民与非居民之间的交易。这些交易由政治、经济、文化、军事等交往而发生的交易总和构成，反映一国一定时期内的全部涉外交易。由于各国都是在同一规则下，使用相同的记录原则和分类标准编制国际收支平衡表来反映本国的对外经济状况，因而各国在同一时期的国际收支可以相互分析比较，政府部门、经济学家、工商业者等可以用它进行统计分析、制定经济政策和业务决策，使国际收支状况朝着有利于本国经济发展的方向变化。

为了使一国不同时期编制的国际收支平衡表具有连贯性，不同国家在同一时期可以突破历史、政治、经济环境的差异相互比较，国际收支平衡表的编制所采用的概念、准则、分类方法等都应遵循统一的规定。国际货币基金组织提出了一套有关构成国际收支平衡表的项目分类的建议，称为标准组成部分，便于各国在世界范围内，在统一的标准下进行汇总和国际比较。全球统一的国际收支制度是国际货币基金组织成立后着手建立的。国际货币基金组织于1948年首次颁布了《国际收支手册》，以后又先后于1950年、1961年、1977年、1993年和2009年进行修订，不断地补充新的内容。表2-1列出了《国际收支手册》第4~6版国际收支账户构成的比较。

表2-1 《国际收支手册》第4~6版国际收支账户构成比较

| 《国际收支手册（第4版）》（1977年发布） | 《国际收支手册（第5版）》（1993年发布） | 《国际收支手册（第6版）》（2009年发布） |
| --- | --- | --- |
| 1. 经常账户 | 1. 经常账户 | 1. 经常账户 |
| 商品贸易 | 商品贸易 | 货物贸易 |
| 无形贸易 | 服务贸易 | 服务贸易 |
| 单方面转移（含经常转移与资本转移） | 收入 | 初次收入 |
|  | 经常转移 | 二次收入 |
| 2. 资本账户 | 2. 资本和金融账户 | 2. 资本和金融账户 |
| 长期资本流动（含直接投资及证券投资与其他投资中偿还期在一年以上的部分） | 资本账户（含资本转移，以及非生产、非金融资产的取得和处置） | 资本账户（含资本转移，以及非生产、非金融资产的取得和处置） |
| 短期资本流动（含证券投资与其他投资中偿还期在一年以下的部分） | 金融账户（含直接投资、证券投资、其他投资、官方储备） | 金融账户（含直接投资、证券投资、金融衍生工具、其他投资、储备资产） |
| 3. 储备账户（即官方储备） | 3. 净误差与遗漏账户 | 3. 净误差与遗漏账户 |
| 4. 净误差与遗漏账户 |  |  |

2009年颁布的《国际收支手册（第6版）》对国际收支平衡表的标准构成部分作了统一规定。国际收支是某个时期内居民与非居民之间的交易汇总统计表，组成部分有经常账户（包括货物和服务账户、初次收入账户、二次收入账户）、资本和金融账户。特别地，还有一个净误差与遗漏账户，这是人为设立的一个平衡账户。概括起来，国际收支平衡表中有三大账户，即经常账户、资本和金融账户、净误差与遗漏账户。为了清楚起见，将国际收支账户的构成用图2-1来表示。

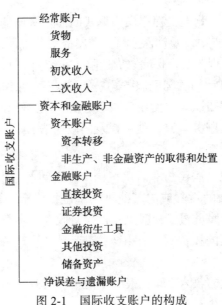

图 2-1　国际收支账户的构成

## （一）经常账户

经常账户用于记录本国与外国进行经济交易而经常发生的项目,是国际收支平衡表中最基本、最重要的构成部分,在整个国际收支总额中占比很大。经常账户包括货物、服务、初次收入、二次收入四项。

**1. 货物**

货物是经常项目交易中最重要的内容,主要用于记录货物的进口与出口。出口计入贷方,进口计入借方。根据国际收支的一般原则,所有权的变更决定国际货物交易的范围和记载时间,即货物的出口和进口应在货物的所有权从一个居民转移到一个非居民时记录。按照这一原则,某货物所有权已经转移,但货物尚未出入国境,也应列入国际收支平衡表的经常项目下的货物中。某商品虽已出入国境,但所有权并未改变,则不列入货物账户中。一般情况下,出口货物所有权的变更时间是出口商停止在其账上把出口货物作为自己的实际资产并在金融账户上记入相应的一笔账,进口货物所有权变更的时间是进口商把货物在自己账上列为实际资产并相应地记入金融账户。国际货币基金组织规定:各国在编制国际收支平衡表时,进出口商品的数量以海关统计为准,进出口的价格一般按照 FOB（离岸价）价格统计。

**2. 服务**

服务主要用于记录各国之间相互提供服务而发生的收入和支出,属于无形贸易收支。服务输出计入贷方,服务输入计入借方。近年来,随着国际经济服务贸易的不断发展,服务贸易在国际交易中占据日益重要的位置。服务项目包括:①加工服务,不拥有相关货物的企业承担的加工、装配、贴标签和包装等服务;②维护和维修服务,居民为非居民（反之亦然）所拥有的货物提供的维护和维修工作;③运输,将人和物体从一个地点运送至另一个地点,包括相关辅助和附属服务,以及邮政和邮递服务;④旅行,非居民在访问某经济体期间从该经济体处购买自用或馈赠的货物和服务;⑤建设,以建筑物、工程性土地改良及其他此类工程建设为形式的固定资产的建立、翻修、维修或扩建，还包括场地准备、一般建筑，以及油漆、测量和爆破等特殊服务；⑥保险和养老金服务，人寿保险和年金、非人寿保险、再保险、货运险、养老金、标准化担保服务，以及保险、养老金计划和标准化担保计划的辅助服务；⑦金融服务，除保险和养老基金服务之外的金融中介和辅助服务；⑧知识产权使用费；⑨电信、计算机和信息服务；⑩其他商业服务；⑪个人、文化和娱乐服务；⑫别处未提及的政府服务。

**3. 初次收入**

初次收入账户用于记录居民与非居民机构单位之间的初次收入流量，反映的是机构单位因其对生产过程所做的贡献或向其他机构单位提供金融资产和出租自然资源获得的回报。初次收入包括：雇员报酬；股息；再投资收益；利息；归属于保险、标准化担保和养老基金保单持有人的投资收益；租金；对产品和生产的税收和补贴。初次收入可分为以下两类。

（1）与生产过程相关的收入。雇员报酬是向生产过程投入劳务的收入。对产品和生产的税收和补贴也是有关生产的收入。

（2）与金融资产及其他非生产资产所有权相关的收入。财产收入是提供金融资产和出租自然资源所得的回报。投资收益是提供金融资产所得的回报，包括股息和公司收益提取、再投资收益和利息。但是，对金融衍生产品和雇员认股权的所有权不产生投资收益。

**4. 二次收入**

二次收入账户用于记录居民与非居民之间的经常转移。各种不同类型的经常转移计入该账户，表明其在经济体间收入分配过程中的作用。转移可以为现金或实物。初次收入为提供劳务、金融资产和出租自然资源而获得的回报。二次收入则是通过政府或慈善组织等的经常转移对收入的重新分配。主要包括：①各级政府的无偿转移，如战争赔款，政府间的经援、军援和捐赠，政府向国际组织定期缴纳的费用，以及国际组织向各级政府定期提供的转移。②私人的无偿转移，包括居民住户向非居民住户提供的或从其获取的所有现金或实物的经常转移，如侨汇、捐赠、继承、赡养费、资助性汇款、退休金等。

**（二）资本和金融账户**

资本和金融账户用于记录资产所有权在居民与非居民之间的流动，包括资本账户和金融账户两大部分。

**1. 资本账户**

资本账户用于记录居民与非居民之间的应收和应付资本转移，以及居民与非居民之间非生产、非金融资产的取得和处置，具体包括资本转移与非生产、非金融资产[①]的取得和处置两个项目。

资本转移包括三个方面的内容：固定资产所有权的转移；同固定资产取得和处置相联系的或以其为条件的资金转移；债权人不索取任何回报而取消的债务。

非生产、非金融资产的取得和处置包括不是由生产创造出来的有形资产（土地和地

---

① 非生产、非金融资产包括：①自然资源；②契约、租约和许可；③营销资产（和商誉）。

下资产）和无形资产（如专利、版权、商标、经销权等），以及租赁或其他可转让合同的取得和处置。经常账户项下服务中记录的是无形资产的运用所引起的收支，而资本账户的资本转移项下记录的是无形资产所有权的买卖所引起的收支。

**2. 金融账户**

金融账户用于记录居民与非居民之间的对外资产和负债所有权变更的交易。一个经济体的对外资产包括持有的货币性黄金、在国际货币基金组织的特别提款权、对非居民的债权。金融账户根据金融工具和职能类别分为直接投资、证券投资、金融衍生工具、其他投资、储备资产五大类。

直接投资是跨国投资的一种，特点是一个经济体的居民对另一个经济体的居民企业实施了管理上的控制或重要影响。由于存在控制或重要影响，直接投资的动机和行为方式往往不同于其他形式的投资。除股权外，直接投资者还可以提供其他类型的融资和技术诀窍。直接投资通常涉及持久的关系，在某些情形下也可能是短期的关系。直接投资可以采取两种形式：①将资产（包括货币资金、实物资产或无形资产等）直接投入国外，创建新的公司或建立分支企业；②拥有外国企业10%或10%以上的普通股或投票权。10%是《国际收支手册（第6版）》中规定的最低比例。投资者拥有某企业不低于10%的普通股或投票权，可以使其在直接投资企业中享有10%或以上的表决权，从而可以对该企业的经营管理施加有效的影响。直接投资的期限比较长，通过这种投资可以建立长期的关系，获取长远利益。

证券投资是居民与非居民之间没有被列入直接投资或储备资产的，有关债务或股本证券的跨境交易和头寸。其中，债务证券主要包括：①长期债券、中期债券、无抵押品的公司债券等；②货币市场工具，或称可转让的债务工具，如短期国库券、商业票据、银行承兑汇票、可转让的大额存单等；③派生金融工具，又称衍生金融工具，如金融期权、金融期货等。股本证券包括股票、参股或其他类似文件，如美国存股证（ADRS）、欧洲存股证（EDRS）、全球存股证（GDRS）。

《国际收支手册（第6版）》将金融衍生工具作为一个独立账户单列出来，以便于风险的识别和防范。因为随着金融市场的不断扩大，该项目下的交易逐渐增多，带来了更大的风险。

其他投资包括没有列入直接投资、证券投资、金融衍生产品、雇员认股权及储备资产的头寸和交易。没有列入直接投资或储备资产的金融资产和负债则包括在其他投资中。这些金融资产和负债包括：其他股权；货币和存款；贷款（包括国际货币基金组织信贷的使用，以及来自国际货币基金组织的贷款）；非人寿保险技术准备金、人寿保险和年金权益、养老金权益、启动标准化担保的准备金；贸易信贷和预付款；其他应收/应付款；特别提款权分配（特别提款权持有列入储备资产）。

储备资产是由货币当局控制，随时可供货币当局用来满足国际收支资金需求，干预汇兑市场以影响货币汇率，以及用于其他相关目的（如维护人们对货币和经济的信心，作为向外国借款的基础）的对外资产。储备资产必须是外币资产和实际存在的资产，不包括潜在的资产。储备资产包括货币性黄金、持有的特别提款权、在国际货币基金组织的储备头寸、货币和存款、证券（包括债务和股本证券）、金融衍生产品及其他债权（贷款及其他金融工具）。它是调节国际收支的一个很重要的项目。一国在面临国际收支顺差或逆差时，通常都会通过增减储备资产来获得平衡。

### （三）净误差与遗漏账户

净误差与遗漏账户是人为设置的一个账户，用于轧平国际收支平衡表的借方和贷方。国际收支账户运用的是复式记账法，因此所有账户的借方总额和贷方总额应相等，但是在统计和汇编国际收支平衡表的过程中，由于资料不全、统计资料本身的错漏，或是资料不准确、记录时间不同，甚至由于故意隐瞒等，往往会出现一些重复计算和遗漏等问题，因而会造成结账时出现净的借方余额或净的贷方余额，使国际收支平衡表处于不平衡状况。实际上，由于从事国际交往的行为主体成千上万，统计时发生差错也是难免的，这就需要人为设立一个账户，其数目上与上述余额相等，符号相反，使国际收支平衡表的借贷方平衡。一切统计上的误差均归入净误差与遗漏账户。

扩展阅读 2.2　经常账户"由逆转顺"意味着什么

一国国际收支账户持续出现的同方向、较大规模的净误差与遗漏常常是人为因素造成的。对该账户进行分析，往往可以发现实际经济中存在的一些问题。例如，一国实行资本和金融账户管制时，为躲避管制而形成的资本外逃也会假借合法交易名义。这会反映为净误差与遗漏账户的借方余额。

## 二、国际收支平衡表的编制

计入国际收支平衡表的每笔具体交易是一国的居民单位与他国的居民单位之间发生的经济往来，但从宏观上看，国际收支平衡表中的会计主体是国家，而不是该国的任一经济单位。国际收支平衡表是以一个国家作为整体，反映该国与整个外部世界的交易情况。

### （一）编制原理

国际收支平衡表是按照国际会计的通行准则——复式簿记原理系统记录每笔国际经济交易的。复式簿记原理是以借贷作为符号，本着"有借必有贷，借贷必相等"的原则对每笔国际经济交易都要用相等的金额，在两个或两个以上的有关账户中作相互联系的登记。

之所以采用这样的原理编制国际收支平衡表，是因为绝大多数交易都是商品、劳务或金融资产的双向转移，即以提供或取得一种经济价值的资产换取另一种经济价值的资产的交易。但是在国际经济交易中，有些交易不是用于交换，而是由于其他原因而发生的单方面转移，如甲国向乙国捐赠粮食和药品的无偿转移交易，这种交易所记账目只有一方，不能自动成双。按照复式簿记原理，需要在另一方进行抵消性记录以达到平衡，为此，2009 年颁布的《国际收支手册（第 6 版）》设置的二次收入账户记录这笔交易的另一方。值得注意的是，《国际收支手册（第 5 版）》是通过经常转移账户记录这笔交易的另一方。每一笔国际经济交易都会产生金额相同的一项借方记录和一项贷方记录。因此，理论上国际收支平衡表的借方总额和贷方总额是相等的，国际收支平衡表也由此而得名。

### （二）记账法则

在国际收支平衡表中，借方记录用负号表示，记录本国实际资源（商品和劳务）的进口以及本国对外资产增加或负债减少的金融项目；贷方记录用正号表示，记录实际资源的出口以及对外资产减少或负债增加的金融项目。

国际收支平衡表中的贷方项目是货物和服务的出口、收益收入、接受的货物和资金的无偿援助、金融负债的增加和金融资产的减少。

国际收支平衡表中的借方项目是货物和服务的进口、收益支出、对外提供的货物和资金的无偿援助、金融资产的增加和金融负债的减少。

官方储备减少属于贷方项目，官方储备增加则属于借方项目。

下面介绍便于记忆上述记账原则的两个经验法则。

（1）凡是引起一国从他国获得货币收入的交易记入贷方，凡是引起一国对他国货币支出的交易记入借方，而这笔货币收入或支出本身则相应记入借方和贷方。

例如，英国向美国出口一批价值200万美元的货物，这笔交易对美国和英国来说都是居民与非居民之间的交易，在各自国家的国际收支平衡表中都应作相应的记录。对英国来说，这是出口交易，有一笔货币收入，在英国的国际收支平衡表经常项目下的贸易项目中贷记200万美元；同时，这项出口交易引起的货币收入，在资本和金融账户下的金融项目中的其他投资借记200万美元。对美国来说，这是进口交易，由此产生美国对英国的一笔货币支付，在美国的国际收支平衡表的经常项目下的贸易项目中借记200万美元；同时，这项出口交易引起的货币支付，在资本和金融账户下的金融项目中的其他投资贷记200万美元。

经常账户的各项目按照借方、贷方的总额记录，金融账户的各项目按净额相应地计入借方或贷方。

（2）凡是引起外汇供给的经济交易都记入贷方，凡是引起外汇需求的经济交易则记入借方。商品、劳务的出口会产生外汇的供给，记入贷方，商品、劳务的进口会产生外汇的需求，计入借方。同样，外债的偿还产生外汇的需求，记入借方，而外国向本国偿还贷款本息将产生外汇的供给，记入贷方。

上述法则对发生在居民与非居民之间的类似一国政府提供无偿的实物转移不适用，因为无偿的实物转移并不会导致外汇的供给和需求。

### （三）计价原则

在国际收支平衡表中，采用统一的计价原则，即以市场价格为依据的计价原则。市场价格是指在自愿基础上买方从卖方手中获取某件物品而支付的货币金额。但是，在易货贸易、税收支付、企业的分支机构与母公司的交易、附属企业的交易、转移等交易中，市场价格可能不存在。这种情况下，习惯的做法是利用同等条件下形成的已知市场价格推算需要的市场价格。单方面转移和优惠的政府贷款等非商业性交易的计价，也须假定这类资源是以市场价格卖出的，以市场价格计价。在市场价格不存在的情况下，应按其由生产要素所决定的成本计算或按照若销售资源可能得到的款项来计算。对于不在市场上交易的金融项目（主要是不同形式的贷款），则以其面值作为市场价格计价。

### （四）记录时间

在国际收支平衡表中，记录时间以所有权转移为标准，即所有权变更时产生债权和债务，交易的双方按复式记账法进行登记。对于货物统计，出口货物所有权的变更时间以出口商把作为实际资产的货物从账上取消并在金融账户中记入相应的变化为准。进口货物所有权变更时间以进口商把作为实际资产的货物在账上登记下来并在其金融账户中记入相应的变化为准。理想情况下，双方入账的时间应该一致。实际中，使用反映跨越国境或关税、关境的货物实际运动的贸易数据作为货物实际占有和所有权变更的凭证。如果进出口的运输时间很长，货物所有权的变更时间可能与贸易统计数据记录的时间相差很大，则会导致一国的国际收支统计与有关贸易伙伴国家的统计不对称。这种情况下，以国际收支数据为根据的世界出口与进口的汇总和比较会失去意义。

服务交易是在服务提供时登记，这些日期通常与服务产生的日期一致。在一些情况下，服务费用（运输费、保险费和港口费等）可能提前支付也可能推后支付，届时应在适当的账户下入账。利息收入应连续不断地入账，以确保资本的提供与资本的成本相一致。红利在其应支付日期记录。金融产品的交易时间以债权人和债务人分别在其账上记下债权和债务的时间为准。如果具体日期无法确认，以实际收到日期为准。

### （五）国际收支平衡表的编制实例

以 M 国为例说明国际收支的记账方法，假设年内发生以下八笔经济交易。

（1）M 国出口价值 500 万美元的商品，国外进口商以当地银行短期存款支付货款。

对 M 国来说，这是出口交易，有一笔货币收入，在 M 国的国际收支平衡表经常账户下的贸易项目中贷记 500 万美元，同时，这项出口交易引起的货币收入，在资本和金融账户下的金融账户中的其他投资项目中借记 500 万美元。

借：资本和金融账户——金融账户——其他投资　　　　　　　　5 000 000
　　贷：经常账户——货物——出口　　　　　　　　　　　　　　50 000 00

（2）国外旅游者在 M 国旅游，M 国旅游部门在该年收到各种类型的外汇旅行支票 200 万美元。

这笔交易与第一笔交易一样，使 M 国有一笔货币收入，不同的是这是 M 国为国外旅游者提供旅游服务而获得的货币收入。

借：资本和金融账户——金融账户——其他投资　　　　　　　　2 000 000
　　贷：经常账户——服务　　　　　　　　　　　　　　　　　　2 000 000

（3）M 国居民向定居在国外的亲属捐助性地汇款 5 万美元。

这是一笔单向交易，使 M 国有 5 万美元的货币支出。货币支出计入贷方，对应的科目应为经常转移。

借：经常账户——二次收入　　　　　　　　　　　　　　　　　　50 000
　　贷：资本和金融账户——金融账户——其他投资　　　　　　　50 000

（4）M 国进口部门该年共进口国外商品 700 万美元，用银行存款支付。

进口引起 M 国对外货币支出，进口交易本身应记入借方。货款的支付记入贷方。

借：经常账户——货物——进口　　　　　　　　　　　　　　　7 000 000
　　贷：资本和金融账户——金融账户——其他投资　　　　　　7 000 000

（5）M 国政府在国内市场上购买相当于 500 万美元的黄金，用于增加储备资产。
这笔交易不是居民与非居民之间的交易，不计入 M 国的国际收支。

（6）M 国某公司购买 Z 国的有价证券共获收益 20 万美元，并存放在 Z 国某商业银行的账户上。

这笔交易对 M 国来说是投资收入，引起一笔货币收入。

借：资本和金融账户——金融账户——其他投资　　　　　　200 000
　　贷：经常账户——初次收入　　　　　　　　　　　　　　200 000

（7）M 国政府用外汇储备 100 万美元和相当于 50 万美元的粮食向 B 国提供经济援助。

借：经常账户——二次收入　　　　　　　　　　　　　　　1 500 000
　　贷：经常账户——货物——出口　　　　　　　　　　　　500 000
　　　　资本和金融账户——金融账户——储备资产　　　　1 000 000

（8）外国某企业以价值 800 万美元的机器设备向 M 国投资开办合资企业。

借：经常账户——货物——进口　　　　　　　　　　　　　8 000 000
　　贷：资本和金融账户——金融账户——直接投资　　　　　8 000 000

根据以上经济业务为 M 国编制国际收支平衡表，见表 2-2。在上述假设的八笔交易中只有七笔交易计入 M 国的国际收支。

表 2-2 是一个简易的国际收支平衡表。为了帮助读者掌握国际收支平衡表的编制原则和记账方法，理解国际收支平衡表中各账户之间的关系，有意将其简化。实际国际收支的统计与国际收支平衡表的编制复杂得多，由于数据来源、统计误差等问题，总会出现错误与遗漏。

表 2-2　M 国由八笔交易构成的国际收支平衡表　　　　　单位：万美元

| 项目 | 借方 | 贷方 | 差额 |
| --- | --- | --- | --- |
| 一、经常账户 | 1 655 | 770 | −885 |
| 1. 货物 | 1 500 | 550 | −950 |
| 2. 服务 |  | 200 | 200 |
| 3. 初次收入 |  | 20 | 20 |
| 4. 二次收入 | 155 |  | −155 |
| 二、资本和金融账户 | 720 | 1 605 | 885 |
| A. 资本账户 |  |  |  |
| 1. 资本转移 |  |  |  |
| 2. 非生产、非金融资产的取得和处置 |  |  |  |
| B. 金融账户 | 720 | 1 605 | 885 |
| 1. 直接投资 |  | 800 | 800 |
| 2. 证券投资 |  |  |  |
| 3. 金融衍生产品和雇员认股权 |  |  |  |
| 4. 其他投资 | 720 | 705 | −15 |
| 5. 储备资产 |  | 100 | 100 |
| 三、错误与遗漏账户 |  |  |  |
| 合计 | 2 375 | 2 375 | 0 |

注：国际收支平衡表上，储备资产反映的是变动额，不是持有额。而且储备资产增加在借方，减少在贷方。储备资产中列示的数据说明 M 国的储备资产减少了 100 万美元。

本章附录一是我国按照国际货币基金组织《国际收支手册（第 5 版）》制定的国际收支平衡表的构成编制的中国 2014 年的国际收支平衡表。

观察我国 2014 年的国际收支平衡表的具体内容，再比较表 2-2 和附录一，两表略有不同。附录一由四大类构成，将资本和金融账户中的储备资产单列为第三类，错误与遗漏退居第四类。除此以外，只是繁简问题。

### 三、国际收支平衡表的分析

国际收支平衡表是分析国际收支的重要工具。编表国家可以对其进行逐项分析，了解国际收入的来源与去向，掌握本国国际收支的运行规律，制定对策，使国际收支状况朝着有利于本国经济发展的方向变化。非编表国家通过分析编表国家的国际收支平衡表，了解该国的经济实力，预测其国际收支、货币汇率和对外经济政策的动向。通过分析多国的国际收支平衡表，可以预测世界经济与贸易的发展趋势。企业管理者可以通过分析本国和目标国家的国际收支平衡表，掌握一国的劳务和商品的进出口状况及资金的流向。对国际收支平衡表进行总体分析，了解和判断一国对外经济交往的状况，并结合国内经济发展的情况，预测一国的宏观经济政策、主要货币的汇率走势，可以为选择利于出口贸易的计价货币、确定产品的进出口方向及研究未来的管理趋势提供依据。

#### （一）国际收支失衡的含义及判断

国际收支平衡表的复式记账原理使每一笔国际经济交易都会产生金额相同的借方和贷方记录，因此其借方总额和贷方总额最终必然相等。但这种平衡只是会计意义上的平衡，而在经济意义上往往存在不平衡。也就是说，国际收支平衡表本身永远是平衡的，但反映的国际收支状况通常是不平衡的。

在国际收支的理论研究中，按交易发生的动机或目的，将国际收支平衡表中所记录的国际经济交易分为自主性交易和补偿性交易。从理论上讲，国际收支不平衡是指自主性交易的不平衡。

**1. 自主性交易**

自主性交易（autonomous transactions）是指完全由于经济目的而自主进行的交易。如为追逐利润而进行的商品和劳务的输出与输入，为赡养亲友而产生的侨民汇款等。自主性交易体现的是各经济主体或居民个人的意志，具有自发性和分散性，收支往往不能相抵，可能导致对外汇的超额需求或超额供给。

**2. 补偿性交易**

补偿性交易（compensatory transactions）又称调节性交易，是指一国为弥补或调节自主性交易出现的差额而进行的经济交易。例如，入超国向外国政府或国际金融机构借款、动用黄金、外汇储备应付逆差等。补偿性交易是一种融通性交易，体现了一国政府的意志，具有集中性和被动性的特点。

当自主性交易的借贷之差为零时，称为国际收支平衡。当借方金额大于贷方金额时，称为国际收支出现了逆差；反之，称为国际收支出现了盈余。逆差和顺差统称为国际收支不平衡。国际收支不平衡代表的是一国对外经济活动的不平衡，所以又简称"对外不平衡"或"外部不平衡"。

按照自主性交易判断国际收支是否平衡的方法，在理论上十分有益，但在统计上却难以区分。例如，一国为弥补自主性交易赤字，采取紧缩货币政策，提高利率，吸引了短期资本的流入。从货币当局的角度来看，这些交易是有意识的政策作用的结果，应属于补偿性交易，但从私人交易主体的角度来看，这些交易的动机是追逐更高的利息收入，不能将其与原本出于安全、投机等目的的自主性短期资本交易完全分开。所以，这种识别国际收支是否平衡的方法仅仅提供了一种思维方式，还无法将其付诸实践。

### （二）国际收支状况

国际收支状况是国民经济综合平衡的重要部分，国际收支的顺差或逆差可以弥补国内投资和消费与国内生产总值之间的缺口。此外，国际收支与本国货币的供应有密切的联系，国际收支中无论经常项目还是资本和金融项目的交易都需要本国货币资金的配套。外汇储备的增减直接影响本国货币外汇占款的规模，进而影响信贷资金的投放。因此，国际收支状况可能影响国内信贷平衡，对金融调控至关重要。

**1. 国际收支的盈余、赤字和平衡**

国际收支差额与国际收支平衡表的差额是两个截然不同的概念。国际收支平衡表的复式记账原理决定国际收支平衡表的最终差额恒等于零。然而，实际国际收支总是不平衡的，存在一定的差额，不是盈余便是赤字。这里的盈余和赤字是针对国际收支平衡表中特定账户上出现的余额而言的。特定账户的借方数和贷方数经常是不相等的，会存在一定的差额。当特定账户的贷方数大于借方数时，称其为盈余或顺差；反之称其为亏损或逆差。如果经常项目下的贷方数大于借方数，则称其为经常项目顺差。以此类推，还会出现贸易顺差、逆差，资本和金融项目顺差、逆差，以及国际收支顺差、逆差。特殊情况下，特定账户的借方数和贷方数相等时，称为平衡。

**2. 国际收支均衡**

国际收支均衡有别于国际收支平衡。国际收支均衡是将国际收支平衡与国内经济的均衡联系起来产生的一个概念。它是指一国一定时期内的国际收支在数量和实质内容两方面促进本国经济与社会的正常发展，促进本国货币均衡汇率的实现和稳定，使本国的国际储备接近、达到或维持充足与最佳水平。国际收支均衡的概念为判断一国国际收支状况的好坏提出了更高的标准和更深层的要求。国际收支均衡不仅涉及国际收支的数量，还涉及国际收支与国民经济其他方面的相互联系与影响。国际收支均衡是一国达到福利最大化的综合政策目标。一国政府的宏观调控不仅要关注国际收支的平衡，还要关注国际收支均衡。

国际收支平衡更加关注国际收支平衡表上特定账户的借贷方数量是否相等，而国际收支均衡在数量方面的要求则比较含糊，很难为国际收支均衡的概念划定统一的、明确的数量指标界限。

### （三）国际收支平衡表的分析方法

国际收支平衡表的分析方法包括静态分析法、动态分析法和比较分析法。

**1. 静态分析法**

静态分析法是指对一国在某一时期（一年或一个季度）的国际收支平衡表进行的分析。静态分析法往往要计算和分析国际收支平衡表各个项目中的数据，用几个重要的差额相互补充分析一国的国际收支状况。这些差额主要包括贸易收支差额、经常账户差额、资本和金融账户差额、综合账户差额。不同的国家往往根据自身情况选用其中一种或若干种差额，判断自己在国际交往中的地位和状况，并采取相应的对策。

（1）贸易收支差额。贸易收支差额是商品进出口收支的差额。贸易账户虽然只是国际收支的一个组成部分，贸易收支明显不能代替国际收支的整体，但在国际经济往来日益频繁的今天，商品的进出口情况能够综合反映一国的产业结构、产品质量和劳动生产率状况，即使是资本账户交易比重相当大的国家也非常重视这一差额。再加上贸易差额的数据易于通过海关收集，所以在实际分析中，考察贸易收支差额是使用较多的一种方法。

（2）经常账户差额。经常账户差额包括货物、服务、初次收入和二次收入的差额。它反映实际资源在一国与他国之间的转让净额。国际货币基金组织特别重视各国经常账户的收支情况。因为一般认为经常账户涉及的交易只要发生就不可撤销，所以可以通过经常账户差额衡量与预测经济发展和政策变化的效果，这是制定国际收支政策和产业政策的重要依据。贸易和服务是经常账户的主体，对经常账户差额具有决定性的影响。近年来，资本的跨国流动不断加大，使收入，特别是投资收入在经常账户中的比重不断增加。

造成经常账户赤字的原因包括：总供给不足；总需求增加；结构不合理。要决定采取何种方式为经常账户赤字融资，首先要分析原因，针对引起赤字的具体原因采取措施。这有助于一国政府结合使用有关措施调整国际收支状况。

（3）资本和金融账户差额。资本和金融账户差额由资本账户差额和金融账户差额构成，其中资本账户差额包括资本转移与非生产、非金融资产的取得和处置部分的差额。金融账户差额包括直接投资、间接投资、金融衍生工具、其他投资和储备资产四部分。可以通过资本和金融账户差额了解一国资本市场的开放程度和金融市场的发达程度。资本市场开放的国家，资本和金融账户的流量总额通常较大。

在不考虑错误与遗漏因素时，经常账户余额与资本和金融账户余额之和等于零。当经常账户出现赤字或盈余时，必然对应着资本和金融账户的相应盈余或赤字。这意味着一国在利用金融资产的净流入或动用储备资产为经常账户赤字融资。若一国经常账户盈余，则意味着金融资产的净流出或储备资产增加。可见，资本和金融账户与经常账户之间具有融资关系。资本和金融账户为经常账户提供融资受到诸多因素的制约，如投资收益率、利率、税率、外汇风险、外汇政策和政治风险等。

一国可以通过外国资本的流入，即资本和金融账户中的直接投资、证券投资和其他投资的流入，为经常账户融资，但这种方式有下面两个缺陷。

①稳定性问题。流入的资本中，有相当一部分以短期投资为目的，具有很大的投机性，可能会由于该国的经济环境变化、国际资本市场上的供求变动和一些突发事件等而

大规模撤出。一国主要依靠这类资本为经常账户融资很难长期维持下去，稳定性差。

②偿还性问题。利用这种方式融资，如果因各种因素导致对借入的资金使用不当，会出现偿还问题。特别是当吸引资本流入的高利率并非自然形成，而是存在人为扭曲的因素时，更容易发生偿还困难。采用资本流入为经常账户赤字融资，意味着资本的所有与使用分离，从而存在发生债务危机的可能性。因此，政府为了规避金融风险、维持经济稳定，会限制资本和金融账户对经常账户的融资。

一国也可以通过本国政府持有的储备资产为经常账户融资。储备资产也是资本和金融账户的子项目。特别是当季节变化（如农业歉收）引起外汇支出超过外汇收入水平时，可以起到很好的缓冲作用。由于一国储备资产存量有限，使用这种办法为经常账户融资具有一定的局限性。

随着国际经济一体化的发展，国际金融也不断朝着自由化发展。国际间的资本流动从所依附的贸易活动中独立出来，有了突破性进展，并形成了独立的运动规律。国际资本流量远远超过国际贸易流量，资本和金融账户已经从被动地由经常账户决定转向为经常账户提供融资服务。

（4）综合账户差额。综合账户差额又称总差额，是指经常账户差额与资本和金融账户差额之和剔除储备资产账户后的差额。综合账户差额的应用非常广泛，通常所说的国际收支顺差或逆差就是指综合账户的顺差或逆差。综合账户差额可以衡量一国通过动用或获取储备来弥补收支不平衡的能力。

综合账户差额是从一国黄金、外汇储备和对外的官方债权、债务变化这一角度来分析国际收支的一种方法。它反映的是在一定时期内一国国际收支对其自有储备及对外债务的影响，关系到一国在国际金融领域的地位。

综合账户差额为正，储备资产增加；综合账户差额为负，储备资产减少。由于负的综合差额会减少储备资产，严重情况下甚至会导致储备资产的耗尽，所以通常认为负的综合差额是不可取的。但是长期巨额的综合差额顺差对一国经济也有负面影响：储备资产的增加需要中央银行增加投放基础货币，货币供给量增加会引起通货膨胀；储备资产的收益率低于长期投资的收益率；在浮动汇率条件下，储备资产会由于汇率波动而蒙受损失。

根据一国的国际收支平衡表，计算上述几个重要差额并对其进行分析是国际收支的静态分析法。在分析中除了应掌握国际收支平衡表中的上述差额，还应掌握各个项目的差额形成的原因，以及对国际收支总差额的影响。由于各个项目的差额形成的原因是多方面的，且在特定时期一国或地区国际收支的各个差额的形成必然有其特殊性，因此在分析时需要结合相关的资料，进行综合研究。

总之，对国际收支平衡表进行静态分析不能只局限于对各项目数字进行简单的加减或比较，还要进一步透过数字，找到数字背后隐藏的经济关系及其作用和后果，为决策提供依据。

**2. 国际收支的动态分析与比较分析**

国际收支的动态分析是对一国若干连续时期的国际收支平衡表进行分析。它是一种纵向分析方法，通过对一国的国际收支进行动态分析可以看出该国的国际收支是否达到动态平衡。动态平衡是一国宏观调控的目标之一,是指在较长的计划期内经过努力,实现国际收支期末的大体平衡。一国某一时期的国际收支往往同以前的发展过程密切相关,因此在分析一国的国际收支时,需要将动态分析与静态分析结合起来。动态平衡模式较好地体现了按经济规律办事的原则,日益受到关注。

比较分析分为两种:一种是对一国若干连续时期的国际收支平衡表进行的动态分析,又称纵向比较分析法;另一种是对不同国家在相同时期的国际收支平衡表进行的比较分析,又称横向比较分析法。后一种比较分析较为困难,这是因为不同的国家编制的国际收支平衡表在项目分类和局部差额的统计上不尽相同,可比性较差。国际货币基金组织公布的主要指标是通过重新整理后编制的,统计口径一致,具有一定的可比性。

## 四、国际收支不平衡的原因

导致一国国际收支不平衡的原因很多,有经济的也有非经济的,有来自内部的也有来自外部的,有主观的也有客观的。不同的原因导致国际收支不平衡的对外表现也不尽相同。概括起来主要有以下几个原因。

**1. 偶发性原因**

短期的、非确定性的偶发原因会使一国的出口收入或进口支出发生变化,从而引起国际收支失衡,例如,由于天灾人祸造成农作物减产而引起出口减少、进口增加。这种原因造成的国际收支失衡是暂时的,称为暂时性不平衡,一般持续时间较短。而且,一旦这些原因消失,国际收支又会恢复正常状态,不需要政策调节。

**2. 周期性原因**

经济周期的更替会引起国际收支失衡。一方面,国内经济周期的变化会对本国国际收支造成影响。当一国经济处于繁荣阶段时,国内经济活跃,投资与消费需求旺盛,使进口需求相应扩大,往往会造成国际收支逆差;当一国经济处于衰退阶段时,居民收入骤减、投资萎缩,社会总需求下降,进口也相应下降,往往有利于国际收支的改善。另一方面,一国经济周期的更替还会影响其他国家的经济,对其他国家的国际收支产生影响。表现尤为明显的是工业国家对发展中国家国际收支的影响。当工业国家处于衰退期时,对发展中国家的出口产品的需求下降,造成发展中国家出口的减少。由周期性原因引起的国际收支不平衡称为周期性不平衡。

**3. 结构性原因**

一国的国际收支在一定的生产条件和消费需求下处于均衡状态。当国际市场的供求结构发生变化时,一国国内经济、产业结构如果不能适应世界市场的变化,本国的产业结构、进出口结构的调节出现滞后和困难,其原有的平衡会遭到破坏,造成该国国际收支不平衡。一国经济、产业结构的调整不是一朝一夕就能实现的,所以结构性原因造成的失衡具有长期性。由结构性原因引起的国际收支不平衡称为结构性不平衡,调整这样的不平衡的困难较大。

**4. 货币性原因**

一国的价格水平、汇率、利率等货币性原因的变动也可能造成该国国际收支的失衡。

当一国的货币成本和物价水平变化时，进出口商品的价格相应发生变化，使原有的平衡遭到破坏。当一国的货币成本和物价水平普遍上升时，出口商品的价格相对较高，进口商品的价格相对便宜，该国的商品输出受到抑制，而商品输入则受到鼓励，从而导致国际收支恶化。由货币性原因引起的国际收支不平衡称为货币性不平衡。这种不平衡可能是短期的，也可能是中期的或长期的。

5. 收入性原因

一国各项经济条件的变化会引起国民收入的变化，而国民收入的变化会引起该国国际收支的失衡。一般来说，国民收入的快速增加会引起贸易和非贸易货币支出的增加大于贸易和非贸易货币收入的增加。同样，当国民收入减少时，会出现相反的结果，这些都会引起国际收支失衡。收入性原因引起的国际收支不平衡称为收入性不平衡。它可能是周期性的、货币性的，也可能是经济处在高速增长时期引起的。

## 五、国际收支不平衡的影响

国际收支不平衡是一种规律。对于任何国家而言，国际收支不平衡是无法避免的。从某种意义上说，一定限度内的国际收支逆差或顺差也许无害。例如，一定的顺差可以使一国的外汇储备得到适度增长，增强对外支付能力。然而，巨额、连续的国际收支逆差或顺差，不仅会影响一国对外经济的发展，而且会通过各种传递机制对国内经济的稳定和发展产生影响。

1. 逆差的影响

持续巨额的国际收支逆差会造成外汇短缺，引起外币升值的压力。如果该国货币当局不愿出现本币贬值，必然会动用国际储备调整与干预外币升值和本币贬值的状况。这样会造成本币供应的缩减，影响国内的生产和就业，而且国际储备的下降会削弱该国的金融实力，对其在国际上的信誉造成损害。如果该国货币当局任由汇率自由浮动，则本币汇率大幅下跌会削弱该国货币在国际上的地位，造成金融市场的波动。同时，长期、巨额的国际收支逆差还会造成大量的对外负债，使该国的出口创汇主要用于偿债付息，影响该国必要的生产资料的进口，使国民收入增长受到抑制。

2. 顺差的影响

一国国际收支出现长期、巨额顺差时，也会给国内经济造成不良影响。由于顺差会产生国际储备结余，外汇持有者的兑换要求会迫使本国货币当局增加货币的投放。持续的国际收支顺差还会提高该国的支付信誉，吸引国际资本的流入，从而增加货币存量。这些都会导致国内总需求和总供给的不平衡，加剧国内通货膨胀。同时，顺差会使外汇市场上外汇供给大于外汇需求，造成本币升值，从而削弱出口品的竞争力。此外，一国的顺差意味着其他国家的逆差，必然影响其他国家的经济发展，从而导致贸易摩擦，不利于国际经济关系的协调发展。如果一国的国际收支盈余是由出口过多造成的，本国在此期间可供使用的生产资源相应减少，会影响本国经济发展。此外，一国国际储备大量增加还将导致该国的国际义务增加。例如，国际货币基金组织在动员国际资金协助相关成员解决国际收支失衡时，采取的举措之一就是根据成员外汇储备的规模筹措应急资金。如何控制外汇储备规模应当引起一国有关部门的注意。

当然，逆差对国内经济的不良影响更大，所以各国更重视对逆差的调节。但是，对长期的国际收支不平衡，无论是逆差还是顺差，各国都必须采取措施进行调节。

## 第三节　国际投资头寸

### 一、国际投资头寸的基本概念

头寸是个人或经济实体持有或拥有的特定商品、证券、货币等的数量。头寸多用于金融和商业领域。头寸分为多头与空头。若银行在当日的全部收付款中收入款项大于支出款项，称为"多头"；反之，则称为"缺头"或"空头"。国际投资头寸是指一定时点上一个经济体对其他国家或地区的资产和负债的综合情况。一个经济体对外金融资产和负债存量之间的差额就是净国际投资头寸（net international investment position，NIIP），是对世界其他经济体的净债权和净负债。净国际投资头寸为正时，该国为净债权国（net creditor）；若为负，该国为净债务国（net debtor）。

根据国际货币基金组织出版的《国际收支手册（第6版）》所制定的标准，国际投资头寸表是反映特定时点上，一国或地区对世界其他国家或地区金融资产和负债存量的统计报表。由于国际投资头寸反映的是存量，它涉及的某一特定时点往往是年度（财政年度或日历年度）或季度末尾的存量，这与国际统计账户中的其他总量数据形成对照。国际统计账户中的其他总量数据是流量指标，涉及一段时期。这一特点表示国际投资头寸按某一时点的汇率折算，而其他国际账户中的数据采用的是流量发生时的汇率。

国际投资头寸的变动是由特定时期内交易、价格变化、汇率变化和其他调整引起的。国际投资头寸表在计价、记账单位和折算等核算原则上均与国际收支平衡表保持一致，并与国际收支平衡表共同构成一国或地区完整的国际账户体系。

编制和公布国际投资头寸表，可以为一国或地区衡量自身的涉外经济风险状况提供基础信息。

国际账户采用市价定值原则（Valuation Principles）。在计算国际投资头寸时，一些类型的头寸无法获得市场价格，可参照资产的市场价格定值。

### 二、国际投资头寸表的构成

国际投资头寸与某个时点有关，而完整的国际投资头寸表反映了不同时点的情况，即有一个期初值和一个期末值。完整的国际投资头寸表通过金融账户（各种交易引起的流量）与金融资产和负债其他变化账户（其他数量变化和重新定值），来协调国际投资头寸的期初值和期末值。国际投资头寸期末值是当前和以前期间的各种交易及其他流量变化的结果。

《国际收支手册（第6版）》规定的国际投资头寸的项目分为资产和负债两大类，并按照职能对这二者进行具体分类：资产细分为本国对外直接投资、证券投资、金融衍生产品及雇员股票期权、其他投资、储备资产五部分；负债细分为外国对本国的直接投资、金融衍生产品及雇员股票期权、其他投资四部分。各指标与国际收支平衡表的金融账户项目含义大体一致，只不过国际投资头寸表中反映的是存量，国际收支平衡表记录的是流量。

### 三、我国的国际投资头寸表

根据国家外汇管理局公布的国际投资头寸指标解释，我国国际投资头寸表是反映特定时点上我国（不含香港、澳门和台湾）对世界其他国家或地区金融资产和负债存量的统计报表。编制原理、计价折算、记账单位等核算原则上均与我国国际收支平衡表保持一致。我国国际投资头寸表执行国际货币基金组织的标准，不同之处在于表中的其他变化包括价格与汇率变动，即估值变动与其他调整项；另外，净头寸列在表头而国际货币基金组织的标准是列在表的底部一行。

扩展阅读 2.3　2019 年年末我国国际投资头寸表

国家外汇管理局 2006 年开始对外公布国际投资头寸表。我国国际投资头寸表的范本格式如表 2-3 所示。

基本指标之间的关系如下：

年末头寸 = 年初头寸 + 交易 + 价格变化 + 汇率变化 + 其他调整

资产 = 在国外的直接投资 + 证券投资 + 其他投资 + 储备资产

负债 = 来华直接投资 + 证券投资 + 其他投资

净头寸 = 资产 − 负债

国际投资头寸表的平衡关系分为纵向和横向两种。表 2-3 中的各列即为纵向关系，均按对外资产和对外负债关系排列，依次为资产总额、各类对外资产，负债总额、各类对外负债。但各列所代表的统计内容不同：第一列反映对外资产与负债的平衡关系，该列顶部为对外资产和对外负债的差额，即净头寸；第二列为期初资产负债的平衡关系，该列顶部为期初净头寸；第三列反映资产与负债的期间交易结果，结果为期间交易的净值；第四列为各类资产负债因汇率、利率、其他数量变化引起的其他调整；第五列为期末头寸，反映期间交易因素与非交易因素引起的国际投资头寸的期间变化结果。

编制和公布国际投资头寸表，可以为我国衡量涉外经济风险状况提供基础信息，对进行宏观经济分析和政策决策具有重要意义。首先，国际投资头寸表的编制和公布标志着我国对外部门统计信息的完整发布，有利于进一步完善包括国民账户、财政统计、货币金融统计和国际收支统计在内的四大宏观账户统计；其次，国际投资头寸表所反映的涉外经济状况是产业政策、贸易政策、经济发展协调性等各种经济因

表 2-3　我国国际投资头寸表构成

| 项目 | 期初 | 交易 | 其他变化（汇率、价格、其他数量变化） | 期末 |
|---|---|---|---|---|
| 一、净头寸 | | | | |
| 二、资产 | | | | |
| （一）在国外的直接投资 | | | | |
| 1. 股权 | | | | |
| 2. 关联企业债务 | | | | |
| （二）证券投资 | | | | |
| 1. 股权 | | | | |
| 2. 债券 | | | | |
| （三）金融衍生工具 | | | | |
| （四）其他投资 | | | | |
| 1. 其他股权 | | | | |
| 2. 货币和存款 | | | | |
| 3. 贷款 | | | | |
| 4. 保险和养老金 | | | | |
| 5. 贸易信贷 | | | | |
| 6. 其他资产 | | | | |
| （五）储备资产 | | | | |
| 1. 货币黄金 | | | | |
| 2. 特别提款权 | | | | |
| 3. 在 IMF 中的储备头寸 | | | | |
| 4. 外汇 | | | | |
| 5. 其他储备资产 | | | | |
| 三、负债 | | | | |
| （一）来华直接投资 | | | | |
| 1. 股权 | | | | |
| 2. 关联企业债务 | | | | |
| （二）证券投资 | | | | |
| 1. 股权 | | | | |
| 2. 债券 | | | | |
| （三）金融衍生工具 | | | | |
| （四）其他投资 | | | | |
| 1. 其他股权 | | | | |
| 2. 货币和存款 | | | | |
| 3. 贷款 | | | | |
| 4. 保险和养老金 | | | | |
| 5. 贸易信贷 | | | | |
| 6. 其他资产 | | | | |

素共同作用的结果，可以为我国制定涉外经济发展政策和调整对外资产负债结构提供基础性信息；第三，掌握我国涉外经济存量及其结构，便于更加全面系统地反映我国涉外经济发展和风险状况。此外，随着我国对外开放的不断扩大和经济地位的日益提高，我国对外资产负债状况方面的数据对于分析全球金融资本状况也愈加重要。

## 四、国际投资头寸与国际收支的关系

### （一）国际投资头寸与国际收支的联系

国际投资头寸不属于国际收支平衡表的标准构成，但二者一起构成一国或地区全面完整的国际账户体系。国际投资头寸表的项目与国际收支平衡表中金融账户的项目是对应的，构成金融资产和负债的项目也包括直接投资、证券投资、金融衍生工具、其他投资和储备资产。只是二者进行统计和报告的角度不同。

（1）国际债权债务关系发生以后，必然会在国际收支平衡表中有所反映，因此投资头寸是决定国际收支核算中的投资收益的主要因素。国际投资头寸表反映的是一国国际收支中金融项目的收支存量，而国际收支平衡表反映的则是现时的流量。同时，国际收支会反作用于国际投资头寸，即国际收支的变化会引起国际投资头寸的变动。国际收支中的金融交易就是引起国际投资头寸变化的主要原因。

（2）尽管在核算关系上只有金融账户和储备资产账户与投资头寸有直接联系，但由于国际收支核算采用复式记账法，大部分对外交易体现为经常账户与金融账户、储备资产账户之间的借贷关系，因此经常账户的记录数额会间接对国际投资头寸产生影响。例如，国际收支平衡表经常项目中的投资收益项目为国际投资头寸提供了数据来源，在计算针对某一国或某一资产的直接投资收益率时，结合投资收益和国际投资头寸相关项目可得到较为详尽的信息。

（3）统计过程中对居民和非居民、记账单位及折算方法等基本要素的界定，二者保持一致，都以权责发生制为记录原则。其中，国际收支平衡表中的金融账户与国际投资头寸表的格式完全一致。

### （二）国际投资头寸与国际收支的区别

（1）国际收支平衡表反映的是在特定时期内一国或地区与世界其他国家或地区发生的所有经济交易，是一段时期的流量指标，属于动态概念。国际投资头寸表反映的是特定时点上一国或地区对世界其他国家或地区的金融资产和负债存量状况，属于静态概念，描述固定时点的对外债权债务的余额。

（2）把一个国家当作一个企业来看，国际投资头寸表相当于企业的资产负债表，反映的是一国的对外资产负债存量状况；而国际收支平衡表相当于企业的财务状况变动表，反映的是一国国际交易流量变动情况。国际收支平衡表采用复式记账法，根据权责发生制，一笔交易在相反方向分别记录，通常国际收支平衡表的差额为零。国际投资头寸记录某一时点的头寸，报表两边的差额界定了该国是债务国还是债权国，差额通常不为零。

（3）国际投资头寸反映的是债权债务的综合状况，而国际收支反映的是货币收支的综合状况。国际投资头寸的范围明显要比国际收支的范围小，如国际经济交易中的对外捐赠、侨民汇款与战争赔款等无偿交易，都属于国际收支范畴，并未反映在国际投资头寸表中。

（4）国际收支平衡表中的金融账户与国际投资头寸表的格式完全一致，国际收支平衡表中的金融账户的数据也是国际投资头寸统计数据的一个主要来源，但二者所代表的意义不同。前者只涉及一国对外资产和负债所有权变更的交易，不反映非交易引起的变动，而国际投资头寸表不仅反映时点上的金融交易，还反映汇率、价格变化及其所属期限内出现的调整。

由于国际投资头寸表中没有完全反映资金的来源和运用，所以产生的净头寸并不能完全代表一国在国际投资中的损益情况。在研究非国际结算货币发行国的国际投资时，可以结合国际收支平衡表一起来看，国际投资的资金来源是整体国际收支变化产生的；而对于国际结算货币发行国的国际投资进行研究时，更多的是要了解资金的运用，考察该国在国际收支中所获资金是否都用在了对外投资上。

### （三）二者之间的核算关系

国际投资头寸表在计价、记账单位和折算等核算原则上均与国际收支平衡表保持一致。值得注意的是，导致国际投资头寸变动的本期交易等于同期国际收支的金融账户。国际收支平衡表金融账户的借方记在国际投资头寸表交易变动的资产项目下，而国际收支平衡表金融账户的贷方则记在国际投资头寸表交易变动的负债项目下。

从流量统计与存量统计之间的转化关系入手，可用若干期国际收支流量的累积值代表某一时点上的国际投资头寸数值，该推算方法叫作经常账户累积调整法。一国净国际投资头寸在数量关系上等于对外总资产减去对外总负债，同时，也等于各构成项目直接投资、证券投资、其他投资及储备资产净头寸之和。因此，有如下表达式：

$$\begin{aligned} NIIPT_t &= A_t - L_t = (FDIA_t + PIA_t + OIA_t + RA_t) - (FDIL_t + PIL_t + OIL_t) \\ &= (FDIA_t - FDIL_t) + (PIA_t - PIL_t) + (OIA_t - OIL_t) + RA_t \\ &= NFDI_t + NPI_t + NOI_t + RA_t \end{aligned} \quad (2\text{-}1)$$

其中，$FDIA_t$ 和 $FDIL_t$ 分别表示本国海外直接投资和外国来本国的直接投资，$NFDI_t$ 表示净直接投资头寸；$PIA_t$ 和 $PIL_t$ 分别表示证券投资资产与负债，$NPI_t$ 表示证券投资净头寸；$OIA_t$ 和 $OIL_t$ 分别表示其他投资与负债，$NOI_t$ 表示其他投资净头寸；$RA_t$ 表示储备资产，$t$ 表示核算期末。

国际收支平衡表采用复式记账原则进行记录，该原则要求所有账户净余额之和为零。在不考虑作为平衡项的误差与遗漏项目的情况下，经常项目差额（CA）、资本项目差额（KA）与金融项目差额（FA）满足下列会计等式：

$$CA = -(KA + FA) \quad (2\text{-}2)$$

其中，金融项目包括直接投资项、证券投资项、金融衍生工具、其他投资项和储备资产项。数学表达式为

$$FA = -(\Delta FDI + \Delta PI + \Delta FD + \Delta OI + \Delta RA) \qquad (2-3)$$

在国际收支平衡表中，对外金融资产反映的是本国资本输出，在资本和金融项目下属于借方科目，用负数表示。因此，需在式（2-3）右端加上负号。将式（2-3）代入式（2-2）中，可得

$$CA = \Delta FDI + \Delta PI + \Delta FD + \Delta OI + \Delta RA - KA \qquad (2-4)$$

其中，$\Delta FDI = -(\Delta FDIA + \Delta FDIL)$

$\Delta PI = -(\Delta PIA + \Delta PIL)$

$\Delta FD = -(\Delta FDA + \Delta FDL)$

$\Delta OI = -(\Delta OIA + \Delta OIL)$

由式（2-4），可得 $t$ 期经常项目累积量的表达式：

$$\sum CA = NFDI_t + NPI_t + NOI_t + RA_t - \sum KA \qquad (2-5)$$

根据式（2-4）与式（2-5）可得净国际投资头寸的数学表达式：

$$NIIP_t = NFDI_t + NPI_t + NFD_t + NOI_t + RA_t = \sum CA + \sum KA \qquad (2-6)$$

即核算期末净国际投资头寸等于核算期内经常项目差额与资本和金融项目差额的累积和。由式（2-6）推导得到本期净国际投资头寸与上期净国际投资头寸之间具有下列关系：

$$NIIP_t = NIIP_{t-1} + CA_t + KA_t$$

上述关系说明，一国在某时期内的经常账户差额加上资本账户差额正好形成新的对外净资产（或负债），从而引起一国国际投资头寸净额的变化。

## 思考与练习

1. 简述国际收支的概念。理解国际收支概念应该注意哪些问题？
2. 简述国际收支平衡表的构成内容、编制原则和记账方法。
3. 试述国际收支账户各组成部分之间的关系。
4. 简述国际收支平衡的含义，说明可以从哪些差额入手分析一国的国际收支状况。
5. 给出国际收支的盈余、赤字、平衡、均衡的含义。
6. 设 A 国某年发生以下经济业务：
（1）A 国出口价值 700 万美元的商品，国外进口商以当地银行短期存款支付货款。
（2）国外旅游者在 A 国旅游，A 国旅游部门在该年收到各种类型的外汇旅行支票共计 200 万美元。
（3）A 国政府获得价值 50 万美元的国外援助。
（4）在 A 国经营的总部在外国的跨国公司的利润为 50 万美元。

（5）甲国居民向定居在国外的亲属汇款 5 万美元。

（6）国外居民购买 A 国某公司的长期债券 400 万美元，用在 A 国的银行存款支付。

（7）A 国某公司购买 Z 国有价证券收益 20 万美元，并存放在 Z 国某商业银行。

（8）A 国政府用外汇储备 100 万美元和相当于 50 万美元的粮食向 B 国提供经济援助。

（9）外国某国际企业以价值 800 万美元的机器设备在 A 国投资开办合资企业。

（10）A 国的某投资者用在 X 国某商业银行的美元外汇存款从 X 国购买价值 50 万美元的黄金。

（11）外国银行向 A 国政府贷款 200 万美元。

根据以上经济业务编制 A 国的国际收支平衡表，计算 A 国的贸易差额、经常账户差额，分析 A 国的资本和金融账户是盈余还是赤字，说明国际储备资产如何变化。

7. 国际收支失衡的主要原因和影响因素有哪些？举例说明。

8. 试述国际投资头寸表和国际收支平衡表的联系与区别。

9. 试述国际投资头寸表反映的经济含义。

### 2019 年中国国际收支报告

即测即练　扫码答题

## 附录一

下面给出了两份中国的国际收支平衡表，表 1 是按照国际货币基金组织《国际收支手册（第 5 版）》的国际收支平衡表的构成，编制的 2014 年中国国际收支平衡表，表 2 是按照国际货币基金组织《国际收支手册（第 6 版）》的国际收支平衡表的构成，编制的 2019 年中国国际收支平衡表。

表 1　2014 年中国国际收支平衡表（BPM5）　　单位：亿美元

| 项目 | 差额 | 贷方 | 借方 |
|---|---|---|---|
| 一、经常账户 | 2 197 | 27 992 | 25 795 |
| A. 货物和服务 | 2 840 | 25 451 | 22 611 |
| a. 货物 | 4 760 | 23 541 | 18 782 |
| b. 服务 | −1 920 | 1 909 | 3 829 |
| 1. 运输 | −579 | 382 | 962 |
| 2. 旅游 | −1 079 | 569 | 1 649 |
| 3. 通信服务 | −5 | 18 | 23 |
| 4. 建筑服务 | 105 | 154 | 49 |
| 5. 保险服务 | −179 | 46 | 225 |
| 6. 金融服务 | −4 | 45 | 49 |
| 7. 计算机和信息服务 | 99 | 184 | 85 |
| 8. 专有权利使用费和特许费 | −219 | 7 | 226 |
| 9. 咨询 | 164 | 429 | 265 |
| 10. 广告、宣传 | 12 | 50 | 38 |
| 11. 电影、音像 | −7 | 2 | 9 |
| 12. 其他商业服务 | −217 | 14 | 231 |
| 13. 别处未提及的政府服务 | −10 | 11 | 20 |
| B. 收益 | −341 | 2 130 | 2 471 |
| 1. 职工报酬 | 258 | 299 | 42 |
| 2. 投资收益 | −599 | 1 831 | 2 429 |
| C. 经常转移 | −302 | 411 | 714 |
| 1. 各级政府 | −29 | 16 | 46 |
| 2. 其他部门 | −273 | 395 | 688 |
| 二、资本和金融账户 | 382 | 25 730 | 25 347 |
| A. 资本账户 | 0 | 19 | 20 |
| B. 金融账户 | 383 | 25 710 | 25 328 |
| 1. 直接投资 | 2 087 | 4 352 | 2 266 |
| 1.1　我国在外直接投资 | −804 | 555 | 1 359 |
| 1.2　外国在华直接投资 | 2 891 | 3 797 | 906 |
| 2. 证券投资 | 824 | 1 664 | 840 |
| 2.1 资产 | −108 | 293 | 401 |
| 2.1.1 股本证券 | −14 | 170 | 184 |
| 2.1.2 债务证券 | −94 | 123 | 217 |
| 2.1.2.1（中）长期债券 | −92 | 123 | 215 |
| 2.1.2.2 货币市场工具 | −2 | 0 | 2 |
| 2.2 负债 | 932 | 1 371 | 439 |
| 2.2.1 股本证券 | 519 | 777 | 285 |
| 2.2.2 债务证券 | 413 | 584 | 181 |
| 2.2.2.1（中）长期债券 | 410 | 497 | 88 |
| 2.2.2.2 货币市场工具 | 4 | 97 | 94 |
| 3. 其他投资 | −2 582 | 19 694 | 22 222 |

续表

| 项目 | 差额 | 贷方 | 借方 |
|---|---|---|---|
| 3.1 资产 | -3 030 | 995 | 4 025 |
| 3.1.1 贸易信贷 | -688 | 282 | 970 |
| 长期 | -14 | 6 | 19 |
| 短期 | -674 | 276 | 950 |
| 3.1.2 贷款 | -738 | 177 | 915 |
| 长期 | -455 | 0 | 455 |
| 短期 | -282 | 177 | 459 |
| 3.1.3 货币和存款 | -1 597 | 514 | 2 111 |
| 3.1.4 其他资产 | -8 | 22 | 29 |
| 长期 | 0 | 0 | 0 |
| 短期 | -8 | 22 | 29 |
| 3.2 负债 | 502 | 18 699 | 18 197 |
| 3.2.1 贸易信贷 | -21 | 154 | 174 |
| 长期 | 0 | 3 | 3 |
| 短期 | -20 | 151 | 171 |
| 3.2.2 贷款 | -343 | 17 464 | 17 807 |
| 长期 | -57 | 511 | 569 |
| 短期 | -286 | 16 953 | 17 239 |
| 3.2.3 货币和存款 | 814 | 994 | 180 |
| 3.2.4 其他负债 | 52 | 87 | 35 |
| 长期 | 58 | 64 | 6 |
| 短期 | -6 | 23 | 29 |
| 三、储备资产 | -1 178 | 312 | 1 490 |
| 3.1 货币黄金 | 0 | 0 | 0 |
| 3.2 特别提款权 | 1 | 1 | 1 |
| 3.3 在国际货币基金组织的储备头寸 | 10 | 13 | 4 |
| 3.4 外汇 | -1 188 | 298 | 1 486 |
| 3.5 其他债权 | 0 | 0 | 0 |
| 四、净误差与遗漏 | -1 401 | 0 | 1401 |

注：①本表计数采用四舍五入原则；②本表根据《国际收支手册（第5版）》编制。
数据来源：国家外汇管理局网站。

**表2　2019年中国国际收支平衡表（BPM6）　　　　单位：亿美元**

| 项目 | 差额 | 贷方 | 借方 |
|---|---|---|---|
| 一、经常账户 | 1 413 | 29 051 | 27 638 |
| A. 货物和服务 | 1 641 | 26 434 | 24 793 |
| a. 货物 | 4 253 | 23 990 | 19 737 |
| b. 服务 | -2 611 | 2 444 | 5 055 |
| 1. 加工服务 | 154 | 157 | 4 |
| 2. 维护和维修服务 | 65 | 102 | 37 |
| 3. 运输 | -590 | 462 | 1 052 |
| 4. 旅行 | -2 188 | 358 | 2 546 |
| 5. 建设 | 51 | 144 | 93 |
| 6. 保险和养老金服务 | -64 | 48 | 110 |

续表

| 项目 | 差额 | 贷方 | 借方 |
|---|---|---|---|
| 7. 金融服务 | 15 | 39 | 24 |
| 8. 知识产权使用费 | −278 | 66 | 344 |
| 9. 电信、计算机和信息服务 | 80 | 349 | 270 |
| 10. 其他商业服务 | 194 | 692 | 498 |
| 11. 个人、文化和娱乐服务 | −31 | 10 | 41 |
| 12. 别处未提及的政府服务 | −21 | 16 | 37 |
| B. 初次收入 | −330 | 2 358 | 2 688 |
| 　　1. 雇员报酬 | 31 | 143 | 112 |
| 　　2. 投资收益 | −372 | 2 198 | 2 570 |
| 　　3. 其他初次收入 | 11 | 18 | 7 |
| C. 二次收入 | 103 | 259 | 157 |
| 　　1. 个人转移 | 1 | 40 | 40 |
| 　　2. 其他二次收入 | 102 | 219 | 117 |
| 二、资本和金融账户 | 567 | 13 783 | 13 951 |
| A. 资本账户 | −3 | 2 | 5 |
| B. 金融账户 | 570 | 2 558 | 1 987 |
| 　1. 非储备性质的金融账户 | 378 | 2 558 | 2 180 |
| 　1.1 直接投资 | 581 | 1 558 | 997 |
| 　　1.1.1 股权 | 464 | 1 313 | 849 |
| 　　1.1.2 关联企业债务 | 117 | 246 | 128 |
| 　1.2 证券投资 | 579 | 1 474 | 894 |
| 　　1.2.1 股权 | 156 | 449 | 293 |
| 　　1.2.2 债券 | 423 | 1 025 | 601 |
| 　1.3 金融衍生工具 | −24 | 14 | 37 |
| 　1.4 其他投资 | −759 | −437 | 323 |
| 　　1.4.1 其他股权 | −15 | 0 | 15 |
| 　　1.4.2 货币和存款 | −1 420 | −557 | 863 |
| 　　1.4.3 贷款 | 756 | 425 | −331 |
| 　　1.4.4 保险和养老金 | 6 | 18 | 12 |
| 　　1.4.5 贸易信贷 | 80 | −288 | −368 |
| 　　1.4.6 其他 | −167 | −35 | 132 |
| 　2. 储备资产 | 193 | 193 | 0 |
| 　2.1 货币黄金 | 0 | 0 | 0 |
| 　2.2 特别提款权 | −5 | 0 | 5 |
| 　2.3 在国际货币基金组织的储备头寸 | 0 | 1 | 0 |
| 　2.4 外汇储备 | 198 | 192 | −5 |
| 　2.5 其他储备资产 | 0 | 0 | 0 |
| 三、净误差与遗漏 | −1 981 | 0 | 1 981 |

注：①本表计数采用四舍五入原则；②根据《国际收支手册（第6版）》编制，资本和金融账户中包含储备资产。

数据来源：国家外汇管理局网站。

要求：

（1）比较这两份国际收支平衡表在结构上的差异。

（2）分别计算与分析2014年和2019年中国的经常账户、资本和金融账户及综合账户差额，说明中国的国际收支是否平衡。

## 附录二

表3　中国国际投资头寸表（年度表）　　　单位：亿美元

| 项目 | 2016年 | 2017年 | 2018年 | 2019年 |
|---|---|---|---|---|
| **净头寸** | 14 508 | 14 751 | 15 431 | 15 360 |
| **资产** | 48 404 | 50 198 | 53 242 | 55 787 |
| 1 直接投资 | 10 097 | 12 703 | 14 253 | 15 147 |
| 　1.1 股权 | 8 386 | 10 947 | 12 101 | 12 880 |
| 　1.2 关联企业债务 | 1 711 | 1 756 | 2 152 | 2 267 |
| 　　1.a 金融部门 | / | 1 665 | 1 810 | 2 053 |
| 　　　1.1.a 股权 | / | 1 598 | 1 737 | 1 981 |
| 　　　1.2.a 关联企业债务 | / | 67 | 73 | 72 |
| 　　1.b 非金融部门 | / | 11 038 | 12 443 | 13 094 |
| 　　　1.1.b 股权 | / | 9 349 | 10 364 | 10 899 |
| 　　　1.2.b 关联企业债务 | / | 1 689 | 2 078 | 2 195 |
| 2 证券投资 | 2 730 | 3 458 | 3 580 | 4 671 |
| 　2.1 股权 | 1 601 | 2 090 | 1 941 | 2 703 |
| 　2.2 债券 | 1 129 | 1 368 | 1 639 | 1 968 |
| 3 金融衍生工具 | 38 | 42 | 45 | 49 |
| 4 其他投资 | 12 494 | 11 274 | 12 586 | 12 614 |
| 　4.1 其他股权 | 0 | 38 | 50 | 61 |
| 　4.2 货币和存款 | 2 718 | 2 535 | 2 802 | 3 022 |
| 　4.3 贷款 | 4 290 | 4 475 | 5 103 | 5 035 |
| 　4.4 保险和养老金 | 91 | 71 | 77 | 97 |
| 　4.5 贸易信贷 | 4 571 | 3 735 | 4 294 | 4 053 |
| 　4.6 其他 | 824 | 419 | 261 | 346 |
| 5 储备资产 | 23 044 | 22 722 | 22 778 | 23 307 |
| 　5.1 货币黄金 | 505 | 537 | 549 | 690 |
| 　5.2 特别提款权 | 72 | 77 | 77 | 80 |
| 　5.3 在国际货币基金组织的储备头寸 | 71 | 56 | 61 | 61 |
| 　5.4 外汇储备 | 22 394 | 22 048 | 22 093 | 22 475 |
| 　5.5 其他储备资产 | 1 | 4 | −2 | 0 |
| **负债** | 33 896 | 35 447 | 37 812 | 40 428 |
| 1 直接投资 | 20 495 | 19 139 | 20 327 | 21 175 |
| 　1.1 股权 | 18 872 | 17 660 | 18 592 | 19 343 |
| 　1.2 关联企业债务 | 1 623 | 1 479 | 1 735 | 1 832 |

续表

| 项目 | 2016年 | 2017年 | 2018年 | 2019年 |
|---|---|---|---|---|
| 1.a 金融部门 | / | 948 | 1 023 | 1 161 |
| 1.1.a 股权 | / | 871 | 918 | 1 031 |
| 1.2.a 关联企业债务 | / | 77 | 104 | 129 |
| 1.b 非金融部门 | / | 18 191 | 19 305 | 20 014 |
| 1.1.b 股权 | / | 16 788 | 17 674 | 18 311 |
| 1.2.b 关联企业债务 | / | 1 402 | 1 630 | 1 703 |
| 2 证券投资 | 6 033 | 7 720 | 7 883 | 9 868 |
| 2.1 股权 | 4 311 | 5 353 | 4 919 | 6 231 |
| 2.2 债券 | 1 722 | 2 367 | 2 964 | 3 636 |
| 3 金融衍生工具 | 45 | 24 | 43 | 47 |
| 4 其他投资 | 7 323 | 8 564 | 9 559 | 9 338 |
| 4.1 其他股权 | 0 | 0 | 0 | 0 |
| 4.2 货币和存款 | 2 355 | 3 065 | 3 475 | 3 070 |
| 4.3 贷款 | 2 384 | 2 754 | 2 998 | 3 330 |
| 4.4 保险和养老金 | 66 | 70 | 79 | 97 |
| 4.5 贸易信贷 | 2 145 | 2 474 | 2 826 | 2 635 |
| 4.6 其他 | 304 | 132 | 111 | 136 |
| 4.7 特别提款权 | 70 | 70 | 70 | 70 |

注：①本表计数采用四舍五入原则。②净头寸是指资产减负债，"+"表示净资产，"-"表示净负债。③自公布 2016 年一季度末中国国际投资头寸表起，国家外汇管理局在现有美元计值的基础上公布以特别提款权（SDR）计值的国际投资头寸表，折算汇率为国际货币基金组织官方网站公布的美元兑 SDR 季末汇率。④2017 年年末以来贸易信贷数据根据最新调查结果修订，未追溯调整之前的数据。⑤《国际投资头寸表》采用修订机制，最新数据以本表为准。

数据来源：国家外汇管理局网站。

# 第三章

# 国际储备

【学习目标】

- 掌握国际储备的概念和特征
- 理解国际储备的构成和作用
- 知道国际储备管理的内容
- 了解我国国际储备的状况

各国都会准备一定数量的资产作为国际储备,用于调节国际收支,干预外汇市场,把国际收支失衡及汇率波动幅度限制在某一可接受的范围内,使其不至于对国家经济的正常运行产生不利的影响。本章先介绍国际储备相关基础知识,然后讨论国际储备的构成及我国的国际储备现状。

## 第一节 国际储备的概念、演变和作用

国际储备是一国的重要金融资产,也是一国国际收支平衡表中的重要项目之一。对国际储备的管理是一国重要的政策手段,也是一国货币当局重要的管理内容。

### 一、国际储备与国际清偿能力

#### 1. 国际储备的概念

国际储备是一国货币当局为弥补国际收支逆差、维持本国货币汇率稳定及进行国际支付而持有的国际间可接受的资产。国际货币基金组织对国际储备所下的定义为:一国货币当局持有的、当国际收支出现赤字时可直接或有保障地通过同其他资产兑换,用于支持本国货币汇率的所有资产。

按照国际储备的定义,一项资产能否成为国际储备资产,取决于它是否具备下列三个基本条件。

(1)流动性。国际储备资产必须可以在国际间自由调拨、自由流动。若以一国的货币作为国际储备资产,则该货币发行国的政府对该国货币的外流不得加以限制。

(2)普遍接受性。国际储备资产必须可以在国际间相互转换和兑换。即使一种货币的发行国政府允许本国货币外流,也必须得到世界上大多数国家的认可,否则该货币仍然难以成为国际储备资产。因此,国际储备资产实际上是指绝大多数国家共同认可的

资产。

（3）可得性。国际储备资产必须是一国政府所拥有的，或能随时、方便地被政府得到。民间企业和居民自己拥有的黄金和外汇资产不能被认作该国政府的官方储备资产，因为这类资产的获取是有条件的。

国际储备分为广义的国际储备和狭义的国际储备。广义的国际储备又分为自有储备和借入储备。通常所说的国际储备是狭义的国际储备即自有储备，其数量反映了一国在涉外货币金融领域中的地位。若不特殊说明，国际储备通常是指自有储备。

自有储备和借入储备之和称为国际清偿能力。

**2. 国际清偿能力的含义**

国际清偿能力是指一国在不影响本国经济正常运行的情况下，平衡国际收支逆差及维持汇率稳定的总体能力。

决定一国国际清偿能力的主要因素包括：

（1）一国货币当局持有的国际储备。一国货币当局持有的国际储备越多，清偿能力越大。

（2）从国际金融机构和国际金融市场借款的能力。借款能力越强，国际清偿能力越大。

（3）一国商业银行持有的外汇资产、金融当局从私人部门可迅速获得的短期外汇资产。这些资产越多，潜在的国际清偿能力越大。

（4）一国发生国际收支逆差时，外国人持有该国货币的意愿。该意愿越强，清偿能力越大。

（5）在未发生不利的国内影响的条件下，利率提高或利率期限结构的变化，鼓励资金内流的程度。该程度越高，清偿能力越大。

国际清偿能力中包括了一国货币当局直接掌握的国际储备资产，但又不完全限于国际储备。国际储备是国际清偿能力的核心部分，它仅反映了一国持有的现实的对外清偿能力，而一国的国际清偿能力还包括该国潜在的借款能力。就这两种资产的性质而言，国际储备由一国货币当局直接掌握，货币当局对其使用是直接的和无条件的，而对国际清偿能力所包括的国际储备以外的、并非由货币当局直接持有部分的使用通常是有条件的。不同类型的国家所拥有的国际清偿能力有很大差别。一般来说，发展中国家进入国际金融市场进行应急性筹资的能力有限，所以其国际清偿能力很大程度上取决于其国际储备的多少。

自有储备和借入储备所构成的国际清偿能力反映了一国货币当局干预外汇市场的总体能力。虽然借入储备多半是短期的，但因为引起汇率变动的因素有许多是短期因素，因此包含自有储备和借入储备的国际清偿能力常常被经济研究人员和外汇市场交易者作为衡量一国货币金融当局维持汇率水平的能力的重要依据。

## 二、国际储备的演变

随着国际经济的发展，当今的国际储备资产在数量和结构上都发生了很大的变化，主要体现在以下几个方面。

## （一）储备资产的规模高速增长

国际储备在 21 世纪以前增长缓慢，1995—2000 年年均增长率仅为 4.45%；2000 年以后，全球国际储备进入了高速增长阶段，尤其是 2002—2011 年，平均增长率达 18.03%，远高于同期全球 GDP 和全球贸易额的年均增速。但全球国际储备在 2015 年开始呈现下滑趋势。研究显示，新世纪全球国际储备增量的 90%来源于外汇储备的增长，剩下的 10%则来源于黄金储备的增长。

## （二）储备资产的分布不平衡

从世界范围来看，国际储备的数量及其分布始终是不均衡的。发达经济体拥有全球绝大部分的黄金储备和大部分的非黄金储备，经济实力雄厚，国际清偿力充足。黄金储备大国主要集中在发达国家，而且它们因经济发达，可以凭借在国际货币基金组织的较高份额分得较多的特别提款权和储备头寸。外汇储备在各国分布同样严重不均衡。

## （三）储备货币的币种结构呈现多元化态势

美元在外汇储备中的比重一直处于绝对优势地位，呈现先下降然后逐步上升的趋势，从 1973 年的 78.4%下降为 2013 年的 61.24%，下降了 17.16 个百分点，后又上升到 2015 年的 65.74%，随后又持续下降至 2020 年的 58.94%；欧元的占比先升后降，从 1999 年的 17.9%一路上升到 2009 年的 27.65%，之后逐步呈现小幅下降又上升的趋势，2020 年为 21.29%。截至 2020 年，人民币占全球外汇储备的比例升至 2.27%，在储备货币中排第六位，见表 3-1。

表 3-1　1999—2020 主要储备货币占比　　　　　　　　　　　　　　　%

| 年份 | 美元 | 欧元 | 英镑 | 日元 | 加元 | 澳元 | 人民币 | 瑞郎 | 其他 |
|---|---|---|---|---|---|---|---|---|---|
| 1999 | 71.01 | 17.90 | 2.89 | 6.37 | – | – |  | 0.23 | 1.60 |
| 2000 | 71.13 | 18.29 | 2.75 | 6.06 | – | – |  | 0.27 | 1.49 |
| 2001 | 71.51 | 19.18 | 2.70 | 5.04 | – | – |  | 0.25 | 1.31 |
| 2002 | 66.50 | 23.65 | 2.92 | 4.94 | – | – |  | 0.41 | 1.58 |
| 2003 | 65.45 | 25.03 | 2.86 | 4.42 | – | – |  | 0.23 | 2.01 |
| 2004 | 65.51 | 24.68 | 3.49 | 4.28 | – | – |  | 0.17 | 1.87 |
| 2005 | 66.52 | 23.89 | 3.75 | 3.96 | – | – |  | 0.15 | 1.74 |
| 2006 | 65.04 | 24.99 | 4.52 | 3.46 | – | – |  | 0.17 | 1.81 |
| 2007 | 63.87 | 26.14 | 4.82 | 3.18 | – | – |  | 0.16 | 1.83 |
| 2008 | 63.77 | 26.21 | 4.22 | 3.47 | – | – |  | 0.14 | 2.20 |
| 2009 | 62.05 | 27.65 | 4.25 | 2.90 | – | – |  | 0.12 | 3.04 |
| 2010 | 62.14 | 25.71 | 3.93 | 3.66 | – | – |  | 0.13 | 4.43 |
| 2011 | 62.59 | 24.40 | 3.83 | 3.61 | – | – |  | 0.08 | 5.49 |
| 2012 | 61.47 | 24.05 | 4.04 | 4.09 | 1.42 | 1.46 |  | 0.21 | 3.26 |
| 2013 | 61.24 | 24.19 | 3.98 | 3.82 | 1.83 | 1.82 |  | 0.27 | 2.85 |
| 2014 | 63.34 | 21.90 | 3.79 | 3.90 | 1.89 | 1.78 |  | 0.27 | 3.14 |
| 2015 | 65.74 | 19.15 | 4.72 | 3.75 | 1.78 | 1.77 |  | 0.27 | 2.83 |

续表

| 年份 | 美元 | 欧元 | 英镑 | 日元 | 加元 | 澳元 | 人民币 | 瑞郎 | 其他 |
|------|------|------|------|------|------|------|--------|------|------|
| 2016 | 65.36 | 19.14 | 4.34 | 3.96 | 1.94 | 1.69 | 1.07 | 0.17 | 2.34 |
| 2017 | 62.72 | 20.16 | 4.53 | 4.90 | 2.03 | 1.80 | 1.23 | 0.18 | 2.44 |
| 2018 | 61.74 | 20.67 | 4.43 | 5.19 | 1.84 | 1.63 | 1.89 | 0.14 | 2.47 |
| 2019 | 60.72 | 20.58 | 4.64 | 5.89 | 1.86 | 1.70 | 1.94 | 0.15 | 2.53 |
| 2020 | 58.94 | 21.29 | 4.73 | 6.05 | 2.08 | 1.82 | 2.27 | 0.17 | 2.66 |

资料来源：根据国际货币基金组织（IMF）下属国际金融统计局（IFS）数据整理。

## 三、国际储备的作用

从世界范围来看，随着世界经济和国际贸易的发展，国际储备也相应增加并起着媒介国际商品流动和世界经济发展的作用。

从一个国家的角度看，国际储备反映了一国在对外货币金融领域中的地位。持有国际储备主要有下列作用。

**1. 调节国际收支失衡**

当一国出现国际收支失衡时，动用国际储备可以起到缓冲作用，使国内经济在一定程度上免受国际收支变化的冲击，还可使一国赢得时间，有步骤地进行国际收支调整。尤其对于短期性国际收支赤字，如一国由于受外部冲击的影响，导致出口减少或出口价格下降引起临时性国际收支逆差时，可通过动用国际储备弥补国际收支逆差，使国内经济免受政策调整产生的不利影响，而无须采取压缩进口等限制性措施。由于一国持有的国际储备在一定时期内是有限的，所以动用国际储备应对国际收支困难的能力也有限。对于结构性失衡引起的长期国际收支赤字，采取一系列调整政策是必不可少的，但为了缓和调整过程的冲击，为调整政策的实施提供必要的支撑，也需要动用国际储备作为辅助措施。如果一国国际收支发生根本性的不平衡而需要调整，国际储备可以缓和调整过程或将调整措施分散在一个适当的时期，以维护国内经济的稳定与发展，不必立即采取紧缩性的国内经济政策。

需要说明的是，当外部冲击来临时，到底对本国国际收支的影响是暂时性的、短期的，还是根本性的、长期的，事前很难确定。东南亚金融危机爆发的初期，不少国家的政府都以为这是短期的、暂时性的，因而只进行市场干预，而没有及时进行政策调整，最终外汇储备严重流失，损失惨重。

**2. 有条件通过汇率政策支持本国经济发展战略**

一国若持有比较充分的国际储备，政府就有相应的实力维持其对本币的高估或低估，以配合该国的经济发展战略。通常实行进口替代战略的国家倾向于高估本币，使得用本币表示的机器设备、中间产品和原料的进口价格变得便宜，这实际上是对进口部门的一种补贴，有助于该国进口替代工业的建立和发展。而实行出口导向战略的国家，则倾向于低估本币，这样就可以保护以至人为地提高本国出口商品的竞争力。货币可自由兑换的国家若持有比较充足的国际储备，就能在心理上和客观上稳定本国货币在国际上的信誉，支持本币的国际地位。

### 3. 增强本国的资信

国际储备是一国对外举债和偿债能力的保证。一国拥有的国际储备是国际金融机构安排贷款时评估国家风险的指标之一，因而一国若有充足的国际储备，即可增强该国的资信，吸引国外资金流入，促进经济的发展。

### 4. 对外举债和偿债能力的保证

储备资产雄厚是吸引外资流入的一个重要条件。国际金融机构在提供贷款时，往往要对一国的偿债能力进行评估。国际储备是债务国到期还本付息的最可靠保证，是一项重要的评估指标。储备不足，外部筹资就要受到影响，因而一国有充足的国际储备是对外举债和偿债能力的保证。

### 5. 干预外汇市场，维持本国汇率稳定

中央银行持有的国际储备可以表明一国干预外汇市场和维持汇价的能力，所以它对稳定汇率有一定的作用。当一国货币的汇率发生剧烈波动而与其经济政策或经济目标相左时，该国中央银行即可动用国际储备干预外汇市场，影响外汇供求，将汇率维持在政府所希望的水平，支持或稳定本国货币汇率。例如，当一国货币的汇率发生贬值对其经济发展目标产生严重影响时，该国货币当局可以利用国际储备在外汇市场上抛售其他国家的货币收购本币，影响外汇的供求，从而维持本币汇率；反之，通过购入储备抛出本币，可增加市场上本币的供应，从而使本国货币汇率下浮。汇率的波动在很多情况下是由短期因素引起的，因此外汇市场干预能对稳定汇率乃至稳定整个宏观金融和经济秩序，起到积极作用。但外汇干预只能在短期内对汇率产生有限的影响，无法从根本上改变决定汇率的基本因素。

一国持有国际储备的多少表明一国干预外汇市场和维持汇率的能力。对于货币自由兑换的国家来说，拥有雄厚的国际储备不仅能在客观上为货币当局提供干预资产，而且可以通过增强国际上对本国货币的信心，避免出现不利于本国货币的游资流向，维持本币在外汇市场上的坚挺走势。但是，交易性储备用于日常干预外汇市场，首先要以充分发达的外汇市场和本国货币自由兑换为条件，对于一些发展中国家，外汇供求缺口往往通过外汇管制强制性地加以控制。其次，在什么情况下干预外汇市场，各国也有不同的尺度。这是因为各国政府的政策偏好可能不同，对外汇市场日常汇率波动的容忍程度也不同。如果一国政府很少干预外汇市场，那么交易性储备与预防性储备的界限就模糊了。实际上，在引起汇率波动的实质因素没有发生变化以前，干预市场只能在短期内对汇率产生有限的影响。

## 第二节 国际储备的来源及构成

### 一、国际储备的来源

从世界角度看，国际储备主要来源于：世界黄金产量的增加（扣除非货币性黄金）；特别提款权的分配及储备货币发行国的货币输出。但世界黄金的产量增长缓慢，并且有数据显示世界非货币性黄金的增长快于黄金产量的增长，因此黄金已不是当今国际储备

的主要来源。特别提款权的分配也非常有限，截至 2015 年年末，国际货币基金组织共发行了 2 041 亿特别提款权。世界储备的主要来源是储备货币发行国通过国际收支逆差输出的货币。输出的货币一部分成为各国外汇储备，另一部分进入国外银行成为它们对储备货币发行国的债权。如果各国货币当局和银行未将这部分储备货币直接存入发行国的银行，而是存入国际金融市场，则通过国际银行业的辗转存贷和信用扩张，又可创造部分派生储备。

从一个国家的角度来说，国际储备的来源主要包括以下几个方面。

**1. 购买黄金**

黄金储备的增加一般是通过两种途径：一是中央银行用本币在国内市场收购黄金。这一做法称为黄金的货币化，即将黄金从非货币化用途转换为货币用途。二是进入国际黄金市场购买。但对于非储备货币发行国，由于本币在国际支付中不被接受，在国际市场购买黄金只能使用国际间可接受的货币，即储备货币。这样一来，国际储备总量并不会改变，改变的只是国际储备的结构，即黄金储备与外汇储备的比例。只有储备货币发行国可以通过用本国货币在国际黄金市场上购买黄金增加国际储备。

**2. 国际收支顺差**

争取国际收支顺差是各国增加国际储备的重要途径。一国国际储备中的外汇储备增加的根本来源是该国的国际收支盈余，其中经常项目盈余是更可靠、更稳定的来源，因为它反映了该国的国际竞争力。长期资本项目收支顺差具有暂时性，因为它不能保证新资本的继续流入，还存在外资抽回投资的可能性。短期资本项目收支顺差是不稳定的。

**3. 国外借款**

一国货币当局可以直接从国际金融市场或国际金融机构借款补充国际储备。

**4. 外汇市场干预**

当一国货币汇率剧烈波动，给国内经济和对外贸易带来不利影响时，该国货币当局会在外汇市场上进行干预。当本币严重升值时抛售本币，购入外币，从而带来外汇的增加，这部分外汇就列入外汇储备。

虽然国际储备资产中还包括特别提款权和在国际货币基金组织中的储备头寸，增加这些资产也可以增加一国的国际储备，但这些是根据一国在国际货币基金组织的份额予以分配的，该国无法主动增加其持有额。

## 二、国际储备的构成

广义的国际储备即国际清偿能力，包括自有储备和借入储备两部分。

### （一）自有储备

自有储备即狭义的国际储备，其构成在不同的历史时期有所不同，构成比例也有所变化。在国际金本位时期，黄金是一国主要的国际储备。二战后，国际货币基金组织先后为成员提供了两类资产作为国际储备的补充。目前，按照国际货币基金组织的统计口径，一国的国际储备由四个部分组成：外汇储备、黄金储备、普通提款权、特别提款权。

扩展阅读 3.1　外汇储备规模变化

**1. 外汇储备**

外汇储备是一国货币当局所持有的、没有流通障碍的国外可兑换货币，其中主要是银行存款和储备货币发行国发行的国库券。当前，外汇储备是国际储备的主要资产形式。以 2015 年为例，外汇储备在国际货币基金组织成员国际储备总额中的比重为 90.04%，而黄金、普通提款权、特别提款权在国际储备总额中的比重分别是 6.51%、0.82% 和 2.63%。可见外汇储备在国际储备中所占的比重远远超过其他所有类型的国际储备。更重要的是，外汇储备在实际中使用的频率最高、规模最大，黄金储备很少使用，普通提款权和特别提款权因其本身的性质和规模，作用也远远小于外汇储备。2020 年主要国家或地区官方外汇储备排名见表 3-2。

表 3-2　2020 年主要国家外汇储备排行

| 排名 | 国家 | 外汇储备/亿美元 |
| --- | --- | --- |
| 1 | 中国* | 42 314.69 |
| 2 | 日本 | 13 442.83 |
| 3 | 瑞士 | 8 912.2 |
| 4 | 印度 | 5 490.87 |
| 5 | 俄罗斯 | 4 570.18 |
| 6 | 沙特阿拉伯 | 4 532.08 |
| 7 | 韩国 | 4 171.13 |
| 8 | 新加坡 | 3 620.88 |
| 9 | 巴西 | 3 515.19 |
| 10 | 德国 | 2 830.12 |
| 11 | 泰国 | 2 416.86 |
| 12 | 法国 | 2 207.34 |
| 13 | 意大利 | 2 085.36 |
| 14 | 英国 | 2 073.45 |
| 15 | 墨西哥 | 1 970.42 |
| 16 | 以色列 | 1 576.83 |
| 17 | 捷克 | 1 559.23 |
| 18 | 美国 | 1 365.68 |
| 19 | 印度尼西亚 | 1 351.11 |
| 20 | 伊朗 | 1 326.57 |

资料来源：国际货币基金组织 (IMF) 下属国际金融统计局(IFS)。

*中国外汇储备明细：大陆（32,165 亿美元），台湾（4,981.7 亿美元），香港（4,916.49 亿美元），澳门（251.5 亿美元）。

外汇储备供给状况直接影响一国的国内经济、对外贸易和国际经济的发展。若供给太少,则很多国家将被迫实行外汇管制或采取其他不利于国际经贸活动顺利开展的措施;反之,若供给太多,又会增加世界性通货膨胀的压力。可见,外汇储备的供应如何在总体上保持适量,是国际金融研究的一个重要课题。

外汇储备由各种能够充当储备货币的货币构成。1880—1914年,英镑是主要的储备货币。二战期间,英镑、美元和法郎都是主要的储备货币。在布雷顿森林体系①时期,美元成为最主要的储备货币。20世纪70年代以来,美国的经济实力相对下降,其国际收支持续出现赤字,美元先后两次大幅贬值,尤其是实行浮动汇率制度以后,各主要货币之间的汇率变动频繁,美元汇率连续下浮,使各国以美元持有的外汇储备的购买力大幅下降。因此,许多国家为保持国际储备的购买力和分散风险,逐步减少美元储备的比重,同时增加马克、日元等储备,使各国的储备资产多样化。不过,美元在世界外汇储备中所占的比重仍然最大。1999年欧元正式启动后,成为与美元相抗衡的国际储备货币,外汇储备货币开始多样化。

充当储备资产的货币必须具备3个条件:①在国际货币体系中占有重要地位;②能自由兑换其他储备资产,因此该货币必须是世界各国普遍接受的国际计价手段和支付手段;③内在价值必须保持相对稳定,各国对其购买力的稳定性具有信心。

**2. 黄金储备**

黄金储备是指一国货币当局持有的货币性黄金,非货币用途的黄金不在此列。任何实体和当局出于交易目的的商业储备所持有的其他黄金均为非货币黄金,与其他商品一样对待。货币性黄金的交易只附属在两个经济体的当局之间或经济体的当局与国际性货币组织之间。

在国际金本位制度和布雷顿森林体系下,黄金储备一直作为最主要的国际储备货币发挥着计价单位、交换媒介、价值贮藏的作用。当时黄金储备是各国干预汇率和发行货币的基础,在各国的国际储备中占有相当重要的地位。但是,二战以来,黄金的储备地位不断下降,20世纪70年代黄金已经成为次要的国际储备,80年代黄金储备在国际储备总额中的比重降到10%以下,目前还不到6%。黄金储备地位下降的主要原因有如下几个。

(1)由于世界经济和贸易的不断发展,一国的国际储备需要不断增加,而黄金开采成本高、产量有限,越来越难以满足经济和贸易发展的需要。而且,持有黄金储备不但不能生息,还需要支付保管费,使各国不愿持有较多的黄金储备,导致黄金储备在国际储备中的比重不断下降。

(2)布雷顿森林体系崩溃后,切断了黄金与货币的直接联系,特别是1976年达成的《牙买加协议》宣布黄金非货币化,黄金不再是货币制度的基础,也不再直接用于国际货币基金组织成员之间和成员与国际货币基金组织的债权债务的清算,同时废除了黄金官价和用黄金向国际货币基金组织缴纳份额的义务,并按市价处理国际货币基金组织所

---

① 布雷顿森林是美国的一个旅游胜地。1944年7月国际货币基金组织在布雷顿森林的华盛顿山酒店召开了"联合与联盟国家国际货币金融会议",通过了《国际货币基金协定》和《国际复兴开发银行协定》,总称为布雷顿森林协定。协定于1945年12月批准生效,从而建立起了以美元为中心的固定汇率体系的国际货币制度,后被称为布雷顿森林体系。

持有的黄金。现在各国如果需要动用黄金储备弥补国际收支逆差或清偿国际债务，只能先将其在黄金市场上出售，换成可自由兑换的外汇，进一步削弱了黄金的储备地位和作用。

尽管黄金在国际储备中的地位和作用逐步削弱，但是大多数国家仍将黄金作为国际储备资产之一。截至2020年11月，全球官方黄金储备共计35 196.9吨。其中，欧元区共计10 772.2吨，占其外汇总储备的60.8%。根据表3-3可以看出，美国官方储备总额位列第一，前十个国家的黄金储备几乎占据了全球黄金储备的一半。实际上，近年来，中国和俄罗斯都在大量增持黄金储备，特别是俄罗斯，早在2018年年初时还比中国少，如今已经连续超越中国，在2020年多出了约350.4吨。

表3-3 截至2020年11月全球官方黄金储备排行

| 排名 | 国家 | 官方黄金储备/吨 | 黄金储备占外汇储备总额之比/% |
| --- | --- | --- | --- |
| 1 | 美国 | 8 133.5 | 79.4 |
| 2 | 德国 | 3 362.4 | 76.6 |
| 3 | 意大利 | 2 451.8 | 71.1 |
| 4 | 法国 | 2 436.1 | 66.7 |
| 5 | 中国* | 2 373.1 | 3.8 |
| 6 | 俄罗斯 | 2 298.7 | 23.9 |
| 7 | 瑞士 | 1 040.0 | 6.2 |
| 8 | 日本 | 765.2 | 3.3 |
| 9 | 印度 | 668.2 | 7.4 |
| 10 | 荷兰 | 612.5 | 69.3 |
| 11 | 土耳其 | 561.0 | 47.4 |
| 12 | 哈萨克斯坦 | 383.3 | 68.7 |
| 13 | 葡萄牙 | 382.6 | 74.6 |
| 14 | 沙特阿拉伯 | 323.1 | 4.1 |
| 15 | 英国 | 310.3 | 11.1 |
| 16 | 乌兹别克斯坦 | 307.3 | 55.6 |
| 17 | 黎巴嫩 | 286.8 | 37.2 |
| 18 | 西班牙 | 281.6 | 21.3 |
| 19 | 奥地利 | 280.0 | 59.4 |
| 20 | 波兰 | 228.7 | 10.5 |

数据来源：国际货币基金组织（IMF）下属国际金融统计局（IFS）。
*中国官方黄金储备明细：大陆（1948.3吨），台湾（422.7吨），香港（2.1吨）。

黄金非货币化后，各国货币当局在动用国际储备时，并不能直接以黄金进行支付，只能先在市场上出售黄金，以获得可兑换货币。那么，为什么在国际金融业高度发达的今天，世界各国政府仍将黄金作为国际储备资产呢？这是因为黄金作为国际储备具有以下优点：①黄金的贵金属特性使它易于被人们所接受，加之世界上存有发达的黄金市场，各国货币当局可以方便地通过向市场出售黄金获得所需的外汇，平衡国际收支的差额。②可以应付突发情况，这是因为黄金储备完全属于国家主权范围，可以自动控制，不受任何超国家权力的干预。在发生战争等特殊情况下，各国货币当局持有外汇储备虽然可用作紧急支付或应急性国际采购,但外汇毕竟是储备货币发行国政府所发行的纸币,出于种种原因用它可能无法购买到所需的物资和服务。黄金既然具有价值,就可以直接派上用场。例如,海湾战争后,国际社会对伊拉克实施了严厉的经济制裁,但伊拉克凭借手中持有的黄金储备购买进口急需用品,最大限度地抵消了制裁的压力。一国货币当局如果没有一定量的黄金作储备,仅持有美元等纸币,则需要冒一定的政治和经济风险。

**3. 普通提款权**

普通提款权又称在国际货币基金组织的储备头寸,是指国际货币基金组织的成员在基金组织中所存放并可调用的头寸。成员在国际货币基金组织的储备头寸包括以下三部分。

(1)成员向国际货币基金组织缴纳份额中 25%的黄金或可兑换货币部分。国际货币基金组织如同一个股份制性质的储蓄互助会。成员在加入国际货币基金组织时,须按一定的份额向该组织缴纳一笔资金,称之为份额。按照国际货币基金组织的规定,认缴份额的 25%须以黄金或可兑换货币缴纳,其余 75%用本国货币缴纳。当成员发生国际收支困难时,有权以本国(或地区)货币抵押的形式向国际货币基金组织申请提用可兑换货币。提用的数额分五档,每档占其认缴份额的25%。申请提用可兑换货币的条件逐档严格。由于第一档提款额就等于该成员认缴的黄金或可兑换货币额,因此条件最为宽松。在实践中,只要提出申请,便可提用这一档。该档提款权为储备部分提款权,其余四档为信用提款权。"储备档"贷款在使用时不需要国际货币基金组织批准,成员随时可用本币购买,因而是一种国际储备资产,构成成员在国际货币基金组织中的储备头寸,即普通提款权的一部分。

(2)国际货币基金组织为满足成员借款需要而使用的该国(或地区)货币。按照国际货币基金组织的规定,成员认缴份额的 75%可以用本国(或地区)货币缴纳。国际货币基金组织向其他成员提供该国(或地区)货币的贷款,产生该成员对国际货币基金组织的债权。一国(或地区)在国际货币基金组织的债权,该国(或地区)可以无条件地提取并用于国际收支逆差的支付。因此,国际货币基金组织为满足成员借款需要而使用的该国(或地区)货币构成成员在国际货币基金组织中的储备头寸,即普通提款权的另一部分。

(3)国际货币基金组织在该国(或地区)借款的净额。国际货币基金组织在该国(或地区)借款的净额也是该成员在国际货币基金组织的债权,同样,一国(或地区)在国际货币基金组织的债权,该国(或地区)可以无条件地提取并用于国际收支逆差的支付,也构成成员在国际货币基金组织中的储备头寸。

**4. 特别提款权**

特别提款权是国际货币基金组织于 1969 年为了解决布雷顿森林体系下国际储备不足的问题而创设的一种储备资产,被称为"纸黄金"。一国(或地区)国际储备中的特别提款权部分是指该国(或地区)在国际货币基金组织特别提款权账户上的贷方余额。在国际货币基金组织的范围内,成员可以用特别提款权来履行原来必须用黄金才能履行的义务,还可以用特别提款权充当国际储备资产,及取代美元清算国际收支差额。特别提款权是国际货币基金组织创设的一种记账单位。它既不是真的货币,也不能兑换黄金,而是由国际货币基金组织按照成员缴纳的份额分配给成员的一种使用资金的权利,作为它们原有提款权,即普通提款权的补充。国际货币基金组织在记账或发放贷款时既不用美元,也不用英镑,而是用特别提款权。

特别提款权是按一篮子主要国际货币计值,并被国际货币基金组织及多个其他国际组织用作记账单位。国际货币基金组织每 5 年检查一次特别提款权中的一篮子货币,确保所包含的货币具有代表性,以及有关货币所占比重能适当反映其在全球贸易与金融体制中的相对重要性。

特别提款权具有以下特点。

(1)特别提款权是一种靠国际纪律创造出来的、只能由成员的中央银行持有的储备资产。它不像黄金那样具有内在价值,也不像储备货币那样以一国的经济实力做后盾。它只是一种记账单位,本身不具有内在价值。

(2)特别提款权与普通提款权不同,它是由国际货币基金组织按份额比例无偿分配给成员的一种额外资产,成员无条件享有,且无须偿还。

(3)特别提款权只能在国际货币基金组织及各成员政府之间发挥作用,具有价值尺度、支付手段、贮藏手段的职能,但没有流通手段的职能,不能被私人用来直接作为国际商品和劳务买卖的媒介。成员可以动用特别提款权向国际货币基金组织指定的成员换取外汇,以支付国际收支逆差。

国际货币基金组织于 2015 年 11 月 30 日宣布将人民币作为除英镑、欧元、日元和美元之外的第五种货币纳入特别提款权(SDR)货币篮子。人民币在 SDR 货币篮子中的权重为 10.92%,美元的权重从 41.9%降至 41.7%,欧元的权重从 37.4%降至 30.9%,日元的权重从 9.4%降至 8.3%,英镑的权重从 11.3%降至 8.1%。新的货币篮子于 2016 年 10 月 1 日正式生效。国际货币基金组织执董会关于将人民币纳入特别提款权货币篮子的决定是中国经济融入全球金融体系的一个重要里程碑,是对中国货币和金融体系改革取得的成就的认可。中国在这一领域的持续推进和深化将推动建立一个更加充满活力的国际货币和金融体系,进而有利于中国及全球经济的发展和稳定。

特别提款权采用一篮子货币的定值方法。货币篮子每五年复审一次。根据美元、欧元、人民币、日元和英镑五种货币的当期汇率及所占权重,计算出货币篮子中各货币的指定款额的等值美元总额,所得总额即为特别提款权的价值。

### (二)借入储备

借入储备是一国政府在国际金融市场上筹措资金的能力,包括向外国政府或中央银行、国际金融组织和商业银行的借款能力。一国的借入储备主要由三部分构成:备用信贷、互惠信贷协议、本国商业银行的对外短期可兑换货币资产。

**1. 备用信贷**

备用信贷是某一成员在国际收支发生困难或预计要发生困难时,同国际货币基金组织签订的一种备用借款协议。协议一经签订,成员在需要时可按协议规定的方法提用,不需要再办理新的手续。这种协议通常包括可借用款项的额度、使用期限、利率、分阶段使用的规定、币种等。备用信贷协议中规定的借款额度,有时并不被完全使用。对于未使用部分的款项,只需缴纳约 1%的年管理费。有的成员与国际货币基金组织签订了备用信贷协议后,甚至根本不去使用它。凡按规定可随时使用而未使用的部分,计入借入储备。备用信贷协议的签订,表明政府干预外汇市场能力的提高和政府干预外汇市场的决心,对外汇市场上的交易者和投机者具有一种心理上的作用。

**2. 互惠信贷协议**

互惠信贷协议是指两个国家签订的使用对方货币的协议。按照互惠信贷协议,当其中一国发生国际收支困难时,可按协议规定的最高限额和最长使用期限,自动地使用对方的货币,然后在规定的期限内偿还。按照此协议获得的储备资产是借入的,可以随时使用。美国在20世纪60年代分别同10多个国家签订过互惠信贷协议,以缓解美元危机。

**3. 本国商业银行的对外短期可兑换货币资产**

本国商业银行的对外短期可兑换货币资产,特别是在欧洲货币市场上的资产,流动性很强,对政策的反应十分灵敏,政府可以通过政策的、新闻的、道德的手段诱导其流动方向。这部分资产的所有权不属于政府,也未被政府所借入。

一国的清偿能力是自有储备与借入储备之和。一国的自有储备多则借款能力强,因此在一定条件下,借入储备与自有储备成正比。借入储备具备国际储备的三个基本条件,目前国际货币基金组织统计的国际清偿能力包括借入储备。但是自有储备与借入储备具有明显的差别。自有储备的最终所有权属于本国货币当局,因而可以自由支配,其主要来源是对他国居民提供商品与劳务赚得的经常项目顺差,同时也包括通过单方面转移和特别提款权分配获得的外汇储备。借入储备的最终所有权则属于非本国居民,主要来源于国际信贷。由于借入储备是以负债的方式获得的,因而具有最终返还的特点,在信贷期限届满时必须按期重新融资,并且须支付利息。在国际金融市场利率、汇率剧烈波动时,重新融资不仅是一种沉重的负担,而且充满风险与不确定性。借入储备还有一个特点是它与一国的资信有关。当一国的外汇储备大量流失时,其资信也会随之迅速下降,与此相应的是借入储备的来源也开始枯竭。

扩展阅读 3.2　人民币加入 SDR

## 第三节　中国的国际储备

### 一、中国国际储备概述

作为国际货币基金组织的创始成员国,我国的国际储备同样由外汇储备、黄金储备、普通提款权及特别提款权四个部分组成。其中,普通提款权和特别提款权的数值由我国在国际货币基金组织的份额决定。

图 3-1 给出了改革开放至 2020 年中国国际储备规模的变化。从总量上看,中国国

际储备在 1990 年以前稳定在较小规模且增长缓慢；1990—2000 年，国际储备规模扩张明显；2000 年以后，国际储备进入高速增长阶段，总量保持着年均 22.3%的增长率，2004 年的增长率甚至超过了 50%；但在 2015 年，国际储备又有所减少。2016—2020 年，中国国际储备规模较为平稳，波动幅度相对较小。

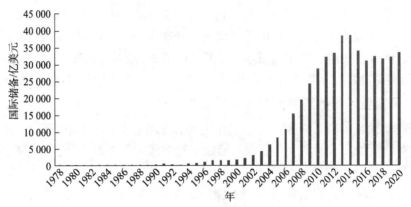

图 3-1　1978—2020 年中国国际储备规模
数据来源：IMF，International Financial Statistics

图 3-2 给出了 1978—2020 年中国国际储备结构的变化。从结构上看，中国国际储备以外汇储备为主的现象越来越明显，1978 年外汇储备占比仅为 72.73%，此后 13 年其占比在 72.73%和 90%之间波动，1991 年以后外汇储备占比均在 90%以上，可见外汇储备在中国国际储备中的重要性；黄金储备占比在 1994 年后大幅下降，这是由于外汇储备的高速增长导致的；特别提款权和普通提款权从 1980 年开始出现在国际储备中，二者的重要性不如外汇储备和黄金储备。2004—2014 年，外汇储备占比在 99%上下浮动。但 2015—2020 年外汇储备的占比逐渐开始下降，黄金储备占比逐渐变大。

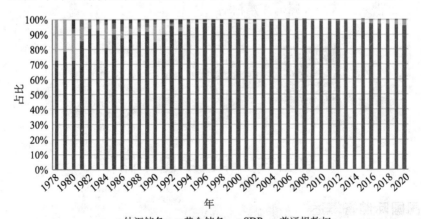

图 3-2　1978—2020 年中国国际储备结构
数据来源：IMF，International Financial Statistics

中国经济保持高增速的同时，外汇储备的增加势头同样比较迅猛。尤其在进入 21 世纪以后，中国国际储备不断创出新高，2001 年超过 2 万亿美元，2006 年超过 10 万亿美元，2009 年超过 20 万亿美元，2011 年超过 30 万亿美元。

## 二、中国的外汇储备

中国外汇储备中美元资产占比较大，其主要持有形式是美国国债和机构债券。依据来自国际清算银行的报告、路透社报道及中国外贸收支中各币种的比例估计，美元资产占 70%左右，日元约占 10%，欧元和英镑约占 20%。

1994 年以前我国外汇储备总量较小但增长明显。我国外汇储备 1993 年达 211.8 亿美元，较 1978 年增长了 12 倍多。1994 年外汇体制改革为我国经济全面走向国际市场创造了条件，此后我国外汇储备进入高增长阶段。1996 年外汇储备规模突破 1 000 亿美元。受亚洲金融危机的影响，1998—2000 年我国外汇储备增长缓慢，3 年累计仅增长 256.84 亿美元。2001 年西方经济持续低迷，中国加入世界贸易组织促使外国直接投资大幅增加，当年我国外汇储备量突破 2 000 亿美元居于世界第二位。入世后，中国的进出口贸易高速增长及美元利率的下降，进一步促进了外汇的流入。因此，在经常项目和资本项目双顺差的推动下，中国的外汇储备出现大幅增长，2006 年 2 月底更是达到 8 536 亿美元，首次超过日本的 8 501 亿美元，跃居世界第一。但自 2010 年开始，外汇储备增速放缓；2015 年 12 月，外汇储备减少 1 079 亿美元，全年累计出现了首次下滑。2016 —2020 年，外汇储备波动幅度相对较小，规模继续保持相对稳定。

究其原因，中国的巨额外汇储备是通过强制结汇建立的。企业出口产品收入的美元必须按照固定汇率强制换成人民币，为国家积累外汇。因此，外汇储备迅速增长。2008 年中国政府为了降低官方外汇储备，修订了《外汇管理条例》，明确企业和个人可以按规定保留外汇或者将外汇卖给银行。但是 2008 年以后，以美国为首的西方国家不断给中国施压，要求人民币升值。这就促使出口企业倾向于卖掉外汇，进而造成我国外汇储备一直居高不下。2015 年人民币贬值使资本出现外逃，导致外汇储备减少。中国在经过了经济高速发展、外汇储备大幅增加的周期前半段后，已经步入了经济向中高速发展转换、人民币国际化进程加速的周期后半段，因此 2016 年之后外汇储备的规模下降并逐渐保持平稳是符合周期规律的现象。

扩展阅读 3.3　如何看待中国巨额的外汇储备

## 三、中国的黄金储备

布雷顿森林体系瓦解后，黄金逐渐失去了在国际储备体系中的主导地位，随着 1976 年《牙买加协议》明确了黄金非货币化，黄金在全球储备中所占比重也在不断下降。

1978—2000 年，我国黄金储量基本不变。原因在于黄金非货币化后不能直接用于支付，也不能用来干预汇率，在标准的定义上，它已经丧失了国际储备的基本职能。黄金不能生息且存在昂贵的贮藏费用，其收益仅靠金价上涨获得，而 80 年代国际金价处于较低水平，90年代后更是一路下跌。我国在结构管理方面强调储备资产的流动性与收益性，故采取较低比重的黄金储备和较高比重的外汇储备的组合。

2001年以来，黄金储备分阶段增长。一是由于国际金融市场风险加大，同时金价上升，黄金作为一种价值实体，在不确定时期所具有的投资避风港作用开始凸显；二是由于进入21世纪后，我国外汇储备高速增长，为了平衡国际储备结构，充分发挥黄金的保值作用，增加黄金储备十分有必要。2008年金融危机后我国大幅增持黄金充分肯定了黄金的安全性，而2015年我国黄金储备再次大幅增加，体现了加速人民币国际化的意图，同时逐渐摆脱对美元的过度依赖。尤其是2015年12月1日IMF批准人民币进入SDR后，黄金储备的增加可以为人民币的币值稳定和国际化提供必要的信心保障和支撑。2019年，世界经济形势算不上好，不少国家的央行纷纷放水，期待降息能够换来经济增长，而这无疑拉低了市场利率。加上一些地区的局势不稳定，导致全球对于黄金等避险类资产的需求急速上升，增持黄金是这段时期许多国家央行的共同选择。因此，2019年的中国黄金储备较2018年也大幅增长。

## 四、中国国际储备管理

### （一）中国外汇储备管理历史

#### 1. 1978年以前外汇储备的经营管理

计划经济时期，由于外汇资源短缺，对外汇实行的是高度集中的、以行政手段管理为主的统收统支的外汇管理体制。外汇储备由"大一统"性质的中国人民银行集中管理，中国银行作为中国人民银行领导下的外汇业务部门，负责具体执行外汇储备的经营管理工作，外汇储备量反映在中国人民银行的外汇结存账户中。

在"集中管理、统一经营"的原则下，外汇政策和立法以外汇的国家垄断为基础，实行集中管理。外汇收支实行指令性计划，"统收统支，以收定支"，企业无权持有外汇，一切外汇收入必须缴售给国家，需用外汇由国家按计划分配。管理方式采取行政手段，依靠指令性计划和各项内部管理方法对外汇收支进行管理。国家基本上不向外国借款，也不吸收外国直接投资。

这种高度集中统一的外汇管理体制与当时的计划管理体制和国家垄断的外贸体制相适应，是国家对外封闭环境下的产物。由于对外经济活动规模很小，企业没有自主经营权，也无须承担对外支付结算的风险，一切偿付能力和责任都由国家统一承担。因此，这一时期的外汇储备管理侧重业务操作。

#### 2. 1979—1993年外汇储备的经营管理

外汇体制逐步由集中走向放松，外汇储备管理逐步引起关注。这一时期顺应对外贸易体制改革要求，国家在外汇管理方面出台了一系列改革措施，陆续公布了《中华人民共和国外汇管理暂行条例》（1980）、《中华人民共和国银行管理暂行条例》（1986）及相关的实施细则。同时，对原有的外汇分配制度进行了改革，从"统收统支""指令性计划分配"改为企业具有一定自主权的"外汇留成制度"，企业可以将留成外汇用于进口，也可以在外汇调剂市场上出售。外汇调剂市场的建立和发展，人民币汇率制度的初步改革使配置外汇资源的市场机制不断完善和发展,这也对吸引外资、鼓励出口创汇、支持国民经济建设发挥了积极作用。这一时期还放松了对个人外汇的管理,允许国内居民开立外汇存款账户,允许各专业银行办理外汇业务等。随着对外经济交往在国民经济中的地位不断提高,国际储备对国家经济的贡献日益明显,同期,随着布雷顿森林体系的瓦解,大多数国家采用浮动汇率制度,汇率变化频率加快,国际金融市场动荡加大,直接影响我国外汇储备价值和支付能力的稳定,外汇储备管理逐步引起国家的关注,促进了我国外汇储备管理的发展。

《中华人民共和国银行管理暂行条例》规定国家外汇储备由中国人民银行管理,统一执行外汇储备监督管理职能。至此,外汇储备管理出现多主体并存的格局:中国人民银行委托中国银行经营部分国家外汇储备、中国人民银行自己经营部分外汇储备(主要是由下属的国家外汇管理局及专门机构进行经营与管理)、中国人民银行委托其他国有商业银行(如交通银行)经营部分国家外汇储备。

另外,国家调整了外汇储备统计口径。1979—1991年,我国对外公布的国家外汇储备都是由国家外汇库存和中国银行外汇结存两部分组成的。自1992年起,我国将外汇储备的统计口径调整为仅指国家外汇库存,中国银行的结存则在资本项目中反映。

综上所述,这一时期我国外汇储备管理处于起步阶段,对外汇储备管理基本反映在外汇管理和经营上,经营模式粗放,经营机构分散,管理目标并不明确,尚未建立科学的管理体系。

**3. 1994—2000年外汇储备的经营管理**

外汇体制改革使外汇储备的管理权力开始集中。1994年国务院正式授权中国人民银行下属的国家外汇管理局经营外汇储备。国家外汇管理局专门成立了中央外汇业务中心(储备管理司)对外汇储备进行管理,将多元主体管理转变为央行独立管理。

这一时期管理部门对外汇储备的管理目标和原则也逐渐明晰。外汇储备管理目标是保证充足的外汇储备,以满足国家需要。管理原则是安全性、流动性和收益性。国家外汇管理局制定了包括岗位责任制、交易管理规定、清算管理规定、会计管理规定、系统运行管理规定、交易对手授信额度管理规定、统计报告制度、财务管理规定等多项外汇储备管理规章制度,储备管理行为逐步规范。同时,外汇储备的管理水平也在逐步提高。针对形势变化,国家外汇管理局不断改善管理,调整管理策略。例如,将1999年确定为储备经营管理的"管理年",从经营、操作、风险、系统和人员等方面全面加大管理力度,并重新梳理经营管理的各个环节,查找管理中存在的不足,力图挖掘储备经营管理的内在潜力。2000年8—10月,国家审计署对储备经营管理工作进行了全面审计,对储备资产的真实性、安全性和储备管理的内控制度给予了肯定。

可以看到,这一时期管理机构逐渐统一集中,管理目标开始明确,管理行为日益规范,逐步建立了外汇储备经营管理的框架。但总体而言,管理专业化程度还比较低,为了规避国际金融风险,储备投资处于保守状态,突出安全性和流动性管理。

**4. 2001年以来外汇储备的经营管理**

这一时期外汇储备的高速增长对中国外汇储备管理提出了新的要求。外汇储备管理逐渐由粗放式经营转变为精细式经营、从消极管理转向主动管理。2000 年年底国家外汇管理局提出了以投资基准为中心的指数化经营概念。储备投资基准包括优化的币种结构、资产结构安排，以及具体的产品和期限分布结构。基准应根据储备投资的目标，在充分认证历史数据的基础上，考虑未来的发展变化，结合经营实际确定，并随着经营目标和授权、国际金融市场环境和国内宏观经济政策的变化进行调整。围绕投资基准，国家外汇管理局对储备结构进行了多元化调整，如增加欧元的比例、拉长投资期限、加大对高信用等级非政府债券的投资，积极开展回购交易和债券出借业务等。

2002 年之后，随着中国外汇体制改革的不断深入和完善，整个外汇管理格局已逐渐从控制外汇流出的"单一监管"转为对外汇流入和流出的"全过程监管"，从对企业进行"直接管理"转为通过银行等机构进行"间接性合规管理"，而监管方式也从"事前审批"转为"事后监督"，对储备的经营则以投资基准管理为核心，逐渐建立起适应大规模储备经营需要的投资管理框架。

2003 年年底，国家首次动用 450 亿美元的外汇储备，注资中国银行和中国建设银行两家股份制试点银行，注资额占外汇总储备的 11%，实现外汇储备资金运用上的大胆创新。与此同时，成立了中央汇金投资有限责任公司（简称中金公司），代表国家行使重点金融企业出资人的权利和义务。中金公司成立后，利用外汇储备于 2005 年 4 月向中国工商银行注资 150 亿美元，于 2005 年 7 月向中国进出口银行注资 50 亿美元，于 2007 年 12 月 31 日向国家开发银行注资 200 亿美元。

为了提高储备资产的投资收益，经国务院批准，于 2007 年 9 月 29 日成立中国投资有限责任公司（以下简称中投公司）作为中国人民银行之外新设立的国家级外汇投资机构，专门从事外汇资金投资业务。中投公司的成立，被视为中国外汇管理体制改革的标志性事件，以及中国探索外汇投资渠道、提高外汇投资经营收益的实质性举措。

### （二）中国外汇储备管理机构

目前我国管理外汇储备的机构主要有两个，即国家外汇管理局和中投公司。

#### 1. 国家外汇管理局

国家外汇管理局是国务院部委管理的国家局，由中国人民银行管理。其基本职能包括：①研究提出外汇管理体制改革和防范国际收支风险、促进国际收支平衡的政策建议；研究逐步推进人民币资本项目可兑换、培育和发展外汇市场的政策措施，向中国人民银行提供制定人民币汇率政策的建议和依据。②参与起草外汇管理有关法律法规和部门规章草案，发布与履行职责有关的规范性文件。③负责国际收支、对外债权债务的统计和监测，按规定发布相关信息，承担跨境资金流动监测的有关工作。④负责全国外汇市场的监督管理工作；承担结售汇业务监督管理的责任；培育和发展外汇市场。⑤负责依法监督检查经常项目外汇收支的真实性、合法性；负责依法实施资本项目外汇管理，并根据人民币资本项目可兑换进程不断完善管理工作；规范境内外外汇账户管理。⑥负责依法实施外汇监督检查，对违反外汇管理的行为进行处罚。⑦承担国家外汇储备、黄金储备及其他外汇资产经营管理的责任。⑧拟订外汇管理信息化发展规划和标准、规范并组织实施，依法与相关管理部门实施监管信息共享。⑨参与有关国际金融活动。⑩承办国务院及中国人民银行交办的其他事宜。国家外汇管理局为副部级国家局,内设综合司(政策法规司)、国际收支司、经常项目管理司、资本项目管理司、管理检查司、储备管理司、人事司(内审司)、科技司、监察室等9个职能司(室)和机关党委,设置中央外汇业务中心、外汇业务数据监测中心、机关服务中心、中国外汇管理杂志社等4个事业单位。

**2. 中投公司**

为了充分利用外汇储备,实现国家外汇资金多元化投资,国务院批准设立的从事外汇资金投资管理业务的国有独资公司——中国投资有限责任公司(简称中投公司)于2007年9月29日在北京成立。该公司的注册资本金为2 000亿美元,来源于中国财政部通过发行特别国债的方式筹集的15 500亿元人民币,是全球最大主权财富基金之一。公司实行政企分开、自主经营、商业化运作的模式;业务以境外金融组合产品的投资为主,并在可接受的风险范围内,争取长期投资收益最大化。中投公司的成立实际上担负了两方面的政策预期:①通过分担外汇储备管理职责,使货币当局降低管理大规模外汇储备的压力,增加货币政策的独立性;②促使外汇储备投资渠道多元化,提高收益率。

中投公司下设三个子公司,分别是中投国际有限责任公司(简称"中投国际")、中投海外直接投资有限责任公司(简称"中投海外")和中央汇金投资有限责任公司(简称"中央汇金")。中投国际于2011年9月设立,承接了中投公司当时所有的境外投资和管理业务。中投国际开展公开市场股票和债券投资,对冲基金和房地产投资,泛行业私募基金委托投资、跟投和少数股权财务投资。中投海外于2015年1月成立,是中投公司对外直接投资业务平台,通过直接投资和多双边基金管理,促进对外投资合作,力争实现投资收益的最大化。中央汇金根据国务院授权,对国有重点金融企业进行股权投资,以出资额为限代表国家依法对国有重点金融企业行使出资人权利和履行出资人义务,实现国有金融资产保值增值。中央汇金不开展其他任何商业性经营活动,不干预其控参股的国有重点金融企业的日常经营活动。中投国际和中投海外开展的境外业务与中央汇金开展的境内业务之间实行严格的"防火墙"措施。

扩展阅读3.4 谁在影响着我国外汇储备?

## 思考与练习

1. 简述国际储备与国际清偿能力的联系与区别。
2. 试述国际储备的发展变化。
3. 简述外汇储备多元化发展的原因。
4. 试述人民币加入特别提款权的意义。

5. 简述世界各国持有国际储备的原因。
6. 简述国际储备的作用。
7. 简述我国国际储备的现状。
8. 简述我国管理外汇储备的主要机构及其职能。

中国外汇储备规模保持稳健

即测即练        扫码答题

# 第四章

# 国际资本流动

【学习目标】

- 掌握国际资本流动的基本概念和基本原理
- 了解国际资本流动的形成原因、类型、特点及发展趋势
- 知道国际资本流动的影响
- 熟悉国际资本流动与金融风险的关系

国际资本流动对全球经济的稳定和发展有重要的影响。由于各国的经济发展水平和生产成本不同以及利差的存在,资本为追逐利润而形成了资本的国际流动;同时,一国的政治、经济风险的存在也促使国际资本流动。本章将介绍国际资本流动的基本内容及其影响,探讨国际资本流动与金融风险的关系。

## 第一节 国际资本流动概述

### 一、国际资本流动的含义及类型

国际资本流动是指资本从一个国家或地区转移到另一个国家或地区。它不同于商品交易之间所有权的转移,而是以资本使用权的有偿转让为特征,体现了一国与他国之间的债权债务关系。由于资本既可以表现为货币形式,也可以表现为设备、技术、劳动力等实物形式,所以国际资本流动既可能是货币资金的转移,也可能是生产要素的转移。

国际资本流动是目前国际经济交往中的一种常见类型。这种经济交往与国际商品或劳务的交易有区别:商品交换实现了货币所有权的转移,而国际资本通过货币资本的国际转移,仅仅实现了货币使用权、支配权的让渡,并未发生货币所有权的转移。资本输出国让渡资本使用权,但仍拥有资本的所有权,因而形成对外的债权,并从中获得利息、股息或利润收益。资本输入国获得资本使用权,但并未获得资本的所有权,因而形成对外债务,并要对外支付利息、股息或利润。因此,所谓资本流动,更确切地说,是指货币资本的使用权在国际间的有偿让渡和转移,这种转让是以盈利为目的的。在当今世界各国,资本流入和资本流出往往同时存在,两者在一定时期内所形成的差额称为资本流入(出)净额,集中反映在一国的国际收支平衡表中。

国家或地区之间进行资本转移的形式、方式、类型或渠道多种多样:从流向上划分,有资本流出与资本流入;从时间上划分,有长期流动和短期流动;从载体或工具上划分,

有国际借贷、直接投资、间接投资、国际租赁等。本章采用最常规的方法即按时间长短不同把国际资本流动分成两大类：长期资本流动和短期资本流动。区分长短期资本流动的时间节点常以一年为界限。

### （一）长期国际资本流动

长期国际资本流动是指使用期限在1年以上的资本流动，包括国际直接投资、国际证券投资和国际信贷三种形式。

**1. 国际直接投资**

国际直接投资是指以参与控制企业生产经营活动为主要形式，并以赢得最大收益为目的的投资，如外国独资经营、合资经营与合作开发、购买公司股权等。国际直接投资的投资项目一般较为稳妥，成功率高，同时也可获得较高的收益率，东道国在这方面优势更加明显。但是它也有不足之处，外国投资者有可能为了保证核心技术的占有，只投入过时的技术与设备。项目若安排不当会对民族工业产生一定的冲击，也可能由此造成对外国投资的依赖。

**2. 国际证券投资**

国际证券投资又称间接投资，是指通过在国际债券市场购买中长期债券或者在国际股票市场上购买外国公司股票实现的投资。国际证券投资者可以是国际金融机构、政府、企业或个人。对于一个国家来说，在国际证券市场上出售债券和股票，意味着资本流入，称为筹资；在证券市场上买进债券和股票，意味着资本流出，称为投资。

证券投资与直接投资的区别在于证券投资者对于投资对象企业并无实际控制权和经营管理权，即使是购买股票也没有达到能够控股的比例。因此，证券投资者只能收取债券或股票的利息或红利，而直接投资者则持有足够的股权以经营管理投资对象企业，并承担企业的经营风险和享受企业的经营利润。

**3. 国际信贷**

国际信贷主要是指一年以上的政府贷款、国际金融机构贷款和国际银行贷款。其主要特征是：①不涉及在外国设立企业或收购企业股权；②不涉及国际证券的发行和买卖；③收益是利息和有关费用；④风险主要由借款者承担。

### （二）短期国际资本流动

短期国际资本流动是指使用期限在1年以下或即期支付的资本流动，主要是通过各种信用工具进行的。信用工具主要指政府短期债券、可转让银行定期存单、银行票据、商业票据、银行活期存款凭证等。短期国际资本流动按流动目的可分为以下三种。

**1. 国际贸易资本流动**

国际贸易资本流动是指由国际贸易引起的货币资金在国际间的流动。国际贸易活动的进行必然伴随着国际结算，引起资本从一国或地区流向另一国或地区，这种资本流动通常是短期的。在国际贸易中，出口商允许进口商延期支付货款，延期支付实际上就是对进口商融通资金。这里所指的国际贸易资本流动就是由于对外贸易而发生的短期资金融通。在进行资金融通时，进口国不是发生对外债务的增加，就是发生对外债权的减少，从而导致国际贸易资本流动。

**2. 银行资本流动**

银行资本流动是指各国外汇专业银行之间由于调拨资金而引起的资本国际转移。各国外汇专业银行在经营外汇业务的过程中，不可避免地会出现外汇头寸多余或不足，为避免汇率变动的风险、保证业务的正常进行，各国外汇银行需要借助同业间的交易及时进行头寸调拨。各国外汇专业银行也会在国际金融市场上从事套汇、套利等活动。这些均导致银行资本在国际间的短期流动。

**3. 保值性资本流动**

保值性资本流动是指短期资本的持有者为使资本不遭受损失而在国与国之间调动资本所引起的资本国际转移。保值性资本流动又称**资本逃避**（capital flight）。发生保值性资本流动的原因主要有：国内经济状况恶化，国际收支持续逆差，国内政局不稳定，资本失去安全保障；货币存在贬值的风险；国家实行严格的外汇管制，资本运用受限制等。出现上述情况时，短期资本持有者会将资本抽调到政局稳定、货币币值稳定且外汇管制较松的国家或地区，以避免所持资本贬值，达到保值目的。

## 二、国际资本流动的根本原因

国际资本流动实质上是资本的国际化，即资本的循环和增值，从一国的范围向国外的延伸。因为资本流动天生具有国际性，正是资本这种国际性的本质，促使资本家们奔波于世界各地，去开拓市场发展国际贸易和国际投资，追求在风险最低的前提下获得尽可能多的超额利润，从而导致资本在世界各国之间的流动。

### （一）国际金融市场资金供给充足

供求规律是市场经济运行的主要规律之一。一旦供求失衡，商品和生产要素就会流动，直至达到新的均衡。同时，世界市场的出现，又使商品和生产要素的流动国际化。资本作为生产要素或一种特殊商品，也不例外，会出现资本流动的国际化。

从国际资本的供给方面看，发达国家的经济发展水平高，资本积累的规模越来越大，但其国内经济增长缓慢，各种经济矛盾不断激化，国内投资场所日益萎缩，投资收益逐渐下降，因而出现了大量相对过剩的资本。在这种情况下，过剩的资本就会流向海外投资环境较好的国家，特别是劳动力充裕、自然资源丰富的发展中国家，以谋取高额利润。从国际资本需求方面看，大多数发展中国家的经济落后、储蓄率低，金融市场不成熟，国内资金远不能满足经济发展的需要。为解决这一问题，它们不得不以积极的姿态和优惠的待遇引进外国资本，从而形成了对国际资本的巨大需求。

### （二）利率和汇率

利率和汇率是市场经济运行中的两大经济杠杆，对国际资本流动的方向和规模有十分重要的影响。

利率的高低在很大程度上决定了金融资产的收益水平，进而作用于国际间的资本流动。出于对利润的渴望，资本总是从利率较低的国家流向利率较高的国家，直至国际间的利率大体相同时才会停止。当前，国际利率差异主要表现为各国国内金融市场利率与欧洲货币市场利率的差异。当国内金融市场利率高于欧洲货币市场利率时，欧洲货币市场上的资本就会流向国内；反之，国内金融市场上的资本就会流向国外。由国际利率差异引起的资本流动并不是无条件的，还受货币的可兑换性、金融管制和经济政策目标等因素的制约。

汇率的高低与变化通过改变资本的相对价值，对国际资本流动产生影响。如果一国的货币贬值，以该国货币表示的金融资产价值就会下降；如果一国的货币升值，以该国货币表示的金融资产价值就会上升。为避免贬值造成的损失，或获取增值带来的收益，在汇率不稳定时，投资者将根据自己对汇率的预期，把手中的金融资产从一种货币形式转换成另一种货币形式，进而导致资本从一个国家和地区转移到另一个国家和地区。

一般来说，利率与汇率往往分别或共同促使资本在国际间流动。例如，一国利率提高，会引起国际短期资本内流，增加外币的供给，从而使本币汇率上升；一国利率降低，则会引起该国短期资本外流，减少外币的供给，从而使本币汇率下降。

### （三）金融原因

国际范围内存在巨额的金融资产，要通过国际资本流动实现保值和增值的目的，由于各个金融市场的收益率和风险状况存在巨大差别，国际资本希望通过在不同的金融市场上流动实现收益和风险的最佳组合。

### （四）风险防范

在现实经济生活中，由于市场的缺陷和各种消极因素的存在，造成投资者经济损失的风险随时可能出现。这种风险，除表现为利率和汇率变化可能导致资本价值减少外，还大量地表现为政治局势不稳定、法律不健全、民族主义情绪高涨、战争爆发、通货膨胀加剧和经济状况恶化等对资本的安全和价值的不利影响。为规避风险，大量资本从高风险的国家和地区转向低风险的国家和地区。发达国家之间的资本流动规模扩大，就是出于这方面的考虑。同时，从投资策略来看，为了降低风险可能造成的损失，国际资本不仅要求投资分散于国内不同的行业，而且要求投资分散于不同的国家。

### （五）经济政策

一国政府为引导和协调国民经济发展所制定的经济政策对国际资本流动的影响也很大。例如，为克服国内资金短缺的困难，政府会制定一系列优惠政策吸引外国资本；当国际收支出现逆差时，政府会利用资本输入，暂时改善国际收支状况；为刺激国内经济发展，政府可能实行赤字预算和通货膨胀政策，而财政赤字和通货膨胀也会引起国际资本流动；为调节国际资本流动的方向和规模，政府可能采取或松或紧的外汇管制，并制定国内外的投资政策和指南等。特别在世界经济不景气或国际经济关系不稳定的时期，各国经济政策对国际资本流动产生的影响更为明显。

### （六）技术及其他因素

科学技术尤其是电子技术在银行业和金融市场上的广泛运用，将世界各大金融中心连为一体，使国际资本可以 24 小时不间断地流动，流动过程可以在短短的几秒钟内完成，国际资本流动的便利度和速度都大为提高。

综上所述，资本在国际间流动的根本原因是各国的综合资本收益率不同。获取高额利润仍然是国际资本流动的内在动力和根本原因。由于世界经济发展的不平衡，各国资本的预期收益率必然存在差异。若一国资本的预期收益率高于他国，在其他因素相同的情况下，资本便会从他国流向该国；反之，若一国资本的预期收益率低于他国，且有较大风险，不仅外国资本会从该国抽走，本国资本也会大量外流。可见，资本从预期收益率低的国家或地区流向预期收益率高的国家或地区，是国际资本流动的最根本原因。当然，过剩资本所追求的不仅是较高的收益率，更为重要的是追求利润的最大化。追求较高的资本预期收益率，尤其是追逐高额利润是国际资本流动的内在动因。此外还有一系列因素也对国际资本流动产生重大影响，而资本的本性是最大限度地实现价值增值，这就决定了资本从低收益率国家向高收益率国家的不断转移，从而形成国际资本流动。

## 三、国际资本流动的趋势和特点

近年来，由于受到国际金融危机、欧债危机先后爆发，以及各经济体经济复苏前景和货币政策走向存在差异的影响，国际资本流动规模和流向在不断地进行调整切换，呈现新趋势、新特点。

### （一）国际直接投资迅速增长然后见顶回落

2000年以来全球外国直接投资（FDI）虽然保持上升的大趋势，但是阶段性波动剧烈。2004年以后，新兴市场国家与发展中国家持续发力，成为经济全球化浪潮中的积极参与者，带动全球经济发展，全球FDI在2007年达到阶段性高点，2008年受经济环境影响比2007年下降15%。2010—2014年，世界经济逐渐从金融危机中复苏，全球FDI企稳回升，并在2015年达到近20年的最高点。然而，自2016年起，逆全球化浪潮卷土重来，拖累全球FDI连续3年下降。国际贸易和发展会议《2019年世界投资报告》指出，2018年全球FDI同比下降13%，降至1.3万亿美元。这是该数据连续第三年下降且创2008年全球金融危机以来的最低水平。

2016—2018年，从流入和流出两个方向的情况看，发展中国家FDI变化较为平缓，发达国家规模则起伏较大。流入方面，发达国家FDI流入显著减少，2018年更是减少40%至4 510亿美元，拖累全球FDI。流出方面，发达国家和发展中国家均相对平稳。从全球看，各国直接投资的目的地变化明显，发展中国家成为投资热土，但对外投资的"主力"仍然是发达国家。

### （二）国际证券投资由净流入转为净流出

证券投资方面，发达经济体2008—2014年一直为资本净流入，2015年首次呈现证券资本净流出，2016年延续净流出态势，证券投资净流出规模加大。发达经济体的证券投资流动出现分化，美国的证券投资与主要发达经济体的整体特点相反，证券投资持续净流入，而其余发达经济体的资本净流出规模加大。新兴市场和发展中国家的证券投资自2015年由净流入转为净流出，2016年延续了净流出态势。全球经济普遍低迷的大背景下，资金大幅流入经济复苏与证券市场表现相对强劲的美国资本市场。2017年之后，全球国际证券投资仍为净流出态势，但规模小幅递减，这主要是由于美国经济较为强劲的复苏势头及美元加息预期使全球投资者提高了美元资产配置的比重。美国证券投资净流入规模的增长最终导致其他发达国家和新兴市场国家（地区）的证券资本流入规模大幅缩减。

### （三）国际资本地域流动呈双向化发展

从总体上看，发达国家作为资本主要流入和流出地域的格局没有改变，国际资本流动大幅增加的主要原因在于欧美发达地区间相互直接投资的急剧膨胀。随着发展中国家经济的发展和贸易自由化的逐步加大，其吸收外部资金的需求与能力的增长超过了发达国家资本流入量，占世界总流入的比重开始增加。外资的大量流入不仅为这些国家增加了就业而且促进了经济和对外投资的发展与壮大，形成了资本运动过程中的双向交叉式发展。这种趋势加剧了资本的全球化融合，使国际分工进一步细化，国际比较优势发挥得更好。

### （四）国际资本流动中官方资本减少，私人资本增加

国际资本流动从性质或主体结构看，大致分为官方和私人两大部门。二战后，政府部门的资本流动曾在整个国际资本流动中占主导地位，尤其是在二战后欧洲的恢复重建和日本经济的崛起过程中。近年来，官方发展融资逐年减少，私人资本流动已占全球资本流动的3/4以上。国际私人资本扩展与发展主要得益于科技进步和世界经济一体化发展，科技进步提高了企业的盈利能力和水平，为增加资本积聚和积累创造了条件，从而出现大量资本过剩。世界经济一体化发展为过剩资本提供了新的跨国投资和盈利机会，特别是许多发展中国家实行市场经济改革和大规模私有化及放松金融管制，为资本的流入创造了前所未有的条件，从而使私人资本流动的主导地位进一步加强。

### （五）国际资本流动期限结构日益模糊

国际资本流动通常被划分为长期资本流动和短期资本流动。长短期资本流动划分的期限标准通常为一年。显然，这两类资本流动的动机、目的及对一国国际收支平衡乃至整个世界经济的稳定与发展的影响是不同的，对其监管的要求和认知程度也不一样。整个国际资本流动中，人们对长期资本流动基本上是肯定、支持、欢迎和鼓励，而对短期资本流动则往往是关注、警惕甚至是设法限制。但是，随着近来全球金融与贸易管制的放松，金融创新层出不穷，尤其是金融产品创新和资产证券化，使国际资本流动中长短期资本相互转化既方便迅速又极为频繁，如大额定期存单、货币与利率互换、票据贴现与展期等，从而使国际资本流动的期限结构日趋模糊。现实经济生活中，已经很难明确区分长期资本流动和短期资本流动。同时，大量短期资本经常混杂在国际贸易或长期资本中一起流动，监管难度越来越大，成本也越来越高。

扩展阅读4.1　40年来中国国际资本流动的变化

## 第二节 国际资本流动的影响

国际资本流动已经成为世界经济发展的主要推动力。因此，无论是长期资本流动还是短期资本流动，都将对资本输出国、资本输入国和整个世界经济产生多方面的影响。

### 一、中长期国际资本流动

#### （一）积极效应

**1. 中长期资本流入有利于欠发达国家的资本形成，促进经济长期发展**

资本形成不足是阻碍欠发达国家经济发展的主要问题，较低的收入水平使资本在形成的同时受到来自需求和供给两方面的压力。从这个意义上讲，引进外资是促进欠发达国家资本市场发展的有效途径。一方面，外资注入可以补充发达国家的资本供给，为其发展本国经济、增加贸易和提高国民收入创造有利条件；另一方面，有效利用引进的外资，可以增加对本国人力资源与自然资源的需求，在提高资源利用效率的基础上提高生产力，从而实现国民收入增长，逐渐摆脱贫困。

具体而言，外国直接投资的决策由外国投资企业做出，即使并不完全符合本国发展目标，仍会直接作用于国内的资本形成，为资本流入国增添新的生产力。至于国际借款（银行信贷、政府信贷或是债券发行等）和政府间的赠与款项，其使用方向则完全取决于资本流入国自身。或者由政府统筹，用于建设公共服务事业和作为社会经营资本，从而奠定长期经济发展的基础；或者由国内企业在利润最大化目标指导下自主决定投资项目，对本国经济成长也具有积极作用。

**2. 中长期资本流入有助于平抑国内经济周期的波动**

由于获得非居民的外国直接投资、银行贷款或证券投资资本，国内微观主体的金融活动范围将超出本国市场的界限。这使国内企业和消费者可以在本国经济衰退时借助资本输入而继续从事投资和消费活动，在经济增长时再对外进行清偿。通过这种方式，国际资本流入在很大程度上发挥了平抑流入国经济周期的作用，可以为本国经济体系提供更大的稳定性。

与此同时，国内投资者也在一定程度上享受了在国际范围内进行多样化投资的好处，降低了因为国内经济波动而必须面对的风险。而相对提高的收益水平则有可能刺激国内储蓄和投资活动，使资本流入国的产出效应进一步放大。

**3. 资本流出有利于提高本国资源的利用效率**

在多数富裕的发达国家，市场成熟度越高，利润平均化作用越明显，寻找高收益投资项目的难度也就越大。如果资本流动不受阻碍，那么储蓄资源就会流向最具发展潜力、使用效率最高的地方，挖掘更高收益的投资项目，使资源可以在更大的范围内得到合理而充分的配置。此外，流入国国民收入的提高必然带动进口增加，如果新增进口的大部分订单落入资本流出国的手上，则意味着流出国的出口将会扩大。在外贸乘数的作用下，这就会引起该国国民收入水平提高，于是储蓄和投资增加，收入水平可能进一步提高。

由此可见，在一定条件下，资本输出甚至可以推动本国收入水平进入一个螺旋上升的良性循环。虽然当期的资本外流对国内投资水平具有一定的挤出效应，但是从长远来看，未必会导致国内消费与投资的减少。只要资本输出的资金来源选择得当，资本输出国的消费与投资不仅不会减少，反而可以成为推动国民收入增长的有利因素。

### （二）不利影响

对资本流入国来说，在享受国际资本流动的各种积极效应的同时，也不得不面对伴随而来的风险甚至危害。而一旦处理不当，就很可能陷入危机，招致严重的损失。

**1. 中长期国际资本流动与汇率稳定**

汇率变动时资本跨国流动不可避免会遇到问题，而且期限越长，外汇风险程度可能就越高。从宏观上看，汇率变动可能因为贸易条件恶化或引起旅游业波动而改变一国的资本流出状况，也可能因为货币当局调整外汇储备规模和结构而影响资本流向和数量，从而对国民收入、国内就业及经济发展等宏观因素不利。从微观上看，汇率波动超出预期水平，会加大企业成本与收益核算的难度，从而影响企业涉外业务，进而影响私人资本的跨国流动；如果汇率变动加大了企业的债务负担，造成企业不能按时偿还外债，就会影响国际资本的进一步流入，并最终影响企业的经营战略。

**2. 中长期国际资本流动与利率稳定**

利率变动使借贷双方都面临遭受损失的可能，而且期限越长，相应的利率风险可能越高。对国际商业银行来说，资金来源往往是吸收存款或发行金融债券，与资金运用之间存在利率不匹配的问题。这不仅表现为浮动利率与固定利率的不匹配，也表现为利率期限的不匹配。所以，国际金融市场利率的变动有可能使国际商业银行在支付借款利息和收取贷款利息两方面同时蒙受损失，比申请国际银行信贷的涉外企业面临更加复杂的利率风险。

就国际债券而言，债券发行人所面对的利率风险与上述借款企业相似。而对债券投资者来说，如果随时考虑在二级市场变现，则在购买了固定利率债券后，一旦市场利率上升，不仅要承受少收利息的经济损失，还必须面对债券市场价格下跌造成的价差损失。如果是投资于浮动利率债券，则在购买日到转让日之间，一旦市场利率下跌，也要承受少收利息的经济损失，但是债券市场上升可能在转让时产生资本利得，从而在一定程度上减少利率风险的损害程度。

**3. 中长期国际资本流动与银行稳定**

发展中国家的金融体系大多以间接融资为主，所以流入的国际资本中有相当一部分会首先进入这些国家的银行体系。20世纪90年代私人资本大规模进入发展中国家，严重冲击了尚不完善的银行体系，为后来的金融危机埋下了祸根。

如果国际资本是以国内银行对外负债的形式流入，就会直接扩大国内商业银行的资产负债规模。当中央银行从这些商业银行处购入外汇资产时，若不考虑采取冲销性货币政策，就将通过信贷扩张而增加本国流通中的货币数量，提高通货膨胀压力。而官方外汇储备增加，也容易带来外汇市场本币升值的压力。尽管中央银行可选择的冲销措施有很多种，但是都存在一些问题。比如，法定存款准备金率的调整效力过于猛烈，不宜频繁使用，而且对非存款货币银行不起作用；公开市场操作和再贴现等还要以发达的金融市场为前提。此外，中央银行采取冲销性货币政策，相当于把国际资本流入的风险从商业银行体系转移到中央银行，会造成潜在的公共成本。

国际资本流入不仅影响商业银行的资产规模，也会改变银行的资产负债结构。银行对外债务增加如果只造成国外资产增加，即发放对外贷款或投资于外国债券，则扩张效果会比较小。但绝大部分发展中国家商业银行的外币负债要比外币资产增加得更快，同时国内的非政府存款也急剧上升。这表明国际资本流入会直接或间接地引起国内贷款、消费或投资的增加。在此情形下，银行部门是否可靠、银行贷款或投资决策是否科学，将直接影响国际资本流入的效应和效率。事实证明，许多国家的银行体系问题，主要是低劣的贷款决策和对贷款风险管理不当造成的。银行一旦过分地陷入这种风险，很可能要面对巨额亏损。

## 二、短期国际资本流动

短期国际资本流动中最具代表性的是国际投机资本[①]，它所占的比重最高，通常以间接投资形式出现，主要流入一国的证券市场、衍生产品市场、短期信贷市场，从事高风险、高预期收益的金融交易。一方面，国际投机资本大量流入发展中国家，主要是亚洲和拉美；另一方面，机构投资迅速发展，国际投机资本以投资基金等机构投资者身份出现。作为一种现代的集合投资制度，基金公司的资金规模庞大，基金管理人员的专业知识丰富、交易技术先进。国际投机资本的机构化运作方式，给各国金融市场带来了深远的影响。

国际投机资本具有规模大、周期短、流动速度快、风险高、影响巨大等特点。套利、避险、投机是引起短期资本流动的主要原因。据估计，每天有大约2万亿美元的投机资本在游走中寻找归宿，相当于跨国实物贸易所需的相应流动资本金额的几百倍。国际投机资本普遍应用杠杆交易，总是以较少的按金买卖几十倍甚至上百倍于按金的金融合约，从而使一家金融机构的少量按金就有可能影响整个金融市场。发达的国际金融市场不仅可以容纳规模庞大的国际投机资本，还为其提供了高度流动性，因此快进快出也就成为国际投机资本的标志性特征。由于投机决策是以预期为基础的，所以国际投机资本流动受心理因素的影响很大。

### （一）积极效应

**1. 有助于国际金融市场发展**

首先，国际资本流动加速了全球经济和金融一体化进程。特别是国际投机资本在世界各主要金融市场的套汇、套利活动，使国际金融交易中的汇率差异和利率差异明显缩小，呈现价格一体化趋势。其次，国际资本流动极大地增强了国际金融市场的流动性。利用现代化的通信和交易手段，国际资本可以迅速地从一国流向另一国，从而满足国际金融市场的资金需求，同时降低国际金融交易成本。虽然大部分短期国际资本带有投机

---

[①] 国际投机资本特指那些没有固定投资领域、期限较短，以追逐高额短期利润为目的而在各个金融市场之间移动的资本。

性质，容易冲击市场运行，但也必须看到，投机资本的进入承担并分散了国际金融市场上的价格风险，在为避险需求者提供流动性的同时，更有可能减少市场价格的波动程度，提高国际金融市场的效率和稳定性。

**2. 有利于促进国际贸易发展**

应收账款融资、国际保理、信用证融资等短期贸易融资方式，既有利于出口商进行资本周转，也为进口商解决了支付困难，从而直接推动了国际贸易的扩大。同时，出口信贷等中长期贸易融资方式也为扩大贸易产品范围拓宽了思路。更重要的是，为国际贸易提供融资服务，培育并锻炼了发展中国家的金融机构，为其登上国际金融大舞台做好了技术和声誉上的准备。

**3. 为跨国公司短期资产负债管理创造了便利条件**

跨国公司短期投融资活动在较大程度上依赖国际金融市场，特别是欧洲货币市场。因此可以认为，国际资本流动间接地拓宽了跨国公司财务主管的视野，有利于提高短期资产负债管理效率。

**4. 有利于解决国际收支不平衡问题**

国际收支不平衡的国家，因国际金融市场的发展而得到了弥补国际收支赤字，或者充分利用国内盈余资金的便捷方式。据世界银行统计，广大非产油的发展中国家、中等发达国家甚至发达国家的暂时性国际收支逆差，绝大部分是通过在国际金融市场筹集短期资金来解决的。

### （二）不利影响

外国短期证券投资，尤其是股票投资快速增多，是20世纪90年代以来大多数发展中国家共同的经历。巨额国际资本一方面可能带动股票市场以外的其他金融资产价格波动，另一方面可能通过证券价格波动影响金融机构的收益和资本金。结果，短期国际资本对股票市场的冲击就有可能酿成整个金融体系的灾难。

国际投机资本的高流动性和高投机性，意味着只要某国经济走势有了些许朝不利方向发展的苗头，即使是毫无事实依据的谣言或预言，也会使巨额国际资本加速外逃，导致该国宏观经济迅速恶化，严重时还会引发货币危机和金融危机。危害的具体表现通常有：①引起当事国的金融危机，降低国家信用等级；②导致市场信心崩溃，从而引起更多的资本撤出，使当事国金融市场陷入极度混乱；③造成国际收支失衡；④导致当事国货币价值巨幅波动，使其面对极大的贬值压力。

 扩展阅读 4.2 华尔街上演大反转

一般认为，国际货币危机是与对汇率波动采取某种限制的汇率制度相联系的，主要发生在固定汇率制度下，表现为外汇市场上单方向的持续操作迫使该国最终放弃固定汇率制度，导致外汇市场出现带有危机性质的事件。广义的货币危机，也指汇率变动在短期内超过一定幅度（如 15%～20%）的情况。不难发现，国际货币危机发生在外汇市场上，而汇率的过度波动往往会诱发国内股票市场和银行体系的全面金融危机；从另一个角度来看，国内政治经济因素所导致的金融危机也有可能触发货币危机。

## 第三节　国际资本流动与金融危机

### 一、国际资本流动影响金融稳定

在经济和金融开放的背景下，几乎所有的大型金融危机背后都存在国际资本流动的影响。一般而言，国际资本的大规模流动可能会对金融稳定产生不利影响，主要包括以下几个方面。

**1. 国际资本外逃导致金融市场不稳定**

当金融危机发生时，国际资本会大量从东道国撤离，引发东道国资产价格泡沫的破灭。泡沫破灭将会恶化微观经济主体的资产负债表，从而影响其偿还贷款的能力，这必将导致银行呆账与坏账的大幅增加。银行为了抵御危机对自身的影响，相应地会实行紧缩的信贷政策。而信贷紧缩的直接后果就是以银行为主要资金来源的企业财务状况恶化，面临倒闭和破产，这又进一步导致银行不良贷款的上升，从而形成了"信贷紧缩—不良贷款"的恶性循环。同时，资产价格的下跌也会加速国际资本的外逃，从而导致利率上升、汇率不稳定、国际收支失衡等一系列不良后果。在这一局面下，东道国政府会动用本国的外汇储备干预外汇市场，以维持本币汇率的稳定。但外汇储备的明显下降会动摇投资者对政府维持汇率稳定能力的信心，从而造成国际资本进一步外逃。

**2. FDI 撤资对金融稳定的负面影响**

在传统观点下，FDI 一般被认为是相对稳定的引资方式，但随着经济全球化和金融自由化的发展，很多因素使 FDI 变得不那么稳定。特别是在金融危机发生时，虽然厂房和设备等不易流动，但投资者可以将其资产作为抵押，向银行取得贷款，再通过资本运作将这部分资金汇往国外，从而实现 FDI 的实质性撤资，将金融风险转嫁给东道国银行。同时，新兴市场国家的 FDI 近年来越来越多地流向第三产业，但第三产业 FDI 大多是市场需求型的，很难直接赚取外汇，而在设备进口和利润汇回等项目上又会形成对外支付。而且，随着盈利的不断持续，利润汇回的总额将会很快超过 FDI 的初始流入额，从而对东道国的国际收支产生负面影响。

**3. 国际证券投资对金融稳定的负面影响**

当国际资本流动表现为证券投资时，由于这一形式的短期资本是波幅最大、最不稳定的资本，往往会加大东道国证券市场的波动。新兴市场国家的证券市场一般发育程度较低，当其开放本国证券市场时，更容易受到外部风险的冲击。特别是在发生金融危机时，证券投资最容易表现出逆转性。当投资者预期资产价格将会缩水时，便会迅速撤回资本，从而对东道国金融市场产生极大冲击。

**4. 大规模国际资本流动的溢出效应对金融稳定造成不利影响**

当金融危机发生时，一国由于自身市场流动性不足，会迫使金融中介清算在其他市场上的资产，从而通过国际资本流动的渠道产生溢出效应，对与其具有密切金融关联的国家造成市场流动性不足等不利影响，引发相关国家大规模的资本外逃行为。而这一大规模的资本流动会造成资本流出国资产价格和汇率的波动，进一步加剧金融溢出效应。

**5. 共同贷款者效应引发的大规模国际资本流动导致金融危机的传递**

跨国银行一般会向多个国家和地区提供贷款，但当其中一个国家发生金融危机，导致金融资产价格下跌和偿债能力下降，使跨国银行在该国的投资出现损失时为了提高资产质量、恢复资本资产比率以满足监管要求，作为共同贷款者的跨国银行就会收缩对其他国家的贷款。伴随着这一过程，就会产生大规模的国际资本流动，对这些国家的金融市场产生冲击，引发货币危机和银行危机，使金融危机在国家间传递。

**6. 国际债务结构不合理引发金融不稳定**

新兴市场国家在面临资本短缺对经济发展的制约时，往往选择对外举债，但逐步扩大的债务规模最终会产生过度信贷综合征。国际债务大多以短期外债为主，但通过金融机构的运作，这些短期外债被转化为国内的长期贷款，由此就造成了短期外债与国内长期贷款在结构和期限上的错配。同时，在经济过热时，以外币为主的债务会不断增加，一旦受到外部冲击导致本币贬值，借款者的偿债能力就会受到极大考验，可能无力偿还贷款，导致银行的不良贷款急剧增加，银行系统的稳定性受到冲击。

## 二、主权债务危机与金融危机

主权债务危机是指债务国因缺乏偿还能力，无法如期偿还已经到期的外债本息，从而直接造成债务国及相关地区的金融市场波动所发生的金融危机。国际债务本来是一种普遍现象，但20世纪80年代以后，由债务危机引起的、震惊全球的国际金融危机不断发生，成了全球关注的重要课题。

### （一）外债的衡量指标

外债是指在任何给定时刻，一国居民欠非居民的以外币或本币为核算单位的、已使用而尚未清偿的、具有契约性偿还义务的全部债务。

衡量一国在某一时点的外债负担，国际上通常采用的外债指标主要有以下几种。

（1）偿债率：还本付息额占当年商品和劳务出口收入的比率，参照系数为20%。

（2）债务率：外债余额占当年商品和劳务出口收入的比率，参照系数为100%。

（3）外债余额率：外债余额占国民生产总值（GNP）的比率，参照系数为8%。

（4）短期债务比率：1年及1年以下短期债务所占的比重，参照系数为25%。

（5）其他债务衡量指标：当年外债付息额/当年GNP<5%；外债总额/本国黄金外汇储备额<300%。

应该注意各项指标的综合考虑，因为单一指标有其局限性。

### （二）主权债务危机迅速发展和演变的原因

主权债务危机之所以能够迅速发展和演变主要受以下几个因素的影响。

**1. 主权债务水平**

从各主要国家政府总债务占 GDP 比重的横向比较看，截至 2018 年年底，日本为 237.12%、希腊为 184.85%、西班牙为 97.09%，相比 2017 年年底，均有不同程度的上升。居高不下的政府债务水平增大了危机传递风险，也使主权信用评级遭受调降的可能性大幅上升。

**2. 危机救助进展**

国际货币基金组织、欧盟、欧洲央行等陆续出台了一系列救助措施，设法控制欧债危机继续恶化和传递的风险。其中包括：建立永久性危机解决机制（ESM）并扩大可用救助资金规模；对银行业提供债务担保和补充资本金；对希腊等危机国家实施资金救助，并启动希腊私人投资者参与救助的计划（PSI）等。2020 年上半年，受疫情的影响，世界上一半的国家向国际货币基金组织申请紧急贷款，以应对由全球冠状病毒大流行引发的金融危机，国际货币基金组织使用 1 万亿美元来提供财政救助资金。

**3. 全球去杠杆化进程**

去杠杆化是家庭、企业、银行等在危机情况下的"自救"措施。以银行业为例，去杠杆化的方式主要是控制信贷规模或出售资产以降低负债。通过去杠杆化，银行资产负债表逐步恢复和重建，但家庭与企业部门的借贷和消费水平受到了影响。

**4. 央行量化宽松货币政策**

危机中，为刺激经济复苏，美联储承诺将实现零利率目标并实施卖出短期国债、买入长期国债的"扭转"操作。欧央行也将基准利率维持在 1%的水平上，通过降息、购买债券、增加流动性供给等方式放松货币政策。

国际层面，二十国集团、国际货币基金组织等国际组织和全球金融合作平台正在与危机国家一起积极探讨和寻求危机解决之道。从根本上说，全球经济稳步复苏，进而通过经济增长消化债务是走出危机的根本途径。全球经济和金融市场不确定性仍将持续，主要发达国家的主权债务危机进程仍将曲折反复，新兴市场经济体可能面临新的冲击，还应密切关注全球资本流动格局的变化。

## 三、金融危机的防范

### （一）适度地限制国际资金流动

直接投资可以给东道国带来利益，但是短期资金的流动性很强，对利率、汇率等经济变量的变动十分敏感，会对一国的经济造成冲击，因此有必要在一定程度上加强对资金流动的管制。具体措施包括：①防止虚假的外商直接投资进入，并对外商进入的行业进行限制，避免外商以直接投资的方式过多地占有一些产品的国内市场；②对所有的短期资金的流入征税；③禁止非本国居民以本币进行投机或开展有可能转化为投机活动的融资活动。

### （二）加强金融监管

**1. 完善资本市场体系**

完善的资本市场有利于资本集聚、拓宽企业融资渠道、改善企业资产负债结构以提高金融体系效率。监管部门应加大对机构投资者、上市公司、券商的监管力度，严格禁止内幕交易和操纵股票市场等不正当行为。

### 2. 加强对银行体系的监管

从已有的经验看，大部分国家的金融体系危机都来源于银行危机。在道德风险的驱使下，银行容易过度承担风险而导致过度借贷等问题。因此，必须加大银行会计部门的透明度以最大限度地解决信息不对称问题，减少呆账、坏账，提高银行资金的盈利性、安全性和流动性。

### （三）建立完善有效的金融危机指标体系

由于金融危机发生异常的不良反应大多有1~2年的前置期，如果能够及时地发现异常反应并进行适度的调控，就可以防范或避免金融危机的发生。相反，如果缺乏风险意识和防范措施，一旦出现问题，有关国家就会显得无所适从。

## 四、资本流动的管制

由于国际资本流动对一国经济会造成巨大的影响，因此许多国家都采取过或正在采取程度不同的资本管制措施。例如，二战以后，绝大多数国家都对资本账户的交易实行过管制，有的国家对资本账户实行支付数量限制，有的则对资本账户实行双重汇率制度等。一方面，资本管制有助于避免国际资本流动对一国经济的不利影响；另一方面，资本管制又会导致资本外逃。

### （一）资本管制的主要手段

一般而言，资本管制主要有数量型管制和价格型管制两种。前者包括对国内金融机构（如银行）外汇资产与负债头寸的限制、对外国金融机构进入本国市场的准入限制及对其经营业务种类与范围的限制、对外国资本进入本国特定行业的限制等诸多规定。就价格型管制而言，实行双重汇率或多重汇率是过去采取的主要办法。对资本账户采取与经常账户不同的汇率水平，其目的在于抑制国内资本的流出。然而在操作中，必须明确界定经常账户的交易和资本账户的交易，同时还要对居民的外汇交易和非居民的本币交易进行管制。对资本和金融账户的交易征税（如利息税、交易税）也属于价格型管制。

通常来说，讨论发展中国家的资本管制问题，重点应放在如何避免资本外逃方面。从国际收支平衡表来看，资本外逃往往会导致净误差与遗漏账户在多数年份出现逆差，而不是逆差与顺差随机变化。当然，发展中国家也存在短期内资本大量内流的现象，由于发展中国家往往资本不足，因此对资本流入的监管措施不像对资本流出那样严格。亚洲金融危机后，不少发展中国家采取了一些新的制度安排，如规定资金在境内的最短停留时间、外汇指定银行制度、实时全额清算系统等，以规避国际资本无序流动带来的负面影响。从根本上说，有效防范国际短期资本冲击的关键，是要选择一个符合本国国情的货币政策框架和汇率制度，把握资本市场开放的时机和次序，强化本国实体经济和金融体系的制度安排，加强国际资本流动管理的国际合作。

### （二）资本管制的效力

资本管制能否将国内金融市场与国际金融市场真正隔离，取决于政府管制的力度和经济主体逃避管制的预期收益。在全球经济与金融活动一体化日益加速的今天，政府要实现对资本的管制需要建立一个庞大的、业务水平较高的机构，这需要耗费一定的资源。如果随着时间的推移，其政策收益不足以抵消实施成本，那么资本管制的效力是递减的。

从经济主体的角度分析，其是否逃避资本管制同样取决于成本与收益的对比。由于在发展中国家存在金融抑制和私人产权保护不明确等制度缺陷，再加上国内经济政策的周期性变化使持有国内金融资产会遭受明显的经济损失，从而会刺激国内资本的外逃。相对而言，持有外币形式的金融资产可以规避各种制度和政策风险。

### （三）逃避资本管制的渠道

逃避资本管制的渠道包括以下几个方面，均涉及经常账户。

**1. 最主要的渠道是高报或低报进出口合同金额**

例如，为转移资金到国外，出口商（进口商）会低报（高报）贸易合同金额以实现资本转移，将多出的钱投资于国外资产。这恰恰是利用了资本管制中最大的制度缺陷，即政府一方面需要控制未经批准的资本流动，另一方面又不能影响正常的对外贸易。

**2. 交易结算时间提前或滞后是资本外逃的一个重要渠道**

例如，一国汇率变化存在明显预期时，往往会显著影响该国的进出口规模。进口商往往会在本币贬值之前加大进口规模，出口商则会在本币升值之前扩大出口规模。

**3. 外商直接投资通过转移定价策略转移资本成为发展中国家资本外逃的重要渠道**

在汇率发生预期变化之前改变转移价格乃至延迟或推后公司内部支付等措施可以帮助跨国公司将资金调入或调出一国以规避风险。

除此之外，将某些资本账户项目混入经常账户进行交易，也是逃避资本管制的重要途径，这是基于一国政府对资本和金融账户实行更为严格的管制的现实。资本管制刺激了寻租和腐败的产生，正因为如此，资本管制的效力日益受到质疑。

扩展阅读 4.3　全球跨境资本流动稳定性特点及启示

# 思考与练习

1. 简述国际资本流动的类型。
2. 简述国际资本流动的趋势和特点。
3. 简述国际资本流动的原因。
4. 简述中长期国际资本流动对相关国家的影响。
5. 简述国际资本流动与金融危机的关系。

6. 列举衡量债务危机的指标。

中国资产崛起时代来临

即测即练　　扫码答题

# 第五章

# 国际金融市场

**【学习目标】**

- 理解国际金融市场的概念、分类、作用与影响
- 熟悉外汇市场的构成与交易层次
- 知道欧洲货币市场的构成、作用与影响
- 了解国际资本市场的类型与各类市场的特点
- 掌握金融衍生工具市场的分类、特点及作用

国际金融市场是在世界范围内进行资金筹集、动员与再分配的重要渠道。本章从国际金融市场的基本概念入手,分析国际金融市场的形成与发展,并着重介绍外汇市场、欧洲货币市场、国际资本市场、金融衍生工具市场等的主要业务内容和业务特点。

## 第一节 国际金融市场概述

20世纪70年代以来,世界各国对金融管制实行了不同程度的放松,使国际金融环境发生了深刻的变化,促进了国内金融市场的国际化,也加快了国际金融市场一体化的进程。新的计算机技术、通信技术在金融领域的广泛应用和金融科技的发展,支持了金融创新,增加了金融市场交易的深度与广度,并创造了反应敏捷、变化多端的全球化市场,使现代国际金融市场呈现不同以往的发展态势。

### 一、国际金融市场的概念

金融市场是以金融资产为交易对象而发生供求关系的场所或机制的总和。如果市场范围跨越国界,则称之为国际金融市场,即资金在国际间流动和金融产品在国际间买卖和交换的场所,其概念有狭义和广义之分。

狭义的国际金融市场即资金融通的市场,特指国际间的资金借贷市场。国际金融市场上的借贷关系是多边关系,既涉及居民与非居民之间的借贷关系,也涉及非居民与非居民之间的借贷关系。国际金融市场是这些借贷关系的载体。

广义的国际金融市场是指进行长短期资金借贷、外汇与黄金买卖等各种国际金融业务活动的场所。不同的国际金融业务活动分别形成了国际货币市场、国际资本市场、外汇市场和黄金市场。其中,黄金市场的业务活动必然引起国际货币市场和外汇市场上的

交易，国际货币市场上的资金借贷离不开外汇市场的交易，因此这几类国际金融市场有着紧密的内部联系，不可分割。

国际金融市场上的交易不受国界限制，交易的标的十分丰富，可以是多种货币或金融资产。国际金融市场极为活跃，富于创造性，拥有现代化的服务方式，其市场管理相对宽松，较少受官方干预和约束。主要的国际金融市场有伦敦、纽约、巴黎、法兰克福、苏黎世、布鲁塞尔、阿姆斯特丹、东京、卢森堡、新加坡、香港、开曼群岛、巴林等，其中伦敦和纽约是最大的两个国际金融市场。

从各大国际金融市场的产生与发展来看，一个重要的国际金融市场必须具备以下基本条件。

（1）政治局面较为稳定，社会秩序比较安定。这是成为国际金融市场的先决条件。国际金融业务对有关国家的政治、社会秩序极为敏感。在一个政局不稳、经常发生政变的国家或地区，不能建立稳定的国际金融市场，因为政府的更迭、政治的变化往往会引起经济政策的变动，使经营国际金融业务没有安全感，难以吸引国际资本的流入。

（2）经济较为发达。经济发达的国家，其国际贸易额和资本输出、输入额往往较大，国际间借贷较多，促使其全国性的金融市场逐步发展成为国际金融市场。例如，伦敦国际金融市场早在17—18世纪就已初步形成。当时由于海外贸易逐年增长，通过伦敦的进出口商品数量日渐增多，伦敦的国际金融业务逐步增加。到19世纪，英国的工业化使它成为全球工业品的供应基地和原材料的最大市场，最终使伦敦成为世界上最重要的国际金融市场。

（3）宽松的经济政策和金融环境。一个地方要成为国际金融市场，必须能为国际投资者和筹资者提供高效率的服务，这就要求金融市场和外汇市场联成一体，能够对世界上所有主要货币进行交易，以便处理全球性的资金调拨。所有这些又都是以在经营管理方面有较大的自由和灵活性，将在国际金融业务活动中受到的限制减少到最低限度为前提的。因此，没有宽松的经济政策和金融环境，不能形成国际金融市场。

（4）具有现代化的通信设施、良好的地理位置及专门的人才队伍。现代化的通信设施可以满足国际资金流通和转移的需要。良好的地理位置可以吸引更多国际资金的借贷者。以巴林为例，在地理位置上它与拥有巨额石油收入的沙特阿拉伯、科威特、伊拉克等国毗邻，资金来源丰富，交通和通信方面的设施也较其他中东国家发达，使它成为新兴的国际金融市场。专门的人才队伍能够高效地开展国际金融业务，推动国际金融市场的发展。因此，能够在全世界范围内快速有效地交易，与现代化的通信设施、良好的地理位置和专门的人才队伍密不可分。

## 二、国际金融市场的分类

国际金融市场作为进行各种国际金融业务活动的场所，其性质和功能一直处在不断的发展和演变过程中，可以从不同的角度将国际金融市场作如下分类。

### （一）按照市场功能分

**1. 国际货币市场**

货币市场又称短期资金市场，是经营期限在1年或1年以下的资金借贷业务的市场。

货币市场以银行信用为企业筹措资金的主要来源，以短期工商企业资金周转、拆款和短期政府债券为主要交易对象，因此交易者的信誉较高，资金周转快、流量大、风险小。货币市场的作用是调节短期资金的流动性，解决资金需求者季节性和临时性的资金周转要求。货币市场由许多独立市场构成，主要有同业拆借市场、承兑市场、票据贴现市场、短期政府债券及银行短期信贷市场等。国际货币市场的交易工具主要有短期国库券、大面额可转让存款凭证、银行承兑汇票、商业票据和回购协议等。

**2. 国际资本市场**

资本市场是经营期限在 1 年以上的长期资金及其信用工具的资金借贷场所，又称长期资金市场。资本市场提供长期性资金融通，在资金盈余者和短缺者之间架起了桥梁，但其资金价格浮动及投资风险较大。国际资本市场主要由国际信贷市场、国际债券市场和国际股票市场构成。

**3. 外汇市场**

外汇市场是专门从事外汇买卖的市场。由于各国的货币制度不同，使用的货币不一样，在进行国际间债权债务结算时，必须先进行外汇买卖兑换货币。外汇市场的主要作用包括：①使货币支付和资本转移得以实现，这也是最基本的作用。国际间的政治、经济和文化往来等都会产生国际间的支付行为，借助外汇市场可以进行资金调拨，清偿由此产生的债权债务关系，这是进行国际交往的前提。②减少汇率变动风险，有利于国际贸易的发展。浮动汇率制度下，汇率经常性的剧烈波动直接影响国际贸易和国际资本流动。外汇市场通过各种外汇交易活动，可以减少或消除汇率风险，促进国际贸易的发展。③预测国际资本动向与国际金融动态。各国政府可以通过分析外汇市场，判断国际资本流动方向，及时调整宏观政策，稳定国际收支状况。

**4. 国际黄金市场**

国际黄金市场是世界各国进行黄金买卖的交易市场。早在 19 世纪初，随着金币的铸造，便开始了黄金的交易。黄金是财富的象征，以其稀有贵重的自然属性和社会属性而成为"商品之王"。纸币出现以前，黄金曾在相当长的历史时期内充当货币的角色，成为国际间的最后支付手段，执行着交易媒介、结算工具、衡量价值的标准单位和价值贮存的世界货币职能。随着 1973 年布雷顿森林体系下固定汇率制度的瓦解，黄金在国际货币体系中所扮演的角色逐渐减弱，但黄金仍是人们最好的保值物品，仍然在不断发展、动荡的国际金融市场上拥有一定的地位。黄金在各国的储备资产中占有相当的份额。

黄金市场几乎遍布全世界，目前在世界多个黄金市场中，伦敦、苏黎世、纽约、芝加哥和香港五大黄金市场属于国际性的黄金市场，在黄金市场上占有重要的地位，控制着全球黄金的流向，主导着黄金的价格走势。其中，伦敦黄金市场是全球交易量最大、历史最悠久的黄金市场，其交易以现货为主，主要经营批发业务，是全球唯一可以成吨买卖黄金的市场。苏黎世黄金市场侧重经营零售业务。美国是最大的黄金储备国，纽约和芝加哥市场一直是重要的黄金市场，这两个市场以期货交易为主，投机气氛较浓。

世界各国可以在昼夜 24 小时内连续进行黄金买卖。黄金交易的目的，一是保值，二是进行黄金投机。国际黄金市场上金价波动频繁，有人为避免金价波动带来损失而经常买进或卖出黄金；政局动荡也促使人们把其他资产转换成黄金，以寻求价值保护。黄金市场的主要参与者有产金国的采金企业、各国金融当局、国际金融机构、持有黄金出售的集团和个人，以及从事投机牟利的交易者。在黄金市场上，无论现货还是期货交易，大宗买卖都很少直接以实物交割，一般采用账面划拨的办法，这样既节省了黄金的运输、保险费用，又避免了运输风险。

中国是产金大国，同时也是黄金的消费大国。随着世界经济一体化的发展，建立和开放中国黄金市场是中国经济发展的必经之路。2001年11月28日，上海黄金交易所开始模拟运行黄金交易，成为中国黄金政策的一个重要标志。2015年6月，中国银行加入伦敦金银市场协会（LBMA）黄金定价竞价系统，获准成为LBMA首家参与定价的中资银行。2016年，上海黄金交易所发布"上海金"人民币集中定价交易业务，推出黄金现货和衍生品市场的人民币基准价交易，进一步加快了中国黄金市场与国际黄金市场接轨的步伐。

**5. 金融衍生工具市场**

金融衍生工具市场，顾名思义就是从事金融衍生工具交易的市场。金融衍生工具通常是指从原生工具派生出来的金融工具。金融衍生工具是一种双方或多方建立的合同，其合同价值取决于或派生于原生工具的价格及其变化。

远期、期货、期权和互换交易是金融衍生工具市场上的主要业务。这些业务可以互相组合，形成更为复杂的新的衍生工具业务。目前主要的金融衍生工具交易市场有芝加哥交易所、伦敦国际金融期货期权交易所等。在所有的金融衍生工具交易中，场外交易占绝大部分。金融衍生工具市场虽然历史较短，但因其在融资、投资、套期保值和套利行为中的巨大作用而获得迅速发展。

### （二）按照国际金融市场产生的历史分

**1. 传统的国际金融市场**

传统的国际金融市场是指从事市场所在国货币的国际借贷，并受当地市场规则、惯例和政府规章法令约束的市场。这种类型的市场主要是由发达国家的国内金融市场逐渐发展到其融资对象不限于本国的企业和机构，所经营的业务不再限于国内，而扩展到具有国际意义的国际金融市场。在传统的国际金融市场上，虽然其他国家的居民也能自由参加，金融业务活动在一定程度上具有国际性，但它终究是在该国金融当局控制下进行业务活动的市场。这些市场上所借贷的货币都以该市场所在国的货币为限，这是传统的国际金融市场的最大特点。伦敦、纽约、苏黎世等都属于这类国际金融市场。

**2. 新型的国际金融市场**

新型的国际金融市场是在传统的国际金融市场基础上形成的欧洲货币市场。在这个市场里，资金的供应者和需求者不受市场所在国市场规则、惯例和政府规章法令的约束，不受国籍的限制，不受交易货币的限制，为国际间的资金融通提供了方便。

除上述两种分类方法外，还可以按照融资渠道将国际金融市场分为国际信贷市场和国际证券市场；按照金融市场所处的地理位置将国际金融市场分为北美区、亚洲区、西欧区、中东区、中美洲与加勒比海区等国际金融市场;按资金在国际间流动的方式将国际金融市场分为外汇市场、欧洲货币市场等。其中外汇市场是国际金融市场的基础。欧洲货币市场是货币在其发行国以外被借贷的场所,已成为国际借贷的核心。外汇市场与欧洲货币市场共同构成国际金融市场的主体,并且二者有着密切的联系。外汇市场将欧洲货币市场的不同部分联系在一起,同时欧洲货币市场各个部分又与国内金融市场联系在一起。三者之间的联系见图5-1。

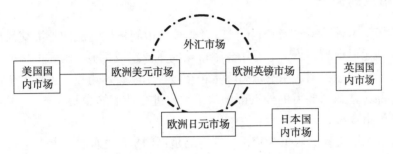

图5-1 国内金融市场、欧洲货币市场、外汇市场的联系

### 三、国际金融市场的作用与影响

国际金融市场对世界经济的发展既有积极的作用,也有消极的影响。国际金融市场对世界经济的发展主要有以下几个方面的积极作用。

(1)优化资源配置,促进世界经济发展。国际金融市场的存在使资金流向经济效益好且资金利润率高的国家和地区,从而优化了世界经济资源的配置,有利于建立合理的国际分工。同时,国际金融市场汇集了巨额资金,为资本短缺国家利用外资扩大生产规模提供了便利。这些国家利用国际金融市场筹集资金,可以增加投资和扩大生产规模,在较短时间内完成本国经济的恢复与发展。例如,欧洲货币市场促进了德国和日本的经济复兴。

(2)有利于调节国际收支。一国的国际收支总是不平衡,不是收大于支(顺差),就是支大于收(逆差)。无论是顺差国家还是逆差国家,都可以利用国际金融市场调节国际收支。顺差的国家可将其外汇资金盈余投放国际金融市场,而有国际收支逆差的国家则利用国际金融市场贷款的资金来弥补国际收支逆差,从而起到调节国际收支的作用。

(3)加速世界经济一体化进程。二战之后,随着生产与资本的全球化发展,各国之间的投资与贸易活动日益频繁,从而产生了对跨国公司与跨国银行的需求。国际金融市场的发展为跨国公司与跨国银行提供了资金来源,促进了跨国公司与跨国银行的发展,加快了世界经济一体化的进程。

国际金融市场对世界经济发展的消极作用主要表现在:由于国际金融市场超越了地理空间的限制,为投机者利用异地的汇差进行投机活动提供了便利;大量资本在国际间流动,不受市场所在国家货币政策法规约束,造成外汇市场的不稳定;巨额资本的高速流动对各国国际收支和国民经济造成巨大的影响,甚至产生了跨国界的金融危机。

## 第二节 外汇市场

外汇市场是世界上最大的交易市场，全球外汇交易额远远超过贸易额。国际金融市场上从事外汇交易的主要目的是融通资金、套期保值和规避风险。

### 一、外汇市场的概念

外汇市场是由外汇需求者、外汇供应者和买卖中间机构组成的外汇交易或货币兑换的有形场所和无形交易网络，是国际金融市场的重要组成部分。国际市场上的所有多边资金借贷关系和融通关系，无论是国际货币市场、国际资本市场，还是黄金市场都要进行国际资金的转移，都要借助外汇市场这个平台进行外汇的交易。

国际外汇市场存在以下特点：

（1）外汇市场交易的对象为货币，进行的是不同货币之间的兑换。它可以用本币兑换外币，也可以用外币兑换本币，或用外币兑换外币，但并非所有国家的货币都可以进行交易，绝大多数交易都是以美元为基础的。

（2）外汇市场是无形的交易市场。从全球角度看，外汇市场是一个国际市场，没有空间上的限制。随着电子通信技术的发展，外汇买卖越来越多地通过传真和电话进行，各国外汇市场之间已经形成一个高度发达、迅速而又便捷的通信网络。任何一个外汇市场上有关货币的交易情况及汇率变动的信息，通过连接银行与外汇经纪人的电话、电报、电传及其他通信工具，会在瞬间异常迅速地处理并传递到世界各地，外汇交易网络也由此而得名。目前，伦敦、纽约、东京、香港等主要的外汇市场的外汇交易都是通过通信网络进行的。这种外汇市场没有具体的交易场所，被称为无形的外汇市场。

（3）外汇市场是24小时不间断的交易市场。由于时差的存在，世界上主要的外汇市场营业的时间有所差别，在一天24小时中全球一直有外汇市场在进行外汇交易。通过电子手段，全世界各大时区的外汇市场已紧密地联系在一起，24小时不间断地运作。

一个国家欲进入国际外汇市场，必须具备三个条件：①有与国外有通汇关系的银行；②有国际上通用的汇兑工具；③有自己的外汇牌价。目前各个国家交易的货币主要是美元、欧元、日元、瑞士法郎、英镑等，其中美元的交易量最大。

外汇市场的交易包括即期外汇交易、远期外汇交易、期货交易、期权交易等。

### 二、外汇市场的构成

外汇市场是以外汇银行为中心的外汇交易市场，主要由四部分构成，即外汇银行、外汇经纪人、中央银行或政府外汇主管机构和外汇交易商。

#### （一）外汇银行

外汇银行是由国家授权进行外汇买卖业务的银行。它是外汇市场的主体，处于整个外汇市场的中心，担负着外汇买卖、资金调拨和融通的中介作用，主要业务包括外汇买卖、汇兑、押汇和外汇存款等。外汇银行包括专营或兼营外汇业务的本国商业银行、跨国银行的分支机构、兼办外汇业务的其他金融机构。在日本，这类银行必须获得"外汇指定银行"资格；在英国，外汇指定银行必须由英格兰银行推荐并得到财政部批准；在美国，所有银行都可以经营外汇业务。外汇银行在外汇零售市场上为客户提供服务，进行外汇买卖，通过外汇买卖差价盈利。在外汇批发市场上，外汇银行一方面为客户进行外汇买卖获取服务费收入，一方面直接进行自营外汇买卖，从中盈利或避免外汇风险。

### （二）外汇经纪人

外汇经纪人是专门介绍外汇买卖的中间人，通过传递信息为买卖双方促成外汇交易而收取佣金。外汇经纪人须经所在国家或地区有关金融当局批准才能取得经营业务的资格。外汇经纪人与客户和金融机构建立了广泛的联系，拥有比较完备的信息网络和先进的电子商务等物质条件，可以迅速向买卖双方提供准确的交易信息，并且使买卖双方在交易达成之前互相不知道对方是谁。在外汇市场上多数银行间的外汇交易也是通过经纪人进行的，一方面可以节省银行的时间和劳力，另一方面可以隐蔽自己的身份，争取比较有利的交易条件，从而保证了外汇市场的公平交易。外汇经纪人分为两种：用自己的资金参与外汇买卖，且自己承担外汇买卖损益的称为一般经纪人；仅以收取佣金为目的，代客买卖且不承担风险的称为跑街或是掮客。

### （三）中央银行或政府外汇主管机构

中央银行或政府外汇主管机构是一国进行金融管理和监督的专门机构。基于管理外汇市场的重任，中央银行经常通过参加外汇市场的交易干预外汇市场，维持外汇市场的秩序，使汇率稳定在一定的水平或波动范围内。为此，它们有时要进入市场并大量地买进或卖出外币。中央银行进入外汇市场，不是以盈利为首要目的，而是在外汇市场上发挥双重作用：影响汇率走势和监管外汇市场的运行。

### （四）外汇交易商

外汇交易商是外汇市场上最初的外汇供应者和最终的外汇需求者。包括：①交易性的外汇买卖者，如进出口商、国际投资者、旅游者等，主要通过外汇银行获取（兑换）外汇。②保值性的外汇买卖者，如套期保值者。由于汇率变动会给外汇持有者带来外汇风险，外汇持有者（如信托公司、保险公司、证券公司）须通过外汇市场进行外汇保值以避免或减少汇率变动的风险。③投机性的外汇买卖者、外汇投机者。外汇投机者通过对汇率的预测，利用某种货币汇率的时间差，以买空、卖空等方法赚取投资利润，但风险较高。他们通常是大量外汇的买卖者，是外汇市场上的重要组成部分。外汇投机者已经成为影响外汇汇率变动的重要因素。

## 三、外汇市场上的交易层次

外汇市场的四个主要组成部分（外汇银行、外汇经纪人、中央银行或政府外汇主管机构、外汇交易商）将外汇市场上的交易分为三个层次。

### (一)银行与顾客之间的外汇交易

银行与顾客之间的外汇交易属于外汇零售市场的交易,顾客出于贸易、投机或资金转移等目的,通过外汇银行进行外汇买卖。这是外汇市场存在的基础。凡是与外汇银行有外汇交易关系的公司或个人都是外汇银行的顾客,包括进出口商、投资者、投机者、旅游者、侨居者等。非投机性的外汇买卖通常与国际结算联系在一起,主要是本币与外币之间的买卖。而投机性的外汇买卖则可能是一种外币与另一种外币的买卖。银行在与顾客的外汇交易中,可以从顾客手中买入外汇,也可以将外汇卖给顾客,实际上是起中介作用。它的基本特点是没有最小交易额的限制,每笔交易较为零散,买卖价差大。银行在这种业务中仅赚取买卖价差。

### (二)银行同业之间的外汇交易

银行同业之间的外汇交易是外汇交易市场中最重要的组成部分,其交易属于外汇批发市场交易。外汇银行在经营过程中不可避免地出现某种外汇买卖数量上或时间上的外汇头寸,即多头或空头。多头是某种货币的买进多于卖出,也称超买。空头是某种货币的卖出多于买进,也称超卖。银行为了避免汇率波动带来的损失,遵循买卖平衡的原则,在与顾客交易后,要借助与银行同业间的外汇交易,进行多头卖出、空头买进,以轧平头寸,保持自身头寸的平衡。外汇银行进入同业市场除了避免汇率变动遭受损失,也可能是出于投机、套利、套汇等目的,进行自营买卖。

银行同业之间外汇交易的特点是:有最小交易金额的限制;银行所报买卖价差较小;交易可能是银行与银行之间直接进行的,也可能是通过经纪人进行的。

### (三)银行与中央银行之间的外汇交易

中央银行参与外汇市场活动的目的主要有两个:一是增加外汇储备的数量或改变外汇结构;二是维护外汇市场的秩序,干预外汇市场,使汇率保持在符合本国经济政策和国际协议需要的水平上。中央银行干预外汇市场的外汇交易是在它与外汇银行之间进行的。中央银行最常用的干预外汇市场的手段是干预现汇市场,通过购买或抛售某种外币,避免汇率大幅波动。中央银行还可以通过干预期汇市场和调整利率的形式,达到市场干预目的。

## 四、世界主要外汇市场

外汇市场上除本国居民外,大量的外国居民也可参与外汇交易,其交易的规模庞大,币种多。目前,世界上有 30 多个主要的外汇市场,它们遍布各大洲的不同国家和地区。现在的外汇市场可以称为全球外汇市场,因为全球时差把世界各地的外汇市场的营业时间相互连接,可以一天 24 小时不间断地进行交易,从而形成了一个统一的大市场。

### (一)伦敦外汇市场

伦敦外汇市场是在一战前形成并发展起来的,是世界上最大的外汇交易中心。其交易规模庞大,交易货币包括几乎所有的可兑换货币,规模最大的是英镑兑美元的交易,其次是英镑兑欧元、瑞士法郎、日元的交易。

伦敦外汇市场是一个典型的无形外汇市场，没有具体的外汇买卖场所，所有的外汇交易都是通过电话、电报、电传等电子通信设备完成的。伦敦外汇市场以交易灵活、效率高、交易设施先进、拥有一批训练有素的专门人才而著称。

伦敦外汇市场主要由经营外汇业务的银行、外汇经纪人、一般金融机构及英格兰银行组成。世界上近100家最大的商业银行都在伦敦设立了分行，它们一方面向顾客提供各种服务，另一方面相互之间进行大规模的外汇交易。伦敦外汇市场上伦敦银行间的外汇交易大部分通过经纪商成交，与海外银行之间的外汇交易通常是直接进行的。伦敦有十多家主要的外汇经纪商，这些经纪商大多有世界性的网络。伦敦外汇市场上外汇交易的方式包括即期、远期、期货和期权等。

伦敦外汇市场是英国外汇市场的代表之一。它位于世界时区的适中位置，其地理环境优越，在一天的营业时间内都能与世界其他重要的外汇市场很好地衔接。伦敦外汇市场在欧洲标准时间上午9点开市时就能和东京、香港、新加坡的外汇市场交易，不久欧洲市场的交易开始活跃起来，中午过后又可以与纽约外汇市场进行交易。因此，伦敦外汇市场在国际金融市场上处于非常重要的地位。像世界上其他国际金融市场一样，伦敦外汇市场也存在大量的外汇投机交易，这是伦敦外汇市场动荡的重要因素。

### （二）纽约外汇市场

纽约外汇市场是二战后才发展起来的外汇市场，是美国外汇市场的代表。美国的外汇市场主要集中在纽约。在美国几乎从未实行过外汇管制，政府也不指定外汇专门银行，所有商业银行均可自由经营外汇业务。但是，出于成本考虑，小银行主要服务于客户，一般不承担外汇风险，它们向大银行抛出多余外汇，补进短缺外汇，维持自身的资金平衡。通常的外汇业务是由几个主要金融中心的大型往来银行经营的。

纽约外汇市场是一个无形的外汇市场，主要由纽约的美国大商业银行、外国银行在纽约的分支行或代表机构及一些专业的外汇经纪商组成。纽约外汇市场上主要的交易货币是欧元、日元、英镑、瑞士法郎、加拿大元。纽约市场和伦敦市场的交易时间有一段重合，在这段时间里，市场的交易最为活跃、交易量最大，行情波动的比例也大。

纽约外汇市场的参与者是美国的大商业银行和外国银行的分行，以及一些专业的外汇经纪商。纽约外汇市场不仅是美国国内的外汇交易中心，也是重要的国际性外汇市场。

## 第三节 欧洲货币市场

欧洲货币市场是国际金融市场的一个重要组成部分。该市场与一般的金融市场不同，不受所在地政策法规限制，交易自由。因此，欧洲货币市场既是一个良好的筹资市场，也是一个理想的投资市场。

### 一、欧洲货币和欧洲货币市场的概念

#### （一）欧洲货币

欧洲货币是在货币发行国境外被储蓄和借贷的各种货币的总称。最早出现的欧洲货

币是欧洲美元，以后逐渐出现了欧洲英镑、欧洲日元等。

### （二）欧洲货币市场

欧洲货币市场是货币发行国境外进行该货币借贷、储蓄的市场。如果一个国际借款人在纽约市场借美元，则是纽约美元市场业务，是传统的国际金融市场的业务。如果他在伦敦或日本市场上的有关银行借美元（这就是境外美元），就构成欧洲货币市场（欧洲美元市场）业务。

理解欧洲货币市场应该注意下面几个问题：

（1）欧洲货币市场的"欧洲"已超出了地理上的意义，被赋予了经济上的意义，是"境外"和"离岸"的意思。例如，亚洲地区的新加坡也经营欧洲货币业务。

（2）欧洲货币市场主要在伦敦、卢森堡等金融中心，亚洲地区则集中在新加坡、日本等地。

（3）欧洲货币市场是境外货币借贷市场，也是一个多币种的体系。由于境外货币中美元占的比重最大，所以有时把欧洲货币市场统称为欧洲美元市场。其实在欧洲货币市场中除欧洲美元外，还包括欧洲英镑、欧洲日元等，但不包括该市场所在国发行的货币。

欧洲货币市场的核心是银行，包括商业银行和投资银行，称为欧洲银行。它们吸收欧洲货币储蓄、发放欧洲货币贷款，并服务于欧洲债券的发行。欧洲银行的这些活动共同形成了一个有效的离岸银行体系。欧洲银行通常是国内大银行的一个部门或分支机构，吸收欧洲货币储蓄、发放欧洲货币贷款只是其众多业务中的一部分。

## 二、欧洲货币市场的形成与发展

欧洲货币市场产生于20世纪50年代，自诞生以来，发展速度惊人。促使欧洲货币市场产生与发展的原因如下。

（1）50年代初期，苏联政府鉴于美国在朝鲜战争中冻结了其在美国的资金，便把持有的美元转存到美国境外的银行，多数存于伦敦。这些银行吸收了境外美元以后，向外贷放，形成了欧洲货币市场的最原始形态。"欧洲美元"一词也来源于这些存放在境外的美元。

（2）1957年英镑发生危机，英国政府为维持英镑的稳定，加强外汇管制，限制本国银行向英镑区以外的企业发放英镑贷款。伦敦市场的金融机构囿于英国法令的规定，转而将吸收的美元存款向海外机构贷放，从而促进了美元存贷业务的发展。由此，一个新兴的欧洲美元市场产生和发展起来。

（3）美国的货币政策对欧洲货币市场发展起了促进作用。60年代美国的联邦储备法曾列有"Q项条款"，规定商业银行储蓄与定期利率的最高界限，最终造成美国定期存款利率低于西欧各国美元存款利率。这促使美国国内的金融机构与大公司纷纷将大量资金转存欧洲各国，促进了欧洲美元市场的发展。美国货币政策"M项条款"规定商业银行要向联邦储备体系缴存存款准备金。为逃避这项规定，跨国银行在国外吸收存款进行营运，也成为促使境外美元市场发展的重要因素。此外，美国政府为缓解国际收支危机，1963年7月对居民购买外国在美国发行的有价证券征收"利息平衡税"，1965年为控制金融机构对外贷款规模颁布"自愿限制对外贷款指导方针",1968 年颁布"国外直接投资规则"以直接限制有关机构的对外投资规模等。这些政策都促进了境外美元存贷业务的发展与扩大。

美国政府对欧洲美元市场的发展采取了纵容的态度。因为欧洲美元在美国境外辗转存储和贷放不需兑换成外国货币,也就不会流入外国的中央银行,从而减轻了外国中央银行向美国兑换黄金的压力,这对美国日益减少的黄金储备产生了一定的缓冲作用。

(4) 1958 年以后,西欧国家放松外汇管制,实现货币自由兑换,使存储于各国市场的境外美元与境外欧洲货币能够自由买卖,兑换后自由调拨移存,也为欧洲货币市场的营运与扩展提供了不可缺少的条件。

(5) 石油美元的出现促进了欧洲美元市场的发展。1973 年的中东战争导致石油价格大幅上涨,形成世界性的能源危机。石油输出国两次大幅提高油价,使这些国家的经常账户发生巨额顺差,产生了"石油美元",作为石油输入国的一些发达国家则产生了很大的国际收支逆差。一方面,石油输出国大额的石油收入无法在国内市场吸纳,必须以资本输出的方式在国外运用;另一方面,发达国家的巨额逆差需要调解改善,产生了"石油美元回流"。欧洲货币市场在石油美元回流过程中发挥了重要的中介作用,平衡了各国的国际收支,同时,石油美元的回流也促进了欧洲货币市场规模的扩大。

从欧洲货币市场的形成与发展不难看出,货币和资本市场的国际化是欧洲货币市场得以长足发展的根本原因。

## 三、欧洲货币市场的特点

### (一) 币种繁多且资金规模较大

欧洲货币市场的资金来源于各国政府、中央银行和国际清算银行、商业银行、跨国公司、石油输出国和国际银团等,资金规模庞大,且币种繁多。

### (二) 具有独特的利率体系

欧洲货币市场的利率与各发行国国内利率有密切联系,但是不受法定存款准备金限制和存款利率最高额限制。欧洲货币市场的利率以伦敦市场的银行同业拆放利率为基础,存款利率略高于货币发行国国内的存款利率,贷款利率略低于货币发行国国内的贷款利率,利差很小。欧洲货币市场的这种利率体系使境外存放款业务有较强的竞争力。

### (三) 不以市场所在国具有发达的经济和充分的资金供应为前提条件

欧洲货币市场是在传统的国际金融市场的基础上发展起来的,在欧洲货币市场出现以前,国际金融市场主要经营居民存款或投资、非居民借款或筹资等业务。这种国际金融市场的存在和发展显然是以市场所在国经济发达、资金供应充足为前提的,所以传统的国际金融市场都出现在发达国家,如早期的英国、法国,后来的美国、德国、日本等。欧洲货币市场则不同,它接受市场所在国非居民的存款或投资后又贷放给或送达市场所在国的非居民,如英国银行接受美国居民(英国的非居民)的存款后贷放给日本企业(也是英国的非居民)。市场所在国具有发达的经济和充分的资金供应不再是必要条件,一些经济不太发达，本身资金供给不太充分的国家和地区也可以成为欧洲货币市场的分支。有些发展中国家以减免租税、放松管制等手段，靠人为的力量设立了欧洲货币市场的分支，希望通过金融业的发展促进本国经济的全面发展。一些国家的努力取得了成功，在国际金融市场上已占有一席之地。

### （四）不受所在国的金融管制

欧洲货币市场不受货币发行国金融、外汇政策的限制，也不受市场所在国的限制，可以自由筹措资金、进行外汇交易、实行自由汇率。某种货币在欧洲货币市场上存贷所受的约束远少于在发行国国内货币市场上存贷所受的约束。欧洲货币市场是真正意义上的国际金融市场。

### （五）货币市场和资本市场合二为一的国际金融市场

金融市场根据融通资金期限的长短分为货币市场和资本市场。通过货币市场融通的资金期限都在1年以下（含1年），通过资本市场融通的资金期限都在1年以上。在欧洲货币市场上，对金融机构的业务范围基本无限制，它们可以同时经营短期银行信贷、中长期银行信贷和中长期债券业务，因而该市场是货币市场和资本市场合二为一的国际金融市场。

## 四、欧洲货币市场的构成

欧洲货币市场主要由欧洲短期借贷市场、欧洲中长期借贷市场和欧洲债券市场组成。

### （一）欧洲短期借贷市场

欧洲短期借贷市场接受短期外币存款并提供1年或1年以内的短期贷款。

欧洲短期借贷市场资金的主要来源有：银行间同业存款；跨国公司、其他工商企业、个人及非银行金融机构的境外货币存款；一些西方国家和发展中国家（主要是产油国）的中央银行为获取利息收入或保持储备货币的多样化，将一部分外汇储备存入欧洲货币市场。

短期资金的贷放去向有商业银行、跨国公司和工商企业。商业银行之间的借贷是欧洲短期借贷市场最重要的贷放去向。由于这个市场拥有很强的吸引力，资金供应充足，贷款条件灵活，贷款使用不受限制，筹资费用相对低廉，因而跨国公司和工商企业成为这个市场最重要的资金需求者，是贷款投放的最终使用人。一些国家的地方当局为弥补财政收入的暂时短缺，公用事业和国有企业为筹集短期资金的需要，也从这个市场取得贷款，成为短期资金的最终使用人。

欧洲短期借贷市场的特点包括：①期限短，存贷期限最长不超过1年，一般为1天、7天、30天、90天。②有最小成交额限制，每笔短期借贷金额的起点为25万美元，一般为100万美元。由于起点较高，参加该市场的多为大银行和企业机构。③条件灵活，选择性强。借款期限、币种、金额和交割地点可由借贷双方协商确定，灵活方便，加上资金充足，借贷双方均有较大的选择余地，能满足大规模借贷需求。④欧洲货币市场存款利率一般略高于国内市场，而贷款利率一般略低于国内市场，因而存、贷款的利差较小。⑤无须签订协议。短期借贷通常发生在素有交往的银行与企业或银行与银行之间，双方均明晰各种条件的内涵与法律责任，无须签订书面贷款协议，一般通过电信联系，双方即可确定贷款金额与主要贷款条件。

### （二）欧洲中长期借贷市场

欧洲中长期借贷市场是在欧洲短期借贷市场的基础上发展起来的，多指期限在 1 年至 10 年的借贷市场。

借贷市场的资金来源有：吸收短期欧洲货币存款；发行欧洲票据筹集到的短期资金；发行金额不等、期限不同的大额银行存单；本银行系统的分支行或总行的资金调拨。

欧洲中长期借贷市场的资金贷放对象包括外国政府、国际组织、跨国公司、中央银行、其他银行和金融机构。

由于中长期贷款的期限长、金额大、风险高，世界政治经济变动对其影响较大，因此欧洲货币市场中长期贷款与传统的国际金融市场中长期贷款具有相同的特点：签订贷款协议；政府担保；联合贷放，即银团贷款；利率灵活，在贷款期限内每 3 个月或半年根据市场利率的实际情况，随行就市，调整利率。

欧洲中长期贷款的典型形式是银团贷款（辛迪加贷款），但金额较低、期限较短的贷款一般采用双边贷款。

## 五、欧洲货币市场的作用与影响

欧洲货币市场在促进资金国际转移方面的作用是其他国际金融市场所无法比拟的，其对于世界经济影响的积极作用十分明显，主要表现在以下几个方面。

（1）欧洲货币市场作为国际融资的重要渠道，为一些国家的经济复苏与发展提供了必要的条件。例如，20 世纪 60 年代日本经济的迅猛发展正是得益于欧洲货币市场为其提供了充足的资金。

（2）欧洲货币市场在一定程度上缓解了国际收支失衡的问题。欧洲货币市场上资金流动速度较快，数额庞大，部分解决了西方国家国际支付手段不足的困难，尤其是在两次石油危机期间，欧洲货币市场为石油美元的回流、调节全球性国际收支失衡发挥了积极作用。

（3）欧洲货币市场促进了全球经济一体化的进程。欧洲货币市场为国际间贸易融资提供了便利，为跨国公司、跨国银行提供了更充足的资金来源，对资本国际化起到了促进作用。

欧洲货币市场同时也给世界经济带来了下列消极的影响。

（1）欧洲货币市场在一定程度上削弱了各国国内宏观经济政策的效果。例如，当某国中央银行采取紧缩或扩张的货币政策时，该国的国内银行仍可以不受限制地在欧洲货币市场上调度资金，导致货币政策失效。欧洲货币市场规模不断扩大，有些国家的境外货币已占到国内货币总量的较大份额，成为国际收支和经济发展的一个隐患。

（2）欧洲货币市场为货币投机提供了便利。欧洲货币市场相对于其他国际金融市场管制更少、更自由化，资金流动迅速，刺激了外汇投机，加剧了国际金融市场的动荡。

(3)欧洲货币市场成为传播通货膨胀的媒介。通过欧洲货币市场,一国的通货膨胀或经济衰退可能迅速波及其他国家,最终发展为世界性的经济衰退。

### 六、欧洲货币市场与离岸金融中心

人们通常把传统的国内金融市场称为在岸金融市场,而把欧洲货币市场称为离岸金融市场。二者的区别最初是由境内和境外货币存与贷的区别产生的。但是,随着欧洲货币市场的发展,二者的主要区别已经不是境内和境外货币的存与贷,而是市场管理体制的区别。美国于1981年在境内设立了国际银行设施,开办欧洲货币业务。虽然在国际银行设施里存与贷的美元在美国境内,但是它按照欧洲货币市场的规则运行,因而也被称为欧洲美元,国际银行设施也属于离岸金融市场。

扩展阅读 5.1　离岸人民币市场的发展与跨越

离岸金融中心是将欧洲货币市场具体化了的经营境外货币业务的一定地理区域,离岸金融中心吸收并接受境外货币的储存,然后向需求者贷放。根据业务对象、营运特点、境外货币的来源和贷放的重点的不同,离岸金融中心分为以下四种类型。

#### (一)功能中心

功能中心主要指集中诸多外资银行和金融机构,从事具体存储、贷放、投资和融资业务的区域或城市,其中又分为集中性中心和分离性中心两种。前者是内外融资业务混在一起的一种形式,金融市场对居民和非居民开放,伦敦和香港金融中心就属于此类;后者则限制外资银行和金融机构与居民往来,是一种内外分离的形式,即只准非居民参与离岸金融业务,纽约离岸金融市场就是典型的内外分离形式。

#### (二)名义中心

名义中心不经营具体金融业务,只办理借贷投资等业务的转账或注册等事务手续,所以也称为簿记中心。名义中心管理政策较为宽松,没有外汇管制,资金转移自由。国际性的大银行和金融机构在这里开设账户,是为了逃避管理和税收。这种中心多集中在中美洲等地的岛国,如巴哈马、百慕大、开曼群岛等。

#### (三)基金中心

基金中心主要吸收国际游资,然后贷放给本地区的资金需求者。以新加坡为中心的亚洲美元市场就属于基金中心,其资金来自世界各地,而贷放对象主要是东盟成员国或临近的亚太地区国家。

#### (四)收放中心

收放中心与基金中心的功能相反。收放中心主要筹集本地区多余的境外货币,然后贷放给世界各地的资金需求者。

## 七、亚洲货币市场

亚洲货币市场是欧洲货币市场的一个重要组成部分,是亚太地区的银行经营境外美元及其他境外货币借贷业务的场所。由于这个市场最初进行借贷的货币大多为美元,所以也被称为亚洲美元市场。

### (一)亚洲货币市场形成与发展的背景

20世纪60年代以来,美国和英国等发达国家的跨国公司加强了在东亚地区的投资,促使一些亚洲国家和地区的经济飞速发展,并出现了新加坡、韩国及中国香港地区等一批新兴工业化国家和地区。这些国家和地区的政府、跨国公司及一些私人手中积累了大量美元及其他外汇储备资金,但由于本地区金融市场不发达,没有适当的渠道流向亚太地区资金匮乏的产业,在此背景下,经一些美洲银行的筹划和操作,亚洲美元市场在20世纪80年代诞生。

### (二)重要的亚洲货币市场

#### 1. 新加坡金融市场

新加坡政府灵活的政策和积极的支持,使其成为第一个亚洲货币市场。1968年10月1日,新加坡政府允许美洲银行新加坡分行在该行内部设立亚洲货币经营单位,以欧洲货币市场同样的方式接受非居民的外国货币存款,为非居民进行外汇交易,并开展资金借贷等各项业务,从而初步形成了亚洲货币市场。1970年,新加坡政府又先后批准花旗、汇丰等16家银行从事境外业务,至此,以新加坡为中心的亚洲货币市场形成了。新加坡政府还规定,亚洲货币经营单位不能参与新加坡国内金融业务,必须另立账户,即新加坡货币市场实行内外分离制度,亚洲美元业务须独立记账,不能参与新加坡国内金融活动,以防止离岸交易给国内金融活动带来冲击。

#### 2. 中国香港地区金融市场

一贯奉行"自由放任"经济贸易和外汇政策的香港地区政府也很快意识到建立亚洲货币市场的重要性,有意识地加快了建设亚洲货币市场的步伐。为了与新加坡金融中心争夺亚洲美元资金,香港地区政府不断放松金融管制,于1973年取消外汇管制,1974年开放黄金市场,1978年又放松了外国银行进入香港的限制,开放金融市场,并宣布取消对外币存款利息征收15%的预扣税,以吸引外国银行和资金流入。到了20世纪80年代,香港已成为一个重要的亚洲货币辛迪加贷款中心,贷款金额超过了同期的巴黎,迅速成为亚洲货币市场的重要组成部分。

#### 3. 东京金融市场

日本东京是亚洲地区境外货币的另一个重要交易场所。日本作为境外货币市场起步较晚,20世纪80年代初,日本货币当局仍然实行比较严格的外汇管制政策,限制日元国际化,限制外国资金流入日本市场。但从1984年开始,日本政府为争夺国际经济竞争优势,推行全球经济战略,逐步放开了金融管制,并有计划地推行日元国际化,东京金融市场的地位迅速提高。1984年,日本政府允许外国公司在日本境外发行日元债券;

次年，取消了对日本公司债券持有者征收20%的利息预扣税的规定。上述两项举措成为日本开放国内资金市场的开端。1986年，东京建立了境外金融市场，此举不仅有力地推进了日元国际化进程，而且使东京迅速成为与伦敦、纽约齐名的重要的国际金融市场。

新加坡、日本等国家和中国香港地区能够成为重要的亚洲货币市场与它们所处的地理位置有一定的关系。它们正好处在太平洋与欧洲之间，时区上可以联通美洲与欧洲各金融中心，从而可以实现欧洲货币24小时不间断交易，具有国际金融市场所要求具备的地理优势。

### （三）亚洲货币市场的功能

亚洲货币市场的初始功能主要是充当亚洲美元和欧洲美元市场之间的沟通渠道，将亚洲地区的盈余美元资金聚集起来，贷向欧洲货币市场生息盈利。20世纪70年代以后，大量跨国银行涌入，导致资金的流动方向发生了变化。亚洲货币市场的功能也扩大了，不仅集中了本地区的外汇盈余资金，而且吸引了大量欧洲货币市场其他金融中心的资金。这些资金流向本地区经济增长最快、效益最好、资金相对缺乏的国家和地区，促进了这些国家和地区的经济发展。其主要功能和欧洲货币市场基本一致，是为国际资本需求者提供短期或中长期贷款，或是为其发行证券提供亚洲场所。

### （四）亚洲货币市场的资金来源

亚洲货币市场的主要资金来源于银行同业存款、亚太地区跨国公司的调拨资金或闲置资金、外国中央银行的部分储备资产或财政结余；外国侨民、进出口商或个人等非银行客户的资金。亚洲货币市场的资金主要运用于：银行同业间交易（占交易资金的绝大部分）；亚太地区大型跨国公司的贷款；亚太地区各国政府的贷款，用以弥补赤字或供经济发展之用。

## 第四节　国际资本市场

国际资本市场是指借贷经营期限在1年以上的中长期资金市场，其主要功能是为国际间长期资金的流动提供渠道，将世界各国的闲置资金转化为国际性投资。国际资本市场包括国际债券市场、国际股票市场和国际信贷市场。

国际债券市场和国际股票市场统称为国际证券市场，它是国际资本市场的核心内容。国际证券市场的主要功能是通过市场机制，组织和吸收国际、国内的资本，对其进行分配和再分配，参与证券市场的投资者是为了获取利息和证券收益。20世纪80年代以来，国际证券业务发展很快，国际金融市场出现了证券化趋势。

国际信贷市场也是国际资本市场的一部分，但是由于该市场的货币功能独特，资本运动的形式也与其他市场不同，因此与其他市场并不完全相同。

扩展阅读5.2　中国资本市场将迈入更加开放包容和高质量发展新阶段

## 一、国际债券市场

国际债券是指国际金融机构和一国政府、金融机构、企事业单位,在国际市场上以外国货币为面值发行的债券。

国际债券的功能主要包括:

(1)通过发行国际债券为一国政府或地方政府筹集外汇资金,在一定程度上弥补国内资金的不足,从而实现经济增长的目标;

(2)通过发行国际债券为一些大型跨国公司或国际工商企业筹集经营资金;

(3)通过发行国际债券,中央银行可间接调节市场利率,实施货币政策。

### (一)国际债券的分类

国际债券从不同的角度可分为不同的类别,将国际债券分为外国债券、欧洲债券和全球债券是最常见的,也是最符合国际债券性质的分类。

(1)外国债券。发行外国债券是指借款人在其本国以外的某一国家发行的、以发行地所在国的货币为面值的债券。例如,我国在日本发行的日元债券就属于外国债券。外国债券的发行国可以是发达国家,也可以是发展中国家,但发行国要具有比较稳定的政局,资本市场上有充足的资本,有比较活跃健全的证券流通市场,这样才有利于债券的发行和销售。外国债券的发行必须经发行地所在国政府的批准,并受该国金融法令的管辖。

(2)欧洲债券。欧洲债券是发行人在本国之外的市场上发行的、不以发行地所在国的货币计值,而是以其他可自由兑换的货币为面值的债券。例如,我国在日本发行的以美元为面值的债券就属于欧洲债券。

(3)全球债券。全球债券是一种新型的可以在各金融市场内部和市场之间自由交易的国际债券。首次发行的全球债券是世界银行于1989年5月发行的。其主要特点是:交易能够覆盖全球的主要资本市场,外国债券仅仅局限于一个国家发行,欧洲债券的发行范围也有限;融资者多为政府机构;具有高度的流动性。在国际债券市场的发展中,全球债券的出现与发展具有划时代的重大意义。

国际债券市场是指由国际债券的发行人和投资人所形成的金融市场,具体可分为发行市场和流通市场。前者组织国际债券的发行和认购;后者安排国际债券的上市和买卖。这两个市场是相互联系、相辅相成的,从而构成统一的国际债券市场。通过发行国际债券进行筹资,已经成为借款者利用国际金融市场融资的主要渠道。

国际债券种类繁多,根据不同的标准,还有多种分类:按发行者,可以分为政府债券和公司债券;按期限长短,可以分为短期债券、中期债券和长期债券;按债券收益,可以分为固定利率债券、浮动利率债券和无息债券;按发行方式,可以分为公募债券和私募债券等。

### (二)国际债券市场的特点

(1)国际债券市场的容量较大。欧洲债券市场和全球债券市场可以经常大宗吸纳各地欧洲债券和全球债券,用以满足大量筹资者和投资者的需求。

（2）国际债券市场上的借款国主要集中在发达国家。由于发行国际债券需要发行国有充裕的资金、良好的金融环境、完善的证券市场等很多条件，所以国际债券市场大部分在西方发达国家。这些国家成为国际债券市场的主要筹资者。

（3）传统的固定利率债券在国际债券市场上占主体地位。国际债券市场基本上是一个以固定利率债券为主体的市场。20 世纪末，固定利率债券占发行总量的 70%左右。

### （三）外国债券市场

外国债券是一种传统意义上的国际债券，其发行和担保是由发行地所在国的证券机构承担的，并在该国的主要市场上发售。发行外国债券必须得到发行地所在国证券监管机构的同意，并受该国金融法令的制约。

主要的外国债券市场有美国的外国债券市场、日本的外国债券市场、英国的外国债券市场和瑞士的外国债券市场。

**1. 美国的外国债券市场**

在美国发行的外国债券又称扬基债券，是指外国机构在美国市场发行的吸引美国资金的债券。美国的外国债券市场又称扬基债券市场。

二战后，美元成为国际货币，资金比较充足，一些美国以外的借款人到美国发行美元债券融资，因此产生了美国扬基债券市场。1974 年，美国政府取消了利息平衡税制度，使扬基债券的发行有了一定的规模。扬基债券市场一度是世界上最大的外国债券市场，虽然 1978 年被瑞士债券市场赶超，但是它在国际债券市场上的地位仍然是举足轻重的。

扬基债券市场的特点是：债券发行量大；期限长，多为 5~10 年，是一种长期融资工具；债券的发行者在发行债券前必须向美国证券交易委员会提交注册申请，并接受证券交易委员会的严格审查；债券发行人要获得权威资信评估机构的债券发行信誉评级；扬基债券的发行方式以公募、无担保发行为主；债券发行后即可上市交易。

**2. 日本的外国债券市场**

在日本发行的外国债券称为武士债券，日本的外国债券市场又称武士债券市场。1970 年 12 月亚洲开发银行首次发行武士债券以来，武士债券的发行额不断上升，20 世纪 70 年代中期，其发行总额一度位居世界第二。20 世纪 80 年代中期日本实行金融自由化，更是刺激了武士债券的蓬勃发展。中国也多次在日本成功地发行日元债券。

该市场的特点是：债券发行的基准条件宽松，只要发行人得到日本或其他国际性资信评级机构的 A 级以上评级即可在日本公募发行；AAA 级的发行可以无限量；发行武士债券的国家多以发展中国家为主；武士债券缺乏灵活性，不易与美元互换。

**3. 瑞士的外国债券市场**

瑞士作为中立国，金融实行严格保密制度，资金充裕，利率水平低，瑞士法郎坚挺，国际债券发行手续简单。

该市场的特点是：由于瑞士中央银行禁止在瑞士发行欧洲债券，因而瑞士法郎外国债券是唯一的国际债券；承销商只能由瑞士银行担任；流通市场不活跃；公募债券由固定的承销团进行；私募债券发行量较大，占外国债券发行市场的 2/3。

**4. 英国的外国债券市场**

英国的外国债券市场已有多年的历史，是外国债券发源地。在伦敦的外国债券称为猛犬债券，相应的市场称为猛犬债券市场。

该市场的特点是：发行量大、期限较长；发行市场由于金融中心地位而容量较大；公募的英镑外国债券发行完毕即可上市；英国是世界上最发达的企业债券市场，在证券交易所上市的债券量位居世界第一。

### （四）欧洲债券市场

**1. 欧洲债券的概念与特点**

欧洲债券是发行人在本国之外的市场上发行的、不以发行地所在国的货币计值，而是以其他可自由兑换的货币为面值的债券。欧洲债券是在国际资本市场上融资的一个重要途径。欧洲债券的发行人、货币单位、发行地点分别属于不同国家，如德国公司在英国发行的美元债券就是欧洲债券。欧洲债券是欧洲货币市场三种主要业务之一，其发行不受任何国家金融法令的约束。

欧洲债券的特点是：无国籍债券，其发行人通常是政府机构、大的公司和国际性金融机构；发行期限和发行数量没有限制；欧洲债券通常采取"出盘"的方式销售；欧洲债券的面值货币多样化；欧洲债券的利息一般是免税的；欧洲债券通常为不记名债券，具有隐秘性，转让时无须办理转移登记的手续。

**2. 欧洲债券市场的概念与特点**

欧洲债券市场诞生于 20 世纪 60 年代的欧洲货币市场，也是一个境外市场，债券的发行和包销都是由主要国际金融市场的金融机构所组成的国际辛迪加承担，发行手续简便，费用低。

欧洲债券市场的特点是：欧洲债券的筹资者一般是财力雄厚的大公司或各国政府机构，因而对债券投资者来说具有较高的安全性；欧洲债券市场容量大，期限长；欧洲债券市场发行的币种众多，流动性强；欧洲债券市场不受各国政策法令约束，有较高的自由度。

## 二、国际股票市场

股票是由股份有限公司发行的，表示在股份公司中拥有股权的凭证，持有者为股东。国际股票是指外国企业在本国发行的，以本币或境外货币为面值，由本国股东所持有的股权凭证。从上述定义可以看出，国际股票的一个显著特点是发行人和投资人分属不同的国家。

18 世纪末在英国掀起的工业革命不但推动了世界经济的发展，而且改变了国际资本的形态，萌生了现代资本——股票。1733 年在伦敦出现了第一家证券交易所。股票在经济舞台上的初露头角，立即引来众人的追捧，证券交易所如雨后春笋般在各国成立。19 世纪中期，英国以雄厚的经济实力作为后盾，大量推出铁路股票，吸引了世界各地的投资者涌入伦敦的股票市场，为国际股票的出现拉开了序幕。至此，伦敦成为最早的国际股票市场。20世纪80年代，金融自由化的浪潮席卷了众多发达国家，各国逐步取消了有关资本国际流动的限制，国际股票市场进入了一个加速发展的时代。庞大的国际股票市场对全球经济产生了举足轻重的影响。

### （一）国际股票市场的分类

国际股票市场按照其存在形态，可以分为有形市场和无形市场。有形市场即为有实际存在股票交易的固定场所，交易双方都在此进行交易，如证券交易所就是典型的有形股票市场。无形市场借助现代化通信工具和计算机技术进行证券交易，也称为场外交易。无形市场冲破了传统上空间与时间的限制，推动了国际股票市场的发展。

国际股票市场按照其基本职能可分为股票发行市场和股票流通市场。

股票发行市场，又称一级市场，是国际股票发行人发行新股票，投资者购买新股票的运营网络。它是一个借助现代化通信技术的无形市场。一级市场的发行者多为发达国家的大公司和金融机构。国际股票一级市场为股份公司筹集了巨额资金，扩大了国际社会的投资总额与投资规模，从而推动了全球的经济发展。

股票流通市场，又称二级市场，是转让、买卖和流通已发行的国际股票的场所。在这个市场上，股票持有者可以随时变卖手中的股票以获取货币，投资者可以任意选购股票，金融资产有较高的流动性，所以股票流通市场是最活跃的国际股票市场，推动着整个国际股票市场的发展。

股票的发行市场和流通市场是相辅相成的，发行市场是流通市场存在的前提，为流通市场的运行奠定了基础，流通市场是发行市场发展的条件，推动了发行市场的繁荣，二者互为补充，共同存在。

国际股票市场还可分为外国股票市场与欧洲股票市场。外国股票市场是指外国企业在本国股票市场上面向本国投资人发行并流通以本国货币标价的股票的市场。欧洲股票市场是指一国公司在几个国家同时发行股票的市场。

### （二）国际股票市场的发展趋势

**1. 全球股市规模不断扩大，新兴股票市场崛起**

计算机与通信技术的高速发展，使全球股市的规模不断扩大，交易额也逐年上升。特别是最近几年，通过发行国际股票在国际金融市场上筹措资金，已经成为各大企业融资的重要途径。全球股票规模不断扩大的另一个重要原因是许多新兴股票市场的崛起。冷战结束后，在世界和平时期与全球经济一体化的大环境下，众多发展中国家宏观经济比较稳定，经济发展态势良好，GDP不断上升，这些都为新兴股票市场的形成与发展创造了良好的条件。新兴股票市场的诞生为国际股票市场注入了生机与活力，推动了国际股票市场的发展。

**2. 国际股票市场上创新工具与创新技术不断涌现**

为了适应各国金融管制逐渐放宽和扩大金融市场份额，各金融机构纷纷在国际股票市场推出新的金融工具与服务以满足各类客户的需求。例如，股票期货、股票期权、可转换股票等都是一上市就受到投资者欢迎的金融创新工具。股票创新工具的出现为股票交易增加了灵活性，提供了防范风险的有力手段。

**3. 国际股票市场波动频繁，风险不断增大**

随着计算机与信息网络的高速发展，金融衍生工具不断创新，将国际股票市场带入了一个动荡不安的年代。股票市场的国际一体化趋势日益明显，国际股票市场联动性增强，很容易出现多米诺骨牌效应。1997 年泰国股市的震荡，很快波及整个东南亚的金融市场，短短几天，全球股市都处于惊涛骇浪之中。缺乏有效的国际统一监管和防范体系，也成为国际股票市场的一大隐患。

## 三、国际信贷市场

国际信贷又称国际借贷或国际贷款，是指一国的政府、银行及其他金融机构和企业在国际金融市场上向外国政府或金融机构借入货币资金的一种信用活动。国际信贷的资金来源主要包括国家财政资金、欧洲货币资金和石油美元。

国际信贷市场是国际资金借贷活动的场所或机制，它以金融机构为媒介，为各国资金需求者提供资金融通。

### （一）国际信贷市场的分类

国际信贷市场按不同的标准可以作以下分类：

（1）根据市场运行模式的不同，可分为传统的国际信贷市场和欧洲货币市场。

（2）根据融资途径的不同，可分为直接信贷市场和间接信贷市场。

（3）根据国际信贷方式的不同，可分为国际银行信贷市场、各国政府与国际金融机构间信贷市场、国际债券市场、国际租赁市场等。

### （二）国际信贷的形式

**1. 国际金融机构贷款**

国际货币基金组织和世界银行及下属的国际开发协会和国际金融公司，联合国直属的国际农业发展基金会、亚洲开发银行和非洲开发银行等向发展中国家提供的援助性的多边贷款。贷款条件要比商业银行的贷款更优惠。

**2. 政府贷款**

政府贷款也称为双边贷款，是指为了发展本国的经济、政治和外交关系，一国政府对另一国家提供双边经济援助性质的优惠贷款，以支援该国的经济建设并增进双方的利益。这项贷款主要来自贷款国的财政支出预算，以及以低息成本对本国商品出口给予的信贷。基本特征是贷款期限长、利率低、附有一定的条件。

**3. 国际银行贷款**

国际银行贷款是一国借款人在国际金融市场上从外国（或地区）银行借入的货币资金。其当事人有债务人和债权人两方面：债务人是一国的借款人，如借款银行、政府机构、企业、国际机构等；债权人则是提供贷款的外国银行，可以是独家银行，也可以是多家银行组成的银团。

### 4. 出口信贷

出口信贷是一种国际信贷方式，是指一国政府为支持和扩大本国大型设备等产品的出口，增强国际竞争力，对出口产品给予利息补贴、提供出口信用保险及信贷担保，鼓励本国的银行或非银行金融机构对本国的出口商或外国的进口商（或其银行）提供利率较低的贷款，以解决本国出口商资金周转困难，或满足国外进口商对本国出口商支付货款需要的一种国际信贷方式。出口信贷与资本性货物相联系。

### （三）国际信贷市场的作用

（1）国际信贷市场联系了世界各国的经济，对促进经济全球化和金融全球一体化具有重要作用，而且加快了各国经济的发展速度，有助于促进世界整体经济的增长。

（2）国际信贷市场可以帮助一些经济实力较弱的国家减轻国际收支困难，从而可以有效避免债务危机或金融危机。

（3）国际信贷市场有助于跨国公司进行国际财务收支管理，加快跨国公司的全球性扩张。

## 第五节　金融衍生工具市场

20世纪七八十年代全球金融自由化和国际金融创新的浪潮为国际金融市场带来了新的产品——金融衍生工具。随之产生的金融衍生工具市场掀起了金融领域的一场革命。虽然衍生工具可以在一定程度上帮助投资者规避风险，但稍有不慎，也会给世界带来许多灾难。在短短的20年间，金融衍生工具市场引起了一连串令人震惊的事件：1995年2月26日，由于巴林期货（新加坡）有限公司总经理里森的错误，导致有着200多年历史的巴林银行破产；同年8月，美国的投资基金管理人索罗斯创下了令世界震惊的一天净赚10亿多美元的纪录。金融衍生工具一度成为全球金融界的热门话题。

### 一、金融衍生工具与金融衍生工具市场的概念

金融衍生工具通常是指从原生工具派生出来的金融工具。所谓原生工具，是指票据、利率、外汇、债券、股票等。金融衍生工具是一种双方或多方建立的合同，其合同价值取决于原生工具的价格及其变化。可以看出衍生工具交易的直接对象是合约，而非合约上载明的标的物，这也是与传统金融工具的最大区别。金融衍生工具的另一显著特点是它"以小博大"的特性，即高杠杆比例。金融合约价值可以数十倍高于保证金价值，这使投资人可以用低成本获得高收益，但同时要承担很大的风险。

金融衍生工具市场是以各种金融衍生工具为交易对象的交易场所。20世纪70年代初，伴随着金融衍生工具交易的出现，芝加哥出现世界上第一个金融衍生交易有形市场，随后不久，世界上许多国家和地区都推出了自己的金融衍生工具。特别是在20世纪80年代，养老基金等机构投资者把其资产组合策略定为股票资产全球多样化，这一决策也带动了期货和期权等衍生金融产品的发展。金融衍生工具市场发展最根本的原因是各国对金融管制的放宽和人们对于金融衍生产品的需求。

## 二、金融衍生工具市场的分类

金融衍生工具市场按照交易工具的性质可以分为金融期货市场、金融期权市场和其他金融衍生工具市场。

从市场组织的角度可以分为场外交易和场内交易。场内金融衍生工具市场是指金融衍生工具在固定的交易所内进行交易的市场。交易者进行场内交易要缴纳保证金，交易费用较低，且具有较大的流动性。交易所负责清算业务，并监督双方严格执行买卖合约。由交易所制定的合约中的实际价格和截止日期都是严格标准化的。金融期货和金融期权都是典型的场内交易。

场外交易是指使用计算机和现代化通信设备在交易所以外成交的金融衍生工具市场。场外金融衍生工具采取私人议价的方式决定金融资产价格，其合约的规模和条件都可依据客户的需求变化，灵活度较高。

## 三、金融衍生工具市场的特点

有人称金融衍生工具市场是一个"金融魔方"：它可以使人一夜暴富，身价倍增；也可以在很短的时间内摧毁有着数百年历史的金融机构。正是金融衍生工具市场的特点决定了它有这样的"魔力"。

### （一）高杠杆性

金融理论中的杠杆性意味着较少的资金成本投入可以获得较多的投资，也称其为"以小博大"。高杠杆比例是金融衍生工具市场的显著特点。这一特性可以吸引众多的投资者，只要缴存一定比例的保证金，就可以得到相关的资产管理权，同时也带来了极高的风险，一旦投资失误，损失也会成倍放大。

### （二）高风险性

金融衍生工具最初是为了规避风险而产生的，也确实给国际金融市场带来了动荡与不安。在金融衍生工具市场中，其高风险性主要体现为价格风险、信用风险、操作风险等。

### （三）虚拟性

金融衍生工具交易的直接对象是合约本身，而非合约上载明的标的物，因此金融衍生工具的价格运动独立于现实资本运动之外，给持有者带来一定收入。称其为虚拟资本，是指其本身没有什么价值，是一种所有权证书。金融衍生工具的虚拟性可以加强基础资产市场的流动性，加快国际资金流动速度。随着世界经济的发展，交易的虚拟性日益增强，虚拟资本的作用越来越受到人们的重视。

## 四、金融衍生工具市场的作用

金融衍生工具市场的发展虽然只有短短的几十年时间，但是其对于世界经济的影响却令人无法忽视。金融衍生工具市场的积极作用主要体现在以下几个方面。

### （一）规避风险功能

20世纪70年代，国际金融市场很不稳定，汇率、利率频繁波动，由此产生了金融衍生工具以规避市场风险。它能将市场经济中分散在社会经济每个角落的市场风险、信用风险等集中在几个期货、期权市场或互换、远期等场外交易市场上，将风险先集中再分割，然后清除或重新分配，从而能够更好地满足不同投资者的不同需求，有助于投资者认识金融市场的风险构成和正确定价，促进金融市场的平稳发展，使市场上资金的运转和使用效率得到提高。

### （二）价格发现功能

金融衍生工具市场可以提供各种金融商品的大量价格信息。将这些信息集合起来，可以为交易所设计金融衍生品的合理价格提供数据上的支持。这一过程就是金融衍生工具市场的价格发现功能。在金融衍生工具的价格发现中，其中心环节是价格决定，这一环节是通过供给和需求双方在公开的交易所大厅内达成的。所形成的价格，又可能因价格自相关产生新的价格信息来指导金融衍生工具的供给和需求，从而影响下一期的价格决定。金融衍生工具市场的价格发现功能有利于公平公正的竞争，有利于减少信息的不对称性，从而提高市场效率。

### （三）收入手段功能

金融衍生工具的收入包括交易本身的收入（投机收入、套利收入）和提供经纪人服务的收入。金融衍生工具产生的本意是为规避风险者提供一种避险的金融工具，但是同时也为投机者创造了交易的条件。因此，金融衍生工具市场的产生不但增强了人们对金融资产的选择，也提供了新的投资渠道，满足了各类客户的需求，刺激了金融市场投资活动。

### （四）促进国际金融市场一体化

金融衍生工具的避险功能使投资者可以安心地参与基础工具市场的交易，增强了资本的流动性，对稳定、完善和发展基础金融工具市场具有重要作用。同时，金融衍生工具的高收益性吸引了众多投资者进入金融市场，使金融市场更趋于成熟和全球一体化，提高了整个社会经济运行的效率，对国际金融市场的发展起了巨大的推动作用。

## 五、主要的金融衍生工具市场

### （一）美国的金融衍生工具市场

1848年由82位芝加哥谷物商发起兴建的芝加哥期货交易所是当今世界上历史最悠久、规模最大的农产品期货交易所。目前，芝加哥期货交易所的交易以各种利率期货为重点，占整个交易所总交易量的一半以上，是世界上最重要的金融期货市场之一。

美国的金融衍生工具市场在全球占有举足轻重的地位，全球60%的金融衍生业务属于美国各大银行，如外汇期货、外汇期权、利率期货等都是率先在美国交易市场问世的。

扩展阅读5.3 走进国际金融衍生品市场——成熟的欧美市场

## （二）英国的金融衍生工具市场

英国是最早出现期货交易的国家，伦敦国际金融期货交易所成立于 1982 年 9 月 30 日，是欧洲建立最早、交易最活跃的金融期货交易所，自从创立以来其服务需求逐年上升，成为全球欧洲货币市场衍生交易的中心。该交易所的交易对象主要有 3 个月英镑定期存款，英镑长期国库券，3 个月的美元存款利率期货，以及英镑、日元、瑞士法郎等外汇期货。

## （三）日本的金融衍生工具市场

日本 1985 年加入金融衍生交易行业，同年由东京证券所率先推出日本公债期货，开始了金融衍生工具交易。东京谷物交易所是亚洲顶尖的商品期货交易所之一，属于非营利组织。

东京国际金融期货交易所成立于 1989 年，以短期利率期货、期权和外汇期货为主，最多的交易是欧洲日元 3 个月的利率期货。

金融衍生工具市场犹如一把双刃剑，合理利用便可规避风险，带来高收益，不合理利用则可能带来金融风险，甚至是全球性的金融风暴。因此，必须加强对金融衍生工具的风险管理和国际统一监管合作，才能使其更好地发挥积极作用。

# 思考与练习

1. 国际金融市场对世界经济发展有什么作用与影响？
2. 外汇市场的特点与作用是什么？
3. 如何划分外汇市场交易层次？
4. 简述欧洲货币市场的特点。
5. 比较国际资本市场与国际货币市场的区别。
6. 国际债券如何分类？
7. 简述国际信贷市场对经济的作用。
8. 简述金融衍生工具市场的特点与作用。

# 第六章

# 汇率决定理论

【学习目标】

- 了解不同货币本位制下汇率的决定基础
- 熟悉购买力平价理论、利率决定理论和国际收支理论
- 掌握弹性价格和黏性价格模型
- 科学地评价和吸收西方经济学新的汇率理论

汇率作为一国货币对外价格的表现形式，其变动不仅会影响国际收支，还会影响物价、收入、就业等一系列变量，是国际金融学中一个处于核心地位的变量。本章重点讨论汇率决定的原理。

## 第一节 汇率的决定基础

### 一、金币本位制度下汇率决定的基础

金币本位制度是以黄金为本位货币的货币制度，盛行于19世纪中期到20世纪初期。在金币本位制度下，黄金可以自由铸造成货币、自由输入输出或用于国际结算。在这种制度下，各国都规定单位货币含有黄金的重量和成色，即含金量。两个实行金币本位制度国家的货币的法定含金量之比称为铸币平价（mint par or specie par）。铸币平价是决定汇率的基础。例如，1925—1931年，1英镑的含金量为7.322 4 克，1美元的含金量为1.504 656 克，则英镑和美元的铸币平价为 7.322 4÷1.504 656 = 4.866 5，即1英镑的含金量是 1 美元的法定含金量的 4.866 5 倍，所以英镑对美元的汇率为 £1 = \$4.866 5。由此可见，英镑和美元的汇率是以各自的铸币平价作为基础的。

值得注意的是，铸币平价只是汇率的决定基础，它所决定的汇率并不是实际汇率。正如商品价值规律所述，商品价值决定了商品的价格，但商品价格经常受市场供求因素的影响，围绕商品价值上下波动。在金本位制度下的汇率也是一样，铸币平价是决定汇率的基础，但汇率受外汇市场供求因素的影响，围绕铸币平价上下波动。

汇率围绕铸币平价的上下波动并不是漫无边际的，而是以黄金输送点（gold transport point）为其最大波动幅度。黄金输送点是指汇率的上涨或下跌超过一定的界限，将引起黄金的输入或输出，从而起到自动调节汇率的作用。因为在两国之间输送黄金需要支付

各种运送费用,包括包装费、运费、保险费、检验费及运送期间所损失的利息等,因此黄金输送点的构成为

$$黄金输出点 = 铸币平价 + 1单位黄金运送费用$$
$$黄金输入点 = 铸币平价 - 1单位黄金运送费用$$

一战以前,在英国和美国之间运送1单位黄金的各项费用和利息为所运送黄金价值的0.5%~0.7%。按平均数0.6%计算,在英国和美国之间运送1英镑黄金的费用大约为0.03美元。设英镑对美元的铸币平价为$4.866 5,由此可计算出黄金输送点:

$$黄金输出点 = \$4.866\ 5 + \$0.03 = \$4.896\ 5(波动上限)$$
$$黄金输入点 = \$4.866\ 5 - \$0.03 = \$4.836\ 5(波动下限)$$

假设在美国外汇市场上,英镑的汇率受市场供求关系的影响而逐渐上升,当英镑的汇率上升超过$4.896 5即黄金输出点时,则美国进口商将不愿按此高汇率在市场上购买英镑,而宁愿运送黄金到英国去偿付债务。这时外汇市场上对英镑的需求会减少,英镑汇率会下跌,直至跌到$4.896 5以内;相反,当英镑汇率下跌到$4.836 5即黄金输入点时,则美国出口商将不愿按此低汇率将英镑兑换为美元,而宁愿用英镑在英国购进黄金,再运回国内。这时外汇市场上英镑的供应会相应减少,英镑汇率会上升,直至上升到$4.836 5以上。

因此,在金币本位制度下,汇率以铸币平价为中心,以黄金输出点为上限、黄金输入点为下限波动。但是相对来说,汇率的波动幅度较小,基本上是固定的。这是因为运送黄金的各项费用仅为黄金价值的0.5%~0.7%,所占比重较低。

虽然金币本位制度下的汇率相对稳定,使各国的经济往来也较稳定地发展,但这种制度下汇率的稳定性并不是绝对的。因为世界黄金储备有限,经济的快速发展使对黄金的需求量越来越大,黄金供给与需求的矛盾日益尖锐,金币本位制度的缺陷逐渐暴露出来。一战中,由于黄金储备不足,许多国家为了应付巨额战争支出而发行纸币,限制黄金的自由流通,货币的发行也不再受黄金储备的限制。而且欧洲各国也纷纷开始限制甚至是禁止黄金出口和纸币自由兑换黄金,金币本位制度因此失去了汇率稳定的基础并开始走向崩溃的边缘。一战结束以后,金币本位制度彻底瓦解,取而代之的是金块本位制度和金汇兑本位制度。

## 二、金块本位制度和金汇兑本位制度下汇率的决定基础

金本位制度发展到后期,由于黄金产量跟不上经济发展对货币日益增长的需求,黄金参与流通、支付的程度下降,其作用逐渐被以其为基础的纸币所取代。只有存在大规模支付需要时,黄金才被动用。金块的绝大部分为政府所掌握,其自由输出、输入受到了影响。同样,在金块本位制度和金汇兑本位制度下,绝大部分黄金储备由政府掌控,黄金的输入和输出受到了很大的限制,已经不能再充当直接的支付手段和流通手段。在这两种货币制度下,两种货币之间的汇率由纸币所代表的含金量之比决定,称为法定平价。事实上,它也是铸币平价的一种表现形式。法定平价成为汇率的决定基础,汇率以法定平价为中心上下波动,但是波动的幅度已经不再受黄金输入点和输出点的限制,而是由政府规定和维护。这是因为在金块本位制度和金汇兑本位制度下,黄金已不能自由

输入和输出，黄金输送点事实上已经不存在。政府通过设立外汇平准基金来保持汇率的稳定。当汇率上升到规定的上限以外时，政府将在外汇市场上出售外汇，使外汇市场上的供给大于需求，从而使汇率下降到规定的范围之内；反之，则买进外汇。但是一国政府能够操纵外汇市场，使汇率按照本国意愿变动的前提是本国拥有足够的外汇储备，即经济实力比较强大，但一战刚结束时大多数国家是不具备这一条件的。因此，在金块本位制度和金汇兑本位制度下的汇率，与金币本位制度相比，其稳定程度已经明显降低。

金块本位制度和金汇兑本位制度由于不稳定，仅维持了很短的一段时间。1929—1933年全球经济危机爆发之后，金块本位制度和金汇兑本位制度彻底崩溃，西方资本主义国家纷纷开始实行纸币流通制度，此时汇率的决定基础为金平价，但是这种制度下的汇率决定基础已经变得越来越复杂了。

### 三、纸币流通制度下汇率的决定基础

在纸币流通制度下，纸币本身并没有价值，只是流通中的价值符号。马克思在其货币理论中指出："纸币是价值的一种代表，两国货币之间的汇率便可用两国货币各自所代表的价值量之比来确定。"这里所说的两国纸币各自所代表的价值量之比即金平价（par value or gold parity）。纸币所代表的价值量是由各国政府根据过去流通中的金属货币的含金量确定的，以法律的形式规定。在纸币流通制度下，金平价成为汇率的决定基础。例如，假设1英镑的法定含金量为3.581 34克黄金，1美元的法定含金量为0.888 671克黄金，则£1 = 3.581 34/0.888 671 = \$4.03，即英镑对美元的汇率为4.03。

但是二战以后，西方资本主义国家通货膨胀的发生，使以纸币为基础的纸币流通制度极不稳定。为了稳定各国的货币关系，西方国家于1944年建立了布雷顿森林体系，各国间的汇率也因此得以稳定。《布雷顿森林协定》中规定：

（1）实行以黄金-美元为基础，可调整的固定汇率制度。即规定美元按35美元等于1盎司黄金与黄金保持固定比价，各国政府可随时用美元向美国政府按这一比价兑换黄金。

（2）各成员国货币与美元挂钩，并根据法定含金量与美元保持固定的比价。

（3）各成员国货币对美元的波动幅度为金平价上下各1%，各国政府有义务对外汇市场进行干预以保持汇率的稳定。只有当一国国际收支发生"根本性不平衡"时，才允许升值或贬值，但要得到国际货币基金组织的同意。然而，从20世纪50年代开始，美国依次发动了朝鲜战争和越南战争，战争使美国国际收支恶化，美元的价值开始波动，再加上日本、德国等资本主义国家的崛起，美元的国际地位开始动摇。1971年美元不得不进行法定贬值，此时西方国家也开始重新调整汇率，汇率的波动幅度由原来的1%扩大到2.25%，实际上为10%。然而汇率波动幅度的扩大并没有减轻西方国家的通货膨胀。1973年布雷顿森林体系瓦解，标志着这种以美元为中心的固定汇率制度彻底结束。自此西方各国不再公布本国货币的金平价，开始实行浮动汇率制度。金平价不再是汇率的决定基础，取而代之的是纸币所代表的实际价值，即两国纸币之间的汇率可用两国纸币各自所代表的价值量之比来确定。纸币所代表的价值量或纸币的购买力是决定汇率的基础。在实际经济生活中，各国劳动生产力的差异、国际经济往来的日益频繁、金融

市场一体化及信息传递技术的现代化等因素也会对纸币本位制度下的货币汇率产生影响。因此，许多经济学家著书立说，探讨纸币同黄金脱钩后货币汇率的决定，形成了诸如购买力平价、利率平价等各具特色的汇率理论。

## 第二节 购买力平价理论

### 一、理论分析的基本框架

购买力平价理论是一种历史非常悠久的汇率决定理论，其理论渊源可以追溯到 16 世纪，对之进行系统阐述则是瑞典学者卡塞尔于 1922 年完成的。购买力平价理论源于货币数量学说，即正常的汇率取决于两国货币购买力比率，而货币购买力又取决于货币数量。根据购买力平价理论，汇率变动过程通常是因为通货膨胀使物价上涨，而物价上涨必然导致汇率跌落。该理论认为汇率涨落的基本因素仍然取决于货币数量的变动。

购买力平价理论并没有以价值理论为基础。卡塞尔提出购买力平价理论时，欧洲各国通货膨胀十分严重，纸币已不能兑换黄金。卡塞尔抛开黄金的价值，直接讨论纸币的汇率问题。

卡塞尔认为，在不兑现纸币流通下，一国货币汇率的下跌是由于本国货币在本国的购买力低于其他国家货币的购买力，这是其汇率下跌的根本原因。这样的推断势必导致：一国货币对内价值如果下降，其对外价值也必然随之降低。然而汇率的涨落并不完全取决于货币在国内市场上的购买力，因为汇率的决定具有相对性。本国货币在国内市场上的购买力虽然下降，若外国货币购买力下降程度更大，则本国货币与外国货币的比值反而上升。因此，两国购买力之比就是两国购买力的平价，这个平价是决定汇率的基础。货币购买力又与该国的物价紧密相连。从两国物价变动即可求得两国汇率的平价。

### 二、一价定律

购买力平价分为绝对购买力平价和相对购买力平价。绝对购买力平价实际上是"一价定律"。早在 16 世纪，西班牙就有人提出了一价定律。他们研究了货币供给与物价水平的关系，以及物价水平与汇率的关系。此后，其他国家也有人提出了接近购买力平价理论的观点。但是，他们的观点缺乏系统性。

#### 1. 国内经济中的一价定律

一价定律是指两个完全相同的商品只能定同样的价格。如果相同的商品在不同的地点价格不同，就有套取利润的机会，会引起人们从价格低的地方购买商品，搬运到价格高的地方去卖，直至两地的该类商品价格一致，套利活动停止。这种不同地点的同一商品的价格差异可以通过套利活动消除的商品，称为可贸易品；而不同地点的同一商品的价格差异不能通过套利活动消除的商品，称为不可贸易商品。不可贸易商品主要包括不动产与个人劳务项目。一价定律不适用于不可贸易商品。以商品房为例，甲地每平方米 6 600 元，乙地每平方米 2 800 元，甲乙两地的价差很大，但是商品房是不动产，不可能从乙地运到甲地，尽管两地价差很大，却没有办法通过套利活动消除。

## 2. 开放经济之间的一价定律

纯理论中的开放经济是指取消贸易壁垒的国家的经济。在开放经济的条件下，不同的国家使用不同的货币，可贸易商品在不同国家的价格之间的联系必须折算成统一的货币再进行。

设 $P_A$ 为某商品在 A 国以 A 国货币表示的价格，$P_B$ 为同类商品在 B 国以 B 国货币表示的价格，$R$ 为汇率（每一单位 B 国货币等于若干单位 A 国货币）。开放经济之间的一价定律可表述为

$$P_A = R \cdot P_B$$

如果 $P_A > R \cdot P_B$，那么 B 国套利者会在 B 国购买该商品，运到 A 国高价出售，或者是 A 国套利者到 B 国购买该商品，运回国内销售。在固定汇率制度下，上述行为通过改变商品市场供求关系促使等式成立。在浮动汇率制度下，上述行为可通过改变外汇市场供求关系促使等式成立。

在现实生活中，同种商品在国际间的价格差异是相当大的，而且这种差异持续存在。这里有两个主要原因：①各国并非纯粹的开放经济，贸易壁垒始终存在，如进出口关税或非关税壁垒；②国际贸易的交易成本明显高于国内贸易。在进行套利活动时，除商品的买卖外，还必须进行不同货币间的买卖活动，产生了外汇市场上相应的交易活动和由此产生的汇率风险。因此，与一国内部的情况相比，国与国之间的套利活动更加困难，套利的交易成本也更高。

## 三、绝对购买力平价

卡塞尔认为人们对外国货币的需求是因为用它可以购买外国商品与劳务；外国人需要本国货币，也是因为用它可以购买本国商品与劳务。本国货币与外国货币交换即等于本国与外国的购买力相交换，因此本国货币表示的外国货币决定于这两种货币的购买力，即两国货币之间的兑换率由两国货币的购买力决定。由于货币的购买力实际上是一般物价水平的倒数，两国货币的汇率就决定于两国一般物价水平之商。这就是绝对购买力平价。

绝对购买力平价是指本国货币与外国货币之间的均衡汇率等于本国货币与外国货币购买力或物价水平之间的比率。用数学公式可表示为

$$R = P / P^*$$

其中，$R$ 表示汇率（直接标价法）；$P$ 表示本国的综合物价水平；$P^*$ 表示外国的综合物价水平。

由上式可以看出，绝对购买力平价是根据一价定律推导出来的，但是它与一价定律有明显的区别。首先，它以汇率为分析对象，一价定律的考察对象是价格；其次，绝对购买力平价涉及的是物价水平，而一价定律考虑的是一种商品的价格。因此，绝对购买力平价的适用条件远不像一价定律那样严格。

绝对购买力平价并不要求每一种商品的价格都严格相等。例如，一种可能的情况是本国所有商品的价格都与外国不同，这样一价定律并不成立。但是，如果本国较高的价格能够和较低的价格相互抵消，则购买力平价能够成立。其次，绝对购买力平价也不要

求两国完全取消贸易壁垒。只要各国对进口和出口的限制程度相同,则它仍有可能成立。

绝对购买力平价的前提有两个:

(1)对于任何一种可贸易商品,一价定律都成立。

(2)在两国物价指数的编制中,各种可贸易商品所占的权重相等。如果两国所有商品的价格都严格相等,但是权数不同,那么绝对购买力平价也不能成立。

在现代分析中,有些学者认为一国的不可贸易品与可贸易品之间、各国不可贸易品之间存在种种联系,这些联系使一价定律对于不可贸易商品也成立。

## 四、相对购买力平价

在绝对购买力平价的基础上,相对购买力平价认为,新的汇率是由两国货币的购买力相对变化率决定的。在汇率依据两国物价水平被确定下来以后,经过一段时间,两国物价水平将发生变化,而且变化幅度不一样,两国货币之间的汇率必然发生变化,产生新的汇率。相对购买力平价主要说明这两个时点汇率的变动,即汇率变动是由物价或货币购买力变动引起的。在一定时期内,汇率的变动同两国物价的相应变动成比例。用数学式可表达为

$$R_1 = \frac{P_A^*}{P_B^*} \cdot R$$

其中,$P_A^* = P_A^1 / P_A^0$,$P_B^* = P_B^1 / P_B^0$,$R$ 表示基期的汇率水平,$R_1$ 表示报告期的汇率水平,$P_A^1$ 表示 A 国报告期的物价水平,$P_A^0$ 表示 A 国基期的物价水平,$P_B^1$ 表示 B 国报告期的物价水平,$P_B^0$ 表示 B 国基期的物价水平。

相对购买力平价意味着汇率的升值与贬值是由两国通货膨胀率的差异决定的。如果本国通货膨胀率超过外国,则本币将贬值。与绝对购买力平价相比,相对购买力平价更具有应用价值,因为它避开了前者过于脱离实际的假定,而且通货膨胀率的数据更容易得到。

与绝对购买力平价相比,学术界对相对购买力平价更感兴趣,因为它可以用来预测实际汇率。在预测期内,若两国经济结构不变,两国货币间汇率的变化便反映了两国货币购买力的变化。

## 五、关于购买力平价理论的简要评述

购买力平价理论提出后,学术界一直存在激烈的争论。但这一理论在外汇理论界始终处于核心位置。该理论是理解全部汇率理论的出发点。购买力平价理论的合理性在于,它有助于说明通货膨胀与汇率之间的关系。它是从货币购买力的角度分析货币的交换问题,符合逻辑,表达形式简单,易于理解。所以,购买力平价被广泛运用于对汇率水平的分析和政策研究。此外,购买力平价理论中所牵涉的一系列问题都是汇率决定中非常基本的问题,无论在实际操作中还是在理论研究中均具有较强的参考意义。然而,购买力平价理论也存在以下不足:

(1)购买力平价理论强调物价对汇率的作用,但这种因果关系并不是绝对的,汇

率变化也可以影响物价。物价仅为影响汇率决定的因素之一,从汇率实际变动的情况看,影响汇率的尚有其他因素,有时这些因素对汇率的影响并不低于物价对汇率的影响,如资本移动、生产成本、贸易条件、政局的变化、战争与其他偶发事件无一不对汇率有巨大的影响。在国际金融高度自由化的今天,国际资本跨国界流动往往是有关国家货币汇率在短期内偏离购买力的根本原因。

(2)购买力平价理论是以货币数量为前提的,两国纸币的交换取决于纸币的购买力,因为各国居民是根据纸币的购买力来评价币值的。这实际上是一种本末倒置的做法。

(3)购买力平价理论能够说明汇率的长期变化趋势,但无法说明短期与中期汇率的变化趋势。

(4)购买力平价理论是一种静态或比较分析,并没有对物价如何影响汇率的传导机制进行具体分析。

扩展阅读 6.1　汉堡包指数

## 第三节　利率决定理论

### 一、凯恩斯的古典利率平价理论的基本观点

购买力平价理论揭示了汇率与物价之间的密切关系,利率决定理论则说明了汇率与利率之间的关系。凯恩斯认为汇率是两国货币资产的相对价格。一笔资金可投资于国内,也可投资于国外,在选择资金的内外投向时,投资者需考虑三个主要因素:①国内投资收入与国外投资收入的比较;②本国货币与外国货币的即期和远期价格的预期变化;③升贴水率。

在利益驱动下,资本在国家间流动,形成了国际资本流动。从国际资本流动的角度,凯恩斯研究了远期汇率的决定问题。他认为决定远期汇率的最基本因素是货币短期存款利率间的差额,或者用年百分比表示的远期汇率等于两个金融中心间的利差,因此银行利率变动的直接影响是使远期汇率重新调整。只要在两国的投资收益存在差异,国际间的资本流动就不会停止。调整不断进行,远期汇率差价就会不断缩小,直到两种资产所提供的收益率完全相等,即远期差价正好等于两国利差,亦即利率平价成立。不过,套利资金是有限的,通常不足以使远期汇率调整到利率平价水平上,因此远期汇率趋于围绕其利率平价上下波动,并不断地向利率平价做自动调整。

凯恩斯的远期汇率理论明确提出远期汇率取决于利差,为现代利率平价理论奠定了理论基础。不过,凯恩斯的利率平价理论是一种静态理论,认为远期汇率会向利率平价自动调整而达到均衡,这与现实不符。艾因齐格在此基础上作了进一步研究,并发展了该理论。

## 二、艾因齐格的动态利率平价理论

艾因齐格认为通过套利作用,远期汇率取决于利率平价,但利率平价也受套利活动的影响。如果甲国利率高于乙国,但甲国远期汇率高估而高于利率平价,则乙国必然会购进甲国即期货币,同时出售远期。这种套利活动必将提高甲国即期汇率,并压低远期汇率以适应两国的利率。同时,两国的利差也受套利活动的影响,即甲国因资本流入利率会下降,乙国则因资本流出利率会上升。也就是说,远期汇率与利率平价是交互作用的,艾因齐格将这种作用称为"交互原理"。利用这种"交互原理",艾因齐格动态地分析了远期汇率与利率平价之间的关系。

远期汇率与利率平价处于均衡状态是偶然的,而非均衡则是经常的。远期汇率经常偏离利率平价,例如:升水高于利差,贴水低于利差;远期汇率按利差本应贴水时却升水;两金融中心的利率相等,远期汇率却不处于均衡水平。当远期汇率偏离利率平价时,有许多因素会使这种偏离持久存在,如贸易品供求失衡、片面的套利交易及套利受限制等。

虽然远期汇率会持久偏离利率平价,但套利活动使远期汇率具有向利率平价调整的趋势,而远期汇率又可通过预期和套利活动对利率产生影响。具体来说,套利资金的转移使远期外汇贬值的金融中心的资金外流,信贷紧缩,而使远期外汇高估的金融中心获得资金,货币扩张,其结果会导致资金外流的金融中心利率上升,资金流入的金融中心利率下降。

利率平价理论的主要观点是:购买力平价说只考虑了商品和劳务,未能考虑资本流动对汇率的影响,而利率平价说则强调后者的作用,认为汇率变动由利率差异决定,即一国货币的即期汇率和远期汇率的差异近似等于该国利率和外国利率的差异。

## 三、现代利率平价理论

与传统的利率平价理论不同,现代利率平价理论认为套利者对远期外汇的超额需求不具有完全弹性(传统理论认为是呈完全弹性)。也就是说,现代外汇市场是由即期市场和远期市场组成的,二者分别按即期汇率和远期汇率进行交易。远期汇率与即期汇率之间有一个升贴水率。

设:$S$ 为即期汇率,$F$ 为远期汇率,$S$、$F$ 均为直接标价法。本国利率为 $I_A$,外国利率为 $I_B$,$I_A$ 和 $I_B$ 与 $F$ 同期,即 $F$ 为 3 个月的远期汇率,则 $I_A$ 和 $I_B$ 是 3 个月的利率。

可以用下式表示它们之间的关系:

$$(1+I_A) = 1/S(1+I_B)F$$

整理可得

$$F/S = (1+I_A)/(1+I_B)$$

等式两边同时减 1,得

$$(F-S)/S = (I_A - I_B)/(1+I_B)$$

由于 $1+I_B \approx 1$,上式可简化为 $(F-S)/S = I_A - I_B$。

公式的左边是汇率的升贴水率。上式说明远期汇率的升、贴水率大约等于本国与外国的利率差。该公式表明:利率低的国家的货币,其远期汇率必然升水;利率高的国家的货币,其远期汇率必然贴水。远期汇率的升、贴水率大约等于两种货币的利率差。

## 四、关于利率平价理论的简要评述

利率平价理论从资金流动的角度指出了汇率与利率之间的密切关系，认为利差是汇率变动的主要原因，这有助于正确认识外汇市场上即期汇率与远期汇率之间的关系以及汇率的形成机制，从而对外汇市场的实际操作、预测远期汇率的变动趋势以及制定和调整汇率政策，都具有重要的意义。

但是，由于利率平价理论把汇率变动仅归因于利差一个因素，按该理论预测的远期汇率同即期汇率的差价往往与实际不符。实际汇率决定是一个复杂的、多因素交织在一起的过程，影响汇率波动的因素除了利差外，还有外汇交易的成本、国内货币供给量、通货膨胀率、国民收入、国际储备及人们的预期等因素。

从实际汇率政策制定与实施来看，若基于利率平价理论制定一国汇率政策，则须谋求各国政府和中央银行统一步调，在政治上协调一致。只有各国政府协调利率政策、阻止外汇投机，才能使外汇市场的汇率接近均衡水平。但要在经济发展水平不同、经济利益不一致的各个国家间协调政策，实际上很难做到。

# 第四节　国际收支理论

## 一、国际借贷说

国际借贷说认为汇率是由外汇的供给与需求关系决定的，而外汇的供给与需求状况又取决于该国的国际借贷。1861年，英国学者葛逊较完整地阐述了汇率与国际收支的关系。他指出：汇率作为外汇的价格，决定于外汇市场的供给和需求流量，而外汇的供求流量来自国际收支。因此，一国的国际借贷是指该国处于实际收支阶段的对外债权与对外债务。一国的经常项目与资本和金融项目的差额，构成一国的国际借贷差额。若在一定时期内，一国国际收支中债权超过了债务，即构成国际借贷出超，国际市场对该国货币需要量大于供给量，该国货币汇率上涨；反之，债务超过债权，即构成国际借贷入超，该国货币需求量小于供给量，该国货币汇率就趋于下降。

国际借贷说以一国国际借贷差额作为决定汇率变动的基础，是建立在金本位制度基础上的。在金本位制度崩溃后，尤其是在纸币流通条件下，国际借贷说难以说清汇率涨落的原因。这大大降低了这一理论的实际应用价值。

## 二、现代国际收支理论

国际借贷说的缺陷在现代国际收支理论中得到了弥补。该理论认为，外汇汇率取决于外汇需求，而国际收支状况决定着外汇的供求，因而汇率实际上取决于国际收支。凡是影响国际收支的因素都会影响汇率。一国经常账户收支状况取决于该国国民收入状况：国民收入下降，进口需求缩减，贸易收支改善，本币汇率上升；国民收入上升，进口需求扩大，贸易收支恶化，本币汇率下降。资本和金融账户收支也会影响汇率。本国利率相对高于外国，由于本国资产（货币、证券）与外国资产之间具有相互替代性，会导致资本内流，外汇供给增加，对本币的需求增加，从而本币汇率上升；反之，本国利率相对低于外国，则会导致资本外流，市场上本币供给增加，对外币的需求增加，从而本币汇率下跌。

1981年，美国经济学家阿尔吉（V. Argy）在其著作中对凯恩斯主义汇率理论作了改进和深化，发展成为新凯恩斯主义汇率理论。后者对前者的改进与深化之处主要是：不仅分析了本国的国民收入变化对经常项目收支的影响，而且分析了外国国民收入的变化、本国与外国的价格水平对经常账户收支的影响；进一步分析了汇率的预期，以及本国货币政策、财政政策与工资水平对汇率的影响。

扩展阅读6.2 国际收支如何影响人民币汇率

### 三、关于国际收支理论的简要评述

国际收支理论在运用供求关系分析的基础上，将影响国际收支的各种重要因素纳入汇率的均衡分析，对于短期外汇市场分析具有现实意义，迄今仍为学术界广泛运用。然而，该理论与购买力平价理论和利率平价理论一样，也不能被视为完整的汇率决定理论，存在下列局限性。

（1）国际收支理论实际上是以外汇市场的稳定性为假定前提的，适用于有发达的外汇市场的国家，如果外汇市场不发达，外汇供求的真实情况就会被掩盖。

（2）国际收支理论的分析是以凯恩斯主义宏观经济理论、弹性论、利率平价说为基础的，没有摆脱有关理论本身具有的缺陷，因此其结论往往与经济现实发生抵触。例如，战后日本收入增长很快，但日元却出现了坚挺的态势。

（3）用国际收支理论的观点很难解释现实中的一些经济现象。因为该理论认为是国际收支引起的外汇供求流量决定了短期汇率水平及其变动，所以国际收支理论是关于汇率决定的流量理论。但是用该理论无法解释汇率经常在外汇市场的交易流量变动很小的情况下发生大幅变动的现象。而且，汇率是外汇的价格，但与其他普通商品市场的价格相比，外汇市场上汇率变动得更为剧烈和频繁。因此，运用普通商品市场上的价格与供求之间的关系来分析外汇市场并不一定合适。

国际收支的这一缺陷促使学者们提出了新的汇率理论，即现代汇率决定理论。

## 第五节　现代汇率决定理论

### 一、弹性价格货币模型

弹性价格货币模型是现代汇率理论中最早建立的，也是最基础的汇率决定模型，主要代表人物有弗兰克尔（J. Frenkel）、穆莎（M. Mussa）、考霍（P. Kouri）、比尔森（J. Bilson）等。该模型是在1975年瑞典斯德哥尔摩附近召开的关于"浮动汇率与稳定政策"的国际研讨会上提出的。弹性价格货币模型的基本思想是：汇率是两国货币的相对价格，而不是两国商品的相对价格，因此汇率水平应主要由货币市场的供求状况决定。

### （一）重要假设

（1）稳定的货币需求方程，即货币需求同某些经济变量存在稳定的关系；

（2）购买力平价持续有效。

假设前提：①商品价格具有完全弹性，也就是说，当货币供给量变动时，会引起价格水平的迅速调整，而利率和实际国民收入与货币供给无关，从而不会由于利率水平的降低而进一步影响产出；②购买力平价成立；③资本在国际间的流动是完全自由的，不受任何形式的限制；④本国资产和外国资产可以完全替代，两国利率为内生变量，并对广义货币模型中的两国利率作了技术处理，不再是原来的自然对数，而是利率本身。

### （二）弹性价格货币基本模型

货币需求等于货币供给这一本国货币市场平衡的条件为

$$M_s - P = \alpha y - \beta_i, \alpha > 0, \beta > 0$$

本国价格水平表达式为

$$P = M_s - \alpha y + \beta_i$$

外国价格水平表达式为

$$P^* = M_s^* - \alpha y^* + \beta_i^*$$

购买力平价提供了本国价格水平与外国价格水平之间的联系：

$$e = P - P^*$$

代入可得弹性价格货币分析法的基本模型：

$$e = (M_s - M_s^*) - \alpha(y - y^*) + \beta(i - i^*)$$

其中，$M_s$ 为本国货币需求，$M_s^*$ 为外国货币需求，$P$ 为本国物价，$P^*$ 为外国物价，$y$ 为本国产出，$y^*$ 为外国产出，$i$ 为本国利率，$i^*$ 为外国利率。

从中可以看出，本国与外国之间的实际收入水平、利率水平及货币供给水平通过影响各自的物价水平，最终决定了汇率水平。这样一来，弹性价格货币模型就将货币市场上的一系列因素引入了汇率水平的决定中。

### （三）弹性价格货币模型的缺陷

弹性价格货币模型只考察了若干市场中的货币市场，因为其假设本国资产和外国资产可以完全替代，故存在下列缺陷：

（1）购买力平价。因为购买力平价在20世纪70年代西方实行浮动汇率制度以来一般是失效的，使弹性价格货币模型建立在非常脆弱的基础之上。

（2）货币需求函数。许多研究显示，主要的西方国家的货币需求极不稳定，以收入和利率为基础的需求函数不能全面反映实际的货币需求变化。

（3）资产完全替代。由于存在资本控制和风险报酬，资产完全替代的假设不一定仍然成立。

## 二、黏性价格模型

黏性价格模型是由美国经济学家多恩布什提出的。他认为，商品市场价格具有黏性，短期内购买力平价不成立。当货币市场出现失衡时，商品价格在短期内难以作出反应，调整货币供求失衡的任务完全由资本市场来承担，通过国际间套利活动，引起利率和汇率水平的超调（大幅上升或大幅下降）。而在长期中，商品价格水平可以调整，购买力平价成立，这时利率和汇率水平的超调现象得到纠正，资本市场达到长期均衡。

### （一）黏性价格模型的基本假设

在短期内购买力平价不成立，即由于商品市场和资本市场的调整速度不同，商品市场上的价格水平具有黏性，调整是渐进的，而资本市场反应却极其灵敏，利率将迅速发生调整，使货币市场恢复均衡；从长期来看，购买力平价能够成立；无抛补利率平价始终成立。

以对外开放的小国为考察对象，外国价格和外国利率都可以视为外生变量或假定为常数。

### （二）黏性价格模型的内容

黏性价格模型中解释的汇率从初始均衡状态到达新均衡状态的调节过程如图6-1所示。其中，$A$ 代表初始均衡点，$M_0$ 为初始货币存量，$P_0$ 为与初始均衡点相对应的商品价格，$S_0$ 为初始均衡汇率。

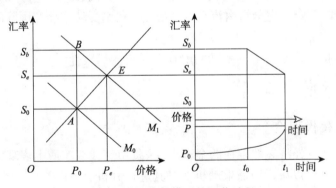

图 6-1　黏性价格模型的调节过程

黏性价格模型的调节过程是：当由于某种原因使货币供给量从 $M_0$ 增加到 $M_1$ 时，由于产生了瞬间的货币超额供给，作为资产价格的利率和汇率会迅速调整。由于价格黏性，在价格水平来不及发生变动的情况下，利率水平下降，同时汇率从 $S_0$ 调整至 $S_b$（本币贬值），即所谓的汇率超调（汇率超调的程度取决于 $M$ 线的斜率，$M$ 线越陡，汇率超调程度越大）。经过一段时间后（从 $t_0$ 到 $t_1$），价格开始作出滞后反应，而此时的利率水平经过短暂的下降之后，会由于国际资本的流入而上升，而货币的超额供给导致预期通货膨胀而使利率上升，相对利率的提高又会引起国际资本的流入，从而使货币的超额供给得到缓解。随着价格的进一步上升，最终使货币的超额供给完全消化。这时汇率

则从超调状态 $B$ 点（$P_0$、$S_b$ 和 $M_1$ 的交点），到达 $E$ 点（$P_e$、$S_e$、$M_1$ 的交点）。在 $E$ 点，汇率、利率、价格、货币存量和产出重新达到了均衡状态。此时，购买力平价成立，这就是长期购买力平价成立的原因。

### （三）黏性价格货币分析法与弹性价格货币分析法的区别

黏性价格货币分析法和弹性价格货币分析法都强调货币市场均衡在汇率决定中的作用，同属汇率的货币论。后者由于假定价格是完全灵活可变的，被称作弹性价格货币分析法，而汇率超调模型修正了其价格完全灵活可变的看法，被称为黏性价格货币分析法。

### （四）黏性价格模型的意义

（1）黏性价格模型是对凯恩斯主义和货币主义的一种综合。它在分析方法上的一个显著特征是假定商品价格具有黏性，它考虑了调整速度不同的问题。

（2）黏性价格模型论证了浮动汇率制度下的一个重要缺点，即汇率超调，而这主要是由资金自由流动造成的。基于黏性价格模型，所引申出的政策含义是政府应当加强对经济运行特别是资本流动的干预，或者以某种形式的固定汇率制度取代浮动汇率制度。

### （五）黏性价格模型的缺陷

（1）它将汇率波动完全归因于货币市场失衡，而否认商品市场上的实际冲击对汇率的影响。

（2）它假定国内外资产具有完全的替代性。事实上，由于交易成本、赋税待遇和各种风险的不同，各国资产之间的替代性远远没有达到可视为一种资产的程度。

（3）只有在国际资产完全自由流动的情况下，利率变动才会在国际间产生大量套利活动，而国际资本完全自由流动在许多国家并未实现。

因此，黏性价格模型对汇率变动的解释有一定的局限性。

## 三、货币替代模型

### （一）货币替代理论

货币替代是开放经济必然存在的金融现象。货币替代在本质上表现为外币在货币职能上替代本币，也可以从货币需求动机上对其进行分析。

### （二）货币替代理论的研究背景

货币替代现象古已有之，如众所周知的"格雷欣法则"、20 世纪 70 年代拉美国家的"美元化"、90 年代苏联和东欧国家在转型期的货币替代问题。在金融全球一体化、资本流动自由化的背景下，货币替代的规模和程度逐渐加大，世界各国普遍存在不同程度的货币替代现象。货币替代对宏观经济运行不可忽视的影响已引起各国决策者和学者的关注。

### （三）货币替代内涵的讨论

为了更直观地分析货币替代现象，暂且简单地将其视为本国居民对外币的需求，从而在职能上替代本币。从货币需求动因上看，国内货币需求动机可分为交易动机、预防动机、投机动机。由于货币替代是本币与外币之间的置换迭代，涉及汇率的波动，会产生保值动机，于是可将投机动机和保值动机综合为资产组合动机，即本国居民根据预期，在财富和制度约束下，权衡风险和收益，合理搭配各种货币与资产的比例。

因此，货币替代同样可以分为两大部分：

（1）居民的交易和预防动机对外币产生的需求。居民为了对外贸易等经济往来而将持有的本币置换为外币，如跨国公司和进口企业为了支付外国居民货款。这部分对利率、汇率等变量反应并不太敏感，而是与国民收入和经常项目密切相关。

（2）居民为了资产组合的需要，使自身财富或效用最大化，进行多元的货币（资产）组合，在各国利率、通货膨胀差异度扩大、汇率预期和风险等变量发生变化时，其多元的货币资产结构和总量随之发生变化，从而引发货币替代。

区分二者的原因在于这两部分对外币需求的稳定程度不同，从而对宏观经济的影响也不同。

进行了上述分析之后，可以这样理解货币替代：货币替代是经济主体出于交易、预防和资产组合等动因，受财富和制度的约束，在不同种类货币资产之间置换迭代，从而使经济系统内外各种货币资产总量与结构发生相对变化的金融现象。如果是狭义的货币替代，可将"货币资产"解释为 M1（M1 = C + D），即本币与外币不生息货币之间的替代；广义的货币替代，可将"货币资产"解释为 M2（M2 = M1 + T + S），即本币与外币生息货币间的替代。当然也可以包括本外币之间生息资产与不生息资产的替代。货币替代更广泛的意义可视为货币之间的替换，所以既应包括本国货币替代外国货币，也应包括外国货币替代本国货币，可以称之为正向替代和反向替代。一般来说，两种形式的替代在开放国家的经济系统内都存在，正向替代与反向替代会对经济运行产生截然不同的影响，二者交互作用于经济系统会产生更为复杂和不易调控的经济效应。根据其他标准，货币替代还可分为供给方替代和需求方替代、对称性替代和非对称性替代等。

## 四、资产组合平衡模型

### （一）资产组合平衡论

资产组合平衡论认为，各国资产具有完全替代性的假设过于严格，即使在资本具有完全流动性的条件下，由于存在汇率风险，而投资者是风险厌恶者，对承担的风险需要额外的收益补偿，因此利率平价也很难成立，从而主张运用风险–收益分析法取代商品套购机制或套利机制。

资产组合平衡论继承了多恩布什的黏性价格设定，认为短期内资产市场的失衡是通过国内外各种资产的迅速调整来消除的，而汇率正是使资产市场供求存量保持和恢复均衡的关键变量。

### （二）资产组合平衡模型假定

20世纪70年代，西方学者根据浮动汇率制度下汇率波动的特点提出了一种新的汇率理论，即资产组合平衡理论。该理论强调各国资产持有者的资产组合平衡条件，在具体分析时作了如下假定：

(1) 必须是可以自由兑换的货币；

(2) 在这个国家具有比较发达的国际金融市场且拥有提供全能金融服务、保证金融工具的高度流动性的设施；

(3) 在金融市场上，存在多种金融工具、多种金融机构和比较健全的监督管理部门；

(4) 各种金融资产之间可以相互替代（但不要求完全替代）；

(5) 市场参与者可以自由选择各自的资产组合，而不受任何外来强制性因素的干扰；

(6) 对国外投资者不存在外汇管制、税收歧视或其他形式的歧视。

资产组合平衡理论与当今发达国家的具体情况比较符合，也表明理论必须随着客观实际情况的变化而变化。

### （三）资产组合平衡模型的内容

资产组合平衡理论的基础是资产组合选择理论。该理论认为，投资者根据对风险和收益的权衡，将财富配置在各种可供选择的资产上。由于资本可以在国际间流动，一国居民所持有的金融资产不仅有本国货币和本国证券，还有外国货币和外国证券等外国资产。私人部门持有的财富可以表示为

$$W = M + N_P + eF_P$$

其中，$W$、$M$、$N_P$、$e$、$F_P$ 分别为本国私人部门持有的财富净额、本国基础货币、本国证券、汇率（以本币表示的外币价格）和外国资产。风险和收益决定了各种资产在私人部门财富中的比例，资产收益率的变化会导致各种资产在财富中所占比例的变动，即投资者进行资产组合的调整，从而引起国际资本流动、外汇供求和汇率的变动。

### （四）资产组合平衡模型的评价

(1) 资产组合平衡模型是对汇率决定理论的重大发展。表现为：①对汇率研究方法进行了重大变革，如采用一般均衡分析代替了局部均衡分析，用动态分析代替了比较静态分析，并将汇率的长短期分析予以结合，为其以后的汇率研究创造了条件；②以本国资产与外国资产之间并不具有完全的替代性为分析前提，并将影响汇率的各种主要因素纳入分析模型中，对于以往理论无法解释的汇率剧烈波动现象给出了独到的见解，对理解现实的汇率变动具有重要的意义。

(2) 资产组合平衡模型也有一些不足。表现为：①它的一些假设过于严格，如金融市场高度发达、不存在外汇管制、资本高度流动等，这与现实的经济生活并不完全吻合；②该模型过于复杂，在实证上难以得到很好的检验，从而制约了其运用。

## 思考与练习

1. 试述金币本位制度下汇率决定的基础。
2. 简述一价定律的概念及其成立的条件。

3. 简述购买力平价理论的基本内容。
4. 从利率平价理论的角度论述汇率与利率之间的关系。
5. 试述利率平价理论并说明其在实践中是否成立。
6. 说明黏性价格模型中汇率的动态调整过程。
7. 比较弹性价格货币模型和黏性价格模型。
8. 描述货币替代模型。
9. 评述购买力平价理论与国际收支理论。
10. 简述资产组合平衡论。

巴拉萨—萨缪尔森效应

即测即练　扫码答题

# 第七章

# 国际收支调节理论

【学习目标】

- 熟悉国际收支调节理论
- 了解国际收支不平衡的调节措施及各种措施的局限性
- 能够对不同的国际收支理论进行评述
- 根据一国的国际收支平衡和经济状况分析制定相应政策的理论依据
- 了解经常账户均衡发展研究的历程和不足

国际收支调节理论是国际经济学的重要理论，随着经济形势的变化和思潮更替而发生演变。国际收支与国内经济的关系越来越密切，实现和保持内外部平衡是一国制定经济政策的最高目标。本章从国际收支的内在因素和外在因素出发，选择最具影响的因素加以分析和说明，介绍了弹性分析、吸收分析、货币分析、内外部平衡冲突与调节等理论。

## 第一节 弹性分析理论

弹性分析理论是研究收入不变的条件下，汇率变动对一国国际收支影响的理论。20世纪30年代的大危机及金本位制度的崩溃使各国纷纷实行竞争性的汇率贬值政策，汇率变动频繁。汇率变动对经济的影响引起了人们的关注。在此背景下，英国剑桥大学经济学家琼·罗宾逊在马歇尔局部均衡分析的基础上提出了弹性分析理论，即主要通过对进出口商品供求价格弹性的分析来研究汇率变动对贸易收支差额和贸易条件的影响。

### 一、弹性的概念

弹性是两个变化率之比，比值越高，弹性越大。弹性分析理论涉及需求弹性和供给弹性。需求量变动的百分比与价格变动的百分比之比称为需求对价格的弹性，简称需求弹性。供给量变动的百分比与价格变动的百分比之比称为供给对价格的弹性，简称供给弹性。在进出口方面有四个弹性，即进口商品的需求弹性、出口商品的需求弹性、进口商品的供给弹性、出口商品的供给弹性。

$$进口商品的需求弹性（D_i）= \frac{进口商品需求量的变动率}{进口商品价格的变动率}$$

$$出口商品的需求弹性（D_x）= \frac{出口商品需求量的变动率}{出口商品价格的变动率}$$

$$进口商品的供给弹性（S_i）= \frac{进口商品供给量的变动率}{进口商品价格的变动率}$$

$$出口商品的供给弹性（S_x）= \frac{出口商品供给量的变动率}{出口商品价格的变动率}$$

进出口商品的供求弹性分别反映了进出口的供给量和需求量对价格变化的敏感程度。弹性大，说明进出口商品价格能在较大程度上影响进出口商品的供求数量。

## 二、弹性分析理论的假设前提

弹性分析理论着重考虑本币贬值对贸易收支和贸易条件的影响，强调国际收支中的相对价格效应。弹性分析理论是建立在一定的假设前提之下的，包括：

（1）假定其他条件不变，只考察汇率变化对进出口商品的影响。

（2）当不存在劳务进出口和资本移动时，国际收支等于贸易收支。

（3）充分就业和收入不变，因而进出口商品的需求就是这些商品及其替代品的价格水平的函数。

（4）假定本国进出口商品的供给弹性均为无穷大，即进出口商品的价格不变，而其供给可以无限增加。

## 三、弹性分析理论的内容

弹性分析理论的基本思路是汇率变动通过国内外商品之间，本国生产的贸易品（出口品和进口替代品）与非贸易品之间的相对价格变动，对一国的进出口供给和需求产生影响，从而影响一国的国际收支。

汇率反映了两种货币之间的比价。汇率的高低决定了本国商品和外国商品之间的相对价格。若本国货币贬值，在出口品的本币价格不变的情况下，以外币表示的本国出口品的价格下降，且下降的幅度刚好等于货币贬值的幅度；同时，在进口品的外币价格不变的情况下，进口品的本币价格上升。这将诱使本国居民将需求由外国商品转向本国商品（进口替代品），从而减少进口需求，这同时会刺激外国居民减少自己国内商品的需求，而增加对进口品的需求。

在进出口商品的供给弹性均为无穷大的情况下，当本国货币贬值时，外币表示的出口品价格下降将使出口量增加，只有当出口量增加的幅度大于价格下降的幅度时，出口额才会增加，而后一条件取决于外国对本国出口品的需求弹性。对进口而言，只有当进口量下降的幅度大于进口品价格上升的幅度时，进口额才会减少，这又取决于国内对进口品的需求弹性。因此，在进出口商品供给弹性无穷大的条件下，货币贬值对贸易收支的作用取决于进出口商品的需求弹性。根据马歇尔-勒纳条件，货币贬值后，只有出口商品的需求弹性和进口商品的需求弹性之和大于1时，贸易收支才能改善，即贬值取得成功的必要条件是 $D_x + D_i > 1$。当 $D_x + D_i = 1$ 时，货币贬值不影响贸易收支；$D_x + D_i < 1$ 时，货币贬值使贸易收支恶化。

马歇尔-勒纳条件也说明了本币贬值会引起进出口商品价格变动,进而引起进出口商品的数量发生变动,最终引起贸易收支变动。贸易收支额的变化,最终取决于两个因素:①贬值引起进出口商品单位价格的变化;②由进出口商品单位价格变化引起的进出口商品数量变化。

例如,假定中国为本国并出口鞋子,美国为外国,人民币的汇率从 1$兑换 7¥贬值为 1$兑换 8¥,由此引起的出口商品美元单价和出口数量变化的数据见表 7-1。

表 7-1  不同弹性条件下贬值对出口收入的影响

| | 出口商品的国内单价/¥ | 汇率/(¥/$) | 出口商品的外币单价/$ | 出口数量 | 出口的外币收入/美元 | 美元升值率/% | 出口数量变动率/% |
|---|---|---|---|---|---|---|---|
| 0 | 7 | 7 | 1 | 10 000 | 10 000 | — | — |
| 1 | 7 | 8 | 0.875 | 11 000 | 9 625 | 14.29 | 10 |
| 2 | 7 | 8 | 0.875 | 12 000 | 10 500 | 14.29 | 20 |

然而,在实际经济生活中,当汇率变化时,国际贸易中商品流量对价格波动的反应是渐进的。在贬值初期,实际国际收支状况反而有可能恶化。从货币贬值到贸易收支改善之间存在一个时滞,这种现象被命名为 J 曲线效应。

J 曲线效应反映如下关系:一国货币贬值后最初会使国际收支状况进一步恶化,需经过一段时间的滞后,才会使贸易差额得到改善。如图 7-1 所示,假定在 $t_0$ 点本国货币实行贬值,但贬值并没有迅速带来贸易收支的改善,贸易差额反而越来越大,在 $t_1$ 点贸易收支的恶化达到顶点。此后,贸易收支状况开始改善,在 $t_2$ 点之后,进出口对货币贬值的反应充分大,贸易收支从逆差变为顺差。因为图 7-1 中曲线的形状与英文字母 J 类似,故被称为 J 曲线。

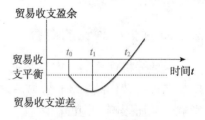

图 7-1  J 曲线效应

从货币贬值到贸易收支改善之间之所以存在这种时滞是因为:

(1)在货币贬值之初到期的合同是以前签订的,交易数量和价格不会因为贬值而改变,如果进出口以外币计价,则这部分进出口的本币价格会同比例于贬值幅度而上升。由于货币贬值通常是政府针对贸易逆差而采取的措施,贬值前进口支出大于出口支出,贬值后的一段时间内,贸易赤字会进一步扩大。如果出口以本币结算,进口以外币结算,货币贬值会使外汇收入减少、进口外汇支出增加,则贸易收支也可能恶化。

(2)即使在签订新的进出口合同时价格有所调整,从进口方面来看,货币贬值国和其他国家的消费者对改善的状况作出反应也需要一段时间,因为消费者对价格变化以外的一些问题有顾虑,如国内商品同外国进口品相比的可靠性和信誉问题等。从出口方面来看,出口增长仍要受认识、决策、资源、生产周期等的影响,所以即使一国货币贬值能改善出口竞争力,国内扩大出口品的生产也需要一段时间。这些都造成在贬值后交易数量的变化仍然有滞后的可能。

## 四、对弹性分析理论的评述

弹性分析理论在一定程度上揭示了汇率变动对贸易收支的影响,弥补了古典的金本位制自发调节论失效后国际收支调节理论上的空白,为许多国家所采用,并在调节国际收支方面取得了一定的效果。但是,它在分析中所固有的缺点也受到了广泛的批评。

(1)弹性分析理论建立在局部均衡分析的基础之上,这意味着它只考虑汇率变化对进出口商品供求的影响,而假定其他条件不变。但事实上,汇率变化影响的范围很广泛。例如,货币贬值在改善贸易收支的同时,也启动了外贸乘数,使本国国民收入成倍增加,通过边际进口倾向,本国的出口减少,进口增加,贸易收支改善程度缩小。

(2)弹性分析理论是一种静态分析,没有考虑时间因素。它假定货币贬值会迅速改善贸易收支状况,但实际上存在一个时滞。

(3)弹性分析理论假定供给弹性无穷大。由于进出口商品种类复杂,外贸商品结构也经常变化,而且进出口商品的供给弹性与一国的资源配置、技术条件、进口替代程度等息息相关,这一假定在20世纪30年代大萧条时期一国存在大量未被充分利用的闲置资源时可能成立,但在经济接近充分就业时,各部门对资源的竞争将使生产要素价格上涨,从而带动产品价格上涨,此时该假定不成立。

扩展阅读 7.1 美国取消中国"汇率操纵国"认定

事实上,货币贬值对贸易条件的影响在不同的国家是不一样的,很难做出绝对的判断。一般来说,贬值或使一国的贸易条件不变,或使一国的贸易条件恶化,贬值改善一国贸易条件的例子是极其罕见的。

# 第二节 吸收分析理论

吸收分析理论(Absorption Approach)又称支出分析法,是西德尼·亚历山大(Sidney Stuart Alexander)于1952年在其《贬值对贸易差额的影响》一文中首次提出的。吸收分析理论在凯恩斯的宏观经济学的基础上,从国民收入和总需求的角度系统研究货币贬值政策效应的宏观均衡分析。该理论在20世纪五六十年代盛极一时。它从凯恩斯的国民收入方程式入手,着重考察总收入与总支出对国际收支的影响,并在此基础上提出国际收支调节的相应政策主张。

## 一、基本理论框架

吸收分析法以凯恩斯宏观经济理论为基础,从国民收入的产出及支出的关系角度来说明国际收支差额。该理论仍将国际收支简化为贸易收支。而所谓"吸收"是指一国国内居民购买商品与劳务的支出。

按照凯恩斯的理论,国民收入与国民支出的关系可表述为

$$国民收入(Y) = 国民支出(E) \quad (7-1)$$

在封闭经济中当假定只存在进行消费的居民和进行投资的厂商时,则表示为

$$国民收入(Y) = 消费(C) + 投资(I) \quad (7-2)$$

如果支出中包括政府支出,则表示为

$$国民收入(Y) = 消费(C) + 投资(I) + 政府支出(G) \quad (7-3)$$

在开放经济中,考虑到出口和进口,则表示为

$$国民收入(Y) = 消费(C) + 投资(I) + 政府支出(G) + 出口(X) - 进口(M) \quad (7-4)$$

移项整理后,得

$$X - M = Y - (C + I + G) \quad (7-5)$$

以 $B$ 表示贸易差额 $X - M$,$A$ 表示国内总支出即国内总吸收 $C + I + G$,则

$$B = Y - A \quad (7-6)$$

该式表明贸易差额等于国民收入与国内总吸收之差。如果国民收入 $Y$ 超过了国内总吸收 $A$,则国家可以将剩余产品用于出口,实现贸易盈余;相反,如果国内总吸收大于国民收入,则超过的部分需要由进口弥补,发生贸易赤字;而当国民收入等于国内总吸收时,国际收支平衡。因此,可以得出结论:调节国际收支的方法无非是调节收入 $Y$ 或吸收 $A$。

## 二、关于贬值效应的分析

同弹性分析法一样,吸收分析法也考察了贬值对贸易余额的影响。亚历山大将吸收分为两部分,一部分为诱发性吸收,另一部分为自主性吸收,即

$$A = cY + D \quad (7-7)$$

其中,$c$ 为边际吸收倾向,$D$ 为独立于收入之外的吸收。将式(7-7)代入式(7-6),并用增量表示,得

$$B = (1-c)\Delta Y - \Delta D \quad (7-8)$$

### (一)贬值通过影响国民收入对国际收支的影响

**1. 闲置资源效应**

如果贬值国存在尚未得到充分利用的资源,则贬值可以刺激国内外居民对本国产品的需求,通过乘数效应使国民收入倍增。随着国民收入的增加,国内支出也会增加。贬值对国际收支的影响取决于 $c$ 值的大小。当 $c < 1$ 时,国内支出增加小于国民收入增加,国际收支改善;当 $c = 1$ 时,国民收入增加完全被国内支出的增加所抵消,国际收支不变;而当 $c > 1$ 时,国民收入增加引发的国内支出大于国民收入的增加,进口增加,国际收支恶化。

**2. 贸易条件效应**

一国货币贬值后,进出口数量不能立即进行调整,贸易差额将因为贸易条件的恶化而恶化,使实际国民收入下降。随着国民收入水平的下降,总吸收水平随之下降,贸易差额 $dB = dY - dA = dY - cdY = (1-c)dY$,收入变化对国际收支的影响则仍取决于 $c$ 值。

## （二）贬值通过影响吸收对国际收支的影响

### 1. 现金余额效应

人们一般希望以实际货币余额形式持有的收入占其实际总收入的比率保持不变。但贬值会推动国内物价上涨，货币购买力下降，在名义货币供给量不变的情况下，将使人们以货币形式持有的财富，即现金余额的实际价值下降。为了使真实现金余额恢复到愿意持有的水平，人们一方面会减少商品和劳务开支，即减少吸收；一方面会卖出有价证券，引起证券价格下降，从而使利率上升，再度减少吸收。

### 2. 收入再分配效应

贬值造成物价上涨，能促进收入的再分配。物价上涨可能有利于利润收入者而不利于工资收入者。而一般来说，利润收入者的边际吸收倾向小于工资收入者，收入再分配将使总吸收下降，国际收支状况得到改善。

### 3. 货币幻觉效应

即使货币收入与价格同比例上升，实际收入没有发生变化，但人们的货币幻觉会使他们只注意到价格的上升，因而减少消费，增加储蓄，使一国的总吸收下降。

### 4. 其他直接效应

这些效应对贸易收支的变动可能有利，也可能不利。
（1）预期价格效应。预期贬值后价格将进一步上升，人们会提前购买商品和服务。
（2）投资成本效应。进口投资品的价格上升将形成对国内投资开支的抑制。
（3）国外支出下降效应。进口商品的本币价格上升对国外消费开支也会产生抑制作用。

从上面的分析，可以看出吸收分析理论主张采用改变总收入与总吸收的政策调节国际收支。国际收支逆差表明一国的总需求超过总供给，即总吸收超过总收入。这时，就应当运用紧缩性的财政政策和货币政策减少对贸易商品（进口）的过度需求，以纠正国际收支逆差。但紧缩性的财政政策和货币政策在减少进口需求的同时，也会减少对非贸易商品的需求和降低总收入，因此还必须运用支出转换政策，如汇率政策、直接管制等，消除紧缩性的财政和货币政策的不利影响，使进口需求减少的同时收入能增加。这样一来，贸易商品的供求相等，非贸易商品的供求也相等；需求减少的同时收入增加，就整个经济而言，总吸收等于总收入，从而达到内外部均衡。

吸收分析法特别重视从宏观经济的整体角度来考察贬值对国际收支的影响，认为当一国经济中存在闲置资源时，贬值可以通过闲置资源效应对国际收支产生影响，但是，当一国经济达到充分就业时，没有闲置资源可以用于扩大生产，国民收入不能增加，则贬值只能通过压缩吸收达到改善国际收支的目的。

## 三、吸收分析理论调节国际收支的政策

吸收分析理论根据一国经济生产是否达到充分就业的具体情况分别采取以下两种政策来调节国际收支。

## （一）国内非充分就业，采取支出转换政策

在非充分就业条件下，意味着有闲置资源，因此可通过增加总收入调节国际收支。政府有关部门可采取支出转换政策，即通过通货贬值对国际收支进行调节，通过国内经济或贸易限制措施，刺激本国出口，改善国际收支。

由于国内总支出会随着国民收入增长而增长，还必须在本币对外贬值的同时，在国内实行紧缩性的财政政策和货币政策，以抑制进口需求，使国内总支出的增加 $\Delta A$ 小于总收入的增加 $\Delta Y$，即边际吸收倾向小于 1，$(\Delta A / \Delta Y) < 1$，以使出口增长快于进口增长，保证国际收支逆差得到改善。

## （二）国内充分就业，采取支出变更政策

在国内充分就业条件下，意味着没有闲置资源，增加总收入只会导致通货膨胀，因此只能用减少总收入的方法调节国际收支。而对国际收支的调节同样可以从国内经济和对外经济两个渠道进行。

一方面，对内采取紧缩性的财政政策和货币政策，压缩国内吸收，使进口需求下降，减少进口，把压缩下来的资源转移到出口部门，同时使出口商品的国内需求下降，相对增加出口数量；另一方面，对外进行本币贬值，相对降低本国出口商品的价格，刺激国外对本国出口商品的需求，同时抑制进口需求。

## 四、关于吸收分析理论的简要评述

吸收分析理论将一国国际收支的决定和变动与整个宏观经济状况结合，采用了一般均衡分析方法，克服了弹性分析理论的局部均衡分析的缺陷，并强调了政策配合的意义。吸收分析理论不仅考虑了汇率变动对进出口供求的影响，而且进一步分析了汇率通过影响收入和吸收而对国际收支产生的影响。然而，它也存在一些不可忽视的缺陷：①从宏观角度看，它不够全面。吸收分析理论假定贬值是出口增加的唯一原因，没有考虑本币贬值以后相对价格变动在国际收支调整中的作用。②以单一国家为分析模型，在贸易分析中没有涉及其他国家。而在实践上，一国进出口数量的多少和价格高低正是由本国和贸易伙伴国的出口供给和进口需求共同决定的。③没有考虑国际资本流动，将国际收支等同于贸易收支。

扩展阅读 7.2　货币贬值未拉动出口增长，新兴市场国家苦不堪言

# 第三节　货币分析理论

20 世纪 60 年代末期，约翰逊、弗兰克、蒙代尔等经济学家创立并发展了货币分析理论，它是货币主义学派理论在国际经济领域的扩展。70 年代以后，随着国际金融市

场的发展和资本的大规模国际流动，资本和金融账户在国际收支中占的比重越来越大，对国际收支的分析和调节必须考虑金融资产的作用。而货币分析理论有别于传统理论，它以现代货币数量论为理论基础，认为国际收支本质上是一种货币现象，国际收支的任何失衡都是货币存量失衡。若人们的货币需求量大于中央银行的货币供给量，则超额的货币需求会由国外流入的货币来满足，从而使国际收支出现顺差；反之，若中央银行的货币供给量大于人们的需求量，则超额的货币供给会使货币流向其他国家，使国际收支出现逆差，因此国际收支失衡的调节实质是货币实现均衡的过程。货币分析理论将国际资本流动也作为考察对象，强调国际收支的综合差额，而非贸易差额，因此一度非常盛行。

## 一、货币分析理论的假设前提

（1）从长期看，货币需求是稳定的，货币供给变动不影响实物产量。

（2）一国处于充分就业状态，货币需求是价格、收入、利率等少数几个变量的函数。

（3）国内价格、利率、收入等变量是外生的。一国价格水平接近国际商品市场价格水平，一国利率水平趋向国际资本市场利率水平。

## 二、基本模型

在上述假设条件之下，货币分析法的基本理论可以用以下模型来表达，即

$$M^s = M^d \tag{7-9}$$

其中，$M^s$ 为名义货币供给；$M^d$ 为名义货币需求。

$$M^d = kPY \tag{7-10}$$

其中，$P$ 为国内价格水平；$Y$ 为真实国民收入；$k$ 为常数，代表 $P$ 或 $Y$ 的变化引起的货币需求的变化程度，$k>0$，即随着 $P$ 或 $Y$ 的上升，货币需求将增加。

$$M^s = m(D+R) \tag{7-11}$$

其中，$D$ 为一国货币基数的国内来源，即国内信贷；$R$ 为一国货币基数的国外来源，通过国际收支盈余获得，以国际储备为代表；$D+R$ 构成一国基础货币，$m$ 为货币乘数，用来说明通过派生存款创造信用货币的能力，在不考虑现金流出的情况下，它是由法定的存款准备金比率决定的。为方便分析，假定货币供给量等于基础货币，忽略了货币乘数，即

$$M^s = D+R \tag{7-12}$$

可得

$$M^d = D+R \tag{7-13}$$

移项后，可得

$$R = M^d - D \tag{7-14}$$

货币分析理论将国际收支看作一种货币现象，认为国际收支不平衡是货币不平衡，即人们意愿的货币持有量与货币当局货币供给量间差异的结果。如果人们的货币需求量

大于中央银行的货币供给量,则对货币的超额需求将由货币从国外的流入来弥补,从而引起国际收支顺差;相反,当货币供给通过国内信贷扩展而增加时,中央银行的货币供给量大于人们的货币需求量,人们就会将多余的、过剩的货币供给流向国外,从而引起国际收支逆差。

货币分析理论认为,国际收支不平衡在本质上都是货币性的,因此国际收支的不平衡都可以由国内货币政策来解决。这里的国内货币政策主要指货币供给政策。由货币分析理论的假设前提可知货币需求是收入、利率的函数,而货币供给在很大程度上可由政府操纵,因此膨胀性的货币政策可以减少国际收支顺差,而紧缩性的货币政策可以减少国际收支逆差。

货币分析理论强调为平衡国际收支而采取的贬值、进口限额、关税、外汇管制等贸易和金融干预措施,只有当它们的作用是提高货币需求,尤其是提高国内价格水平时,才能改善国际收支。如果在施加干预措施的同时伴有国内信贷膨胀,则国际收支不一定能改善,甚至可能恶化。

### 三、货币分析法的政策含义

(1)国际收支失衡本质上是一种货币现象。只要一国不是严重依赖通货膨胀式的货币供给增长来为政府支出融资,那么该国就不会出现长期逆差。

(2)国际收支失衡可以通过国内货币政策来纠正。国内信贷增长率的降低可以替代贬值,而且更为有效,因为贬值是通过降低一国货币对世界其他国家货币的价值来起作用的。然而,如果贬值并没有纠正造成贬值的基本货币原因,那么将来还需要贬值以抵消一国持续不断的超额货币供给。

(3)国内收入的增加会通过扩大货币需求而改善国际收支,但条件是收入的增加不被国内信贷的扩张抵消。

(4)如果一价定律成立,那么中央银行必须在汇率与本国价格水平之间作出政策选择。在浮动汇率制度下,汇率可以自由变化,达到外汇市场出清所需要的均衡水平。中央银行可以选择国内的通货膨胀不受他国影响。若选择国内通货膨胀低于国外通货膨胀,那么本国货币将升值。因此,在国内通货膨胀和汇率水平之间的选择,具有重要的经济和政治意义。

### 四、货币分析理论与弹性分析理论、吸收分析理论的区别

弹性分析理论、吸收分析理论强调的是商品市场流量均衡在国际收支调节中的作用,货币分析理论强调货币市场存量均衡的作用;弹性分析理论、吸收分析理论注重经常账户交易,强调贸易差额,而货币分析理论则将国际资本流动作为考察对象,强调综合差额;弹性分析理论、吸收分析理论注重对线上项目的分析,而货币分析理论则主张从线下项目分析国际收支,如通过分析线下的国际储备的变化来分析国际收支。总的来看,三种国际收支调节理论试图解释国际收支的不同侧面,它们在很大程度上是互补的,而不是相互替代的。

### 五、关于货币分析理论的简要评述

货币分析理论的主要贡献在于它使人们开始重视货币因素在国际收支不平衡中的地位。它把国际收支的货币调节放在首位，弥补了弹性分析理论和吸收分析理论只对经常项目进行研究的缺陷。它的主要缺陷表现在：①货币分析理论论述的是长期均衡因素，在用来分析短期和中期动态时受到限制。例如，它假定货币需求函数是稳定的，然而短期内的货币需求函数是不稳定的，也很难不受货币供给变动的影响。②影响国际收支变化的因素，并非如货币分析理论所认为的完全由货币这个单纯的因素所引起。事实上，收入、支出、贸易条件等因素对国际收支也有重要影响。把货币过度供给或过度需求解释为国际收支失衡的唯一原因使货币分析理论走向了另一个极端。③货币分析理论提出，当采用贬值来改善国际收支时，必须结合紧缩性的货币政策，是以牺牲国内实际货币余额或实际消费、投资、收入和经济增长来纠正国际收支逆差。这一点曾受到许多国家，尤其是发展中国家经济学家的严厉批评。④它强调一价定律的作用，但是从长期看，由于垄断因素和商品供求黏性的存在，一价定律往往是不成立的。

## 第四节　内外部平衡冲突与调节理论

随着经济的发展，一国国际收支与其国内经济的关系越来越密切，实现和保持内外部平衡是一国制定经济政策的最高目标。外部平衡追求的目标是国际收支平衡和汇率稳定；内部平衡要达到的目标是保持国内物价稳定、充分就业和经济增长。这是理论上的内外平衡，现代经济中，内外部同时达到平衡较为困难。但是，两种平衡是有机联系的，在研究外部平衡时，也要研究内部平衡。弹性分析理论、吸收分析理论和货币分析理论都是以实现外部平衡即国际收支平衡为最高目标。政策配合调节理论是凯恩斯有关国际收支理论的一种学说，是凯恩斯学派经济学家蒙代尔于1962年提出的，此后其他一些经济学家对这一理论进行了发展和补充，致力于同时实现内部平衡与外部平衡的研究。

### 一、内外部平衡冲突和外部失衡的纠正

作为开放经济的主要政策目标，内部平衡和外部平衡是相互影响的，它们之间存在极为复杂的关系。当政府采取措施努力实现某一平衡目标时，可能会同时实现开放经济另一平衡问题的改善，也可能对另一平衡问题造成干扰或破坏。一般称前者为内外平衡一致，后者为内外平衡之间的冲突。

内外平衡冲突的根源在于经济的开放性。这一开放性要求同时实现经济的内在稳定和合理开放，而这两点对特定变量要求的调整方向并不总是一致的，由此造成内外平衡的冲突。

内外平衡冲突的产生与某种特定的调控方式是直接相对应的。在米德最早的研究中，是针对固定汇率制度下调节社会总需求的不同影响进行分析的，从而将开放经济运行的特定区间定义为内外平衡之间的冲突。从更广义的角度来看，凡是实现某一平衡的

努力对另一平衡的干扰或破坏都可以称为内外平衡之间的冲突。

内外平衡冲突问题说明：在开放经济下，单纯运用调节社会总需求这一封闭经济的政策工具是不足以同时实现内外平衡目标的，开放经济的调控需要有新的政策工具，需要对政策工具有新的运用方式。

在经济发展过程中，当外部失衡超过一定限度时，必须采取对策加以纠正。纠正外部失衡的对策有三种，分别是开支变更政策、开支转换政策和直接管制。

开支变更政策是指运用财政政策与货币政策来调节总需求（支出），以求得国际收支平衡。

开支转换政策是指政府采用汇率变动措施，使国内相对价格和国外相对价格发生变化，进而引起对国内商品与外国商品的需求转换的一种政策。

直接管制是指政府通过发布行政命令，对国际经济交易进行行政干预，以求国际收支平衡的政策措施。直接管制容易引起其他国家的报复，也会引起竞争力下降，造成资源浪费、生产要素分配不合理等，因此一国政府应尽量避免采用这种措施。

## 二、米德冲突

内外部平衡是有机联系的，在解决外部平衡时，也要解决内部平衡。英国经济学家詹姆斯·米德（J. Meade）于1951年在其名著《国际收支》中最早提出了固定汇率制度下的内外平衡冲突问题。如果政府只运用开支变更政策，而不同时运用开支转换政策和直接管制，不仅不能同时实现内部平衡与外部平衡，而且会导致这两种平衡之间发生冲突，这种情况称为米德冲突。例如，当一国既存在通货膨胀又有国际收支顺差时，若采用扩张性开支变更政策，虽然有助于实现国际收支平衡，但会加重通货膨胀；若采用紧缩性开支变更政策，虽然有助于物价稳定，但会加大国际收支顺差。如果一国失业问题严重并有国际收支逆差，若只运用扩张性开支变更政策，虽然有助于"充分就业"的实现，但会加大国际收支逆差；若只运用紧缩性开支变更政策，则可能有相反的作用。因此，理想的选择是配合运用这些政策，同时获得内部平衡与外部平衡。

米德认为，通过开支变更政策可以达到内部平衡，而使用开支转换政策和直接管制可以达到外部平衡的目的。使用双重的政策工具即可达到双重平衡目的。

米德冲突的主要缺陷在于，他针对的是固定汇率制度下的情况，也没有考虑资金流动对内外平衡问题的影响。在浮动汇率制度下，政府不可能完全依赖外汇市场对国际收支的自发调节功能，所以同样面临外部平衡问题，并且在汇率波动程度剧烈的条件下，外部平衡与内部平衡之间的相互影响或干扰更加复杂，内外平衡冲突问题更加突出。

## 三、丁伯根原则

要实现一国经济政策的最高目标，即实现和保持内外部平衡，在政策调控方面要有新的思路。荷兰经济学家丁伯根是诺贝尔经济学奖的首位得主（1969年），最早提出了将政策目标和工具联系在一起的正式模型。丁伯根原则中假定只存在两个目标（国民收入 $Y$ 和国际收支 $B$）、两种政策工具（财政支出 $G$ 和货币供应量 $M$）。下面用简单的线性方程组来解释这个模型：

$$\begin{cases} Y = a_1 G + a_2 M & (7\text{-}15) \\ B = b_1 G + b_2 M & (7\text{-}16) \end{cases}$$

根据线性代数的原理，只要 $a_1/b_1 \neq a_2/b_2$，即两个政策工具线性无关，方程就可以求解出最佳目标水平 $Y^*$ 和 $B^*$ 所需要的 $G$ 和 $M$ 的工具水平。

丁伯根据此认为要达到一个经济目标，政府应至少动用一种有效的政策；推广开来，为达到几个经济目标，政府应至少动用几种独立、有效的政策。这就是著名的丁伯根原则。丁伯根原则具有鲜明的政策含义，说明只运用支出变更政策，通过调节收支总量的途径同时实现内外均衡两个目标是不够的，必须寻找新的政策工具并进行合理配合。

丁伯根原则对目标的实现过程具有如下特点：①假定各种政策工具可以供决策当局集中控制，从而通过各种工具的紧密配合实现政策目标；②没有明确指出每种工具有无必要在调控中侧重某一目标的实现。这两个特点与实际情况并不完全符合或者不能满足实际调控的需要。

 扩展阅读 7.3　丁伯根原则与"米德冲突"的中国政策化解之道

## 四、政策配合理论

政策配合是指一国政府将财政政策与金融政策进行适当配合和运用，以同时实现内部平衡和外部平衡的目标。现实生活中，由于各国在国际收支调节过程中，常会遇到米德冲突问题，因此根据丁伯根原则，最好的选择是多种政策的合理配合和运用，以求同时实现内外平衡。此外，还应根据一国的国内外经济失衡程度和各种政策调节效力的不同，选择不同的政策搭配。

### （一）斯旺模型

斯旺模型是由澳大利亚经济学家斯旺提出的。斯旺根据凯恩斯主义理论，将国际收支纳入宏观经济管理整体框架中，通过分析国内支出与外汇汇率之间的对应关系，以及经济失衡的各种表现，总结出一国经济内部平衡与外部平衡同时实现所需的条件，并通过图形进行描述。图 7-2 中，横轴 $A$ 代表国内总支出，纵轴 $e$ 代表外汇汇率。$Y$ 代表内部平衡线，在这条线上的点意味着充分就业和物价稳定。$B$ 代表外部平衡线，在这条线上的点意味着国际收支平衡。

内部平衡线 $Y$ 向右下方倾斜，说明在国内总支出减少的同时，需要外汇汇率上升或本币贬值政策的配合，从而使出口增加、进口减少，才能维持内部平衡；反之，在国内总支出增加的同时，必定是外汇汇率下降或本币升值从而使进口增加、出口减少，以维持内部平衡。$Y$ 线右边 Ⅰ 和 Ⅱ 区的任

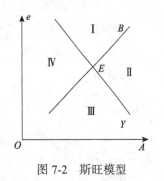

图 7-2　斯旺模型

意一点都表示在一定汇率水平下，国内总支出大于总收入，因而存在通货膨胀；反之，Y 线左边Ⅲ和Ⅳ区的任意一点都表示在一定汇率水平下，国内总支出小于总收入，因而存在失业。

外部平衡线 B 向右上方倾斜，说明在国内总支出减少的同时，需要外汇汇率下降或本币升值政策的配合，从而使进口增加、出口减少，才能维持外部平衡；反之，在国内总支出增加的同时，必定是外汇汇率上升或本币贬值从而使出口增加、进口减少，以维持外部平衡。B 线右边Ⅱ和Ⅲ区的任意一点都表示在一定的国内总支出水平下，外汇汇率低于或本币汇率高于均衡水平，导致国际收支逆差；反之，B 线左边Ⅰ和Ⅳ区的任意一点都表示在一定的国内总支出水平下，外汇汇率高于或本币汇率低于均衡水平，导致国际收支顺差。

在图 7-2 中，只有两条曲线相交的 E 点意味着内部平衡和外部平衡的同时实现，反映了国内支出和外汇汇率政策的最佳组合。在 Y 线上除了 E 点之外的其余各点意味着内部平衡的同时伴随着外部不平衡，在 B 线上除了 E 点之外的其余各点意味着外部平衡的同时伴随着内部不平衡，而不在两条线上的任意一点都表示内外部同时失衡的状态。

### （二）斯旺模型的单一政策调节

在斯旺模型中，某些情况下可以采取一种政策进行调节。

（1）在Ⅲ区表示一国同时处于国内失业和国际收支逆差状态，政府可以采取一种支出转换政策进行调节，即通过提高外汇汇率和降低本币汇率的办法，在改善国际收支逆差的同时，减少失业。

（2）在Ⅰ区表示一国同时处于国际收支顺差和国内通货膨胀状态，政府可以采取一种支出转换政策进行调节，即通过降低外汇汇率和提高本币汇率的办法，在减少国际收支顺差、实现外部平衡的同时，抑制国内通货膨胀。

（3）在Ⅳ区表示一国同时处于国内失业和国际收支顺差状态，政府可以采取一种支出变更或转换政策进行调节，即通过扩大国内总支出的办法，在刺激经济增长、扩大就业的同时，消除国际收支顺差，实现对外经济平衡。

（4）在Ⅱ区表示一国同时处于国内通货膨胀和国际收支逆差状态，政府可以采取一种支出变更或转换政策进行调节，即通过缩小国内总支出的办法，在抑制国内通货膨胀的同时，改善国际收支逆差，实现对外经济平衡。

### （三）斯旺模型的政策配合调节

在斯旺模型中其他大多数情况下，只运用一种政策进行调节，就会出现米德冲突。因此，只运用一种政策调节，无论怎样选择，实现一个目标总是会以牺牲实现另一个目标为代价。

为了避免米德冲突，斯旺认为可以根据丁伯根原则，针对经济失衡的性质和情况以及不同政策的效力，采取一种支出变更政策和支出转换政策搭配的办法，对各种失衡情况进行调节。实践中，大多数国家会选择以财政政策调节内部平衡、以货币政策调节外部平衡，或者根据内外平衡状况采取相应的政策搭配。

但是，由于一国内外经济失衡的程度和各种政策的调节效力有所不同，因此还需要通过斯旺模型中内部平衡线和外部平衡线的斜率来判断经济失衡的性质和情况，从而有针对性地采取不同政策配合的方法进行调节。

## 五、蒙代尔的政策指派与有效市场分类原则

二战后，直到 20 世纪 70 年代初期，固定汇率制度及价格和工资刚性都使米德的开支转换政策很难使用，丁伯根原则又难以满足实际调控的需要。蒙代尔于 20 世纪 60 年代提出的关于政策指派的有效市场分类原则弥补了丁伯根原则的缺陷，同时也将米德的通过开支变更政策可以达到内部均衡，使用开支转换政策和直接管制可以达到外部均衡变为讨论货币政策与财政政策的搭配问题。它与丁伯根原则一起确定了开放经济下实现内外平衡的政策调控思想。

由于不同的政策工具掌握在不同的决策者手中，如果决策者不能紧密协调这些政策，而是独立地进行决策，就不能实现最佳的政策目标。蒙代尔基于此进行研究，得出政策指派与有效市场分类原则。政策指派的含义是，如果每一个政策工具被合理地指派给一个目标，并且在该目标偏离其最佳水平时按规则进行调控，那么在分散决策的情况下仍有可能实现最佳调控目标。有效市场分类的含义是每一目标应当指派给对这一目标有着相对最大的影响力因而在影响政策目标上有相对优势的工具。如果在指派问题上出现错误，则经济会产生不稳定性而距均衡点越来越远。

斯旺模型只考虑进出口变动与汇率及国内支出的关系，忽视资本流动的作用，蒙代尔针对这一缺陷，考虑了资本流动因素，将要选择和搭配的政策区分为财政政策和货币政策两种类型，并分析了二者在影响内外平衡上的不同效果。蒙代尔认为，财政政策通常对国内经济的作用大于对国际收支的作用，货币政策则对国际收支的作用较大，他倾向于扩大本国与外国之间的利差，促使大量资本在国际间流动，进而影响国际收支。在此基础上，蒙代尔提出了以货币政策实现外部平衡目标、以财政政策实现内部平衡目标的指派方案，称之为政策搭配。根据一国的国内经济和国际收支情况，可以构成不同的财政政策与货币政策的搭配方案，见表 7-2。

表 7-2　财政政策与货币政策的搭配

| 国内经济 | 国际收支 | 财政政策 | 货币政策 |
| --- | --- | --- | --- |
| 通货膨胀 | 逆差 | 紧缩 | 紧缩 |
| 通货膨胀 | 顺差 | 紧缩 | 扩张 |
| 失业、衰退 | 顺差 | 扩张 | 扩张 |
| 失业、衰退 | 逆差 | 扩张 | 紧缩 |

蒙代尔提出的政策指派与有效市场分类原则丰富了开放经济的政策调控理论，对一国宏观经济政策的决策有一定的参考价值。但是，该原则存在以下不足：

（1）经济生活实际上远比理论上的论述复杂得多。在决定政策取向时，不仅要考虑本国经济的需要，还要顾及外国可能作出的反应。

（2）蒙代尔的政策指派与有效市场分类原则假定经济衰退与通货膨胀是两种独立的情况，财政政策和货币政策也相互独立。实际上，两种政策很难截然分开。20 世纪

70年代也出现了滞胀现象，这时政策搭配的任务要复杂得多，政策工具的数目可能不止两个。

（3）该原则只强调了利率变化对资本流动的影响，忽视了汇率与经济条件的变化、国际间经济波动的传递、国际间的资金的投机性冲击和政治经济情况的变化等因素对资本流动的影响。

## 第五节　经常账户均衡研究的发展

### 一、经常账户的宏观经济分析

在开放条件下，经常账户进入国民收入账户的分析框架之中，它和原有的宏观经济变量之间存在重要联系，对宏观经济运行有着深刻影响。在国际收支平衡表中，经常账户差额$(X-M)$等于本国在国外的资产增量或净国外投资$I_f$，即本国在国外的资产增量减去外国在本国的资产增量。用公式表示为

$$X - M = I_f = 本国在国外的资产增量 - 外国在本国的资产增量 \quad (7\text{-}17)$$

当$I_f > 0$时，表示对外投资，经常账户为顺差；当$I_f < 0$时，表示对外负债，经常账户为逆差；当$I_f = 0$时，表示国外净资产不变，经常账户平衡。由此可见，当一国出现经常账户赤字时，只能通过外国资本来弥补。

在国民经济统计和宏观经济分析中，经常账户差额等于净对外投资这一事实，使它与国民收入、国民消费、国内投资联系起来，即开放经济体系中的国民收入恒等式：

$$Y = C + I + G + (X - M)$$

国民支出$E$可表示为

$$E = C + S_f + T \quad (7\text{-}18)$$

其中，$S_f$代表国内私人储蓄，$T$代表税收。

根据$Y = E$，有$C + I + G + (X - M) = C + S_f + T$，即

$$X - M = (S_f - I) + (T - G) \quad (7\text{-}19)$$

由于政府储蓄$S_g = T - G$，式（7-19）可以演变为

$$X - M = (S_f - I) + (T - G) = (S_f + S_g) - I = S - I \quad (7\text{-}20)$$

其中，国民储蓄等于国内私人储蓄加上政府储蓄，即$S = S_f + S_g$。

由式（7-17）和式（7-20）可以得到

$$CA = X - M = I_f = S - I \quad (7\text{-}21)$$

其中，CA表示经常账户差额。

根据式（7-21），可以得出以下结论：

（1）一国经常账户差额等于其对外资产的变动。当一国经常账户出现赤字时，出口收入不足以弥补进口支出，则国家必须举借外债以弥补赤字，这时国家的对外负债增加。相反，当一国经常账户盈余时，该国实际上是为其贸易伙伴国提供融资，同时该国对外

净资产增加。

（2）经常账户差额的变化与投资储蓄缺口密切相关。在储蓄不变的情况下，一国可以通过经常账户赤字、增加对外借款来提高投资水平，即以外债来支付投资所需原料的进口，这时该国经常账户出现相应的赤字。相反，如果一国国民储蓄超过总投资的部分可以被其他国家借入以增加后者的资本存量，则该国经常账户盈余。可见，为国内资本积累（$I-S$）融资导致的国际资本流动和国际商品与服务流动（CA）是同一个问题的两个方面，资本是从经常项目盈余国流向赤字国，为后者国内资本存量的增加提供融资。

（3）当经常账户为赤字时，国内储蓄不足以支持国内投资，存在资本流入；当经常账户盈余时，国内投资低于国内储蓄水平，存在资本流出。因此，如果一国国内存在良好的投资机会，投资的未来收益很高，则该国可以保持一定的经常账户赤字，尤其是资本品的净进口国（由此形成的投资在将来会形成生产能力，从而有助于归还外债，并转变为经常账户盈余国）。相反，当一国国内投资的预期回报低于它在国外的投资时，该国政府可以适当鼓励资本流向投资收益率较高的地区，同时经常账户保持一定的盈余。

当一国借入的资金用于生产性支出时，经常账户赤字不会对经济造成太大的不良影响。在以下情况中，过度的经常账户赤字则应该引起注意：

（1）由于政府的错误导向和其他经济因素失控使借入的资金用于高消费；

（2）外资用于弥补巨额财政赤字，未能改善国内投资环境；

（3）利用外资的投资项目在计划阶段对其盈利性的估计过于乐观。

在这些情况下，政府应该迅速采取措施减少经常账户赤字，否则未来可能面临外债偿还的困难。

同样，过高的经常账户盈余也值得警惕。长期持续的经常账户盈余意味着对外投资和持有外国资产的净增长，也表明国内投资增长下降。在下面几种情况下，投资于国内比投资于国外具有更大的边际收益：

（1）国内资本存量的增加有助于减少本国失业，从而比增加等量的国外资产对国民收入的贡献更大；

（2）一个企业在国内的投资会对国内的其他企业产生技术上的溢出效应，从而促进国内技术扩散；

（3）对国内投资收益比对国外投资收益更易于征税；

（4）大量的对外投资可能面临债务国违约风险，同时经常账户赤字的贸易伙伴国可能会对本国采取歧视性贸易限制。

## 二、经常账户均衡研究的背景

在开放经济下，一国的国际收支作为重要的宏观经济变量，与该国其他宏观经济变量有着重要的相互影响。经常账户是分析国际收支的重要账户，在内外部平衡互相影响的过程中扮演重要角色。随着全球经济的深入发展，尤其是国际贸易和资源流动的不断发展，国与国之间的相互影响和关联程度不断加强。近年来，外部经济失衡问题愈演愈烈，主要表现在各国的经常账户失衡上，相关国家和地区经常账户有时甚至呈现一种不均等的关联失衡，成为世界范围内制约经济发展的难题。欧洲债务危机重新引发了各国对于全球经济再平衡的关注。经常账户作为衡量外部经济平衡与否的最重要的经济指标系列，受到了经济学家们的广泛重视。其中，经常账户余额本身和经常账户的分项都纳入了经济学家研究的范围。传统的经常账户研究较为单一，而随着计量经济学的应用，经常账户均衡研究取得了长足发展，更多的决定因素被纳入理论模型中。

### 三、经常账户均衡理论

经常账户均衡理论的研究发展脉络可以大致分为四个阶段。第一阶段是传统的经常账户均衡理论。跨期方法（Intertemporal Approach）的应用使这一理论的研究进入了第二阶段。第三阶段的标志则是将叠代模型引入经常账户跨期均衡决定中。在之前分析框架与方法的基础上，第四阶段无论是理论方面还是经验研究方面，对于均衡经常账户的决定因素研究越来越丰富，深入到了经济增长、物价水平、生产率冲击、金融制度等多个方面。

#### （一）传统经常账户决定理论

最早涉及经常账户均衡的是16世纪的重商主义。以托马斯·孟为代表的重商主义者认为一国应尽量取得贸易顺差，从而不断积累以重金属表示的货币财富。而18世纪50—70年代兴起的以魁奈为代表的重农主义思想则反过来鼓励各国间自由贸易和平衡的贸易余额。古典主义者大卫·休谟基于古典货币数量论为基础的物价-铸币调节机制也认为一国不可能长期获得贸易顺差，是贸易平衡理论的代表。传统理论主要是从相对价格、收入、支出及结构等宏观角度来分析一国的国际收支决定。虽然分析方法主要基于局部均衡，在当年国际贸易尤其是国际金融活动、国际资产配置规模较小的情况下仍有较强的解释能力，这些经典理论即使在今天仍旧揭示了国际经济的基本原理。

#### （二）经常账户均衡的跨期分析方法

将跨期方法应用到经常账户均衡研究在20世纪八九十年代取得了突破性进展。1982年，美国经济学家杰弗瑞·萨克斯（Jeffery Sachs）提出的经常账户跨期优化方法引发了对经常账户均衡研究的革命性变化。基于他建立的两期模型，经常账户既取决于一国当前经济环境又取决于未来经济趋势。经常账户即时平衡并不一定是最优选择，在一个时期内出现经常账户逆差，在另一时期内出现经常账户顺差，从较长时期来看，可以实现经济发展的动态均衡，能够保证资源达到最优配置，静态追求外部平衡并非有效的政策目标。

当经常账户余额为赤字时，资金流入形成的债务必须在将来某一时期偿还，也就是面临跨时期的预算约束。下面从最简单的两时期模型开始分析。假定一国开始时没有任何国外资产，同时不考虑投资问题。令该国在两时期中的国民收入为 $Y_1$ 和 $Y_2$。这样第一期的收入和消费之差就是经常账户余额，这一余额形成了国外资产或债务。假定第一期的经常账户余额为赤字，即

$$B_1 = Y_1 - C_1 = CA_1, \quad CA_1 < 0 \qquad (7\text{-}22)$$

第一期至第二期之间的外国资产或债务的变化等于第二期的经常账户余额，这一余

额不仅应考虑该时期国民收入与消费之差,还应考虑支付给国外债务的利息,即

$$B_2 - B_1 = CA_2 = iB_1 + Y_2 - C_2 \tag{7-23}$$

由于在两时期模型中不考虑第二期以后的情况,因此在第二期期末也就是最终的净外国资产必须为零,即

$$B_2 = 0 \tag{7-24}$$

将式(7-23)代入式(7-22),可以得到:

$$C_1 + C_2/(1+i) = Y_1 + Y_2/(1+i) \tag{7-25}$$

式(7-25)的经济含义为:一国跨时期预算约束的条件是总消费的贴现值必须等于总国民收入的贴现值。

还可以运用经常账户进行分析,由于 $CA_1 = B_1 B_0, CA_2 = B_2 - B_1$,而前面已经假定 $B_0 = B_2 = 0$,所以有

$$CA_1 + CA_2 = 0 \tag{7-26}$$

这意味着第一期的经常账户赤字必须以第二期的经常账户盈余来弥补。

下面用图7-3来详细说明上述结果。

在图7-3中,一国两时期的产出分别为 $Y_1$ 和 $Y_2$,该国的跨时期预算约束如 $CC$ 曲线所示。$CC$ 线上的任何一点都对应着将等现值的消费总量在两时期间进行分配的一组组合。例如,图中的 $C^*$ 点代表第一期消费数量 $C_1$、第二期消费数量 $C_2$ 的一种不同时期的消费数量组合。如果这一

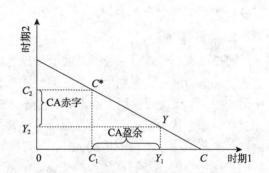

图7-3　一国的跨时期预算约束和经常账户

组合所对应的点在 $Y$ 点下方的 $CC$ 线上,则该国经济在第一期将会出现经常账户赤字,因为第一期的消费超过了产出;如果这一组合所对应的点位于 $Y$ 点上方的 $CC$ 线上,则该国经济在第一期将会出现经常账户盈余。在这里,一国的跨时期预算约束就表现为:如果第一期的消费大于支出,那么第二期的消费就必须小于支出;或者说必须用第二期的经常账户盈余来弥补第一期的经常账户赤字。如图7-3所示,当一国选择的跨时期消费组合为 $C^*(C_1,C_2)$ 时,该国就属于第一期经常账户盈余和第二期经常账户赤字。

上述结论可以推广到多期,就 $T$ 期而言,一定有

$$CA_1 + CA_2 + \cdots + CA_T = 0 \tag{7-27}$$

尽管其模型基于产出水平取决于供给而不是需求,利率与边际资本产品而不是与货币政策联系等比较严格的假设,但其运用动态优化方法,在跨期预算约束条件下将求解两期目标函数最大化及其时间路径的方法运用到经常账户决定中,这一思路仍具有很强的创新性,是这一领域里程碑式的标志。

跨期分析方法使后来的研究者的注意力从经常账户自动调节机制和动态稳定性转向了跨期预算约束,取代传统的静态、比较静态或动态的非优化理论模型,成为经常账户理论研究中被广泛采用的基本分析方法。

### （三）将代际交叠模型引入经常账户跨期分析

当代际交叠模型（Overlapping Generations Model）被引进经常账户分析框架，成为研究经常账户的有效分析工具后，人口结构与趋势进入了经常账户长期决定模型。根据生命周期理论，消费和储蓄行为直接决定于生命周期所处的阶段，于是人口年龄结构的系统性变化将会影响国民的储蓄行为，进而影响经常账户。从开放经济的角度来看，储蓄其实可以分为内部储蓄与外部储蓄。前者指国内储蓄，后者则以经常账户顺差表现出来，经常账户逆差则为负储蓄。储蓄率与人口结构有关，而经常项目账户又是储蓄的一种形式，因此人口结构将成为外部经济平衡的一个重要变量。这方面的理论研究主要是建立和扩展人口代际交叠模型去解释国际资本流动。

### （四）逐步丰富的均衡经常账户研究

无论是理论方面还是经验研究方面，对于均衡经常账户决定因素的拓展越来越丰富。代表性的变量主要有生产率冲击、物价水平、金融制度发展、经济增长与收入变动，以及由此组成的综合因素等。

**1. 生产率冲击**

假设在两国经济、一种商品的世界经济体系中，短期生产率冲击对经常账户的效应并不明确。如果一国国别生产率临时性提高，收入增长，该国将会资本流出以在动态上平滑消费。如果这种国别生产率提高是永久的，则该国需要从外国进口资本以满足生产率提高带来的投资扩张。前者将会促进经常账户顺差，后者则会引起经常账户逆差。最终的结果将取决于两种效应的大小，其背后的决定因素则是生产率的提高是永久还是临时的。这些指的都是国别生产率（country-specific productivity）提高，即一国生产率相对世界其他经济体提高。至于全球生产率（global productivity）对经常账户的效应则更加复杂。但是将生产率分成国别生产率和全球生产率，生产率冲击分为临时冲击和永久冲击这一研究方法已被广泛接受。总体看来，经常账户与全要素生产率增长之间存在正向关系，即发展中国家的资本流向了技术先进的发达国家。但实证研究发现，同样是发展中国家，资本似乎更多流向了经济增长更慢的经济体，这一结果被称为"配置谜团"（allocation puzzle）。

**2. 物价水平**

当一国面临资源约束产生恶性通货膨胀时，增加进口有助于降低该国的通货膨胀率，尤其当进口低价商品和服务限制了国内竞争者对可比商品和服务的定价水平时，从而有助于将通货膨胀维持在比没有进口时更低的水平。近年来，为治理长期居高不下的通货膨胀，中国政府曾在2011年提出增加从最不发达经济体和主要贸易逆差来源国的产品进口。进口的增长及出口顺差的减少，在促进贸易平衡的同时，会对经常账户的平衡产生促进作用，而且有助于缓解因资源约束所导致的价格上涨。反之，当一国面临通货紧缩时，外需增加所带动的出口增长有助于促进一国经济发展。

**3. 金融制度发展**

两国一般均衡模型可以很容易地证明完全的金融市场是经常账户赤字产生的原因。一国金融市场越完全，风险分散能力越强，预防性储蓄越低，消费越高，越容易导致经常账户赤字。在不考虑风险的确定性条件下,各国具有不同的金融发展程度,从而各国向世界储蓄者提供金融资产的能力不同,这导致了全球不平衡。例如,金融市场高度发达的美国长期存在巨额的经常账户赤字和大规模美国资产在全球的配置,还存在长短期利率方向不一致问题(格林斯潘之谜)。不确定性条件下,存在不确定的资产风险,这也使金融发展成为经常账户失衡的推手。金融发展程度高的国家会消减储蓄,以经常账户逆差的形式积累大量的净国外负债并投资于国外风险资产。在各国金融制度发展不一致的前提下,国际金融一体化导致了巨大且持续的全球经济不平衡。在跨期偿付条件下,美国的净负债局面可以持久,不会引致全球性金融危机。在导致经常账户的失衡方面,各国学者相比之前关注各国金融结构因素来说,更加关注风险条件下的国际金融一体化。

**4. 经济增长与收入变动**

从收入及经济增长的角度来分析经常账户的决定也是经典的思路。分析美国 1951—1966 年贸易数据可以发现,美国进口收入弹性系数是出口收入弹性系数的 1.5 倍。因此即使美国与其他所有国家的经济增长率相同,美国从外国进口的增加将大于外国从美国进口的增加,从而导致经常账户失衡。这就是著名的豪斯克 – 麦奇收入不对称效应(H-M 效应),被称为国际经济学的重要经验发现之一。随后出现了一大批学者对 H-M 效应进行解释的文献。根据传统理论往前推理,为了解决这种失衡,经济增长相对快的国家(如日本)必须实行汇率贬值以让世界接受其过多的出口品。但克鲁格曼(1989)却发现如果将纵坐标设为出口需求收入弹性与进口需求收入弹性之比,横坐标设为经济增长率,发现呈非常明显的 45 度线(克鲁格曼称之为"45 度规则"),即收入弹性与经济增长率有系统联系。因此,高增长国家会面对较高的出口需求收入弹性和较低的进口需求收入弹性,而低增长国家会面临较低的出口需求收入弹性和较高的进口需求收入弹性,这会自动实现各自经常账户相对的均衡,而不太需要传统理论上实际汇率的变动。

经济学家对中国贸易失衡原因的实证分析表明,收入效应存在而且比较显著。中国经济处于增长阶段,生产能力快速扩张,与此同时中国出口企业又是价格的接受者,相比实际有效汇率的相对价格效应和货币供应量的收入效应,经济增长的产出效应对贸易失衡的影响更大。

**5. 综合因素实证研究**

在研究经常账户与某一变量双边关系的基础上,不少学者认为影响经常账户的往往是多方面因素的综合,需要更多变量同时进行解释。这方面的研究主要集中在样本数据分析和特殊历史事件得到的经验结论。学者们对各国的经常账户均衡决定因素进行实证检验,使用经常账户作为被解释变量,不断引入新的解释变量,调整更新模型。长期因素包括经济发展阶段、人均收入水平、人口因素和财政政策,短期因素包括真实汇率、商业周期和贸易条件等。将样本对象拓展为发展中国家、发达国家,使净产出、非人力财富、金融深化程度、金融开放程度、法律体系等制度因素被加入解释变量中,同时以面板数据和截面数据进行实证分析。各国学者的研究结果可谓众说纷纭,甚至有人认为实证结论有悖于理论研究。从现实来看,人均收入、相对增长率、财政收支、人口结构、经济开放度既解释不了美国的巨额赤字,也解释不了亚洲的巨额盈余。在分析全球范围的经常账户均衡决定问题上，理论界仍然没有强有力的解释。需要在特殊历史条件和重大事件前提下进行分析，如在模型中加入金融危机变量来解释亚洲的盈余，发现金融危机压抑了信贷的需求与供给和国内需求或投资，同时还促使政府选择更有竞争力的汇率，这些都促进了外部平衡。但仍难以解释过剩的储蓄集中在美国，而不是相对平均地分布在全球。可见实证研究结果与理论研究存在很多分歧。

## 四、结论性表述

### （一）现有研究的贡献

外部平衡无论对于一国经济还是对于世界经济都是重要的目标。传统的局部均衡分析方法更多地集中在收入、相对价格、支出、结构等方面来分析一国经常账户的均衡决定。跨期方法与叠代模型的引入，使经常账户均衡决定的研究开始考虑动态角度，关于经常账户可持续性和最优性的研究也有了更合理的分析框架。在这一框架下，对经常账户均衡决定因素的考虑越来越全面，而且适当地厘清了各种决定因素在长期、中期、短期等不同期限下对经常账户作用的变化。风险的不确定性也被适当地引入了研究框架。

### （二）不足之处

**1. 外部失衡的理论框架解释能力不够强，理论体系仍不成熟**

虽然经常账户均衡理论研究取得了一定的成果，一般均衡模型的建立比较规范，但是也存在不足：①模型本身很难识别各种进入模型因素的重要性排序，而将影响经常账户的所有因素纳入同一个理论框架下进行研究，不现实也不可行；②经常账户理论模型的结论与经验事实不完全一致。即使是各种单一因素对于经常账户的决定作用，实证结果也经常有分歧。

**2. 经常账户均衡涉及价值判断问题，政治思维使问题复杂化**

经常账户均衡除涉及理论支撑外，也涉及衡量标准的问题。现在主要国家的外部经济失衡及随之而来的政治辩护使这一研究掺杂了不少争夺国际经济协调话语权的政治思维。同时，汇率往往与一国政治取向密切相关，而设定均衡汇率很大程度上就是设定均衡经常账户差额。目前主要有三种评估均衡汇率方法，分别为宏观经济均衡法（MBA）、简化均衡实际汇率法（ERER）和外部可持续方法（ESA）。其中，MBA与ESA两种方法计算均衡汇率的原理是先根据经济指标设定各国经常账户目标值（CAT），而使实际经常账户等于目标值的汇率即为均衡汇率。在ERER方法中，经常账户目标值也是重要的参考变量之一。理论上，全球总的经常账户差额之和应该为零。因此，如何平衡全球一致性与国别国情原则也是需要考虑的问题。

**3. 失衡调整偏重经常账户逆差**

现有文献广泛关注的是经常账户赤字的调整问题，而针对经常账户盈余调整的研究则被忽视，尤其是中国及新兴市场国家现有的大规模持续性顺差问题发生调整时的冲击效应并未引起广泛的关注。东亚的经济学家们对东南亚金融危机后出现的大规模持续性顺差理论也追踪不足。

### 4. 国内研究不足

经常账户均衡理论的研究是中国目前面临的一个非常关键的问题。中国作为全球不平衡的重要一方,这些问题急需国内学者开展有针对性的研究,需要对此做出更多的理论贡献。从增强国际经济协调话语权的角度看,也应该如此。中国具有一些特殊国情,而现有的各种理论模型分析框架并没有充分地考虑国家不同发展阶段的特定问题,如中国经济结构转轨转型、计划生育政策变更和人口老龄化导致的人口结构急剧变动的现实情况。从现有文献来看,国内学者对于经常账户决定的理论框架研究贡献较少,即使意识到中国特有的情况,但是真正通过规范的方法将其代入模型中或对传统模型进行修整的例子非常少见,实证方面也缺少对全球截面数据的研究,还没有发出与中国经济地位相适应的足够有影响力和说服力的声音。

## 思考与练习

1. 对弹性分析理论进行评述。
2. 货币分析法有什么政策含义?
3. 如何搭配使用财政政策和货币政策以实现内外平衡?
4. J曲线效应是如何产生的?它对进出口商品数量的变化有什么影响?
5. 解释在弹性分析理论和吸收分析理论下,贬值能使国际收支改善的必要条件。
6. 解释米德冲突、丁伯根原则、蒙代尔的政策指派与有效市场分类原则。
7. 试述各派国际收支调节理论的前提条件与核心内容的异同。
8. 经典的西方内外平衡调节理论有何不足?考虑到我国国情,在内外调节中,需要优先注意哪些因素?
9. 简述经常账户均衡研究几个发展阶段的内容。

# 第八章

# 国际储备理论

【学习目标】

- 知道国际储备理论的类型
- 了解国际储备适度规模理论
- 能够区分比率分析法、成本–收益分析法、回归分析法、定性分析法
- 熟知国际储备多元化理论
- 掌握国际储备资产组合平衡理论

国际储备理论主要是关于国际储备规模和结构合理性的系统理论分析。国际储备理论主要包括国际储备适度规模理论、国际储备多元化理论和国际储备资产组合理论等。

## 第一节 国际储备适度规模理论

产生于20世纪40年代的国际储备适度规模理论认为，国际储备是一国货币当局出于弥补国际收支逆差、维持本国货币汇率稳定及应付各种紧急国际支付需要而持有的一种储备性资产，是一国国际清偿能力的主要构成部分。作为储备资产，其数量应该保持在一定的水平，不宜过大，也不宜过小。储备资产的数量过大一方面会增加其持有成本；另一方面会减小非储备性资产的数量，从而影响一国的经济发展。储备资产的数量过小，则可能出现储备资产不能满足国际支付需要，进而导致一国国际收支恶化，引起信誉危机并造成国内经济危机的后果。因此，适度规模论认为，比较合理的方法是把一国的国际储备控制在一个合适的水平，即适度规模的资产储备。

在实践中，国际储备规模失当给一国经济造成不利影响的例证很多。20世纪80年代初期，非洲和拉丁美洲的一些国家与地区因国际储备不足，不具备充足的对外支付能力而引发债务危机。确定适度国际储备需求是一个复杂且困难的问题。国际储备适度规模理论根据储备资产的性质和作用，通过对影响国际储备供求方面各个因素的分析，提出了确定一国国际储备适度规模的各种方法和模型，接下来介绍其中比较典型的几种。

### 一、比率分析法

各国政府在确定国际储备适度规模时，通常会根据经验确定一个基本范围，即利用

国际储备与一些经济指标之间的比率判断国际储备的适度水平,主要有三种方法。

**1. 国际储备/进口的比率分析法**

这种方法是由美国著名经济学家特里芬对 1950—1957 年 12 个主要发达国家的储备变动情况进行实证研究后提出的。特里芬认为,一国某一时期的国际储备供求受到多种因素的影响,因此国际储备的测度及储备水平的确定都不可能用一个精确的数学公式来表示。测度的方法及储备水平标准应随国家的不同而不同,随时间的不同而不同。但是,考虑到数据的可得性与计算的方便性,需要选择一种简单实用的方法进行测度,并且使用这种方法进行测度的结果应该足以表明当前和未来的储备水平能够保证国际通货自由兑换的顺利进行。特里芬认为,储备进口比率是符合上述条件并能有效测度和评价储备水平的方法。

特里芬研究表明,世界上主要贸易国家 1950—1957 年的储备进口比率平均超过 33%,几乎全部超过 20%,只有在极少数情况下才低于 20%。因此,特里芬得出经验结论:一国国际储备量应与该国贸易进口额保持一定的比率关系,这个比率一般以 40% 作为标准,若低于 30% 就需要采取调节措施,20% 的比率是最低限度标准。

但是,特里芬也指出,由于各国在具体条件与政策方面存在差异,各国合适的储备进口比率也并非绝对一致的,工业国和重要贸易国的储备进口比率应该高于其他国家,通常应在 30% 以上,而实行严格外贸与外汇管制的国家的储备进口比率则可能低一些,可维持在 25% 左右,即一国的储备量应以满足 3 个月的进口支付为宜。

储备进口比率分析法的优点是简便易行,而且运用一元回归分析对进口额与储备之间的关系进行验证,后续实证研究也表明二者之间确实存在一种稳定关系。因此,一国货币当局可以比较容易地根据储备进口比率的变动对储备进行迅速调整。20 世纪 60 年代初以来很多国家采用这种办法衡量储备的充足性。

**2. 国际储备/国民生产总值的比率分析法**

在开放体制下,各国之间的相互联系更加密切。一般来说,一国的经济规模越大,发展速度越快,对市场的依赖程度也就越大,从而需要更多的国际储备作为后盾。当然这项指标是以实现内部均衡为出发点的。

**3. 国际储备/外债的比率分析法**

一国的国际储备应与该国的外债总额保持一个合理的比率。一般认为,一国的国际储备量占外债总额的 1/2 较为合理。一国的经济实力较雄厚,开放程度高,出口能力强,对外融资能力强,可适当减少国际储备量。在遵循 1/2 的标准的基础上,可根据本国具体情况决定。

上述三种方法分别从不同角度测定国际储备的适度规模,但正如美国经济学家马克卢普(P. Machlup)所说,从理论和实证的角度看,没有什么证据可以说明储备与任何变量之间有直接联系。因此,比率分析法对国际储备规模的测算只能作为一种参考,在具体估测一国的国际储备适度规模时,还应根据该国经济发展的实际情况及宏观经济政策的目标进行相应的调整。

## 二、成本–收益分析法

成本–收益分析法又称机会成本分析法，是从国际储备的机会成本和收益的角度研究适度国际储备规模的方法。其特征是，通过对一国持有国际储备的成本和收益进行分析，得出成本–收益均衡下的适度国际储备量。

假定 $C$ 为持有储备的机会成本，$R$ 为持有的国际储备量，$I$ 为持有国际储备获得的收益，则确定一国最佳储备量的条件可表述为 $dC/dR = dI/dR$。

运用成本–收益分析法研究储备需求的代表人物是海勒（H. R. Heller）和阿加沃尔（J. P. Agarwala）。海勒认为，持有适度国际储备能带来收益，这种收益主要表现为政府融资成本及政策调节成本的节约。在某一水平下，一国持有的国际储备越多，弥补国际收支的能力越强，国际储备的收益就越大。但是，一国持有的国际储备如果超过这一水平，弥补国际收支的边际效应会降低，持有国际储备的边际收益会减少。用图8-1可以将海勒的思想表示出来。横轴为国际储备（IR），纵轴为国际储备边际收益（MR）和国际储备边际成本（MC）。当国际储备小于 $R_0$，即 MR > MC 时国际储备边际收益大于边际成本，增加国际储备可以获得收益。当国际储备小于 $R_0$，即 MC > MR 时，国际储备边际收益小于边际成本，减少国际储备可以获得收益。只有当国际储备等于 $R_0$，即 MR = MC 时，国际储备的边际收益等于边际成本，此时的国际储备量为适度国际储备量。

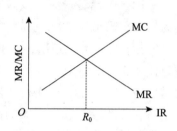

图 8-1 成本–收益分析法

## 三、回归分析法

回归分析法又称储备需求函数法。20世纪60年代后期以来，西方广泛使用各种经济计量模型对影响一国国际储备的因素进行回归与相关性分析，通过构造国际储备需求函数确定一国国际储备的适度规模。回归分析法对国际储备的分析从单纯的规范分析转向实证分析。根据所引入经济变量的不同，回归分析法可以分为比率回归法、货币需求回归法、最大效用回归法和多种变量混合回归法等。弗兰克尔（J. A. Frenkel）利用柯布–道格拉斯生产函数建立的回归模型具有代表性。弗兰克尔引入的经济变量主要包括国际收支变动量、进口倾向及国际贸易规模。其函数关系为

$$Q = Am^{a_1}\delta^{a_2}M^{a_3}$$

对上式两边取对数，得

$$\ln Q = a_0 + a_1 \ln m + a_2 \ln \delta + a_3 \ln M$$

其中，$Q$ 表示国际储备需求量；$m$ 表示平均进口倾向；$\delta$ 表示国际收支的变动率；$M$ 表示国际贸易规模（进口额）；$a_1$、$a_2$、$a_3$ 分别表示国际储备需求量 $Q$ 与 $m$、$\delta$、$M$ 的弹性。

回归分析法的优点在于：克服了比率分析法仅依靠单一因素的局限性，可以根据实

际需要选择若干变量,从而使得到的结果更加全面和精确。回归分析法的局限性在于:结果的准确性依赖于回归变量的选择是否具有代表性,以及经验数据是否具有真实性;诸多解释变量之间往往并不是相互独立的,可能存在某种相关关系,这会给模型的估计和检验带来一定的困难。

## 四、定性分析法

上述的比率分析法、成本-收益分析法和回归分析法都是从定量的角度研究和分析一国国际储备规模的适度性。而定性分析法是 20 世纪 70 年代中期由凯伯(R. J. Carbaugh)、范(C. D. Fan)等经济学家提出的,基本思路是国际储备的短缺或过剩会直接影响某些关键的经济变量和政策倾向,因此考察这些经济变量和政策倾向的变动,就可以判断储备水平是否适度。

例如,表明一国国际储备不足的经济变量和政策倾向的指标主要有:持续的高利率政策;外汇管制、外贸管制;紧缩性需求管理;持续的汇率不稳定;把增加储备作为首要的经济目标;新增储备主要来自信用安排。

这些客观指标产生的背景是该国政府已经明确其适度储备量的水平,因而当一国政府采取高利率政策来改善国际收支时,便意味着该国存在储备不足问题。正是由于储备不足,该国政府缺乏干预外汇市场的能力,因此被迫通过国外借款弥补国际储备缺口。

定性分析法不乏其合理性,但它只能粗略地反映储备的适度性,不能测算出一个确定的储备量。而且用来反映储备适度性的经济变量和政策措施的变化可能并不是由储备过剩或不足引起的,而是由其他经济因素甚至政治因素引起的。因为这种方法的前提是假定储备水平是一种重要的政策目标,政府为达到预定的储备水平目标而调整内部和外部的政策,但有些时候政府的政策调整可能是为了其他更重要的政策目标。

从以上的讨论可以看出,学者们对国际储备适度规模理论的研究还没有达成一致的见解。学者们试图对国际储备的适度规模作定量或定性研究,然而简单的量化必然会忽略很多重要变量的影响,而且国际储备的各个决定因素的影响权重本身也是动态变化的。

## 五、国际储备适度规模的实现

国际储备适度规模的确定是国际储备规模管理的前提和基本环节,各国如何根据自身条件,疏通和改变以至开拓国际储备供应渠道,从而实现国际储备的适度规模,是国际储备适度规模管理的核心内容。

国际储备的供应包括两个方面,即外部供应和内部供应。从国际上看,国际储备的供应取决于国际储备货币发行国的国际收支逆差规模及其持续时间、国际货币基金组织分配给成员的特别提款权数额和国际资本市场提供的资金等,一般认为这些方面对一国来说具有充分的弹性,同时也是在该国的政策影响范围之外,因此一国实现国际储备适度规模主要考虑其内部供应。

从国内来看,国际储备的供应主要有以下几个渠道。

**1. 国际收支顺差**

国际收支顺差是国际储备最主要、最直接的来源。显然，如果一国的经常项目为顺差，而资本净流出较少或是资本净流入，则必然使该国的国际储备增加；反之，当一国的经常项目为逆差，又没有资本净流入来补偿，则必然使其国际储备减少。

**2. 国家干预外汇市场时买进的外汇**

在外汇市场上外汇供应过多，外汇汇率有下跌趋势，而本币汇率有上升趋势时，货币当局为了维持本国货币汇率，可以抛出本国货币购买外汇，这部分外汇就被列入外汇储备中。需要说明的是，依靠这种渠道增加储备的只是少数硬通货国家，大多数国家的货币经常处于币值频繁波动的状态，很难依靠这种渠道增加国际储备。

**3. 一国政府持有的货币黄金的增加**

作为国际储备的黄金是货币黄金，其增加主要来自国内收购和在国际黄金市场的购买。20世纪70年代以来，随着黄金非货币化的推进，黄金的地位不断削弱，在国际储备总量中的比重不断减少。从世界范围看，黄金产量有限而黄金的其他用途的需求在逐步增加，因而利用黄金补充国际储备的余地不大。

**4. 国际储备资产自身的增值**

一国所拥有的外汇及黄金储备资产在国际金融市场上的价格发生变动时，其价值也将相应发生变化。通过恰当地安排调换外汇储备资产中不同货币的比重，以及根据黄金价格的变动适时地购入和抛出黄金，可以保持国际储备的增值。但是，采取这种方法增加国际储备风险大，可控性差。

**5. 国际货币基金组织成员按规定运用普通提款权所得到的贷款**

相对而言，这部分所占比重较小且稳定，因而很难通过这种渠道来改变国际储备的持有规模。

综上所述，一国实现国际储备适度规模的有效途径是调节一国经常项目和资本项目的收支状况。需要扩大国际储备规模时，采取鼓励出口、限制进口、吸引外资流入的经济政策；反之则采取扩张性的经济政策，刺激国内有效需求，鼓励对外投资。

## 第二节　国际储备多元化理论

国际储备多元化理论是西方经济学界针对国际储备体系单一化的弊端，在20世纪60年代中后期提出的关于国际储备的理论。这一理论满足了国际储备多样化的需求，拓宽了调节储备货币的空间，在一定程度上增强了国际储备体系多元化对国际市场的影响。

### 一、国际储备多元化的理论渊源

国际储备多元化的理论渊源可以追溯到20世纪40年代提出的"特里芬难题"。美国经济学家特里芬指出，随着各国经济的持续发展及世界贸易日益扩大，对国际储备资产的需要量越来越大。传统的储备资产——黄金的产量远远不能满足贸易对国际储备增长的需要，事实证明，黄金供应早已不能提供充足的国际清偿能力，使用外汇来替代黄金是国际储备发展的必由之路。1973 年美国宣布美元停止兑换黄金后，黄金非货币化成为世界的主流，黄金价格自 1980 年上涨到历史最高点后一路下跌，日益失去昔日的光辉。1999 年一直重视黄金储备的英格兰银行两度抛售巨额黄金储备，再次向世人表明黄金彻底退出货币领域的日子很快就要来临。

由于国际储备的增加必须以储备货币发行国的对外货币输出为条件，这就隐含两个要求：第一，储备货币发行国的黄金储备必须随国际储备的增加而等比例地增加；第二，必须允许储备货币发行国的国际收支因对外负债的增加而出现长期持续性的逆差。显然，第一个要求很难得到满足，全世界黄金产量的增长都满足不了国际储备需求的增加，更何况一个国家。至于第二个要求，在短期内虽然可以得到满足，但如果一国长期持续地出现大量的国际收支逆差，势必对其货币的信誉产生不利的影响，最终导致该国货币对其他国家货币的汇率的大幅波动。在汇率丧失稳定性基础时，该国货币不再适合作为储备货币，各国会转而选择汇率稳定的其他通货作为储备货币。从二战结束到 20 世纪 60 年代末期，美元和黄金共同构成世界上主要的国际储备资产。可见，单一化的储备货币很难解决既提供充分的国际储备又能够保持币值稳定之间的矛盾，这就是所谓的"特里芬难题"。要解决这一矛盾，必须建立多元化的国际储备体系。

外部环境的变化是国际储备多元化理论出现的另一个重要原因。随着工业国经济实力的相对变化，西方主要国家的国际储备意识随之变化，为避免单一货币的外汇风险，需要保持国际储备货币的价值。

20 世纪 70 年代以后，西欧和日本经济开始崛起，于是日元和德国马克等货币逐渐成为硬通货。当美元信用逐渐削弱，进而出现美元危机时，许多国家将美元储备兑换成日元、德国马克和瑞士法郎，使储备资产分散化和多元化。1979 年 11 月，美国对伊朗资产的冻结，又加速了储备货币多元化的进程。石油输出国为避免储备美元的风险，将大量的石油美元从美国调往日本和欧洲，并兑换成日元、马克及其他硬货币。这样一来，储备货币中美元的比重不断下降，而其他硬货币的比重则不断增加。据统计，美元在诸多储备货币中所占比重从 1973 年的 84.6%降为 1979 年的 65.1%。到 20 世纪 70 年代末期，国际储备构成已包括美元、英镑、法国法郎、瑞士法郎、荷兰盾、日元、欧洲货币单位、黄金等多种货币，一个新的以多元化为特征的国际储备体系开始建立起来。

西方主要国家国际储备意识的变化也是推动多元化国际储备形成的一个因素。主要表现在：一方面，美国愿意降低美元的支配地位，这是由于 20 世纪 70 年代以来，美元危机对内外经济造成巨大的压力，迫使美国愿意降低美元的支配地位，同各国分享储备中心货币的利益；另一方面，德国、日本等国家愿意把本国货币作为中心储备货币，这是由于自 1979 年遭到第二次石油危机冲击后，这些国家放松了对资金的管制，鼓励外资内流及外国中央银行持有本国货币的增加，从而加快了这些货币作为国际储备货币的进程。

从 1973 年开始，浮动汇率制度成为国际汇率制度的主体。为了防止汇率剧烈波动带来单一货币的外汇风险，保持储备货币的价值，各国开始有意识地把储备货币分散化，以分散风险。这种保值行为也推动了国际储备体系走向多元化。

国际储备多元化理论正是适应当时的国际经济形势而产生和发展起来的。

## 二、国际储备多元化的特征

### (一) 以美元为主导的国际储备多元化

国际储备体系的形成直接导致了美元在 20 世纪 70 年代的两次贬值。多元化国际储备体系的发展变化基本上也是由美元地位与信用的沉浮引起的。美元在多元化国际储备体系的形成与发展中,始终是最重要的影响因素。若美元信用下降,多元化储备体系的发展进程将加快;若美元信用提高,多元化储备体系的发展进程将变得缓慢。在以美元为中心货币的前提下,国际储备货币呈现多元化发展的趋势。1971 年 8 月,美国停止按法定固定价格向各国中央银行兑换黄金,实质上已经造成了黄金的非货币化。1974 年 7 月,牙买加会议确立了浮动汇率的合法化,美元与黄金脱钩。从法定意义上看,黄金已经丧失了作为货币的基本职能。但是,由于黄金作为货币有其历史延续性,各国的官方和私人对黄金仍有较强的偏好,黄金作为价值实体,随时可转换成为对外支付手段。因此,黄金因其特殊商品的性质仍然是国际储备的组成部分。

1971 年黄金-美元本位制解体,但随着世界贸易持续发展,美元仍然是主要的国际结算货币,从而使美国政府可以经常保持一定的经常项目赤字,加上浮动汇率制度,美国政府可以不断利用美元的升值与贬值手段,在解决国内经济矛盾、扩大贸易赤字的过程中连续不断地向世界提供过多的美元。进入浮动汇率时代后,基于货币错配和自身金融脆弱等多方面因素的考虑,加之历次金融危机受害国国际储备不足以应对危机的教训较为深刻,一些新兴市场国家和发展中国家不断地增持国际储备。

20 世纪 70 年代布雷顿森林体系解体后,国际储备货币不再是美元一统天下。在浮动汇率制度下,各国的主权货币只要符合国际货币基金协定的条件,都可以成为自由兑换的国际流通的货币;其中享有较高信誉、流动性良好的国际流通货币会被各国政府选为储备货币。

1999 年 1 月 1 日,欧元以强大的欧盟为政治经济支撑,对美元的主导地位提出挑战,国际储备货币的竞争格局出现了两个显著的变化:①欧元的国际地位持续上升,美元的国际地位相对下降,欧元成为美元最主要、最有力的竞争对手;②全球份额高度集中于美元和欧元两大货币,国际储备货币的竞争演化成典型的美元-欧元双头垄断竞争。但后危机时期,欧元一度疲软,欧债危机导致欧元区几近解体,世界经济的震荡恢复了美元在国际储备货币中的主宰地位。

现今的国际储备除了美元、英镑、欧元、日元外,还有加元、澳元、人民币等,出现了储备货币多元化的格局。多元化国际储备货币的结构为世界经济提供多种清偿货币,摆脱了布雷顿森林体系下对美元的过分依赖;多样化的汇率安排适应了不同发展程度国家的需要,为各国维持经济发展提供了灵活性与独立性,使国际收支的调节更为有效与及时。

扩展阅读 8.1 美债仍是外汇储备投资主要选择

最大的美元储备国中国 2013 年提出"一带一路"倡议,对外投资的结算使用人民币,美元储备随之下降。据 2021 年 10 月俄罗斯中央银行公布的报告显示,俄罗斯央行降低了美元在国际储备中的占比,增加了黄金、人民币等资产的占比。虽然一些国家的美元储备规模呈现下降趋势,但由于美国的强大实力,特别是石油美元的支持作用,事实上"缺乏可以与之抗衡的货币",美元仍然保有中心地位,一直充当货币霸主。

## (二)国际储备增长迅速

20 世纪 70 年代以后,世界国际储备总额迅速增长。据国际货币基金组织统计,1950 年世界国际储备总额(不包括中国、苏联和东欧国家)仅为 183.25 亿美元,1983 年年底(包括中国)增至 3 968 亿特别提款权(黄金储备按每盎司 35 个特别提款权计算)。1985 年国际储备总额升至 4 368 亿特别提款权。1994 年国际储备总额高达 8 445 亿特别提款权。在 2002—2011 年的 10 年间,平均增长率达 18.03%,远高于同期世界 GDP 和全球贸易的年均增速,2015 年国际储备总额升至 107 500 亿美元。外汇储备构成国际储备的主体,国际储备总量的 90%来源于外汇储备,而 2020 年 12 月全球外汇储备为 127 008 亿美元。

## (三)国际储备中黄金仍占相当比重,非黄金储备显著增长

在国际储备中,外汇占绝大比重,而黄金亦占相当比重。由于布雷顿森林体系解体后,黄金逐渐非货币化,1978 年国际货币基金组织宣布取消黄金条款,切断了黄金与货币的直接联系,导致 20 世纪 90 年代很多国家出现抛售黄金的现象,因此黄金储备在国际储备总资产中的比重呈快速下降趋势,但自 2001 年以来一直保持较为稳定的比例。虽然 2008 年金融危机以来金价不断下降,但 2015 年 1 盎司金价仍为 1 200 美元左右。由于黄金仍是财富的象征和价值实体,因此在各国国际储备中仍占据重要地位。2011 年以来,俄罗斯是黄金的最大购买者之一,其黄金储备快速增长。截至 2020 年 11 月国际货币基金组织官方数据显示俄罗斯黄金储备量已达 2 298.7 吨,黄金储备占外汇储备总额之比为 23.9%。其他主要国家的黄金储备情况是:美国黄金储备为 8 133.5 吨,占外汇储备总额的 79.4%;德国黄金储备为 3 362.4 吨,占外汇储备总额的 76.6%;法国黄金储备为 2 436.1 吨,占外汇储备总额的 66.7%。尽管新兴市场国家近年来大量购买黄金,但其央行储备中黄金占比与发达国家相比差距仍然较大。例如,印度的黄金储备仅占外汇储备总额的 7.4%。

 扩展阅读 8.2 哪些央行还在买黄金?

## (四)国际储备分布不均衡

国际储备的数量及分布始终是不均衡的,即发达国家拥有绝大部分的黄金储备和大部分的非黄金储备,经济实力雄厚,国际清偿力充足。相反,发展中国家黄金储备极少,非黄金储备也不及发达国家,经济实力相对薄弱,国际清偿力不足。由此也引发了发

国家与发展中国家的矛盾，而如何解决这个矛盾，还须国际社会作长期的努力。

### 三、多元化国际储备体系的影响

#### （一）多元化国际储备体系的积极影响

**1. 扩大各国储备资产的选择范围，促进了各国货币政策的协调**

在单一化国际储备体系下，各国对储备资产和储备货币没有任何选择的余地，这给一国储备资产的选择和外汇储备的调节带来了很大的困难。在多元化国际储备体系下，多种储备货币的出现，增加了各国在储备资产选择和外汇储备调整方面的灵活性，从而有利于充分发挥国际储备的作用，有效地摆脱对单一储备货币的过分依赖。在美元-黄金储备体系下，美国可以利用其特殊地位，推行对外扩张的经济政策，操纵国际金融局势，控制他国经济。多元化国际储备体系的建立，使美国独占国际金融天下的局面被打破，各国经济不再过分依赖美国。此外，多元化储备货币的付诸实践本身就是一个国际化的问题，为了维持多元化国际储备体系的健康发展和国际金融形势的稳定，各国必须互相协作，共同干预与管理。这些都有利于各国加强在国际间的金融合作，改善相互间的经济关系。

**2. 缓和了国际储备资产供不应求的矛盾**

在美元-黄金储备体系或以美元为中心的储备体系下，美元是单一的储备货币，随着各国经济的发展，对美元的需求不断扩大，美国无法满足，造成了国际储备资产供不应求的矛盾，这显然不利于除美国以外的其他国家的经济发展。而在多元化国际储备体系下，同时以几个经济发达国家的硬货币为中心储备货币，使各国可使用的储备资产增加，为各国提供了满足多样化需求和灵活调节储备货币的余地。

**3. 有利于各国调节国际收支**

一方面，各国可以通过各种渠道获取多种硬货币用于平衡国际收支逆差，这比起只有单一美元储备可用于弥补国际收支逆差方便得多；另一方面，多元化国际储备体系处于各国实行浮动汇率制度的环境中，在此制度下，各国可以采取相应的措施调节国际收支，而在单一储备体系下，各国为调节国际收支而需变更汇率时，要征得国际货币基金组织同意后才可进行。

**4. 有利于各国调整储备政策，防范、分散储备货币汇率变动带来的风险**

这是因为多元化国际储备体系可以为各国提供有效组合储备资产、规避风险的条件，即各国可以根据金融市场具体的变化情况，适时、适当地调整储备资产结构，对其进行有效的搭配组合，从而避免或减少因单一储备资产发生危机而遭受的损失，保持储备价值的相对稳定，并尽力获取升值的好处。

**5. 有利于特里芬难题的解决**

国际货币满足世界各国对储备货币的需求，是以货币发行国的国际收支逆差为前提的，而发行国的国际收支逆差反过来又会降低储备货币的信誉，导致储备货币危机。由于储备货币多元化和分散化，很少出现在单一国际储备体系条件下要求某一国保持长期持续性的国际收支逆差和国际收支顺差这一矛盾现象，可以在一定程度上化解特里芬难题。

### （二）多元化国际储备体系带来的问题

**1. 国际储备资产分散化，在一定程度上加剧了世界性的通货膨胀**

世界性通货膨胀的一个导因是国际储备货币总额的过分增长，而多种货币储备体系恰好会"制造"出更多的储备货币。日元、瑞士法郎和欧元与传统货币美元一起作为外汇储备使用，促使国际储备总额成倍增长。当某一储备货币（非美元）趋于坚挺时，许多国家会将美元（其他储备货币）兑换成该货币。该货币发行国中央银行为了防止汇率上涨过高，就会干预外汇市场，抛出本币购进美元（其他储备货币），从而增加新的储备。这种结果会使世界储备货币总额大量增加，如果国际储备大幅增长，以致超出国际经济和贸易发展的需要，必然会直接或间接地影响世界货币供给量，从而会引发或加剧世界范围的通货膨胀。例如，1969年年底国际储备仅为397.93亿特别提款权，至1980年年底却增长了7.4倍，达2 931亿特别提款权，年均增长逾20%，大大超过60年代平均增长7.5%的水平。而1985年更是达到4 368.66亿特别提款权，使西方国家的通膨胀率由60年代的平均2%～3%增加到70年代的平均两位数以上，直至80年代中后期，才使通货膨胀率回落至4%左右。

**2. 多元化国际储备体系增加了管理的难度**

在单一货币储备体系下，各国只需根据一种货币的汇率变化安排储备资产的投资，统计核算储备资产的价值，而在多元化储备构成情况下，每一种货币汇率的变化及其影响因素都会在不同程度上影响国际储备。因此，一国在管理国际储备时必须密切关注诸多储备货币国家的国内经济和货币政策变化，以及外汇市场上这些货币汇率的变化，根据各种储备货币的外汇风险和利息收益，不断调整储备资产的货币构成，而这需要发达的通信系统、灵敏的判断力及过硬的操作技术，因此增加了储备货币管理的难度。

**3. 加剧外汇市场的波动，加深国际货币制度的不稳定**

国际储备多元化和分散化使各国必须根据实际需要和各种储备货币的收益与风险情况，不断地调整与优化储备资产和外汇储备的结构。浮动汇率制度下各国汇率经常波动，多元化储备体系则进一步加剧了这种不稳定性。当某一储备货币坚挺时，大量其他储备货币会竞相兑换成这种硬货币；当某种储备货币变得疲软时，又会被大量地抛售，由此导致国际间大规模的资本移动，助长了外汇投机和国际金融市场的动荡。这样就会加剧外汇市场的波动，增加国际储备管理的难度。

国际储备制度的稳定是建立在多种货币稳定的基础上。由于世界还没有为储备多元化建立起权威的协调和约束机制，因此当储备货币发行国中的任何一国的经济发生波动时，都会影响其货币的变动，从而加剧国际货币制度的不稳定性。多元化外汇储备体系扩大了储备供给，增加了世界储备总额，但与此同时，市场短期资本或游资也在成倍增长。国际游资具有趋利性与投机性，且瞬间流动，增加了各国国际储备的协调难度。国际货币基金组织的资料表明，在国际金融市场上流动的短期银行储蓄及其他短期证券至少为 7.2 万亿美元，约等于全世界经济产出的 20%。此外，当今世界层出不穷的国际金融工具创新，对短期资本的流动起着杠杆作用，使其流动规模不断扩大，各国难以抵御庞大的游资冲击。鉴于此，国际社会在 1985 年成立了联合干预机制，以期通过联合的力量来捍卫主要储备货币的稳定，但从现实来看，货币汇率危机仍不断出现。20 世纪 90 年代以来发生的重大货币危机，都与国际游资在全球的流动密切相关。

**4. 多元化国际储备体系不利于贯彻金融政策**

如果一国为了控制通货膨胀而采取紧缩政策，但利率提高后，大量资金涌入国内，就会削弱甚至抵消本国政府经济政策的效力。当一国为刺激经济增长而采取扩张性经济政策时，由于扩张政策需降低利率，会引起国际资本的流出，产生紧缩性的影响，其结果又同扩张性经济政策产生冲突。因此，国际储备多元化会破坏一些国家的经济稳定和发展。

多元化国际储备体系的建立与发展具有其不可替代的优点，但同时也带来了一些管理方面的困难。如何利用其优点、克服其缺点，制定符合实际的储备政策与管理体制，是摆在各国面前亟须解决的问题。

## 第三节 国际储备资产组合理论

国际储备资产组合理论是将托宾的资产组合选择理论运用于国际储备结构管理的一种理论，大约在 20 世纪 70 年代末 80 年代初由西方金融界提出。该理论是把证券管理中的有价证券组合投资理论应用于国际储备管理的结果。

### 一、国际储备资产组合理论的背景

国际储备通常以金融资产的形式存在，根据托宾的资产组合选择理论，由于各类金融资产之间存在风险和收益上的差异，因此相互之间不可能完全替代。理性的投资者必然会根据其个人的投资偏好，按照收益和风险权衡的原则，将其拥有的财富配置到各种可供选择的资产上，形成最佳的投资资产组合。具体来说，就是在利率、汇率都浮动的情况下，国际储备的价值非常不稳定，具有较高的汇率风险和利率风险。在某一时期收益较大的储备资产，在另一时期可能收益很小，甚至出现负收益，原有价值不仅没有增值反而贬值。如果一国按照有关的总量理论确定了适度的国际储备规模，一旦受到利率风险或汇率风险的不利影响，国际储备资产的价值减少，储备规模就不能百分之百地保证对外经济活动所必需的支付。因此，对已有的货币储备进行资产组合管理，是国际储备管理必不可少的一个环节。

由于国际储备通常以不同的金融资产形式存在，且属于风险性资产，所以在不违背储备资产的流动性、安全性和营利性相统一的管理原则下，可以针对各种储备资产的收益和风险大小，进行多样化、分散化的组合搭配，以期获得一个风险程度最低、收益率最高的最佳投资组合。根据有价证券组合投资理论，收益不断波动、收益情况事先无法确定的资产被称为风险资产。风险资产的测度指标有两个：一是平均收益率或预期收益率；二是收益均方差，即风险程度。把各种风险程度和收益率不同的资产适当地组合，进行组合投资，就会得到比投向单个风险资产收益更高且风险更低的结果。

## 二、储备资产的投资组合

储备资产的投资组合决策是储备资产组合理论的一个重要组成部分，包括两方面的内容：①按照风险和收益标准对储备资产进行分类，并根据分类情况进行投资组合决策；②根据各类储备资产的风险和收益情况，进行组合投资。

**1. 按照风险和收益标准对储备资产进行分类**

金融资产的风险指标通常可用资产的变现能力来代替。储备资产的变现能力越强，其风险越小；反之，则越大。根据托宾的投资组合选择理论进行投资，以降低风险、增加盈利，这就要求处理好储备资产的流动性和盈利的关系。西方学者和货币当局（如英格兰银行）按照流动性将储备资产分为以下三类。

（1）一级储备资产（或流动储备资产），指流动性非常高的外汇资产，主要包括国外银行活期存款、外币商业票据和短期外国政府债券等。其流动性高，但盈利性低。

（2）二级储备资产，指收益率高于一级储备，而流动性低于一级储备但仍然很高的资产，主要包括2～5年期的外国政府中期债券。

（3）三级储备资产，指盈利性高但流动性低的储备资产，主要包括外国政府长期债券（一般在5年以上，10年以下）。其盈利性高于二级储备资产，但流动性低于二级储备资产。

在上述分类的基础上，再根据对各类具体的储备资产的风险和收益情况的比较进行投资组合选择，其中主要应做好储备资产的期限组合、风险组合和币种组合等方面的决策，以实现储备资产的流动性、安全性和盈利性相统一的管理目标。

**2. 根据各类储备资产的风险和收益情况，进行组合投资**

（1）期限组合。在资产的期限安排上，首先保证一级储备和二级储备所需的变现时间，只有在这两部分储备的规模确定后，才考虑将其余储备进行长期投资。

（2）风险组合。鉴于国际储备资产对国内外经济活动的特殊保障作用，其风险承受能力通常低于私人部门持有的外汇资产。许多国家都限制把国际储备投向有国家风险的政府债券和企业债券，往往选择那些信誉良好、政局稳定的政府债券和欧洲债券进行投资。

（3）币种组合。尽管国际储备货币主要集中在美元、欧元、日元、英镑等货币上，而且汇率波动主要也表现为这四种主要货币之间的相互升值或贬值，如果均等地持有这几种货币，从长期看它们之间的波动可以相互冲销，但是短期内一国外汇储备的来源可能集中于美元，而其对外支付所需货币却可能主要是日元，短期内日元对美元的升值就会使以美元为面值的一级储备资产受到美元贬值的不利影响。因此，不能机械地按照等分的原则在美元、欧元、日元、英镑等货币之间安排储备资产，而应该根据本国外汇储备来源及短期内的支付需求安排币种结构，同时在合理预期的基础上根据货币之间的汇率波动，运用金融衍生工具调整币种结构，规避汇率风险和利率风险。

### 三、国际储备资产组合理论

国际储备主要包括：①黄金储备，是国际支付和清算中的最后手段；②外汇，为可自由兑换外汇；③在国际货币基金中的储备净额（普通提款权）；④特别提款权，是国际货币基金组织发行的一种记账单位。按照成员在国际货币基金组织所摊付的份额比例进行分配，供成员用于政府间结算或偿还国际货币基金组织贷款。由于黄金非货币化，不能直接用于国际支付，也不能用来干预汇率，黄金不能生息且存在昂贵的贮藏费用，一国的国际储备中黄金所占比例较少。在国际货币基金组织中的储备净额和特别提款权在一国的储备资产中所占比例较少，因此国际储备资产组合管理实际上就是外汇储备资产组合管理。

这里介绍的国际储备资产组合理论，实际上是外汇储备资产管理理论。一国对外经济交往呈现多样化对储备货币币种的配置提出要求，动荡的国际金融市场对外汇储备资产的搭配构成了挑战，因此外汇储备资产的管理具有高难度、复杂性的特点。

以下主要介绍外汇储备资产组合理论的储备货币币种组合的两种理论模型。

**1. 资产选择模型**

资产选择理论最早由托宾与马科维茨（Markowitz）提出。研究的主题是如何通过资产的分散降低风险、获取盈利，它所体现的是"不要把所有鸡蛋放在同一只篮子里"这句谚语。在研究中资产选择理论被引入储备货币币种组合理论。具体而言，是通过运用资产选择理论中最主要的方法：均值–方差分析法确定储备货币的币种组合的资产组合的预期收益，由每种资产预期收益的加权平均值表示，资产组合的风险由预期收益的方差或标准差表示。

**2. 海勒–奈特模型**

1978年，海勒（Heller）和奈特（Knight）在其合著的论文《中央银行的储备货币偏好》中质疑了资产选择模型在储备货币币种分配上的应用。他们认为，一国的汇率安排和贸易收支结构是决定储备币种分配的更为重要的因素。在现行浮动汇率制度下，储备货币汇率时常出现大幅波动，外汇储备面临汇率风险。据此，海勒–奈特模型一方面肯定了资产选择模型的储备货币分散化的观点；另一方面，该模型还认为一国持有储备货币的币种应与其干预外汇市场所需的干预货币保持一致。贸易收支结构是影响储备货币币种分配的另一个重要因素。当一国的对外贸易集中使用某一储备货币计价结算或集中于某一储备货币发行国时，该国货币当局将持有更多的该种储备货币。

在1989年的论文《外汇储备的币种组成》中，杜利（Doyle）建立了关于币种分配的另一个模型即杜利模型。与海勒–奈特模型相比，它们的相同之处在于，二者都认为在决定储备货币币种分配时，交易成本的影响更大；它们的不同之处是杜利模型更为复杂、更具现实性。

在汇率频繁大幅波动、国际金融风险加大，以及全球外汇储备不断增长、外汇储备全球分布不平衡的情况下，外汇储备经营管理问题的重要性逐渐显现，外汇储备经营管理的风险逐渐加大，这一问题已成为国内外关注的焦点。

## 思考与练习

1. 国际储备的理论有哪些？
2. 简述国际储备适度规模理论的方法和模型。
3. 简述进口比率法的理论思路及主要观点。
4. 简述成本收益分析法的内容。
5. 简述回归分析法和定性分析法。
6. 简述国际储备多元化理论的渊源与特征。
7. 简述国际储备资产组合理论。

### 我国外汇储备具有坚实的稳定基础

扫码答题

即测即练

# 第九章

# 国际资本流动理论

**【学习目标】**
- 知道国际资本流动的一般模型以及国际资本流动的动因和结果
- 了解国际间接投资理论的内容及应用
- 掌握国际直接投资的几个重要理论
- 说明发展中国家引进外资的几种理论学说的主要内容
- 理解国际金融危机理论的分类及内容

国际资本流动是一种与实际生产、贸易有密切关系的资金流动,对资本输出国、输入国以及整个世界的经济都有积极的影响。本章介绍国际资本流动一般模型、间接投资和直接投资理论,探讨发展中国家引进外资理论和国际金融危机理论。

## 第一节 国际资本流动一般模型

### 一、国际资本流动一般模型概述

国际资本流动一般模型又称麦克杜格尔模型、完全竞争理论。该理论主要描述在完全竞争条件下资本国际流动的原因及效果,分析国际资本流动对资本输出国、输入国以及整个世界的生产效率和收入分配的影响。该理论认为各国的产品和生产要素市场是完全竞争市场,资本可以自由地从资本充裕的国家流向资本稀缺的国家,所以资本国际流动的主要原因就是资本价格的不同、各国利率和预期资本收益率的差异,即资本总是从利率和预期收益率低的地方流向利率和预期收益率高的地方,使各国的资本价格和边际产出量趋于一致,提高全球资源的利用率,并增加各国的收益。

### 二、国际资本流动模型假设

如图 9-1 所示,假定世界上只有 A、B 两个国家,图中两纵轴分别代表 A 国和 B 国资本的边际产出或边际生产力,横轴 $OO'$ 表示世界资本的总量。A 国是资本要素较为丰裕的国家,$OA$ 为 A 国拥有的资本量,资本报酬较低;B 国则是资本较为稀缺的国家,$O'A$ 为 B 国拥有的资本量,资本报酬较高。在竞争条件下,资本的边际产值代表资本的报酬或收益。曲线 $FA'$ 为 A 国的边际产量曲线或边际生产力曲线,曲线 $JB'$ 为 B 国的边际产量曲线或边际生产力曲线。如图所示，资本投入水平越高，资本边际产出越低，各国的资本收益均遵循边际收益递减规律。

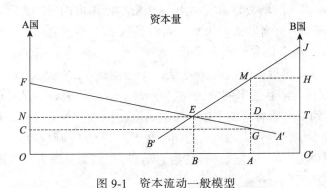

图 9-1　资本流动一般模型

## 三、国际资本流动模型分析

### （一）对于封闭经济系统

当两国的国民经济处于封闭状态时，两国各自拥有的资本将全部用于各自的国内投资。A 国资本量为 $OA$，对应的资本边际收益即资本的价格为 $OC$，此时 A 国资本 $OA$ 的总收益为 $OCGA$，其他生产要素（如劳动、土地等）的收益为 $CFG$，A 国的总产出或总收入为全部生产要素收益之和，即 $OFGA$；B 国拥有资本 $O'A$，对应的资本边际收益为 $O'H$，B 国资本 $O'A$ 的总收益为 $O'HMA$，其他生产要素（如劳动、土地等）的收益为 $HJM$，B 国的总产出或总收入为 $O'JMA$。封闭状态下 A、B 两国的总收益为 $OFGA + O'JMA$。

上述情况表明，B 国资本的边际收益高于 A 国资本的边际收益。

### （二）对于开放经济系统

在开放条件下，资本将会从比较丰裕的 A 国流向比较稀缺的 B 国，也就是从资本收益较低的 A 国流向资本收益较高的 B 国。随着资本的流动，A 国的资本存量逐步减少，而资本的边际收益会沿边际产量曲线 $FA'$ 逐渐提高；B 国的情况则相反，随着资本的流入，B 国的资本存量将逐步增加，其资本的边际收益会沿边际产量曲线 $JB'$ 逐渐下降。只要两国的资本边际收益还有差异，资本就会继续在两国之间流动；只有当 A 国资本的减少使其边际产量上升至 $E$ 点，而 B 国资本的增加使其边际产量下降至 $E$ 点时，两国的资本收益才会相等，资本的国际流动才会停止，此时 A、B 两国的边际产量都为 $BE$，A 国向 B 国输出的资本量为 $AB$。

资本流动的结果是 A 国国内资本的总收益为 $OFEB$，B 国国内资本的总收益为 $O'JEB$，与封闭状态的总收益 $OFGA + O'JMA$ 相比，两国的总收益增加了三角形 $MEG$ 部分。对于资本输出国 A 国来说，对外投资使国内资本收益减少了 $EBAG$，但 A 国还会获得资本投入 B 国以后由 B 国所支付的投资收益 $EBAD$（资本输出量 × 资本边际收益），总体会使 A 国的国民收入增加 $EGD$；对于资本输入国 B 国来说，由于引进资本，使国内的生产总值增加了 $EBAM$，其中 $EBAD$ 要作为资本成本支付给 A 国，B 国最终获

得的净收益为 $EDM$。

但从另一个角度看，资本的流动对 A、B 两国的不同要素所有者也有一定的影响。先来看 A 国，资本收入的增加是由于 A 国输出资本使国内的资本边际收益提高而引起的，因此 A 国的资本所有者收入会增加，而对于 A 国的劳动者来说，他们会因为国内生产减少和失去就业机会而导致收入降低。如图 9-1 所示，在封闭状态下 A 国的资本收入为 $OCGA$，资本流动以后资本收入变为 $ONDA$（国内 $OBEN+EBAD$），净增加 $CNDG$；而劳动力的收入则从封闭状态下的 $FCG$ 减少到流动以后的 $FNE$，劳动收入净减少额为 $NCGE$，全部转移到资本所有者的手中。B 国的情况与 A 国恰好相反，B 国由于资本流入导致边际收益减少，国内资本收入由封闭经济下的 $O'HMA$ 减少为流动以后的 $O'TDA$，资本所有者净收入减少 $THMD$，全部转移给劳动者；B 国的劳动力收益则从之前的 $JMH$ 变为 $JET$，净增加 $METH$。

### 四、国际资本流动模型分析的结论

综上所述，资本的国际流动，也就是直接投资和间接投资，改变了资本的存量，资本较为丰裕的资本输出国的存量减少，而资本较为稀缺的资本输入国的存量上升；在其他条件不变的情况下，资本的国际自由流动将导致资本边际生产力的均等化，即资本要素价格的均等化；资本边际生产力的均等化使整个经济体的资本效率提高，即开放经济条件下的资本流动使同样的资本总量的利用效率比封闭条件下更高，所有资本都得到充分利用；两国的收益总和在开放经济下比封闭经济下多出 $EMG$，两国共同分享这一收益，即开放经济的资本流动会给资源丰裕国和资源稀缺国都带来更高的收益；资本流动促进了世界总资产的增加和全球经济的发展；资本流动引起国内收入的再分配，使财富在资本所有者和劳动力所有者之间转移。

## 第二节 国际间接投资理论

国际间接投资指在国际资本市场而不是产品市场中进行的投资活动，主要以购买国外的有价证券来实现货币增值。主要的国际间接投资理论包括马科维茨的投资组合理论（Modern Portfolio Theory，MPT）、威廉·夏普的资本资产定价模型（Capital Asset Pricing Model，CAPM）和罗斯的套利定价理论（Arbitrage Pricing Theory，APT）。

### 一、投资组合理论

#### （一）投资组合理论概述

投资组合理论是由哈里·马科维茨等人建立的，其主要目的是尽量在最低风险下获得最高的投资预期收益，以此为核心阐述了一整套理论框架，并运用二维规划设计了一套复杂的数理统计方法，以确定如何最有效地分散组合证券风险，求得最大化收益。该理论认为，人们在任何投资预期收益上，期望证券组合的风险是最低的，而在任何既定的投资风险上，要追求投资预期收益的最大化。

投资组合理论是在均值方差理论的基础上，经过多位学者的不断完善和发展逐渐形成的。其基本框架是通过风险测量较为准确地计算投资者的收益和本金遭受损失的可能性。

投资组合理论认为，在证券市场上，投资者拥有的投资机会并不仅限于单个证券，还可以考虑对不同的证券进行组合投资。也就是说，投资者不仅可以考虑将全部资本集中投向某一风险较低、预期收益高的证券，还可以把资本分成几个部分，分别投向几种证券，甚至可以把资本按每一证券市值占全部证券市值的比例进行分割，投向上市证券。证券投资组合扩大了投资者的选择范围，增加了投资者的投资机会。证券投资组合的风险并不等于单个证券风险的加权平均。在某些情况下，证券投资组合的风险比组合中任何一种证券的风险都低，甚至可能为零。

### （二）投资组合理论的应用

投资组合理论为有效投资组合的构建与投资组合的分析提供了重要的思想基础和分析体系。其对现代投资管理实践的影响主要表现在以下4个方面。

（1）马科维茨首次对风险和收益这两个投资管理中的基础性概念进行了准确的定义，同时考虑风险和收益成为描述合理投资目标缺一不可的两个要件（参数）。

马科维茨用投资回报的期望值（均值）表示投资收益（率），用方差（或标准差）表示收益的风险，解决了对资产的风险衡量问题，并认为典型的投资者是风险回避者，他们在追求高预期收益的同时会尽量回避风险。据此马科维茨提出了以均值–方差分析为基础的最大化效用的一整套投资组合理论。

（2）投资组合理论关于分散投资的合理性的阐述为基金管理业的存在提供了重要的理论依据。

投资组合的方差公式说明投资组合的方差并不是组合中各个证券方差的简单线性组合，而是在很大程度上取决于证券之间的相关关系。单个证券的收益和标准差指标对投资者可能并不具有吸引力，但如果它与投资组合中的证券相关性很小甚至是负相关，它就会被纳入组合。当组合中的证券数量较多时，投资组合的方差大小更多地取决于证券之间的协方差，单个证券的方差则会居于次要地位。因此，投资组合的方差公式对分散投资的合理性不但提供了理论上的解释，而且提供了有效分散投资的实际导向。

（3）马科维茨提出的"有效投资组合"的概念，使基金经理的关注重点从分析单个证券转向了构建有效投资组合。

（4）马科维茨的投资组合理论已被广泛应用到了投资组合中各主要资产类型的最优配置的活动中，并被实践证明是行之有效的。

### （三）投资组合理论在应用上的问题

马科维茨的投资组合理论不但为分散投资提供了理论依据，而且为如何进行有效的分散投资提供了分析框架。但是，在实际运用中，马科维茨模型也存在一定的局限性和困难。

（1）马科维茨模型所需的基本输入包括证券的期望收益率、方差和两两证券之间的协方差。当证券的数量较多时，基本输入所要求的估计量非常大，从而使马科维茨模型的运用受到很大限制。

（2）数据误差带来的解的不可靠性。马科维茨模型需要将证券的期望收益率、期望的标准差和证券之间的期望相关系数看作已知数据作为基本输入。如果这些数据没有估计误差，马科维茨模型就能够保证得到有效的证券组合。但由于期望数据是未知的，需要进行统计估计，因此这些数据必然存在误差。

（3）解的不稳定性。马科维茨模型的另一个应用问题是输入数据的微小改变会导致资产权重的很大变化。解的不稳定性限制了马科维茨模型在实际制定资产配置政策方面的应用。

（4）重新配置的高成本。资产比例的调整会造成交易成本不必要的上升，而资产比例的调整也会带来很多不利的影响，因此正确的政策可能是维持现状而不是最优化。

由于投资组合理论强调风险因素在国际资本流动中的作用，并提出了以资产组合方法降低风险的思路，揭示了国际间资本双向流动的动因，这种利用资产组合方法降低风险的思想虽然比古典证券理论前进了一步，但是难以用该理论解释国际间接投资。

## 二、资本资产定价模型

### （一）资本资产定价模型概述

资本资产定价模型是在投资组合理论和资本市场理论的基础上发展起来的，主要研究证券市场中资产的预期收益率与风险资产之间的关系以及证券市场价格是如何决定的。资本资产定价模型假设所有投资者都按马科维茨的资产选择理论进行投资，对期望收益、方差和协方差等的估计完全相同，投资人可以自由借贷。基于这样的假设，资本资产定价模型的研究重点是探求风险资产收益与风险的数量关系，即为了补偿某一特定程度的风险，投资者应该获得多少报酬。

### （二）计算方法

当资本市场达到均衡时，风险的边际价格是不变的，任何改变市场组合的投资所带来的边际效果是相同的，即增加一个单位的风险所得到的补偿是相同的。按照 $\beta$ 的定义，代入均衡的资本市场条件下，得到资本资产定价模型：

$$E(r_i) = r_f + \beta_{im}(E(r_m) - r_f)$$

其中，$E(r_i)$ 是资产 $i$ 的预期回报率；$r_f$ 是无风险利率；$\beta_{im}$ 是资产 $i$ 的系统风险；$E(r_m)$ 是市场 $m$ 的预期市场回报率；$E(r_m) - r_f$ 是市场风险溢价。

由模型的等式可以看出，单个证券的期望收益率由两部分组成：无风险利率和对所承担风险的补偿（风险溢价）。其中风险溢价的大小取决于 $\beta$ 值的大小，$\beta$ 值越高，表明单个证券的风险越高，所得到的补偿也就越高。$\beta$ 度量的是单个证券的系统风险，非系统性风险没有风险补偿。

### （三）资本资产定价模型的应用

**1. 资产估值**

根据每个证券的 $\beta$ 值，可以用资本资产定价模型计算出该证券的期望收益率，另外根据该证券在未来所产生的收入流（股息加期末价格）也有一个预期收益率，当这两个收益率相等时说明市场处于均衡状态，而当这两个收益率不相等时则说明证券被错误定价，投资者会利用这个价差获得超额收益，随着投资者的交易，价格回到均衡状态。

**2. 资源配置**

资本资产定价模型的另一个重要应用是投资者可以根据对市场走势的预测选择具有不同 $\beta$ 系数的证券或组合，以获得较高收益或规避市场风险。

证券市场线表明，$\beta$ 系数反映证券或组合对市场变化的敏感性，因此当有很大把握预测牛市将到来时，应选择那些高 $\beta$ 系数的证券。这些高 $\beta$ 系数的证券将成倍地放大市场收益率，带来较高的收益。相反，在熊市到来之际，应选择那些低 $\beta$ 系数的证券，以减少因市场下跌而造成的损失。

### 三、套利定价理论

套利定价（APT）理论也是在 CAPM 的基础上形成的，是 CAPM 的拓展。APT 模型也是均衡状态下的模型，只不过 APT 模型是以因素模型为基础的。

套利定价理论认为，要达到市场均衡，投资者的套利行为起了决定性的作用。当市场处于非均衡状态时，会存在无风险套利机会，投资者通过无风险套利使价格趋于均衡状态，达到有效市场。该理论还用多个因素解释风险资产收益，并根据无套利原则，得出风险资产均衡收益与多个因素之间存在（近似的）线性关系的结论。CAPM 模型认为所有证券的收益率只与唯一的公共因子（市场证券组合）的收益率存在线性关系。

套利定价理论假设证券的回报率与未知数量的未知因素相联系，以收益率形成过程的多因子模型为基础，认为证券收益率与一组因子线性相关，这组因子代表证券收益率的一些基本因素。事实上，当收益率通过单一因子（市场组合）形成时，将会发现套利定价理论形成了一种与资本资产定价模型相同的关系。

## 第三节 国际直接投资理论

### 一、垄断优势理论

垄断优势理论于 20 世纪 60 年代由美国经济学家海默（Hymer）首创，后经金德伯格等人完善。该理论是研究对外直接投资最早、最有影响的理论。垄断优势理论试图运用西方微观经济学中关于厂商垄断竞争的原理阐释跨国公司对外直接投资的行为。

垄断优势理论认为：①商品市场、要素市场、规模经济、经济制度及经济政策所造成的不完全竞争，导致了市场结构和认知的不完全性；而国内外市场的这些不完全性形成了企业对外直接投资的社会经济基础。②愿意而且能够从事跨国经营的企业，需要具备东道国厂商缺乏的独占优势，以抵消跨国竞争和国外经营所带来的额外成本。跨国公司由于具有种种垄断性优势，如先进技术、巨额资金、广告策划、市场网络、规模优势及先进的经营管理经验等，能够到海外设立子公司，可以从事国外生产，获得高于国内市场并超过东道国当地竞争对手的收入。

事实上，在海默看来，对外直接投资只不过是跨国公司在利用市场缺陷，这个市场缺陷就是非完全竞争，就是寡头垄断。只有那些具备各种垄断性优势的企业，才有可能进行对外直接投资。因此,垄断优势理论强调的是对外直接投资的实力和前提条件。

垄断优势理论的缺陷也十分明显。比如,拥有独占技术优势的企业可以通过有偿转让技术获取其潜在的收益而不一定要到国外投资设厂,反过来,那些不具备垄断优势的企业特别是发展中国家的企业也有大量的对外直接投资。

## 二、生产周期理论

生产周期理论是由哈佛大学跨国公司研究中心负责人维农(Vernon)教授提出的。按照维农的观点,产品的生命周期一般可分为新产品创始阶段、产品成熟阶段和产品标准化阶段三个阶段。

在新产品创始阶段,国内市场大、研发资金多的国家在开发新产品、新工艺方面居于优势。具有垄断技术的企业,由于国内市场需求大,将产品安排在国内生产,并通过出口满足国外市场的需要;企业在新产品创始阶段的目标是获取高额垄断利润。

在产品成熟阶段,产品的技术趋于成熟、式样已经稳定,国外市场日益扩大,技术诀窍扩散的可能性也日益增大。垄断优势丧失的危险迫使跨国公司到收入水平、技术水平、消费模式接近母国的国家成立子公司,以防止或阻止东道国的竞争者进入市场。

在产品标准化阶段,生产技术已成为常规技术,竞争主要表现在成本和价格上。这时,跨国公司会将标准化的产品转移到技术水平低、工资低和劳动力多的发展中国家进行生产。由此可见,生产周期理论所演绎的是技术独占、市场垄断、价格竞争三部曲,其中,市场垄断和价格竞争都会迫使跨国公司到海外投资设厂。

## 三、技术周期理论

技术周期理论与维农的生产周期理论相似,是学者玛基(S. P. Masee)分别从技术、信息寻租的角度提出来的。该理论认为,企业为创造出技术和信息付出了很大的代价,目的是通过这些技术和信息来生产和销售相关的产品以获得垄断性的租金。但由于专利保护不完善使其在国内很难达到寻租的目的。企业为了寻租,会将资本输出到它们认为能够提供额外专利保护的国家。玛基认为,技术会随着新产品大量生产变得越来越不重要,由此提出了产业技术周期的概念。

玛基认为,在研制开发阶段,跨国公司一般会在本国严格控制这些技术,不会将技术转移出去;在实用阶段,跨国公司为了追求最大租金,会到其他国家设立分支机构,并将资本和技术输出到这些分支机构;最后技术周期达到成熟阶段,技术也慢慢过时,跨国公司在海外的投资规模逐渐缩小。

技术周期理论与产品周期理论相似,但它更强调跨国公司创造新技术的寻租动机对海外投资的影响。该理论存在的不足是没有区分跨国公司的对外直接投资的内在动因与外在客观条件,混淆了跨国公司在全球范围内追逐垄断高额利润的性质及与其所具有的全球生产、销售能力和其他客观条件的区别。

## 四、市场内部化理论

市场内部化理论是由巴克莱(Buckley)和卡松(Casson)首先提出的。传统理论认为，市场机制可以通过价格信号、交易手段最有效地配置资源。但按照卡松的观点，市场配置资源的方式并非在任何时间任何领域都是配置资源的最佳方式，这也正是企业产生和存在的原因。市场交易必然导致交易费用的产生，以企业代替市场进行资源配置可以节约交易费用。

巴克莱等人仍以市场的不完全性特别是中间产品市场的不完全竞争作为前提，将卡松的市场交易内部化理论引入对外直接投资理论。如果一个行业产品的生产过程是多阶段的，而中间产品即原材料只能通过外部市场供给，则很容易导致供需矛盾和高昂交易费用，从而使企业难以获得稳定的高额利润。外部市场难以做到在适当的时间、适当的地点以适当的价格提供产品生产过程所需的原材料；外部市场内部化使产品的整个生产过程都在企业内部进行，使中间产品的外部交易变为内部交易，从而可以较好地协调供需关系，节约交易费用。

## 五、区位优势理论

区位优势理论认为东道国阻碍进口的因素以及使对外直接投资比出口更为有利的各种因素，是对外直接投资的充分条件。因此，促使跨国公司对外直接投资的区位因素主要包括以下几个方面。

（1）贸易壁垒。商品出口到关税税率高、非关税壁垒多的国家十分困难。对外直接投资可以绕过这些贸易壁垒，即在该国设立子公司，就地生产、就地销售。

（2）要素价格。可以获得在本国较为稀缺的资源并节约运输费用，而且能够以低廉的价格获得土地、劳动力等生产要素的使用权。

（3）市场距离。选择市场较大的东道国投资设厂，可以达到节约运输成本、有效占领市场的目的。

（4）社会经济环境。社会经济环境也是跨国公司选择东道国的重要因素，如政局稳定程度、社会秩序、基础设施状况、税收政策优惠程度等，都会影响跨国公司对外直接投资的区位决策。

## 六、国际生产折中理论

国际生产折中理论把垄断优势理论、市场内部化理论和区位优势理论紧密结合起来，将对外直接投资的决定因素概括为三类优势，即所有权优势、内部化优势和区位优势。只有拥有这三类优势的企业才可能到海外投资。

（1）所有权优势是指企业在专利、技术等资产方面所拥有的排他性权利，包括技术优势、规模优势、组织管理优势和金融货币优势。但是，所有权优势仅仅是企业对外直接投资的现实基础，并不一定导致对外直接投资。因为在缺乏其他两种优势的情况下，出口和技术转让也是实现所有权优势的一种可行选择。

（2）内部化优势是指企业将其拥有的各种所有权优势加以内部化使用而带来的优势。内部化可以避免外部市场不完全所导致的弊端，减少交易费用，提高利润率，并有利于继续保持所有权优势的独占地位和继续独享其带来的好处。不过，即便拥有所有权优势和内部化优势，企业也不一定会作出对外直接投资的决策。因为在国内扩大规模和增加出口同样可以获得垄断性利润和收益。

（3）区位优势是指跨国公司在投资区位选择方面所具有的优势。区位优势包括直接区位优势和间接区位优势，前者如东道国广阔的市场前景、低廉的要素成本、优惠的外资政策等，后者如高昂的运输成本、难以逾越的贸易壁垒等。区位优势的有无、大小直接影响跨国公司的海外投资决策及对东道国的选择，因此区位优势也就构成了跨国公司实施对外投资的充分条件。

扩展阅读9.1　2019年中国对外直接投资流量蝉联全球第二

## 第四节　发展中国家引进外资的理论

在发展中国家的经济发展中，除了人口增长和技术进步两大主要条件外，拥有充足的资本也是经济发展必不可少的基本条件。但发展中国家常常会面临本国内部资源不足的困难，本国资本相对于其他生产要素（如劳动力、土地等）来说比较稀缺，而它又是实现工业化生产，促进经济增长的必要手段。在日益经济全球化、经济资源可以自由流动的当今世界，发展中国家合理引进外资并充分利用外资进行生产就成为其发展本国经济的重要手段。它们在引进外资弥补国内资本不足的同时，还引进了国外先进的科学技术、文化知识、管理制度等，这些都能促进发展中国家的经济快速发展。

扩展阅读9.2　外资大量进入发展中国家如何引发经济过热

中国作为世界上最大的发展中国家，改革开放以来，经济实力大增、国民收入和生活水平快速提高、综合国力和国家地位迅速上升都是世界各国有目共睹的，而在这个过程中，外资的引进和利用对经济发展发挥了巨大的作用。引进外资理论对发展中国家的经济发展具有很重要的研究意义。

### 一、双循环学说

#### （一）双循环学说的内容

美国经济学家罗格纳·纳克斯（Ragnar Nurkse）1953年在《不发达国家的资本形成》一书中就曾提出：发展中国家之所以贫困是因为其本身人均收入水平低所造成的贫困恶性循环。他认为由于发展中国家的人均收入水平低，居民的储蓄和需求都不足，因此限制了资本形成，使发展中国家长期陷于贫困之中，由此得出结论："一国穷是因为它穷。"

贫困恶性循环包括资本供给和资本需求两个方面，都会阻碍发展中国家的资本积累。

在资本供给即居民的储蓄方面，形成"低收入水平→居民生活消费比重高、储蓄比重低→资本形成不足→生产规模不足、生产率低→低产出→低收入水平"的恶性循环。

在产品需求即居民的消费方面，存在"低收入水平→低消费、低购买能力→市场需求有限→投资引诱不足→资本形成不足→生产规模不足、生产率低→低产出→低收入水平"的恶性循环。

### （二）双循环学说的启示

由上述阻碍发展中国家经济的两个恶性循环可以看出，资本的供给由居民的储蓄能力和储蓄愿望决定，而资本的需求依赖于投资方面的刺激。阻碍资本积累的重要原因是发展中国家资本不充足。要想解决发展中国家的双恶性循环，就需要弥补本国的资本短缺，所以引进外资成为解决双循环资本短缺的重要途径，对发展中国家的经济发展具有重要意义。

## 二、双缺口理论

### （一）储蓄缺口理论

1961年，美国经济学家罗森斯坦在《对不发达国家的援助》中最早提出了储蓄缺口理论。该理论认为，发展中国家的储蓄能力相对不足，引进外资对储蓄进行补充可以弥补国内储蓄与计划投资规模之间的差额，最大限度地提高本国的经济实力以实现目标增长率。储蓄缺口理论强调发展中国家自身经济发展的不平衡因素是导致其外部不平衡的重要因素，如劳动生产率和人均收入水平低导致储蓄水平也低，而较高水平的投资导致进口水平过高，即储蓄缺口理论认为引进外资的目的是纠正国内不平衡的储蓄和投资缺口，外汇缺口是其内在不平衡的外在表现。

### （二）外汇缺口理论

外汇缺口理论由麦金农1964年在《经济发展的外汇约束和有效的外援配置》一文中完善。该理论认为，发展中国家的内部经济的不平衡主要源于外部经济的不平衡。由于发展中国家的经济水平不够，出口能力不足，所以外汇收入较低，由此导致了外汇缺口，而外汇缺口的产生使储蓄缺口产生。对于发展中国家而言，引进外资可作为一种外汇来源来扩张发展中国家的进口能力，从而提高其经济水平。为解决这种外汇缺口，发展中国家应积极通过"南北对话"和"南南合作"改变在国际经济中的弱势地位。

### （三）双缺口理论的内容

在储蓄缺口理论与外汇缺口理论的基础上，1966年美国经济学家钱纳里和斯特劳斯提出了双缺口理论。在双缺口理论中，投资与储蓄的差值定义为储蓄缺口，进口与出口的差值定义为外汇缺口。只有这两个缺口的大小基本保持平衡时，才能维持一国的经济发展速度。当一国国内的储蓄水平不足以满足国内的投资需求时就会出现国内资金短缺，引进外资弥补短缺将成为必要。在绝大多数发展中国家，这两个缺口存在较大的差距，又独立变动。发展中国家积极利用外资首先可以补充储蓄缺口，然后再通过外资对储蓄缺口产生的作用扩大进口能力从而对外汇缺口产生作用。双缺口理论为发展中国家引进外资提供了理论支持，具有重要意义。

在发展中国家，政府调节前，经济中的投资、储蓄、进口和出口都是自由独立变动的，储蓄缺口与外汇缺口也不一定正好相同，为了达到均衡，国家需要采取措施进行调控。双缺口理论为发展中国家的经济发展提供了重要的理论基础。

### 三、双瓶颈学说

发展中国家在经济发展中总会面临一些"瓶颈"，这些"瓶颈"的存在会阻碍其经济发展。搞清楚这些"瓶颈"存在的原因并采取措施来缓解其约束对发展中国家的经济发展具有重要意义。

发展中国家经济实力不足，在生产资源方面会面临一些瓶颈约束，如机器设备、原材料、技术等。缺少生产要素使这些国家不能充分有效地开发国内的自然资源，本国的生产能力和具有优势的生产要素作用不能充分发挥，因此需要进口这些生产要素，而进口需要外汇资金，缺少外汇资金就不能购买生产要素，从而阻碍本国经济的发展，这就是发展中国家存在的"进口瓶颈"。解决进口瓶颈最有效的方法是引进外汇资金，进口生产要素，提高生产能力。

另外，从储蓄缺口理论已知，发展中国家的储蓄能力相对不足，一国可投资的最高额度就是该国的储蓄数额，若不引进外资，国内的低储蓄水平不足以满足投资规模的扩大，从而会阻碍本国经济的发展，这就是发展中国家的"储蓄瓶颈"，此时如果适当引进外资来弥补国内的储蓄以扩大投资规模，则可以促进经济发展。

### 四、外债周期假说

外债是指一国向国外经济主体借债所形成的债权债务关系。有学者根据一国在外债的借入、使用偿还及外债总量上的变化，发现其过程具有一定的规律，呈现周期性特点，因此提出了外债周期假说。该理论强调引进外资中除了外援和国外直接投资的形式，还有还本付息的债务形式，引进外资的同时也积累了债务。发展中国家要看清自己所处的阶段，在各阶段合理引进外资，并顺利完成阶段性转换。

从中长期来看，外债周期假说将整个外债经济分为下面三个主要阶段。

（1）不成熟的债务国阶段。这一阶段的特点是，一国经济生产能力不足，出口能力较弱，自由贸易存在逆差，政府引进外资提升本国的生产能力，导致该国净资本流入，债务数额随之增加。

（2）成熟债务国阶段。通过第一阶段引进的外资与国内生产要素发生作用，该国的生产水平已经有所提高，出口能力也有所加强，所以这一阶段的特点是，贸易逆差开始下降，甚至还会出现顺差，随之资本流入也比之前减少。外资的投入也逐渐有了产出回报，还本付息和投资分红增加，该国债务水平上升的速度呈递减趋势。

（3）债务减少国阶段。该国的经济水平已经提高很多，在这一阶段，该国的贸易顺差继续上升，资金也从净流入逐渐转变为净流出，外债余额逐渐减少。

从外债周期的这三个阶段可以看出一国的外债水平在整个经济运行过程中的变动规律。如果一个发展中国家能从开始主要依靠引进外资进行生产的不成熟债务国阶段顺利过渡到最后的债务减少国阶段，实质上就是从外债经济转变为自我维持的经济增长状态，外资的引进极大地提高了本国的经济实力。因此，外债周期假说也是发展中国家引进外资的重要理论。

值得注意的是，不是所有的国家都能顺利完成这三个阶段的过渡，实现外债经济的良性循环。一国如果不能成功完成阶段转换，则极有可能会导致严重的外债危机，威胁国家经济的安全。因此，各国在引进外债的同时也要合理选择政策和宏观调控方式，将外债控制在合理的范围，避免陷入外债危机。

## 第五节 国际金融危机理论

在世界经济发展史上，金融危机频繁发生，给世界经济造成了巨大的损失。这引起了各国的高度重视，促使经济学家开始研究金融危机，并逐步形成了一套金融危机理论。了解金融危机理论有助于各国防范金融危机。

### 一、国际金融危机的概念

国际金融危机是指一国发生经济危机以后，通过一定的传递机制将危机传递到其他国家，使国际范围内也爆发经济危机的一种经济现象。金融危机一般是货币危机、信用危机、银行危机、债务危机和股市危机的总称，通常表现为大量金融指标的急剧恶化。

扩展阅读 9.3 欧洲债务危机

### 二、国际金融危机的分类

**1. 根据克鲁格曼的观点**

克鲁格曼将国际金融危机分为以下两类：
（1）由于人们对货币失去信心引发的资金大量外逃而产生的危机；
（2）由于人们对股票等资产失去信心而引发的危机。

**2. 根据国际货币基金组织在《世界经济展望1998》中的分类**

（1）货币危机（currency crises）：当某种货币的汇率受到投机性袭击时，该货币出现持续性贬值，或迫使当局扩大外汇储备，大幅提高利率。

（2）银行业危机（banking crises）：银行不能如期偿付债务，或迫使政府出面，提供大规模援助，以避免违约现象的发生，一家银行的危机发展到一定程度，可能波及其他银行，从而引起整个银行系统的危机。

（3）外债危机（foreign debt crises）：一国国内的支付系统严重混乱，不能按期偿付所欠外债（主权债或私人债等）。

（4）全面危机（systematic financial crises）：主要的金融领域都出现严重混乱，如货币危机、银行业危机、外债危机的同时或相继发生。

### 三、国际金融危机理论的内容

#### （一）货币危机理论

20世纪70年代后期出现了关于货币危机的理论研究。随着各种货币危机的爆发，已经形成了四代货币危机模型，货币危机理论已经较为成熟。

**1. 第一代货币危机模型**

1979年，克鲁格曼提出了最早的货币危机模型。该模型主要强调当政府的宏观经济政策（过度扩张）与稳定的汇率政策（固定汇率制度）不协调时，就会引发货币危机。一方面，一国国内若实行扩张性的宏观经济政策会导致巨额赤字，政府只能通过增加货币供应量来弥补赤字；另一方面，为维持固定汇率需不断抛出外汇储备。随着发行的货币越来越多，本币贬值，外币的影子价格逐步增高。投资者都是理性的，他们会根据收益率调整资产结构，增加对外币的持有，同时对本国货币造成较大的冲击，外汇储备量持续下降，到一个临界点时，投资者会把政府手中的外汇储备全部购买完，致使固定汇率制度崩溃，引发货币危机。这个模型可以较好地解释20世纪七八十年代的拉美货币危机。

**2. 第二代货币危机模型**

1992—1993年欧洲货币体系爆发了经济危机，但当时英国不仅拥有大量的外汇储备（德国马克），而且其财政赤字和稳定的汇率也不存在不和谐的情况。这使人们意识到，第一代货币危机理论并不是很完善，于是逐渐形成第二代货币危机理论。

第二代货币危机理论由茅瑞斯·奥伯斯法尔德（Maurice Obstfeld）于1994年提出。他在此理论中引入了博弈论，关注政府与各行为主体之间的博弈，强调危机的多重均衡和自我促成性质。也就是说，一国政府在制定经济政策时的多重目标导致了多重均衡的实现，所以政府既有维护汇率稳定的动机，也有放弃汇率稳定的动机，具体取决于政府维护固定汇率的成本效益。在市场上，中央银行和广大投资者会根据对方的行为与所掌握的信息不断修正自己的行为选择，并影响对方下一次的修正。当有投机者对外汇市场进行攻击时，广大投资者的信念和预期会发生变化，产生"传染效应"和"羊群效应"，形成自我促成。直到这种累积使政府维持固定汇率的成本高于放弃固定汇率的成本时，中央银行就会选择放弃，从而导致货币危机的发生。这个模型可以较好地解释当时的欧洲货币危机。

**3. 第三代货币危机模型**

1997年亚洲爆发了经济危机，这次的危机又呈现更多的新特点。危机发生前大多数亚洲国家都实现了金融自由化，高速发展了本国的经济，而金融危机后这些国家在短期内实现复苏，甚至还超过之前。一二代货币危机模型已无法解释这种现象，于是催生了第三代货币危机模型。

这个模型的代表人物是麦金农和克鲁格曼。他们认为在发展中国家，政府对金融机构的担保，以及政府与企业和机构的裙带关系导致了道德风险问题。经济发展过程中大量外资被吸引进来，出现了投资膨胀和不谨慎。大量资金一时间涌入股票和房地产市场，形成了严重的经济泡沫，当泡沫破裂时会造成金融恐慌，使资金外逃，引发货币危机。危机的根本原因是内部经济结构较脆弱和亲缘政治。

**4. 第四代货币危机模型**

在前三代成熟的货币危机模型的基础上，又出现了第四代货币危机模型。该理论认为，一国企业部门较高的外债水平会导致较大的"资产负债表效应"，这会增加本国出现经济危机的可能性。其主要原因是：企业持有大量外债会使国外的债权人对该国的经济持较悲观的态度，从而会减少对该国企业的贷款，使其本币贬值，企业的经济状况恶化，致使能申请到的贷款更少，全社会投资水平下降，经济陷入萧条。第四代危机模型尚不成熟，有待进一步完善。

**（二）银行业危机理论**

根据国际货币基金组织1997年出版物《国际资本市场》中的定义：银行业危机是许多银行面临严重的流动性或清偿力问题或两种问题兼而有之的情况。紧接着在1998年出版的《世界经济展望中》又进一步定义为：银行业危机是由于实际或潜在的银行运行障碍或违约导致银行终止其负债的内部转换或迫使政府提供大规模援助进行干预以阻止这种局势发生的经济现象。由这些定义可知，银行业危机的实质是，由于各种原因导致的银行的流动性或清偿性过度丧失所带来的市场失败。根据不同经济学家的观点有不同的理论，主要阐述以下几种。

**1. 货币政策失误论**

弗里德曼认为，由于货币乘数相对稳定，需求函数也相对稳定，因此货币供求失衡的根本原因在于货币供给方面。货币供给主要由货币政策决定，货币政策的失误会导致供求失衡。这可能使一些轻微的局部的金融问题，通过加剧银行恐慌演变为剧烈的全面的金融动荡。

**2. 金融不稳定假说**

金融不稳定假说由美国经济学家海曼·明斯基（Hyman P. Minsky）提出。明斯基着眼于经济繁荣与紧缩的长期波动，认为经济周期波动是内生的，资本主义经济内在就具有不稳定性，并不是外部的冲击造成的。他认为金融在经济中具有核心作用，银行信用扩张使经济繁荣，信用扩张又加剧了经济过热，反过来银行本身也变成庞氏型经济主体，使银行越来越脆弱，最后爆发经济危机。因此，他认为经济的不稳定集中体现在金融的不稳定上。

**3. 银行体系关键论**

该理论由詹姆斯·托宾于1981年提出，主要强调银行体系在金融危机中的关键作用。当企业过度负债时，经济和金融在扩张中积累起来的风险越来越大，银行面临损失的可能性也会增加，为了控制风险，银行会通过提高利率减少贷款，这会使企业投资规模减小甚至破产，从而影响整个经济的发展。有些企业会被迫出售资产清偿债务，这又会造成资产价格急剧下降，引起极大的连锁反应，震动强烈，使原本已经脆弱的金融体系崩溃得更快。

#### 4. "金融恐慌"理论

戴尔蒙德（Diamond）和荻伯威格（Dybvig）认为银行体系脆弱性主要源于存款者对流动性要求的不确定性与银行的资产较之负债缺乏流动性。银行的重要功能是将存款人的不具流动性的资产转化为流动性的资产，以短贷长，实现资产增值。经济正常时，存款者不可能在同一时间取款。但当经济中发生某些负面事件（如银行破产或经济丑闻）时，就会发生银行挤兑，一些原本不打算取款的人，一旦发现某些负面事件，也会加入挤兑的队伍，导致取款队伍变长，发生金融恐慌。

#### 5. "道德风险"理论

麦金农（Ronald Mekinnon）认为存款保险制度的存在，以及政府和金融监管部门的担保会使银行产生道德风险，投资一些高风险的项目，这大大增加了存款人财产受损的可能性。而且，存款人无法对银行实施监督，一定程度上增加了风险。世界银行和国际货币基金组织对65个国家在1981—1994年发生的银行危机做的计量测试也表明，在设有存款保险制度的国家，发生危机的概率要高于没有设立存款保险制度的国家。

### （三）外债危机理论

外债危机是指债务人的国际债务负担日益加重，最终导致无力偿付到期的债务本金和利息的现象。

#### 1. "债务–通货紧缩"理论

"债务–通货紧缩"理论由欧文·费雪（Owen Fisher）提出。他的主要思想是：在经济上升时期，企业为追逐利润加大投资规模，导致"过度负债"。当经济陷入衰退阶段时，企业的盈利能力减弱，逐渐丧失清偿能力，引起连锁反应，导致货币紧缩，形成恶性循环，金融危机就此爆发。

#### 2. "资产价格下降论"

沃尔芬森（Willfenshen）的资产价格下降理论的核心思想是：债务人过度负债使银行不愿继续提供贷款或减少贷款时，债务人将被迫降价出售资产，使资产的价格急剧下降。资产负债率逐渐提高，债务人拥有的财富也越来越少，这更加降低了债务人的负债承受力，增加了其债务负担。总之，债务越多→资产降价变卖越多→资产越贬值→债务负担越重。

#### 3. "综合性国际债务"理论

苏特（Suter）从经济周期角度提出的综合性国家债务理论认为：随着经济的繁荣，国际借贷规模扩张，中心国家（通常是资本充裕的发达国家）的资本为追求更高回报流向资本不足的边缘国家（通常是发展中国家），边缘国家的投资外债增多；债务的大量积累导致债务国偿债负担加重，当经济周期进入低谷时，边缘国家赖以还债的初级产品出口的收入下降导致其逐渐丧失偿债能力，最终爆发债务危机。

## 四、对金融危机理论的评价

研究金融理论的目的是预测、防范或减少金融危机带来的损失,但随着金融市场日益国际化和多元化,引发金融危机的新因素也在不断增加,金融危机呈现新的特点。理论认识相对实际情况滞后,往往只能对已经发生的金融危机作出事后解释而无法对新情况提出有价值的意见。

## 思考与练习

1. 画图说明国际资本流动的一般模型。
2. 用一般模型说明国际资本流动对输入国、输出国及世界经济发展的影响。
3. 试述投资组合理论的主要思想。
4. 试述资本资产定价模型的应用。
5. 试述套利定价理论与资本资产定价模型的不同之处。
6. 评述国际直接投资理论。
7. 试述发展中国家引进外资的理论。
8. 试述货币危机发生的主要原因。

# 第十章

# 传统的外汇交易

【学习目标】
- 了解即期外汇交易、远期外汇交易及掉期交易的概念
- 熟悉各类外汇交易的应用及交易程序
- 知道套利交易与即期外汇交易、远期外汇交易的关系
- 掌握套利交易的类型及其计算方法

传统的外汇交易是指银行或企业等用一国货币与另一国货币进行交换的行为。根据外汇交易的性质,可分为商业性、保值性和投机性的外汇交易。传统的外汇交易在金融市场中占据重要地位。本章介绍不同种类的外汇交易,包括即期外汇交易、远期外汇交易、套利交易和掉期交易,以及各类交易的操作程序、计算方法及应用。

## 第一节 即期外汇交易

即期外汇交易(spot transaction),又称现汇交易,是指外汇交易以当时的外汇市场价格成交后,在两个营业日内办理有关货币交割的外汇业务。设定为两个营业日交割最初是为方便账务处理和清算,尽管现在外汇市场上已经通过计算机网络建立了银行间的清算系统,可以做到当天交易当天入账,但是两个营业日交割的制度已成惯例,被沿袭下来。

即期交易是外汇市场上其他外汇交易的基础,也是最常见的交易形式。大部分即期外汇交易发生在银行同业之间。即期外汇的交易量占整个外汇市场交易量的60%以上,远远超过其他交易方式的交易量。即期交易的汇率构成了所有外汇汇率的基础。

### 一、即期外汇交易的基本程序

即期外汇交易的成交金额一般都比较大,交易单位以百万美元来计算,而且交易时间不超过半分钟,所以实际外汇交易中为节约时间将许多单词、数字进行简化,同时由于历史、习惯等原因还有许多特殊的"行话"。

**1. 询价(asking)**

询价时通常要自报家门,询问有关货币的即期汇率的买入价、卖出价,以便对方作出交易对策。询问的内容必须简洁、完整,包括币种、金额(有的还包括交割日)。此

外，询价时不要透露自己是想买进还是想卖出，以免对方抬价或压价。

**2. 报价（quotation）**

银行的外汇交易部门接到询价后，一般要作出回答，即报价。报价是外汇交易的关键环节，因为报价合理与否，关系到外汇买卖能否成交。报价时必须遵守"一言为定"原则，只要询价方愿意按报价进行交易，报价行就要承担对此报价成交的责任，不得反悔或变更。

**3. 成交（done）**

当报价行报出买卖价后，询价方要立即作出答复：买进还是卖出，以及买或卖的货币金额。若不满意报价，询价方可回答"Thanks，Nothing"，表示谢绝交易，此时报价便对双方无效。

**4. 证实（confirmation）**

在报价行作出交易承诺之后，交易双方还应将买卖的货币、汇率、金额、起息日期及结算方法等交易细节再相互证实或确认一遍。

**5. 结算（settlement）**

结算是在双方交易员将交易的文字记录交给交易后台之后，由后台根据交易要求指示其代理行将卖出的货币划入对方指定的银行账户。银行间的收付款即各种货币的结算是利用 SWIFT 电信系统，通过交易双方的代理行或分行进行的，最终以有关交易货币的银行存款的增减或划拨为标志。

外汇银行向其他外汇银行及市场参与者报价是即期外汇交易关键的一环。外汇银行报价时考虑的几项因素是：目前的市场行情、平衡自身的外汇头寸及自身的交易意图。

外汇银行在报价时也遵循以下惯例。

（1）使用"双价"的报价原则，报价银行既要报买入价，也要报卖出价。外汇交易成交前，询价者一般不向外汇银行表示其交易意图，所以外汇银行要同时报出买入价和卖出价，而且按规定外汇银行必须报出价格。外汇银行若不想进行该外汇的买卖，可以在报价时低报买入价、高报卖出价，打消对方交易的念头。

（2）报价一般以美元为中心，如"SPEUR"为"即期美元兑欧元价"，因为已形成惯例，美元符号就可以省略了。

（3）交易数量固定。外汇交易一般是以 100 万为单位，外汇交易中的"1"表示一个标准单位，即 100 万美元，交易金额很大。

## 二、即期外汇业务的种类

现汇交易不同于现钞交易，现钞交易可以在同一时间、同一地点进行不同货币现钞的兑换，而现汇交易有可能在同一时间，却绝不可能在同一地点进行，而只能是在此地付出此货币，在彼地收进彼货币。根据买卖外汇的不同汇兑方式，即期外汇业务可分为电汇（telegraphic transfer，T/T）、信汇（mail transfer，M/T）和票汇（demand draft，D/D）三类。

### 1. 电汇

电汇是经营外汇业务的汇款银行应汇款人的约请,直接用电信方式(电报、电传等)通知国外的汇入银行,委托其支付一定金额给收款人的一种汇款业务。电汇的凭证,就是经营外汇业务的商业银行的电信付款委托单据。由于以电汇方式汇款交付的时间最短,银行不能利用资金,所以电汇汇率较高。国际外汇市场上公布的汇率多为银行电汇买卖价。其他汇兑方式的汇率也均以电汇汇率为基础进行核算,因此电汇汇率为基本汇率。

### 2. 信汇

信汇是汇款银行应汇款人的申请,直接用信函通知国外的汇入银行,委托其支付一定金额给收款人的一种汇款业务。信汇的凭证是通过邮局的信汇委托书,只是汇出行在委托书上不必加注密押,而是以负责人签字代替。由于信汇邮程需要的时间比电汇长,银行可以利用资金,所以信汇汇率低于电汇汇率,其差额相当于邮程期间的利息。

### 3. 票汇

票汇是汇出行应汇款人的申请,开立以汇入行为付款人的汇票,交由汇款人自行寄送给收款人或亲自携带出国,以凭票取款的一种汇款方式。票汇的凭证就是银行汇票。由于信汇和票汇在途时间较长,银行可以利用资金,所以信汇和票汇的汇率低于电汇汇率。

## 三、即期外汇业务的常见方式

### 1. 汇出汇款

汇出行受客户的申请和委托,根据同国外代理行的业务安排,办理电汇、信汇和票汇等各种外币汇出汇款业务,以满足客户对外金融、贸易、文化联系及旅游等国际结算的需要。

### 2. 汇入汇款

汇入行或解付行根据国外代理行的业务安排,办理国外行汇出的各种电汇、信汇和票汇的解付业务。在收到国外行电信或信汇委托书后,即通知收款人并办理解付或收入收款人在该行开立的账户。如系票汇,对持票人办理解付或收入收款人在该行开立的账户。

### 3. 出口收汇

(1)信用证方式。一国出口商收到国外开来的信用证,根据信用证条款规定,于货物运出后,签发即期跟单汇票交出口地银行。银行审核单证相符,即办理议付或付款,并以电报或航寄跟单汇票,向国外银行索取出口外汇货款。

(2)托收方式。一国出口商根据合同规定,于货物运出后,签发即期跟单汇票,申请出口地银行托收。银行根据申请,委托国外代理行按其指示和跟单汇票,向进口商代收出口外汇货款。委托银行接到收妥通知后,将货款交付出口商。

### 4. 进口付汇

(1)信用证方式。一国进口商开出信用证后,国外出口商根据信用证条款规定,于货物运出后，签发即期跟单汇票，交当地银行议付。进口地开证行收到国外行议付通知和跟单汇票，经审核相符后，偿付进口外汇货款。

（2）托收方式。国外出口商根据合同规定，于货物运出后签发即期跟单汇票，申请出口地银行办理托收。进口地代收银行收到托收委托书后，通知进口商支付进口货款后交付进口跟单汇票，凭此办理提货。

即期外汇交易最基本的作用是：①满足临时性的付款需要，实现货币购买力的转移。包括满足进口商品和劳务所需的现汇支付、满足对外直接投资和间接投资的外币需求；满足购买外国金融资产和出售外国金融资产所引起的现汇交易、满足跨国公司资金在国际间流动的需要、满足归还外汇贷款的需要、满足各国政府或其中央银行干预外汇市场的需要。②调整各种货币头寸，用于防范汇率风险。涉外公司、外汇银行、跨国公司或其他经济实体为防范外汇汇率风险常常用即期交易进行外汇头寸的调整。③进行外汇投机。即期交易可随时买卖外汇，便于个人和公司进行短期外汇投机。

## 四、套算汇率的计算

外汇交易中经常会涉及两种非美元货币的交易，而国际金融市场的报价多数是美元对另一种货币的报价，此时就需要进行汇率套算，得出的汇率称为套算汇率，也称交叉汇率。

套算汇率的计算是指根据其他两种货币的汇率通过计算得出的汇率。知道中间汇率后，进行汇率的套算比较简单。但是在实际业务中，货币的汇率是双向报价，即同时报出买入价和卖出价，此时，套算汇率的计算相对来说比较复杂。

根据两种货币汇率中起中介作用的货币所处的位置，将套算汇率的计算方法分为三种。设美元为中介货币，美元在两种货币的汇率中所处的位置有三种情况：①美元在两种货币的汇率中均为基础货币；②美元在两种货币的汇率中均为标价货币；③美元在一种货币的汇率中是基础货币，在另一种货币的汇率中是标价货币。三种情况下交叉汇率的计算如下：

（1）美元在两种货币的汇率中均为基础货币时，用交叉相除的计算方法。

例：已知 USD/CHF　0.916 6—0.916 7

　　　　　USD/CAD　1.272 9—1.273 3

计算 CAD/CHF 的汇率。

交叉相除需要确定两个问题，一是确定分子与分母，二是确定交叉的是分子还是分母。在美元均为基础货币时，要套算的汇率中，处于基础货币位置上的、原来给定的含有该基础货币的汇率为分母，原来给定的含有标价货币的汇率为分子，交叉的是分母。

上例中要求计算 CAD/CHF 汇率，该汇率中 CAD 为基础货币，CHF 为标价货币。原给定的含有该基础货币的汇率 USD/CAD 为 1.272 9—1.273 3 作为分母，并将其交叉，将 USD/CHF 为 0.916 6—0.916 7 作为分子，则 CAD/CHF 的买入价为 0.916 6/1.273 3 = 0.719 9，卖出价为 0.916 7/1.272 9 = 0.720 2，即所求交叉汇率为：CAD/CHF = 0.719 9/0.720 2。

从客户的角度进行分析，已知条件里，美元均为基础货币，所求交叉汇率 CAD/CHF

中，CAD 为基础货币，CHF 为标价货币。客户卖出加拿大元、买进美元时，对银行来说是买进加拿大元、卖出美元，适用 USD/CAD 的卖出汇率，即 1.273 3。其含义是银行卖出 1 美元，收到客户 1.273 3 加拿大元。因此，客户卖出 1 加拿大元，换进 1/1.273 3 美元，然后客户再将换进的美元出售给银行换进瑞士法郎，对银行来说是买进美元，卖出瑞士法郎。对客户来说，卖出 1 美元得到 0.916 6 瑞士法郎，卖出 1/1.273 3 美元得到 0.719 9 [ = 0.916 6 × (1/1.273 3)]）瑞士法郎，即为 CAD/CHF 的买入价。CAD/CHF 的卖出价按同样思路计算，得到 CAD/CHF 的卖出价为 0.720 2 [ = 0.916 7 × (1/1.272 9)]。

（2）美元在两种货币的汇率中均为标价货币，交叉汇率的计算方法仍为交叉相除。

例：已知 CAD/USD　0.786 4—0.786 5
　　　GBP/USD　1.367 9—1.368 3

计算 GBP/CAD 的汇率。

这种情况下，套算汇率中，处于基础货币位置上的、原来给定的含有该基础货币的汇率为分子，原来给定的含有该标价货币的汇率为分母，交叉的仍然是分母。

中介货币美元在给定的两种汇率中均为标价货币，在计算的交叉汇率 GBP/CAD 中，GBP 是基础货币，CAD 是标价货币。从客户的角度进行分析，首先卖出 1 英镑，买进美元，使用的汇率为 GBP/USD 的买入价 1.367 9，换得 1.367 9 美元；然后卖出美元，买进加拿大元，使用的汇率为 CAD/USD 的卖出价 0.786 5，换得 1.739 2 [ = 1.367 9 × (1/0.786 5)]加拿大元，此即为 GBP/CAD 的买入价。按同样思路计算得到 GBP/CAD 的卖出价为 1.740 0 [ = 1.368 3 × (1/0.786 4)]。

即：GBP/CAD 的买入价为 1.367 9/0.786 5 = 1.739 2，卖出价为 1.368 3/0.786 4 = 1.740 0，故 GBP/CAD 的汇率为 1.739 2—1.740 0。

（3）美元在一种货币的汇率中是基础货币，在另一种货币的汇率中是标价货币，交叉汇率的计算方法为垂直相乘（同边相乘），即两种汇率的买入价和卖出价分别相乘。

例：已知 GBP/USD　1.367 9—1.368 3
　　　USD/CAD　1.272 9—1.273 3

计算 GBP/CAD 的交叉汇率。

银行报 GBP/CAD 的买入价，即该行的客户卖出 1 英镑，买入若干加拿大元。因此，客户必须先向银行卖出 1 英镑，获得 1.367 9 美元（用银行 GBP/USD 的买入价）；客户然后将得到的 1.367 9 美元再卖出（用银行 USD/CAD 的买入价），可得到 1.367 9 × 1.272 9 加拿大元，这也就是银行报 GBP/CAD 的买入价。银行报 GBP/CAD 的卖出价，也可按类似思路来考虑。

综上可得：GBP/CAD 的买入价为 1.367 9 × 1.272 9 = 1.741 2
　　　　　　卖出价为 1.368 3 × 1.273 3 = 1.742 3

故 GBP/CAD 的汇率为 1.741 2—1.742 3。

交叉汇率的计算考虑了两次交易费用，无论用乘法还是除法，每一次将中介货币相抵消时，交易费用就增加一次，买入价和卖出价之间的价差就增大一次，也可以用这一方法验算计算结果。

银行在公布本币与其他国家货币的汇率时，并不说明哪个汇率是基本汇率或交叉汇率。如果客户向银行询问非美元货币间的汇率，银行通常会直接报出交叉汇率。交叉汇率虽然已经日益普遍，但仍然不是主要的交易形式，对于银行来说，交叉汇率的交易仍被视为两笔对美元的交易。

## 五、即期外汇市场的套汇交易

套汇交易（又称地点套汇、空间套汇）是指利用两个或两个以上不同市场的汇率差价，在低价市场买入某种货币，同时在高价市场卖出该种货币，以赚取利润的交易活动。套汇交易产生的基础条件是固定汇率制度的解体，现在大多数国家实行的都是浮动汇率制度，但是通信技术的大力发展使世界各地外汇市场上的汇率差异逐渐缩小，时间缩短，所以套汇的机会转瞬即逝。

套汇的主要特点包括：①套汇交易都要利用电汇进行，因为套汇必须通过至少两个交易市场，而且时间较短；②套汇者多为资金雄厚的大银行，只有大银行才能通过其下属的机构迅速把握住市场上转瞬即逝的套汇机会，才能有足够的机会进行套汇交易；③套汇的金额一般都很大，因为各地的汇率差异不可能很大，而且进行交易还需要一部分交易费用，如果金额不够大则不值得进行交易；④套汇交易一般没有外汇风险。

套汇按涉及外汇市场的多少，可分为直接套汇和间接套汇两种。

### （一）直接套汇

直接套汇（direct arbitrage）又称为双边套汇（bilateral arbitrage）或两地套汇（two-point arbitrage），是指利用两个外汇市场上某种货币的汇率差异，进行货币的买卖，从中赚取利润的交易行为。这是一种比较简单的套汇方式。

有一个有趣的牧民喝啤酒的故事。在很久以前墨西哥与美国的某段边境处，在墨西哥境内，1美元（=100美分）兑0.9墨西哥比索；而在美国境内，一个墨西哥比索（=100墨西哥分）兑0.9美元。每天，牧民先在一家墨西哥酒吧喝一杯啤酒，价格是10墨西哥分，又用余下的90墨西哥分换成1美元，然后他走过边境进了一家美国酒吧，要了一杯啤酒，价格是10美分，再用余下的90美分换成1个墨西哥比索。他这样每天愉快地喝着啤酒，而口袋里的1比索始终都没有减少。这是什么原因呢？道理很简单，他一直在用两地套汇的收益喝啤酒。当然，这是一个很特殊的例子，在实际生活和业务中，直接套汇一般都存在成本或费用。

直接套汇的具体做法是：已知两地存在汇率差异，在套汇前先计算电传、佣金等套汇费用。如果套汇利润大于套汇费用，则可套汇，否则无利可图。

例：同一时间内，伦敦和纽约外汇市场的汇率如下。

伦敦市场：GBP/USD = 1.367 9—1.368 3

纽约市场：GBP/USD = 1.369 9—1.371 3

请通过计算判断能否进行套汇。如果用100万英镑入市，套汇毛利是多少？如果套汇费用共500英镑，通过套汇可获利多少？

解：两地外汇市场不均衡是套汇的前提条件，具体进行套汇时，只有当经过计算的汇率差额足以弥补资金调动成本时，才可以异地套汇。

套汇者可以在纽约外汇市场上用 100 万英镑买进 136.99 万美元，立即通知在伦敦的分行或代理行卖出 136.99 万美元买进 100.116 9 万英镑（= 136.99 万/1.368 3）。经过这一贱买贵卖，共赚取 1 169 英镑。如果套汇费用是 500 英镑，那么这次两角套汇只赚取 669 英镑。套汇者也可以在伦敦外汇市场上用 136.83 万美元买进 100 万英镑，在纽约外汇市场上卖出，得到 136.99 万美元，可赚 1 600 美元。如果套汇费用折合为美元后为 685 美元，则净赚 915 美元。

通过这种套汇活动必然导致伦敦外汇市场对英镑的需求增加，从而使英镑的汇率上升，使两地间的汇率差距逐渐缩小直到平衡，套汇交易自行终止。

### （二）间接套汇

间接套汇（indirect arbitrage），又称三角套汇（three-point arbitrage）、交叉套汇（cross arbitrage）或多边套汇（multilateral arbitrage），是指利用三个不同地点的外汇市场汇率的差异，同时在这三个市场上贱买贵卖，以赚取汇率差额的外汇交易。

对于三地有无套汇可能性的判断，可根据以下原则：看三地的汇率的连乘积是否等于 1。若等于 1 则无价差，无利可图，不能套汇；不等于 1 则有价差，可以套汇。

设有三种货币 A、B、C，若以 $S(A/B)$ 表示 1 单位 A 国货币以 B 国货币表示的汇率，$S(B/C)$ 表示 1 单位 B 国货币以 C 国货币表示的汇率，$S(C/A)$ 表示 1 单位 C 国货币以 A 国货币表示的汇率，则套汇的前提条件为

$$S(A/B) \cdot S(B/C) \cdot S(C/A) \neq 1$$

上式不等于 1 的情况下，如果是大于 1，可以正向套汇，将 A 币兑换成 B 币，B 币兑换成 C 币，C 币兑换成 A 币；如果是小于 1，套汇的方向相反，将 A 币兑换成 C 币，C 币兑换成 B 币，B 币兑换成 A 币。

例：设以下三个外汇市场某日即期汇率为

| 纽约 | USD/EUR | 0.853 1/0.853 3 |
| 法兰克福 | GBP/EUR | 1.167 6/1.168 1 |
| 伦敦 | GBP/USD | 1.367 9/1.368 3 |

能否进行套汇？如果某投资者持有 100 万美元，套汇可获利多少（不计费用）？

解：计算汇率的连乘积：

$S(USD/EUR) \cdot S(EUR/GBP) \cdot S(GBP/USD) = 0.853\ 1 \times (1/1.168\ 1) \times 1.367\ 9 = 0.999\ 0 \neq 1$，可以套汇，且小于 1，反向套汇，将美元兑换成英镑，英镑兑换成欧元，欧元兑换成美元。

具体操作程序：

第一步，在伦敦外汇市场上卖出 100 万美元，得到 73.083 4（= 1/1.368 3）万英镑；第二步，将英镑电汇到法兰克福，卖出英镑买入 85.332 2（= 1.167 6/1.368 3）万欧元；第三步，将欧元电汇到纽约外汇市场，买入美元，可得 100.002 6（= 85.332 2/0.853 3）万美元。可获利 26 美元。

套汇产生于各个市场上汇率的不一致，在不同市场上贱买贵卖有利可图，而套汇活动本身又会使市场不均衡消失，促使市场实现均衡。由于现代通信手段的发达和外汇交

易人员业务能力的增强,全球外汇市场一体化,全世界各大银行的即期汇率报价都可在同一块屏幕上显示,原来意义上的区域性外汇市场之间的地点套汇实际已不存在。即使存在这种可能,不同地点之间的套汇活动也会瞬间消失,机会很不容易把握。因此,从事套汇交易的大多数是资金雄厚的大商业银行。一般的小银行或其他经济组织是不具备财力进行套汇的。

扩展阅读 10.1　土耳其里拉暴跌,携程机票出现套汇空间

套汇交易应注意把握以下要点:

(1)套汇交易只有在没有外汇管制、没有政府干预的条件下才能顺利进行。具备这一条件的欧洲货币市场是套汇交易的理想市场。

(2)由于现代通信技术发达,不同外汇市场之间的汇率差异日趋缩小,因而成功的套汇须有大额交易资金、传递迅速的外汇信息系统及分支代理机构,才能及时捕捉和把握瞬息的套汇时机,并在抵补成本的基础上获利。

(3)套汇过程必须遵循从低汇率市场买入,到高汇率市场卖出的原理。

## 第二节　远期外汇交易

### 一、远期外汇交易的概念

远期外汇交易又称期汇交易,是预约买入与预约卖出的外汇业务,即买卖双方先行签订合同,规定买卖外汇的币种、金额、汇率和将来交割的时间,到规定的交割日期,再按合同规定,卖方交汇,买方付款的外汇业务。

从参与远期外汇交易的人员构成来看,购买远期外汇的有远期外汇支出的进口商、负有不久到期的外币债务的债务人、输入短期资本的牟利者、对远期汇率看涨的投机商等。卖出远期外汇的有远期外汇收入的出口商、持有不久到期的外币债权的债权人、输出短期资本的谋利者、对远期汇率看跌的投机商等。经营外汇业务的商业银行,也利用远期外汇交易平衡自己远期外汇的头寸。远期外汇交易的期限一般有 1 个月、2 个月、3 个月、6 个月或 1 年,有的长达 3 年、5 年,甚至出现了长达 10 年的超远期的外汇交易。赊销、赊购的期限通常为 3 个月,因此 3 个月的远期交易最为普遍。

### 二、远期外汇交易的作用

#### (一)为进出口商和对外投资者防范汇率风险

出口商为了保证出口收款的安全,在货物成交后,即先把将要收到的远期外汇售出,等到实际收到外汇时,如果汇价发生变动,则与出口商无关。因为在远期外汇合同中,

出口商已定下了外汇价格，出口商此时的义务只是在约定的交割日，将其获得的外汇按远期合同价格售给与自己成交的远期业务银行。在进口商方面，为了避免汇率风险，在签订进口合同后，可以立即买进将来付款所需的远期外汇。待到期时，进口商可按约定的远期汇价，从银行那里买到约定的外汇，从而可按进口货价履行付款业务。因此，从买卖成交到进口付款这段期间，也不受汇率变动的影响。在对外短期投资方面，为防止将来资金调回时汇率发生变动影响投资收益，可在对外投资兑换外币时，同时做一笔远期交易，固定资金调回的汇价，从而保证预期收益的实现。

### （二）保持银行远期外汇头寸的平衡

银行为了避免自身蒙受风险，也常进行远期交易，对不同期限不同货币的外汇，视其余缺情况，或抛出或补进，以保持远期外汇头寸的平衡。例如，银行在与客户的远期交易中共卖出1 000万远期美元，同时买进了500万同期的远期美元。为平衡远期头寸，防止远期交割的风险，该银行可再买进500万同期的远期美元，以资抵补。

### （三）远期外汇投机

在汇率波动频繁的情况下，远期外汇市场的存在给外汇投机创造了一定的条件。外汇投机者可先以远期价预约卖出外汇，以待日后外币价格下跌时再行买入，这称为"空头"。这类投机者因为预测今后外汇汇价趋于下跌，故在外汇汇价相对较高时先行预约卖出，一旦日后外汇汇价果真下跌再予以补进，这样可从中获利。如果其后外汇汇价非降反升，则投机者将蒙受损失。由于这类投机者以预约形式进行交易，卖出当时自己手中实际并无的外汇，故又称"卖空"。假如投机者先以低价预约买进外汇，以便日后汇价上升时卖出，则称"多头"。这类投机者因为预测日后汇率将趋于上涨，故在外汇汇率相对较低时先行买进，待日后汇率升高时再卖出，以从中牟利。他们中有不少只是在到期日收付汇率涨落的差额，并不具有十足的交割资金，因此一般又将其称为"买空"。

## 三、远期外汇交易的类型

远期外汇交易按交割日是否确定分为定期远期外汇交易和择期交易两大类型。

### （一）定期远期外汇交易

定期远期外汇交易是交割日期固定的远期外汇交易。通常进行的远期外汇交易就属于这一类。由于这类交易的交割日期是固定在某一时日或某一时点上，对于使用远期交易避险保值的进出口商来说，在签订进出口贸易合同时，他们无法知道付款或收款的确切日期，因而这种定期远期外汇交易有很大的局限性。

### （二）择期交易

择期交易（forward option）是指买卖双方在订立合约时，事先确定了交易货币的种类、数量、汇率和期限，但客户可以在这一期限内的任何日期买进或卖出一定数量的外汇。客户可以在特定的期间内，随时进行外汇的交割。交割可以在某一天完成，也可以在特定期间内进行多次交割。在特定期间结束时，交割必须全部完成。在国际贸易中，许多时候很难确切知道付款或收款的确切日期，而只是知道大约在哪一段时间之内，择期交易就是为这种情况提供方便的外汇交易。

择期外汇交易可分为部分择期和完全择期两种。部分择期是由买卖双方约定一个交割期限,在这一期限内由客户任意选择一个营业日作为交割日。完全择期是指客户可以选择从双方成交后的第三个营业日起至远期合约的到期日止的任何一个营业日作为交割日。

### 四、远期外汇交易汇率的确定

远期汇率是在即期汇率的基础上形成的。一般来说,远期汇率是以即期汇率为基础,受到有关两种货币利率差异的影响而确定的。即期汇率与远期汇率必然存在差额,称为远期差价(forward margin)或远期汇水。其中:当远期外汇价格大于即期外汇价格时,称为升水;当远期外汇价格小于即期外汇价格时,称为贴水;当远期外汇价格等于即期外汇价格时,称为平价。

由于两种不同的货币都是以对方货币计值报价,因此一种货币升水,另一种货币必定是贴水。

一笔远期外汇交易可以看成是一笔即期外汇交易和两笔资金拆放交易综合而成的,所以决定远期外汇交易汇率的因素有即期外汇价格、交易双方货币之间的利率差异及远期交易时间的长短。远期外汇价格的计算公式为

远期汇率 = 即期汇率 + 即期汇率 × (报价货币利率 − 基准货币利率) × 天数/360

例:美元 1 个月期的同业拆借利率为 2.46%,日元的利率为 0.11%,美元/日元的即期汇率为 110.05。

$$\begin{aligned}&1\text{个月期美元/日元汇率}\\&= 110.05 + 110.05 \times (0.11\% - 2.46\%) \times 30 \div 360\\&= 110.05 + (-0.22)\\&= 109.83\end{aligned}$$

也就是说,美元/日元 1 个月期贴水 22 点。

### 五、远期汇率的报价方式

#### (一)定期交易远期汇率的报价方法

在国际外汇市场上,报价银行每天都要报出或公布即期汇率和远期汇率。远期汇率的报价方法包括直接报价和差价报价。

**1. 直接报价**

在外汇牌价上直接报出远期外汇的实际汇率。日本和瑞士外汇市场均采取这种报价方法。这种直接报出远期汇率的方法适用于银行对一般客户的报价。

例:某日外汇市场的报价为

|  | USD/CNY |
|---|---|
| 即期汇率 | 6.464 8/6.471 5 |
| 1 个月远期汇率 | 6.475 5/6.534 2 |

| | |
|---|---|
| 2 个月远期汇率 | 6.481 5/6.540 9 |
| 3 个月远期汇率 | 6.490 1/6.550 0 |
| 6 个月远期汇率 | 6.510 1/6.570 0 |
| 12 个月远期汇率 | 6.545 6/6.608 5 |

上述牌价 3 个月 USD/CNY 的远期汇率为 6.490 1/6.550 0，说明银行与客户签订的 3 个月的远期交易，银行给客户 6.490 1 元人民币以买进 1 美元，客户给银行 6.55 元人民币才能得到 1 美元。

### 2. 差价报价

外汇银行只公布即期汇率而不直接公布远期汇率，远期汇率是在即期汇率的基础上，通过远期汇率与即期汇率的差价表示。

这样报价的好处是简明扼要。虽然在即期汇率变动的同时，远期汇率也作相应变动，但远期汇率通常比较稳定，因此用差价报价比直接报价更加方便。

表明远期汇率与即期汇率差价的方法有两种：升水、贴水和平价；点数[①]。

英国、德国、美国和法国等国家采用的是第一种方法。由于汇率的标价方法不同，计算远期汇率的原则也不相同。在间接标价法下，升水时的远期汇率等于即期汇率减去升水数字；贴水时的远期汇率等于即期汇率加上贴水数字；平价则不加不减。若在伦敦外汇市场即期汇率为 1 英镑 = 1.367 9 美元，3 个月远期外汇升水 0.51 美分，则 3 个月远期汇率为 1 英镑 = 1.367 9 - 0.005 1 = 1.362 8 美元。若 3 个月远期外汇贴水 0.51 美分，则 3 个月远期汇率为 1 英镑 = 1.367 9 + 0.005 1 = 1.373 0 美元。在直接标价法下，升水时，远期汇率等于即期汇率加上升水数字；贴水时，远期汇率等于即期汇率减去贴水数字。例如，巴黎外汇市场美元的即期汇率为 1 美元 = 0.853 1 欧元，3 个月远期外汇升水 26 点，则 3 个月远期外汇汇率为 1 美元 = 0.853 1 + 0.002 6 = 0.855 7 欧元。若 3 个月美元远期外汇贴水 26 点，则 3 个月远期汇率为 = 0.853 1 - 0.002 6 = 0.850 5 欧元。

在一般情况下，汇率在一天内也就是在小数点后的第三位数变动，即变动几十个点，不到 100 个点。表明远期汇率的点数有两栏数字，分别代表买入价与卖出价。直接标价法买入价在先，卖出价在后，间接标价法则反之。若远期汇率下第一栏点数大于第二栏点数，其实际远期汇率的计算方法则从相应的即期汇率减去远期的点数；若远期汇率的第一栏点数小于第二栏点数，其实际远期汇率的计算方法则在相应的即期汇率上再加上远期的点数。例如，在纽约外汇市场：

| | 即期汇率 | 3 个月远期 |
|---|---|---|
| USD/CHF | 0.916 6-67 | 10-15 |

美元兑瑞士法郎远期汇率的点数为 10-15，第一栏点数小于第二栏点数，故实际远期汇率数字应在相应的即期汇率数字上加上远期点数，即

|   |   |
|---|---|
| 0.986 6 | 0.986 7 |
| +) 0.001 0 | +) 0.001 5 |
| 0.987 6 | 0.988 2 |

---

① 点数就是表明货币比价数字中的小数点以后的第四位数。

即"左大右小往下减，左小右大往上加"。

### （二）择期交易的远期汇率报价

在择期远期外汇交易中，客户拥有选择具体交割日的主动权，银行则处于被动地位，易蒙受汇率变动带来的损失。总的原则是：银行将选择从择期开始到择期结束期间最不利于客户的汇率作为择期交易的汇率。具体来说，就是在卖出的货币贴水时，按可交割的第一天的期限计算，以尽量提高所卖出货币的价格；在卖出的货币升水时，则按可交割的最后一天计算，同样以最高价卖出货币。这一方面是对银行承担风险的补偿，另一方面则是客户取得交割日主动权应付的代价。

例如：美国进口商同英国客户于6月1日签订进出口合同，从英国进口100万英镑的货物，合同要求货到后1个月付款。按合同规定，货物必须在两个月内到达，但在哪一天到达无法事先确知。已知当日汇率报价如下：

|  | GBP/USD |
| --- | --- |
| 即期汇率 | 1.368 0/85 |
| 2个月远期 | 20/10 |
| 3个月远期 | 50/30 |

美国进口商为防范英镑升值的风险，可做一笔8月1日到9月1日的远期择期交易，买进英镑，银行就会在2个月期和3个月期中间选择对自己最为有利的价格卖出英镑。把上述汇率改成直接报价，则为

|  | GBP/USD |
| --- | --- |
| 即期汇率 | 1.368 0/1.368 5 |
| 2个月远期 | 1.366 0/1.367 5 |
| 3个月远期 | 1.363 0/1.365 5 |

银行会用最贵的价格卖出远期英镑，即1.367 5。而美国进口商由于付出了较高的价格，在时间上取得了灵活性。

## 六、远期外汇交易的应用

人们利用远期外汇交易主要是为了套期保值和投机。套期保值（hedging）是指为了避免汇率变动的风险，对持有的资产和负债做卖出或买入该种货币的远期交易。从事套期保值的主要有已达成进出口交易的贸易商、国际投资者及有外汇头寸的银行。投机者在远期外汇市场上的活动主要是有意识地持有外汇头寸以获得风险利润。

### （一）进出口商和对外投资者防范汇率风险的需要

在对外贸易中，进出口商为了锁住进口成本、固定出口利润、避免因结算货币汇率变动带来的风险，需要预约买进或卖出远期外汇。

一国出口商与外国进口商签订以外币结算的贸易合同后，从签约日到收回货款常需要几个星期、几个月甚至更长的时间。在这段时间内，如果结算货币汇率下跌，就会给出口商带来损失。为了消除汇率风险，该出口商可以通过与银行签订远期外汇交易合约进行套期保值。

例：某日外汇市场行情如下：

|  | GBP/USD |
|---|---|
| 即期汇率 | 1.363 0/50 |
| 90 天远期 | 20/10 |

美国出口商向英国出口价值 200 万英镑的货物，预计 3 个月后才收汇。假如 3 个月后英镑兑美元的汇率下跌为 1.350 5/45。

如果美国出口商不进行保值，3 个月后英镑贬值损失多少？如果采取套期保值措施，应如何应用远期外汇交易？

解：美国出口商如果不采取措施，3 个月后收到 200 万英镑，按 3 个月后 GBP/USD 即期汇率兑换成美元为

$$200 \times 1.350\ 5 = 270.1（万美元）$$

而即期收到 200 万英镑兑换的美元为

$$200 \times 1.363\ 0 = 272.6（万美元）$$

由于汇率变动，美国出口商的损失为

$$270.1 - 272.6 = -2.5（万美元）$$

美国的出口商可以利用远期外汇交易进行保值。

3 个月远期汇率 GBP/USD = 1.361 0/40。

美国的出口商可对英镑头寸保值，在外汇市场上卖出 3 个月远期英镑，汇率为 1 英镑 = 1.361 0 美元，等 3 个月后收到进口商的 200 万英镑可以兑换的美元为

$$200 \times 1.361\ 0 = 272.2（万美元）$$

比不采取任何保值措施多兑换 2.1 万美元（272.2 - 270.1）。

汇率的波动是双向的，可能上升，也可能下降。假若 3 个月后英镑汇率不但没有下降，反而上升了，此时美国的出口商不能享受英镑汇率上升时兑换较多美元的好处。所以，在利用远期外汇交易防范风险的同时，也丢掉了汇率变动带来的好处。有时候出口商可以采取部分保值的方式，比如仅对 50%头寸保值，这样承担的外汇风险也可减半。

进口商为了准确地计算进口成本，避免支付货币汇率上涨引起成本提高，需要在签订进口合同的同时，签订远期合约，向银行买入相应期限和数量的远期外汇。

例：某日巴黎外汇市场行情如下：

|  | EUR/JPY |
|---|---|
| 即期汇率 | 128.907 0/80 |
| 3 个月远期 | 70/50 |

某法国进口商从日本进口一批价值 100 亿日元的货物，3 个月后付款，应如何进行套期保值？

解：根据 3 个月的远期牌价可知，3 个月远期汇率为 EUR/JPY = 128.900 0/30。如果预测日元远期升水，则在外汇市场上买入 3 个月远期日元，汇率为 1 欧元=128.9 日元，将其成本锁定。

如果预期 3 个月后日元贬值，则不必签订远期外汇合约买入远期日元。

例：某日纽约外汇市场行情如下：

|              | USD/HKD   |
|--------------|-----------|
| 即期汇率     | 7.785 0/70 |
| 3个月远期    | 15/25     |

某港商从美国进口了一批设备，需要在3个月后支付500万美元。港商为避免3个月后美元汇率上升而增加进口成本，决定买进500万3个月期的美元。如果付款日市场即期汇率为7.798 0/90，在不考虑交易费用的情况下港商如果不做远期外汇交易，会损失多少？

解：由条件可知，3个月远期汇率为USD/HKD = 7.786 5/95。

港商买进500万3个月期的美元预期支付 5 000 000 × 7.789 5 = 38 947 500（港币）。

港商在付款日买进500万美元现汇需支付 5 000 000 × 7.799 0 = 38 995 000（港币）。

港商若不做远期交易将多支付 38 995 000 – 38 947 500 = 47 500（港币）。

扩展阅读10.2　人民币升值，多数企业开展远期外汇套期保值

### （二）外汇银行利用远期外汇交易保持远期外汇头寸平衡的需要

银行在与客户进行外汇交易的过程中，不同货币的买入卖出数额及其期限往往是不平衡的。为了避免外汇风险，需要对不同期限、不同货币头寸的余缺进行抛补，以实现远期外汇头寸的平衡。在实际业务处理过程中，银行每卖出一笔远期外汇，往往要买回一笔同期同额的即期外汇，以轧平头寸。

例：我国某银行于9月1日卖给某企业3个月的远期外汇100万美元，买进欧元。

| 即期汇率       | USD/EUR = 0.855 0/0.857 0 |
| 3个月远期汇率  | USD/EUR = 0.891 0/30      |

银行应立即补回100万美元的远期外汇，以平衡美元头寸。如果银行未补回，到2日：

| 即期汇率       | USD/EUR = 0.856 0/0.858 0 |
| 3个月远期汇率  | USD/EUR = 0.894 0/55      |

银行损失[0.894 0 – 0.891 0] × 100 = 0.3（万欧元），银行处理实际业务时，卖出远期外汇的同时肯定会买入同数额同币种的外汇以平衡外汇头寸。

### （三）外汇投机的需要

利用远期交易投机是基于预期未来某一时点的现汇汇率与目前的远期汇率不同。若投机者预期美元对日元汇率将在2个月后出现大幅下跌，可以在期汇市场上卖出2个月的美元期汇，到期若美元汇率下跌，投机者就按下跌的汇率买进美元现汇来交割美元期汇，获得汇率变动的差价收益。这种先卖后买的投机交易称为卖空。相反，若投机者预期美元将在2个月后升值，可以买进2个月期的美元期汇，到期若美元汇率上升，就可以按上升后的汇率卖出美元现汇来交割期汇，从而获得投机利润。如果市场汇率的实际

走势与投机者预测相反,则投机者就会出现亏损,但投机商可以通过在远期外汇市场上再做一个与原合同相反的交易来提前关闭其外汇多头或空头。这个新的远期外汇合约规定在币种和金额上与原合约相同,交割期限匹配,买卖方向相反,从而不管以后市场汇率如何变化,投机者都可以提前锁定其收益。实际上投机商很少进行期汇的交割,而只是收付由汇率变动而产生的差价。

### (四)中央银行干预外汇市场的需要

为了维持外汇市场上汇率的稳定,中央银行往往也需要买卖远期外汇。即期外汇买卖与远期外汇买卖之间的联系是非常紧密的,它们相互影响。中央银行以远期外汇买卖来影响即期外汇的供求关系,从而达到通过干预外汇市场保持汇价稳定的目的。

## 第三节 套利交易与掉期交易

### 一、套利交易

套利(interest arbitrage)是指投资者根据两国金融市场上短期利率的差异,将资金从利率较低的国家转移到利率较高的国家,以获得利息差额的活动。根据是否对套利交易涉及的外汇风险进行了弥补,套利交易分为未抵补套利和抵补套利两种。

#### (一)未抵补套利

未抵补套利(uncovered interest arbitrage,UIA)又称未抛补套利,是指把资金从低利率货币兑换成高利率货币,从而谋取利息差收益,但不同时进行反方向交易轧平头寸的外汇交易。未抵补套利由于未轧平外汇头寸,要承受汇率变动的风险,因而具有投机的性质。

假定美国金融市场上的1年定期存款利率是5%,而英国金融市场上的1年定期存款利率是10%,即期汇率为GBP/USD=1.368 0。在这种情况下,美国投资者就可以将美元兑换成英镑,再投资于英国1年的定期存款,以获取高利息,到期后再换成美元抽回。这样他可以获得年率5%的利差收益。如果资金总额为100万美元,在汇率不变的情况下,该投资者可以通过套利获得利率差的利润为 $1\ 000\ 000 \times (10\% - 5\%) = 50\ 000$ 美元。

假如1年后GBP/USD=1.200 0,则投资者的套利结果为

$1\ 000\ 000 \times (1 + 10\%) \times 1.200\ 0/1.368\ 0 - 1\ 000\ 000 \times (1+5\%) = -85\ 087.72$(美元)

可见,由于汇率变动,投资者根本没有获利,还不如投资于美国国内。这是未抵补套利的风险。

#### (二)抵补套利

抵补套利是指投资者在将资金从利率较低的国家调往利率较高的国家的同时,利用远期外汇交易手段对投资资金进行保值,以降低套利中的外汇风险。与未抵补套利不同,抵补套利交易不涉及任何汇率风险,因此套利交易多为抵补套利。

在上例中,假定1年远期汇率GBP/USD为1.400 0,为了避免汇率风险,美国投资

者可以在即期市场上将美元换成英镑投放于伦敦市场以获取高利息，同时在远期外汇市场上卖掉同样数量的英镑，他获取的净利润为

1 000 000×1.1×1.400 0/1.368 0 – 1 000 000×1.05 = 75 730.99（美元）

通过抵补套利，投资者一开始即可明确能否套利、将来获利多少。这种获利不存在任何汇率风险。

由于两地存在利率差，套利者总是要买进即期高利率货币，卖出即期低利率货币，做掉期交易，卖出远期高利率货币，买进远期低利率货币。这样必然导致高利率货币远期贴水、低利率货币远期升水。当升贴水率等于或趋近两种货币的利率差时，套利无利可图，套利活动就会自行停止。

关于抵补套利，补充说明以下三点：

（1）只有相关国家对资金的自由兑换和转移不加任何限制时，才可以进行抵补套利。

（2）抵补套利涉及的投资活动是短暂的，期限一般不超过1年。因为抵补套利是市场不均衡的产物，而且套利者没有任何市场风险，随着巨额资金的交易和转移，市场很快就会恢复均衡，因而抵补套利的机会很短暂。

（3）抵补套利也涉及一些交易成本，如佣金、手续费、管理费、电信费等，由于交易成本的影响，利率差与远期升（贴）水率不必完全一致，抵补套利也会停止。

## 二、掉期交易

### （一）掉期交易的概念

掉期交易（swap transaction）是指在外汇市场上买进或卖出一种货币的同时，卖出或买进同等金额的该种货币，但买进或卖出的交割日期不同。远期外汇交易不涉及即期交易，称为单独的远期交易，主要用于银行和客户之间的外汇交易。银行同业间常使用掉期交易，单独的远期交易很少，大部分远期外汇合约都是掉期交易的一部分。

掉期交易实质上也是一种套期保值的做法，但与一般的套期保值不同，掉期的第二笔交易须与第一笔交易同时进行，而一般套期保值发生在第一笔交易之后。此外，掉期的两笔交易金额完全相同，而一般套期交易金额却可以小于第一笔，即做不完全的套期保值。

掉期交易的特点是买卖同时、货币同种、数额相同，但期限不同。

掉期交易的优点包括：减少买卖价差的损失；避免了不同时期交易汇率变化的风险，但掉期交易不具备规避汇率风险的功能。

进行掉期交易的目的是轧平各货币因到期日不同所造成的资金缺口，所以掉期交易一般作为资金调动的工具。

### （二）掉期交易的种类

掉期交易可分为纯粹的掉期交易与分散的掉期交易。纯粹的掉期交易（pure swap transaction）是指同时向同一对象买进或卖出交割日不同的等额外汇的交易。交易的买和卖同时发生。买进和卖出两种不同期限的外汇所使用的汇率，可由双方直接协商决定。分散的掉期交易（engineered swap transaction）是指两笔交易的对象并不相同的掉期交

易。例如，与某一交易对象按远期汇率买入远期外汇之后，再与另一交易对象按即期汇率或另一期限的远期汇率，卖出同一币种的即期或远期外汇。

在掉期交易中，绝大多数交易属于第一种类型，分散的掉期交易很少见。

按交割期限的不同，掉期交易可分为以下三种类型。

**1. 即期对远期掉期交易**

即期对远期掉期交易（spot-forward swap transaction）是在买进即期外汇的同时，卖出远期外汇，或者在买进远期外汇的同时，卖出即期外汇的一种外汇买卖活动。这是掉期交易中最常见的形式，也是应用范围较广的一种掉期交易形式。例如，国际投资者的套期保值、进出口商的远期交易的展期、外汇银行筹措外汇资金及调整外汇头寸等都可以利用掉期交易。

例如，美国某公司因业务需要，以美元购买 10 万英镑存放在位于伦敦的英国银行，期限 1 个月。为防止 1 个月后英镑汇率下跌，存放在英国银行的英镑不能换回同数的美元而受损失，该公司在买进英镑现汇的同时，卖出 10 万英镑的 1 个月期汇。假设纽约外汇市场上英镑即期汇率为 GBP/USD = 1.363 0/50，1 个月远期汇率为 30/20，买进 10 万英镑现汇需支付 13.65 万美元（= 10 万英镑 × 1.365 0），而卖出 10 万英镑期汇可收回 13.60 万美元[= 10 万英镑 × (1.363 0 − 0.003 0)]。这样该公司只需支付即期汇率与远期汇率之间十分有限的买卖差额 500 美元（= 13.65 万 − 13.60 万），无论 1 个月后英镑如何下跌，都不会蒙受损失。

**2. 即期对即期的掉期交易**

即期对即期的掉期交易又称"一日掉期"（one-day swap transaction），即同时做两笔金额相同、交割日相差 1 天、交易方向相反的即期外汇交易。这种形式的掉期交易常见的安排有：①今日对明日的掉期（today-tomorrow swap transaction），即将第一笔即期交易的交割日安排在成交的当天，将第二笔反向即期交易的交割日安排在第二天。②明日对后日的掉期（tomorrow-next swap transaction），即将第一笔即期交易的交割日安排在成交后的第一个营业日，将第二笔反向即期交易的交割日安排在成交后的第二个营业日。这种形式的掉期交易是特殊形式的掉期交易，主要是外汇银行为了避免短期资金拆借的风险而采用。

**3. 远期对远期掉期交易**

远期对远期掉期交易（forward-forward swap transaction）是同时做两笔反方向的等量同货币不同交割期的远期外汇交易。比如买入较短期限的远期外汇，卖出较长期限的远期外汇；或者买进较长期限的远期外汇，卖出较短期限的远期外汇。这一形式使银行能够利用有利的汇率变动机会获利，所以日益受到重视。

**（三）掉期交易的报价方式**

影响掉期交易价格的是即期汇率和掉期率（swap rate）。掉期交易报价的一方所报出的掉期率分为买入价和卖出价。类似于远期外汇交易中的点数报价法，掉期率的计算也遵循"前小后大，基础货币升水；前大后小，基础货币贴水"。如果掉期率是前小后大，则代表基础货币升水，即掉期率为正，远期汇率＝即期汇率＋掉期率；如果掉期率是前大后小，则代表基础货币贴水，即掉期率为负，远期汇率＝即期汇率－掉期率。

例：即期汇率 USD/EUR = 0.855 0/70

掉期率　　　Spot/3Month 65/54

掉期率　　　Spot/6Month 77/68

根据银行的报价，3个月的 USD/EUR 的远期汇率买入价为 0.848 5（0.855 0 – 0.006 5），卖出价为 0.851 6（0.857 0 – 0.005 4）。如果客户要求做买/卖即期对3个月远期美元的掉期交易，这笔交易对于报价行来说是在即期卖出美元，并在3个月远期买进美元。根据即期对3个月的远期汇率，即期与远期的成交价格应分别为 0.857 0 与 0.848 5。虽然理论上如此，但是这样做是将一笔掉期交易分成即期与远期两笔成交，买卖价差也考虑了两次，这对银行有利，对客户则不利。实际外汇交易中，掉期交易是一笔交易，不破坏银行的头寸，买卖价差也只损失一次。因此，如果客户要求做买/卖即期对3个月远期美元的掉期交易，成交价格分别是 0.857 0 与 0.848 5（0.855 0 – 0.006 5）对客户有利。即报价方是在即期按 0.857 0 卖出美元买入欧元，在远期按 0.848 5 买入美元卖出欧元。

如果客户要求做卖/买即期对3个月远期美元的掉期交易，那么交易按美元兑欧元市场汇率 0.855 0 确定为即期汇率，远期汇率为 0.851 6（0.857 0 – 0.005 4），则报价方是在即期按 0.855 0 买入美元卖出欧元，在远期按 0.851 6 卖出美元买入欧元。

另外，远期对远期的掉期交易的掉期率的计算方法是，用期限比较长的交易的掉期汇率卖出价减去期限较短的买入价，得到远期对远期交易的卖出价；用期限比较长的交易的掉期汇率买入价减去期限较短的卖出价，得到远期对远期交易的买入价。例如，计算上例中的 USD/EUR 3个月对6个月的掉期汇率：

6个月掉期率：77　　　68

3个月掉期率：65　　　54

交叉相减可得掉期率为：23/3

### （四）掉期交易的应用

**1. 银行可利用掉期交易轧平外汇头寸**

例如，一家公司从某银行买入6个月的远期英镑20万，银行因出售远期英镑而有了英镑空头，为了轧平头寸风险，银行需买进远期英镑20万。如果这笔远期交易是在银行同业市场上承做，那么一般都要采用掉期。银行做如下掉期：卖出即期英镑20万，同时买入6个月远期英镑20万。掉期后，远期英镑头寸轧平，但又有了即期英镑空头，所以它还需要在即期市场上买入英镑20万，轧平即期头寸。

**2. 即期对远期的掉期交易还可以用于解决外汇合约的延期问题**

例如，我国某出口企业与银行就一笔出口业务签订1个月远期外汇的合同。1个月后，进口商不能按期付款，且希望延期付款2个月。这就造成了出口企业与银行签订的远期合同无法履行的问题。这时，出口企业便可以即期汇率卖出一笔与原合同金额相同的外汇，来交割到期的远期外汇合同。同时，再与银行签订新的卖出等额的2个月远期外汇的合同。在这一过程中，即期汇率与合同载明的远期汇率之间的差额由出口企业承担。

### 3. 调整外汇的交割日期

银行在与客户交易的过程中，客户时常会提出将交割日期提前或推迟，从而造成资金流动的不平衡。银行可以通过掉期交易来解决这一问题。

例：美国某公司在 6 月 1 日预计 3 个月后的 9 月 1 日会收到一笔欧元货款，该公司向银行卖出远期欧元买入美元，起息日定在 3 个月后。但是 2 个月后公司得知对方推迟付款到 10 月 1 日。所以，公司向银行提出将远期外汇买卖的起息日调整到 10 月 1 日。银行同意了这一请求，同客户续做一笔 1 个月的掉期交易。银行在 9 月 1 日向客户卖出欧元买入美元，同时向客户买入 10 月 1 日的远期欧元卖出美元来规避汇率风险。

### 4. 避免汇率变动风险

例：美国某公司出口了价值 10 万英镑的货物，在 1 个月后将收进 10 万英镑，该公司在 3 个月后又要支付一笔 10 万英镑的贷款。假设市场汇率情况如下：

|  | 1 个月的远期汇率 | 3 个月的远期汇率 |
|---|---|---|
| GBP/USD | 1.361 0/40 | 1.337 0/90 |

说明该公司做一笔远期对远期掉期交易的损益情况。

解：公司卖出 10 万英镑 1 个月期汇预收：

10 × 1.361 0 = 13.61（万美元）

同时买入 10 万英镑 3 个月期汇预支：

10 × 1.339 0 = 13.39（万美元）

13.61 - 13.39 = 0.22（万美元）

做一笔 1 个月对 3 个月的掉期交易，该公司不仅可以避免汇率风险，而且可以获得 0.22 万美元的掉期收益。

扩展阅读 10.3  从外汇掉期市场看"美元荒"

# 思考与练习

1. 给出下列名词的解释：交叉汇率；套汇；套利；即期外汇交易；远期外汇交易；择期交易；掉期交易。

2. 传统的外汇交易方式有哪些？它们各自的含义是什么？

3. 远期外汇交易的报价有哪几种？如何计算远期汇率？

4. 某公司欲将其在银行日元账户上的 100 万日元换成港币。假设银行挂牌汇率为 USD/HKD：7.755 0/70，USD/JPY：102.80/90。该公司能换多少港币？

5. 假如纽约、香港、伦敦外汇市场行情如下：

纽约：GBP/USD = 1.133 0/50

香港：USD/HKD = 7.755 0/70

伦敦：GBP/HKD = 10.202 0/60

（1）根据以上三个地点的市场行情判断有无地点套汇的可能。

（2）如有套汇可能，请设计分别从三个地点出发进行套汇的过程。

（3）如果投资者有 100 万港元，他最多可获利多少？

6. 设美国 6 个月期国库券利率为年率 10%，德国银行 6 个月期贷款利率为年率 6%；纽约外汇市场即期汇率为 USD/EUR：0.895 0/70，欧元 6 个月的远期差价为"30/20"。若某德国投资者向银行借款 100 万欧元进行抵补套利，其可获多少利润（不考虑其他费用）？

7. 英国某公司在 3 个月后应向外支付 100 万美元，同时在 6 个月后将收到一笔 100 万美元的收入。为避免美元汇率波动带来的风险，该公司决定做一笔掉期交易。假定此时伦敦市场上英镑对美元的汇率情况如下：即期汇率为 GBP/USD：1.133 0/50；美元 3 个月远期差价为 30/20；美元 6 个月远期差价为 48/35。试计算该公司的掉期成本（或掉期收益）。

8. 已知某日外汇市场行情为：

|  | EUR/USD |
|---|---|
| 即期汇率 | 1.132 4/60 |
| 3 个月 | 30/45 |

假定美国某进口商从德国进口价值 100 万欧元的机器设备，3 个月后支付。3 个月后市场汇率变为 EUR/USD：1.154 3/70。

（1）若美国进口商不采取保值措施，3 个月后将损失多少美元？

（2）美国进口商如何利用远期外汇市场进行保值？避免了多少损失？

9. 假设即期汇率：GBP/EUR：1.191 0/30

掉期率：Spot/5Month 100/80

　　　　Spot/6Month 145/120

（1）请问银行报出的 5 个月至 6 个月的择期远期汇率是多少？

（2）某客户向银行择期卖出 100 万 EUR，可以得到多少 GBP？

10. 试述掉期交易的种类，举例说明掉期交易在实践中的应用。

11. 简述即期外汇交易和远期外汇交易的主要区别。

12. 若人民币连续升值，分析企业应当如何运用远期外汇交易应对人民币升值压力。

外汇交易市场的发展

# 第十一章

# 外汇衍生交易

> 【学习目标】
> - 理解外汇期货、外汇期权、外汇互换的概念
> - 掌握外汇期货、外汇期权和外汇互换的特点及功能
> - 了解外汇期权的价格组成、价格影响因素及风险收益模型
> - 熟悉外汇期货、外汇期权、外汇互换交易流程
> - 掌握各种衍生金融交易在实际业务中的应用

金融市场的不断发展与创新,在传统金融工具的基础上催生出了一系列衍生工具。在外汇市场中,经济主体为了规避汇率风险,在传统交易形式的基础上对外汇业务不断创新,产生了外汇期货交易、外汇期权交易、互换交易等一系列外汇衍生交易。外汇衍生交易是进出口企业规避汇率风险的主要工具之一,在汇率波动日益加大的经济环境中,外汇衍生交易的重要性也日益凸显。本章介绍外汇期货、外汇期权及互换交易的基本概念、作用和实际应用,并提供了一些衍生金融交易在公司实际业务中应用的案例,帮助学生们更好地理解外汇衍生交易在实际经营业务中的应用及借鉴意义。

## 第一节 外汇期货交易

### 一、外汇期货交易概述

#### (一)外汇期货交易的概念及发展过程

外汇期货交易(foreign exchange future transaction),又称外币期货交易(foreign currency future transaction),是指在有形的交易市场上,通过结算所的下属成员清算公司或经纪人,根据成交单位、交割时间标准化的原则,按约定价格买入与卖出远期外汇的一种业务。

20世纪70年代以前,由于世界上主要的货币制度是以固定汇率为特征的,外汇期货交易尚不具备产生和发展的基础。1971年,布雷顿森林体系解体,主要发达国家纷纷实行浮动汇率制度。为了避免汇率波动带来的风险,使企业和银行有转移风险的市场,外汇期货交易应运而生。1972年5月16日芝加哥商品交易所(Chicago Mercantile Exchange,CME)建立了国际货币市场(International Monetary Market,IMM),其主要

目的是将商品期货的交易经验运用于外汇交易。继 IMM 之后，1982 年 9 月伦敦国际金融期货交易所（London International Financial Future Exchange，LIFFE）宣告成立，并开展英镑、德国马克、瑞士法郎和日元四种货币的期货交易。此后，其他国家纷纷仿效，从而使外汇期货交易在国际上得到迅速发展。

期货合约是介于现在和将来之间的一种合约，期货价格反映的是众多的买方和卖方对于未来价格的预期。在一个无摩擦的市场上，当市场处于均衡状态时，期货价格与现货价格具有稳定的关系，这就是期货的理论价格。影响期货价格的主要因素是持有现货的成本和时间价值。另外，在期货市场上，由于持有现货的成本和时间价格是无法预先确定的，比如市场上的供求关系、利率的变化、市场本身存在的摩擦（如交易费用、税费、保证金要求、非理性投资者的交易行为等），期货价格与现货价格之间并不一致。投机者和保值者都可以利用二者的不一致，达到各自的目的。

通常情况下，期货的价格高于现货的价格，因为期货价格中包含了期货交割日以前的一切费用，如保险费、仓储费、占用贷款的利息等。这样的价格情况称为"标准"市况。当然也有期货价格低于现货价格的情况，这是由于远期市场看淡，需求量大幅减少时，大量买者失去了购买的积极性，从而迫使价格下跌，但出现这种情况的时候较少。在标准市况下，随着交割日期的临近，交割日前需支出的费用逐渐减少，到了交割日，期货和现货价格合二为一。即使非标准市况，也会由于人们的投机和保值活动使二者的价格合一。

期货交易可用于保值也可用于投机。但是，期货交易产生之初是出于保值的目的，并非是一种纯粹的买空卖空、用以投机的工具。有些人利用期货交易进行投机，这些投机商才是价格风险的主动承担者。适度的投机活动有助于稳定市场，减小价格的波动幅度。著名的"弗里德曼命题"即投机不会使价格波动，从积极的意义上来证明投机对期货市场的影响。该命题认为，投机者都是具有很高预测能力的人，愚蠢的投机者会被市场淘汰，因而他们的行为是低价买进、高价卖出，而绝不是相反。从这个行为准则看，价格低时会由于投机者的买进而增加需求，促使价格上涨；价格高时会由于投机者卖出而增加供给，促使价格下跌。除非过度投机，投机者实际上扮演的是稳定期货市场价格的积极角色。因此，大多数投机是有其积极意义的。一个完善而发达的期货市场要想获得较高的保值率，需要有大量的投机者参与。据统计，现代西方国家发达的期货市场中，期货交易者中至少有 80%是投机者。也正是这些愿意承担价格风险的投机者的大量存在，期货市场才得以存在，并保持了较高的流动性。

### （二）外汇期货合约的内容

外汇期货交易与远期外汇交易相似，也是在将来一定时期按照约定价格买卖一定数量外汇的交易活动。但与远期外汇交易不同的是，外汇期货交易是通过买卖标准化的期货合约来进行的外汇买卖。在合约中，各项条件均是固定的，这样便于期货买卖双方在交易所内有效地公开竞价，并有助于增加外汇期货市场的流动性。

外汇期货合约的标准化主要体现在以下几个方面。

（1）交易币种。各外汇交易所分别规定有特定的外汇期货交易币种，如 IMM 主要做美元对英镑、加拿大元、欧元、日元、澳大利亚元等货币的期货，而 LIFFE 则只做英镑、美元、瑞士法郎和日元四种货币的期货。

（2）合约面额。各外汇交易所都对外汇期货合约的面额作了特别规定，各种货币的交易量必须是合约面额的整数倍，如 IMM 规定每个合约单位分别为 25 000 英镑、125 000 瑞士法郎、12 500 000 日元、100 000 加拿大元等。

（3）交割月份。交割月份是指期货交易所规定的期货合约的到期月份。大多数期货交易所都以 3 月、6 月、9 月、12 月作为交割月份。

（4）交割日期。交割日期是指进行期货合约实际交割的日期，即具体为交割月份的某一天，不同的交易所有不同的规定，如 IMM 规定交割日为到期月份的第三个星期三。如果在合约到期前（一般为交割日的前两天），交易者未做对冲交易（进行反向交易），那么就必须在交割日履行期货合约，进行现货交割。

（5）价格波动。在外汇期货交易中，每种货币期货合约都规定有价格变动的最低限度和日价格波动的最高限度。价格变动的最低限度是指进行外汇期货合约买卖时，合约价格每次变化的最低数额。日价格波动的最高限度是指一个营业日内期货合约价格波动的最高限度，一旦期货合约价格波动达到或超过这一限度，交易即自动停止。

外汇期货是以每一单位外币（日元为每 100 日元）兑换多少美元来报价的，美元一律作为标价货币。即期外汇交易与远期外汇交易则不同，美元只对英镑、澳大利亚元、新西兰元及欧元作为标价货币，除此以外，对其他货币则都作为基础货币。

## 二、外汇期货市场的构成

外汇期货交易是在交易所通过公开竞价的拍卖方式完成的。期货交易市场的主要构成有期货交易所、交易所会员、清算所、期货佣金商、市场参与者。

### （一）期货交易所

期货交易所是一个非营利性的会员制协会组织，为期货交易提供固定的场所和必需的设施。期货交易所设有管理机构，负责制定期货交易的规则、管理会员的日常经营活动、搜集情报、传播行市。交易所的组织形式一般为会员制，只有会员才有资格进入交易所从事交易。

### （二）交易所会员

会员资格的取得是向有关部门申请并经其批准。会员每年必须交纳会费。在交易所内会员可以进行两类交易：一是代客买卖，充当经纪人，收取佣金；二是作为交易商，进行自营，赚取利润。不是交易所会员的客户通常要委托会员代为交易。

### （三）清算所

清算所又称票据结算所，是每一个期货交易所必须配有的清算机构。它也是一个会员制机构，其会员资格申请者必须是与该清算所有业务往来的交易所的会员。清算所负责征收交易所必需的保证金，并在每一个营业日结束后为会员公司进行交换或清算。即每天停业后，清算所按照当天的清算价格对每个会员公司作现金清算，轧出盈亏。清算所的存在对于保证期货合同的履行至关重要,它使在交易所成交的所有期货合约实际转化成为清算所与清算所会员之间的合同,即对每一个期货出售者,清算所都是买入者;对每一个期货买入者,清算所都是卖出者。清算所资金雄厚,且拥有众多客户交纳的保证金,使期货市场参与者不必担心对方当事人的信用和财务状况。

### (四)期货佣金商

期货佣金商是在期货交易所注册登记的会员公司。由于会员资格只能由个人所有,因此各公司都由其职员作为代表。期货佣金商的基本职能是协助客户在期货市场上成交,具体事宜包括执行客户订单、替客户管理保证金、提供必要的市场信息和基本的会计记录,作为报酬,向客户收取一定数量的佣金。按照职能划分,期货佣金商可分为场内经纪人和场内交易商两类,同一会员可身兼二职。场内经纪人主要是代客成交,若佣金商以自己的账户进行交易,则称为场内交易商。

### (五)市场参与者

按交易的主要目的,可将市场参与者归类为套期保值者和投机者。套期保值者主要是为了对手中现存的外汇或主要收、付的外汇债权债务进行保值;而投机者则主要是为了从外汇期货交易中获利。若外汇期货价格与投机者的预测一致,则有盈利,反之就要亏损。

套期保值者和投机者都是期货市场不可或缺的组成部分,没有套期保值者,期货市场不会产生,没有众多的投机者,套期保值者也无法有效地实现保值目的。这是因为市场上若只有想转移价格风险的人而没有人愿意承担风险,则当套期保值者为避免价格下跌(上涨)而卖出(买进)期货时,就会无人购买(卖出)。

## 三、外汇期货的交易过程

如图 11-1 所示,在期货市场上买卖外汇需要在外汇期货交易所通过交易所会员进行,客户可以委托会员经纪人买卖外汇期货,也可以委托非会员经纪人进行买卖,不过非会员经纪人最终还是要通过会员经纪人在交易所进行交易。

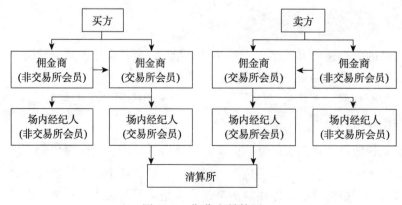

图 11-1　期货交易简图

客户进行外汇期货交易的主要步骤如图 11-2 所示。

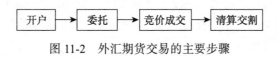

图 11-2　外汇期货交易的主要步骤

**1. 开户**

首先选定经纪商，开立保证金账户，存入足够的保证金，并签订代理协议。协议规定，一旦期货交易发生亏损，保证金余额不足，客户要及时补足，否则经纪商有权平仓。

**2. 委托**

客户的委托可分为限价委托（limit order）和市价委托（market order）。限价委托是指预先规定一个价格限制，经纪人只能按规定的价格或更好的价格执行订单。市价委托是指经纪商接到订单后即可按当时最好的市场价执行订单，安排成交，其优点是能够立即成交。

**3. 竞价成交**

经纪商在接到买卖指令后，如果经纪商是会员，则立即直接通过电话、电传或计算机终端将指令送交交易所场内代表；如果经纪商不是会员，则需要委托会员进行交易，并向会员交纳保证金。交易所会员接到指令后，通过公开拍卖方式使买卖成交。经清算机构审查并登记后，交易合约成立。

**4. 清算交割**

交割是在合约期满时，外汇期货的卖方按合约规定的数量交出外币并取得期货买方付款的履约行为。在买卖成交后，所有期货交易都要通过清算会员与清算机构进行结算。交割是最后一个程序。外汇期货合约一直保持到最后交割的情况很少见，绝大多数是在合约期满前都由交易者通过反向交易，即以买冲卖，或以卖冲买加以抵消。通常，没有必要实际交割，因此在期货交易的最后交易日，期货双方为了结束自己的外汇期货头寸，纷纷进行对冲交易，通常该日的交易量十分巨大。

## 四、外汇期货交易制度及特点

### （一）外汇期货交易制度

外汇期货交易是有形交易，即所有的外汇期货交易都要在期货交易市场上进行。市场对交易有严格的规定。期货交易所规定的标准化的合约，除了价格外，合约对交易的币种、金额、交割期限、交割地点都有明确的规定。外汇期货交易的规章制度，西方人俗称"游戏规则"，各方必须熟悉和严格遵守，其中最重要的有以下几点。

**1. 保证金制度**

外汇期货合约在成交时，只是确定了交易双方在未来特定日期按照合约规定的条件进行外汇交割的责任，而没有实际的货币支付。一份期货合约从成交到交割须经过一定时间，由于价格的变化，买卖双方必然有一方受益、一方亏损，受益的一方应该得到回报，亏损的一方有可能不愿意履行或无法履行合约，结果可能因为亏损的一方违约而导致期货交易无法完成交割，期货交易也就无法存在。为了保证合同的履行和对冲，交易各方必须交纳一定数量的保证金（margin）。非会员客户必须向经纪公司（会员）交付保证金，即开立保证金账户；会员必须向交易所的清算机构期货清算所缴纳保证金。保证金的高低一般取决于外汇行市的变动情况，通常为合同金额的5%，有时更多。保证金除了起防止交易各方违约的作用外，还是清算所结算制度的基础。

保证金分为初始保证金和维持保证金。初始保证金是期货交易者买入或卖出一份某种货币期货最初需要交纳的保证金。维持保证金是保证金账户余额的最低水平，如果由于汇率变动使期货持有者保证金账户上的资金不断减少并低于维持保证金，交易所会立即要求交易者增加保证金，并于第二天补足保证金至初始保证金水平，否则交易所会强制平仓。

**2. 每日清算制度**

每日清算制度又称逐日钉市制度，是指以每种期货合约在交易日收盘前最后30秒或60秒交易的平均价作为当日的结算价，与交易所会员进行的每笔交易的价格进行比较，计算出会员们当日交易中的损益，并将损益记入交易者的保证金账户。盈利者可以提出高于初始保证金水平的金额，亏损者保证金账户上的金额如果低于维持保证金，必须在规定的期限内向清算所交纳保证金至初始保证金的水平，否则交易所将停止其交易并强行平仓，损失用保证金余额支付。这样，结算所成了所有成交合约的履约保证者，并承担了所有的信用风险。这种清算制度为期货交易提供了一种简便高效的对冲机制和结算手续，从而提高了期货交易的效率和安全性。

例：某人在某年6月4日星期一购买了一份9月到期的英镑期货，合约面值为25 000英镑，成交时的汇率为1英镑＝1.500美元，规定初始保证金为2 000美元，维持保证金为1 500美元，成交后5天内的汇率变动情况及账户余额如表11-1所示。

**表11-1 外汇期货保证金账户余额与盈亏变化表**

| 时间 | 汇率 | 账户余额 | 盈亏 | 备注 |
| --- | --- | --- | --- | --- |
| 6月4日 | 1.500 | 2 000 | 0 | |
| 6月4日交易结束 | 1.510 | 2 250 | 250 | |
| 6月5日交易结束 | 1.492 | 1 800 | −200 | |
| 6月6日交易结束 | 1.477 | 1 425 | −575 | 低于维持保证金，追加575美元 |
| 6月7日交易结束 | 1.480 | 2 075 | −500 | |
| 6月8日交易结束 | 1.495 | 2 450 | −125 | 高于保证金，提出200美元 |
| 6月11日对冲 | 1.508 | 2 575 | 200 | |

从例题中可以看出，期货的初始价值是37 500美元，保证金为2 000美元，所以期货交易可以以小博大，投机性很强，有很多的投机者参与期货交易，但是风险很高。从

例题中也可看出，账户上的资金每天都在流动，除了清算引起的流动，还包括因为追加保证金、客户提取或存入资金等引起的流动。由于建立了每日清算制度，交易所清算机构和期货经纪商所承担的期货价格风险仅限于当日，从而可以确保期货合约的履行。

## （二）远期外汇交易与期货交易的比较

外汇期货交易是在远期外汇交易的基础上发展起来的，但它与远期外汇交易又有很多区别。

**1. 远期外汇交易与期货交易的区别**

远期外汇交易与期货交易的区别如表11-2所示。

表 11-2 外汇期货与远期外汇的区别

| 不同点 | 外汇期货 | 远期外汇 |
| --- | --- | --- |
| 实现交易的场所 | 在有形市场上公开交易，有规定的交易时间，是有组织的市场，交易所有较为严格的规章条例 | 无形市场，没有交易时间的限制。通过电话、电传、电脑终端等电信网络进行 |
| 实现交易的方式 | 须委托交易所经纪人，以公开喊价的方式进行。交易双方互不见面，也不熟悉 | 虽有部分通过经纪人牵线而成，但最终是由交易各方通过电话、电传和电脑直接商谈成交的 |
| 报价内容 | 买方或卖方只报出一种价格，买方报买价，卖方报卖价 | 双向报价，既报买价也报卖价 |
| 有无统一的标准化规定 | 对交易的货币、合同金额和交割日期都有统一的标准 | 对货币交易量和到期交割日都可议定 |
| 是否交存保证金 | 须交存保证金，清算所实行每日无债结算制，按收市结算价对每笔交易的多头方和空头方进行盈亏结算，保证金多退少补，形成现金流 | 远期外汇交易在合同到期交割前无现金流，双方仅负履约责任 |
| 是否需要了解对方的资信 | 无须了解对方资信情况，只要交足保证金，信用风险由清算所承担 | 双方（尤其是银行对一般客户），开始交易前须作资信调查，自行承担信用风险 |
| 是否收取手续费 | 每一标准合同，清算所收一定的手续费 | 银行不收手续费 |
| 是否直接成交与是否收取佣金 | 通过经纪人，收取佣金 | 一般不通过经纪人，不收取佣金 |
| 是否最后交割 | 一般不最后交割，而根据"以买冲卖"或"以卖冲买"的原则冲销合同 | 大多数最后交割 |

**2. 远期外汇交易与期货交易的联系**

（1）交易目的相同。从事外汇期货交易与远期外汇交易的目的都是防范外汇风险或外汇投机。

（2）都是一定时期以后交割，而不是即期交割。

（3）都是通过合同的形式把买进或卖出外汇的汇率固定下来。

（4）交易市场互相依赖。外汇期货市场与远期外汇市场虽然分别为两个独立的市场，但由于市场交易的标的物相同，一旦两个市场出现较大差距，就会出现套利行为，因此，两个市场的价格相互影响、相互依赖。

## 五、外汇期货交易的功能

外汇期货交易的功能是由其交易的特点决定的,主要包括保值功能、投机功能和价格发现功能。

### (一)保值功能

**1. 买入对冲**

买入对冲是指预期未来将在现货市场上购入外汇,就先在期货市场上购入该种外汇。也就是说,已知将来会买入外汇,交易者担心外汇升值,为了锁定成本,他愿意进入期货市场以既定价格买入该种外汇的期货合同,数量、交割日都与现汇交易一致。到需用外汇时,再在现汇市场上买入所需,同时在期货市场上卖出原期货合同,冲抵原期货合同头寸。如果现汇市场上的价格果然如他所担心的那样,即外汇汇率上升,那么该交易者在现汇市场上将发生损失。由于期货市场价格与现汇市场价格具有平行关系,两个期货合同冲抵时,卖出价也相应较高,因此该交易者在期货市场上获得收益,抵消了现汇市场的损失,从而达到保值的目的。

例如,某年 5 月 15 日,日本某总公司驻伦敦的分公司将 50 000 英镑转给日本总公司使用,3 个月后归还分公司。为了避免 3 个月后的汇率风险,分公司决定通过买入对冲来降低或避免汇率波动带来的损失。5 月 15 日,现货市场 GBP/JPY:150.446 3/73,分公司将 50 000 英镑转交总公司,同时按期货汇率 GBP/JPY:151.076 8 购进两份 3 个月后到期的英镑期货合约,8 月 15 日,期货市场 GBP/JPY:155.876 5,现货市场 GBP/JPY:154.228 3/93,50 000 英镑合 7 711 415 日元,总公司还款则分公司的亏损为

50 000 × 154.228 3 − 50 000 × 150.446 3 = 189 100(日元)

在期货市场上,GBP/JPY = 155.876 5,卖出两份英镑合约,则盈利为

50 000 × 155.876 5 − 50 000 × 151.076 8 = 239 985(日元)

这样一来,公司间的资金短期转借不会遭受汇率剧烈波动的风险,只是略有盈亏 [239 985 − 189 100 = 50 885(日元),未计利息和手续费]。如果 8 月 15 日英镑对日元不升反降,期货市场要亏损一部分,但这时现货市场就会有盈余,二者相抵终能避险。

**2. 卖出对冲**

卖出对冲是指预期未来将在现货市场售出外汇,而先在期货市场售出与该外汇相同或相关的期货合约,到时在现货市场售出该类资产的同时,再将原先已售出的期货合约在期货市场结清。

例如,一家美国公司预计 1 个月后会有一笔外汇应收款 5 000 000 英镑,当时现汇市场 GBP/USD = 1.363 0/40,该公司为避免 1 个月后英镑贬值带来的损失,决定在外汇期货市场售出 80 份 1 个月后到期的英镑期货合同,价值 5 000 000(= 62 500 × 80)英镑,成交价为 GBP/USD:1.354 5。1 个月后,如果英镑贬值,GBP/USD = 1.352 0/30,相应地,期货市场期货价格也下降,GBP/USD = 1.345 0,如果不考虑期货交易的各项费用,该公司在现汇市场上卖出英镑,比 1 个月前损失:(1.363 0 − 1.352 0)× 5 000 000 = 55 000(美元)。

同时,该公司在期货市场做冲抵交易可获利:(1.354 5 − 1.345 0)× 5 000 000 = 47 500

（美元）。

通过外汇期货交易，即期外汇市场上的损失被期货市场上的收益所补偿。

## （二）投机功能

期货交易具有极强的投机功能，主要表现在下面几个方面。

（1）每个期货合约的交易额看起来不算很小，但要求的保证金相对较少，通常是交易金额的5%，可用少量的资本进行巨额的交易，具有很强的杠杆作用，可以满足各种层次的投机者的需要。

（2）由于期货合约是标准化合约，可以随时在交易所进行买卖，有很高的流动性，可满足投机者根据市场的变化迅速调整外汇期货头寸的需要，即投机者可以随时建立期货头寸，也可以随时封闭期货头寸。

外汇期货投机与前面介绍的远期外汇投机一样，也是根据对价格的预测进行交易，试图获取风险利润的行为。参与外汇期货的投机者没有实际持有外币债权或债务，而是根据自己对外汇期货行情的预测，通过在期货市场上的低买高卖来赚取差价利润。具体可以分为多头和空头两类。

多头方预测某种货币的汇率将上升时，先买进该种货币的期货合约，然后再卖出该种货币的期货合约，了结先前的多头头寸，从而获利。空头方与多头投机相反，空头投机是预测某种货币的汇率下跌，先卖后买，了结先前的空头头寸，从而获利。投机盈利与否是建立在预测是否正确的基础上的，预测正确即可获利，否则将遭受损失。

例如，某年7月6日，甲乙两公司分别对未来瑞士法郎期货价格走势作出相反的预测。甲预测瑞士法郎远期上升，做多头，买入一份价值125 000瑞士法郎的期货合约，初始保证金为2 000美元；乙则预测瑞士法郎将要下降，做空头，卖出瑞士法郎期货合约，成交价均为1CHF = 1.097 6 USD。到8月10日时，两家公司分别卖出该9月到期的期货，成交价均为1CHF = 1.086 8USD。试对甲乙两公司的盈利进行分析。

从成交价格看，瑞士法郎下降。在期货交易中，乙做空头，与实际的期货走势一致，共获利125 000 × (1.097 6 - 1.086 8) = 1 350（美元）。甲做多头，与实际的期货走势相反，共亏损1 350美元。乙相对于保证金的投机获利率为1 350/2 000 = 67.5%，甲则亏损67.5%。该期间瑞士法郎的跌幅为(1.097 6 - 1.086 8)/1.086 8 = 0.99%，乙的获利率是瑞士法郎跌幅的67.5%/0.99% = 68.18倍，甲则与之相反，亏损幅度是瑞士法郎的68.18倍。可见，外汇期货交易具有极强的杠杆作用，能以小搏大，同时，期货交易的风险也很高，如果实际汇率和预测的走势相反，投机者就会遭受巨额损失。

从以上分析可知，期货市场投机者承担了价格变动的系统风险，其利润来源于预测失误的其他投机者和预测失误的套期保值者，其结构如图11-3所示。

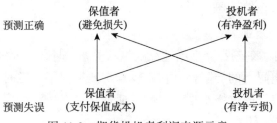

图11-3 期货投机者利润来源示意

此外，外汇期货合约的另一类投机方式是跨期套利投机。跨期套利投机是指利用标的货币相同但交割月份不同的外汇期货合约进行长短期套利的投机活动，即对于某一外汇期货而言，其近期期货合约与远期期货合约的汇率不同，进而可进行跨期套利投机。

例如，某投机商 12 月 5 日预测次年 3 月的日元期货合约价格在未来的增长速度将快于 6 月到期的日元期货合约价格，于是投机商在 12 月 5 日，当 3 月交割的日元期货合约的价格比 6 月到期的日元期货合约价格低 0.000 060 美元（3 月合约的汇率为 JPY/USD = 0.009 758，6 月合约的汇率为 JPY/USD = 0.009 818）时，购买了一份 3 月到期的日元期货合约，同时出售了一份 6 月到期的日元期货合约。

次年 2 月 10 日日元的期货合约汇率发生了速度不同的变化，3 月合约汇率为 JPY/USD = 0.009 825，6 月合约汇率为 JPY/USD = 0.009 865。于是该投机商出售一份 3 月到期的日元期货合约，同时买进一份 6 月到期的日元期货合约，两笔交易盈亏相抵，获利 250 美元。

获利 250 美元的计算过程：日元期货交易的标准单位是 12 500 000，3 个月的期货合约中，获利为

$$(0.009\ 825 - 0.009\ 758) \times 12\ 500\ 000 = 837.50（美元）$$

6 个月的期货合约中，亏损为

$$(0.009\ 818 - 0.009\ 865) \times 12\ 500\ 000 = -587.5（美元）$$

$$837.50 + (-587.5) = 250（美元）$$

如果是预测近期期货合约汇率跌幅大于远期跌幅，两次的买卖方向与上述两次的买卖方向相反，即应在当前购买远期期货合约并卖出近期期货合约，在未来出售远期期货合约并购买近期期货合约，从而获得跨期套利利润。

### （三）价格发现功能

价格发现功能是指在一个公开、公平、高效、竞争的期货市场中，通过集中竞价形成期货价格的功能，具有真实性、预期性、连续性和权威性的特点。期货市场之所以具有价格发现功能，是因为其市场将众多影响供求关系的因素集中于交易场所内，通过买卖双方公开竞价，集中转化为一个统一的交易价格。这一价格一旦形成，立即向世界各地传播，并影响供求关系，从而形成新的价格。如此循环往复，使价格不断地趋于合理。

扩展阅读 11.1 离岸人民币外汇期货发展

期货价格并非时时刻刻都能准确地反映供求关系，但这一价格克服了分散、局部的市场价格在时间和空间上的局限性。它比较真实地反映了一定时期内世界范围内供求关系影响下的金融资产的价格水平。因此，期货交易在一定程度上起着价格晴雨表的作用。

## 第二节 外汇期权交易

### 一、外汇期权交易概述

#### （一）期权的概念和产生

期权（option），又称选择权，是指具有在约定的期限内，按照事先确定的执行价格，买入或卖出一定数量的某种商品、货币或金融工具契约的权利。期权交易把"权利"作为可自由买卖的商品，通过买卖期权合同来进行。外汇期权交易（foreign currency option transaction）是指远期外汇的买方（或卖方）与对方签订购买（或出售）远期外汇合约，并支付一定金额的费用后，在合约的有效期内，或在规定的合约到期日，有权按合约规定的协定汇价履行合约，行使自己购买（或出售）远期外汇的权利，并进行实际的外汇交割。但是，远期外汇的买方（或卖方）即合约的购买者，在合约的有效期内，或在规定的合约到期日也有权根据市场情况决定不再履行合约，放弃购买（或出售）远期外汇。这种拥有履行或不履行购买（或出售）远期外汇合约选择权的外汇业务，就是外汇期权交易。

期权合约（option contract）是期权交易双方确定交易关系的正式法律文件，是一种标准化契约。期权合约的内容一般包括买方、卖方、执行价格、通知日和失效日等，期权合约的唯一变量是期权价格。

期权价格（premium），又称期权费、权利金，是期权买方为取得期权合同所赋予的权利而付出的，由期权卖方收取的金钱。期权价格的标价方式可以按每个期权合同总共多少美元来报出，但为方便起见，通常是以每单位标的物的美元（或美分）数来表示。

执行价格（exercise price），又称敲定价格（strike price），是期权执行者行使自己权利买入或卖出资产时的价格。外汇期权交易有场内交易和场外交易之分。场内期权交易的执行价格通常由交易所事先确定。

外汇期权交易的产生归因于两个重要因素：国际金融市场日益增长的汇率波动和国际贸易的发展。1944年在布雷顿森林会议上，工业国家一致同意由各国中央银行买卖美元以保持汇率在一个相当狭窄的幅度内波动。但随着该体系在1971年的崩溃，大多数主要货币兑美元的汇价随市场而浮动，从而加剧了汇率波动。同时，国际间的商品与劳务贸易也迅速增长，越来越多的交易商面对汇率变动的风险，寻求避免外汇风险的更为有效的途径，外汇期权或称外币期权交易应运而生。自从1982年12月美国费城股票交易所（Philadelphia Stock Exchange，PSE）引进英镑期权合约以来，外汇期权交易发展十分迅速，随后增加了日元、瑞士法郎、加元等期权交易。交易的机构也日益增多，目前主要的交易机构有芝加哥商品交易所、纽约商品交易所、加拿大蒙特利尔交易所、温哥华交易所、伦敦股票交易所、伦敦国际金融期货交易所、阿姆斯特丹交易所等，其中费城股票交易所的外汇期权交易最为活跃。

期权交易不仅能避免汇率风险、固定成本，而且能在市场汇率向有利方向波动时获得盈利的好处，因其执行灵活的特点得到国际金融市场的青睐。对于应急交易，如竞标国外工程或海外子公司发放红利等不确定收入或投资保值来说，期权交易尤其具有优越性。

### （二）外汇期权的类型

**1. 根据期权合同赋予持有者履约时买入或卖出标的物行为的不同分为看涨期权、看跌期权和双向期权**

看涨期权又称买入期权，是指期权持有者（买方）向期权出售者（卖方）支付期权费后，在一定期间内有权利，但没有义务，按执行价格向期权出售者购买一定数量的某种货币。

看跌期权又称卖出期权，是指期权持有者向期权出售者支付期权费后，在一定期间内有权利，但没有义务，按执行价格向期权出售者出售一定数量的某种货币。

由于汇率是两种货币的比价，外汇期权也涉及 A、B 两种货币，对 A 币的看涨期权可以看作是对 B 币的看跌期权。

双向期权是买方同时买进了看涨期权和看跌期权。购买这种期权可以使买方获得在未来一定期限内，根据合同所确定的价格买进或卖出某种外汇的权利。

买方之所以购买双向期权，是因为他预测该种外汇的未来市场价格将有较大波动，但是波动的方向是涨是跌难以确定，所以只有既买看涨期权又买看跌期权，以保证无论是涨是跌都有盈利的机会。卖方之所以会出售双向期权是因为他预测未来市场价格变动的幅度不会太大，而双向期权的保险费高于前者中的任何一种，因此期权卖方愿意承担外汇波动的风险。

**2. 按行使期权的有效日可分为欧式期权和美式期权**

欧式期权的持有者只能在期权到期日决定执行或不执行购买（或出售）期权合约。实际结算日是在到期日之后的一天或两天，与即期外汇交易的结算程序相同。

美式期权的持有者可以在期权到期日前的任何一个工作日决定执行或不执行购买（或出售）期权合约。美式期权较欧式期权更为灵活，因此其期权费较高。

**3. 按照合约执行价格与成交时现汇汇率的差距，可分为实值期权、平价期权和虚值期权**

实值期权是指当看涨期权的执行价格低于即期市场的汇率，或看跌期权的执行价格高于即期市场的汇率时，该期权的买方若行使权利一定可以获利的期权。

平价期权是指期权合约的执行价格等于成交时即期汇率的期权。

虚值期权，对于看涨期权来说，是指合约执行价格高于即期市场的汇率的期权；对于看跌期权来讲，是指合约执行价格低于即期市场的汇率的期权。

**4. 根据期权交易环境的不同，可分为交易所场内交易期权和场外交易期权**

场内交易期权（exchange traded option）是指在具体的、有组织的交易所内进行交易的期权。这种期权交易的期权合同是标准化的，期权到期日、本金、交割地点、执行价格、交易时间、履约规定等都是由交易所制定的，只有交易所会员才有权成交，非会员不得直接参与，需委托场内经纪人进行交易。期权清算所结算期权交易双方的盈亏。

场外交易期权（over the counter market option）是指在场外市场成交的期权交易，

即不经过证券交易所,而是通过电话、电传、电脑终端等通信网络达成的期权交易。场外交易最大的特点是灵活,买卖双方可根据需要协商合同本金及其他条件。

### (三)外汇期权合约的内容

在交易所场内进行交易的期权合同是标准化的,交易所对合同的各个方面都做了规定,不同交易所的规定有差异,但标准化的合同体现了期权交易的如下特点:

(1)为便于交易,所有汇率均以美元表示,如一英镑等于多少美元,或一欧元等于多少美元等。

(2)交割通常通过清算所会员进行。例如,目前全球最大的外汇期权市场芝加哥证券交易所设有期权清算公司,以保证交易的顺利进行,使买卖双方均不必做对方的信用调查工作。

(3)交易数量标准化。以费城股票交易所为例,其规定的期权交易币种和交易单位分别是:一份英镑合同 12 500 英镑;一份加元合同 50 000 加元;一份日元合同 6 250 000 日元;一份瑞士法郎合同 62 500 瑞士法郎。

(4)到期月份,通常规定为每年 3 月、6 月、9 月和 12 月。

(5)到期日,期权买方有权履约的最后一天,通常定于到期月份的第三个星期的星期三。

(6)保证金。卖方在买方要求履约时,有依履约价格进行交割的义务,而为确保合同义务的履行,须在签约时缴付保证金。卖方所缴保证金通过清算委员会缴存于清算所的保证金账户内,随市价涨跌,并于必要时追加。

(7)保险费,又称期权费,是由买方支付给卖方,以取得履约选择权的费用。保险费通常有两种表示方法:①按履约价格的百分比;②以履约价格换算的每单位货币折美元数,如一笔履约价格为每英镑 1.52 美元的看涨期权,其期权费可标为 4%或每英镑 0.076 8 美元。

(8)执行价格,又称合同价格或协议价格,是合同中规定交易双方未来行使期权交易买卖外汇的交割汇价。

### (四)外汇期权交易与期货交易的区别

外汇期权交易与期货交易都可以防范市场价格波动以规避汇率风险,都为投机者进行投机活动提供了条件,但二者也有区别,如表 11-3 所示。

表 11-3 外汇期权交易与外汇期货交易的区别

| 不同点 | 外汇期权交易 | 外汇期货交易 |
| --- | --- | --- |
| 交易标的物 | 买卖某种金融产品的特定权利 | 代表具体金融资产的合约 |
| 交易双方的责任 | 买方有权在一定期限内买进或卖出一定数量的外汇,但不被强制必须买入或卖出,而卖方则必须应买方的要求卖出或买入规定的外汇 | 双方必须依照期货合约进行交割 |
| 交易中的保证金 | 买方需要在购买期权时交付较少的期权费,不需交保证金,而卖方承担的风险较难预测,需要交纳一定的保证金来确保其可以履约 | 双方都要在交易所预交一笔保证金来确保履约 |
| 交易中的风险 | 买方亏损有限,卖方的亏损很难预测 | 双方的风险几乎相同 |

## 二、外汇期权交易的价格

期权交易实际上是一种权利的单方面有偿让渡。合约买方为获得选择权利而付出的权利金或者卖方为弥补因汇率变动造成的损失而收取的保险费是从不同方面反映的期权价格。期权价格（premium），又称期权费、保险费、权利金，其标价方式可以是按每个期权合同总共多少美元报出。为方便起见，通常都是以每单位标的物的美元（或美分）数来表示。

### （一）外汇期权价格的构成

外汇期权的价格主要反映了人们对合约项下外币的即期汇率变化趋势的预期心理及期权到期日的时间，也就是说，外汇期权价格由内在价值和时间价值两部分组成。首先，外汇期权价格的升降与合约项下外币的升贬值趋势相对应。若某种外币的汇率趋于坚挺，其看涨期权的价格就会上升而看跌期权的价格则会下降；反之，若外币趋软，则看涨期权的价格下降，看跌期权的价格上涨。期权是一种消耗性资产，期权距离到期日越长，则价格越高；而一到到期日，其价格就完全消失。另外，由于美式期权在期权的执行时间上具有很大的灵活性，因此其价格通常要高于欧式期权。

期权的内在价值反映了期权持有者在现时就执行期权可盈利的程度。从理论上讲，实值期权的内在价值为正，虚值期权的内在价值为负，平价期权的内在价值为零。但实际上，无论是看涨期权还是看跌期权，也无论期权标的物的市场价格处于何种水平，期权的内在价值都必然大于等于零，而不可能为负值。这是因为期权合约赋予买方执行期权与否的选择权，而没有规定相应的义务。当期权的内在价值为负时，买方可以选择放弃期权。也就是说，期权的内在价值可有可无，但不能为负值。

综上所述，平价期权和虚值期权对期权买方而言是不具有内在价值的。如果忽略其他因素，具有实值的期权费要比处于平价和虚值状态的期权费高。当期权处于平价和虚值状态时，期权的内在价值为零，其价值表现便是期权的时间价值。

时间价值（time value），又称外在价值，是指期权的买方购买期权而实际支付的价格超过其内在价值的部分，即期权买方希望随着时间的推移，相关货币的市场价格向有利方向变动能使期权增值时，愿意为购买这一权利付出的超过内在价值的那部分金额。对于平价期权和虚值期权，由于没有内在价值，所以它们的期权价值与时间价值相等，因此内在价值只对实值期权有意义。

期权的到期日越长，其时间价值就越高。随着到期日的临近，期权的时间价值越来越小，直至为零。一般来说，持有期权比行使期权更有价值，这是因为行使期权获得的利益只是内在价值，而持有期权不仅拥有期权的内在价值，还拥有期权的时间价值。所以，如果真要处理掉所有未到期的期权合约，与其行使期权只获得内在价值，还不如卖出期权同时获得内在价值和时间价值。这也是美式期权与欧式期权在价格上存在差异的原因。

### （二）影响期权价格变动的因素

期权价格的确定十分复杂，这里只从定性的角度分析影响期权价格的因素。

**1. 即期汇率**

即期汇率是决定外汇期权内在价值的一个重要因素,其对期权价格的影响正好与执行价格相反。随着即期汇率的上升,看涨期权的价格与市场即期汇率成正比,看跌期权的价格与市场即期汇率成反比。

**2. 期权的执行价格**

期权的执行价格也是决定外汇期权内在价值的一个重要因素。看涨期权的执行价格越低,买者就越有可能获利,因此要支付较多的费用,反之则可少支付费用;看跌期权的执行价格越高,买方获利的机会也越大,因此要支付较多的费用,反之则可少支付费用。由此可见,看涨期权的价格与执行价格成反比,看跌期权的价格与执行价格成正比。

**3. 预期汇率的波动**

当市场汇率波动幅度较大时,期权买方在期权到期前掌握有利汇价的机会更多,而期权卖方的风险更大,因此卖方要求获得较高的风险补偿。由此可见,期权价格与汇率的波动幅度成正比:汇率波动幅度越大,期权价格越高;汇率波动幅度越小,期权价格越低。

**4. 到期时间**

无论是看涨期权还是看跌期权,期权的到期时间越长,市场汇率变动的可能性就越大,买方获利的机会越大,而卖方面临的风险越大,因此卖方要求获得较高的风险补偿。由此可见,期权价格与期权到期时间成正比。但也有例外,比如受市场预期的影响,合约期限越长,期权价格反而越低。但是欧式期权不具备以上特点,期限越长,期权价格反而可能越低。

**5. 远期性汇率(远期汇率或期货汇率)**

远期性汇率较高,交易者对未来汇率行情趋于看好,就会买入外汇看涨期权,以便日后外汇汇率确实上升时,获得收益。这样一来,通过期权市场供求的运行,外汇看涨期权的价格就会随远期性汇率的升高而上涨,而外汇看跌期权的价格则会下跌。

**6. 国内外利率水平及利率差的变动**

由利率平价理论可知,当某种货币的利率低于另一种货币的利率时,其远期汇率会上升,该货币的看涨期权价格上升、看跌期权价格下降,而另一种货币的看涨期权价格下降、看跌期权价格上升。

**7. 对该期权的供给和需求**

外汇期权供过于求时,期权价格低;供不应求时,期权价格高。若某外汇期权有较大范围的市场,期权买卖活跃,有较充分的竞争,期权买卖价差就会缩小。

## 三、外汇期权交易的风险和收益

期权交易主要是以保值为背景产生的,但是随着期权交易的发展,其投机性因素越来越大,风险也加大了,对期权买卖双方均有风险。买方面临的最大风险是信用风险,即如果买方到期履约,卖方是否有能力履约。卖方最大的风险是外汇市场汇率的变动风险。由于卖方出售的是一种权利,如果在期权有效期内外汇市场汇率变动对卖方不利,他的亏损将加大,期权卖方必须用种种措施保护自己。期权买方与卖方共同承担的风险是清算风险。不过,场内期权交易由于交易所保证金要求及清算制度严格健全,信用风险与清算风险很低。

在外汇期权交易中,期权交易双方的权利和义务是不对称的。对期权买方来说,收益可能无限,而损失是有限的;对期权卖方来说,损失可能无限,而收益是有限的,仅为期权费。

### (一) 看涨期权的收益与损失

当即期汇率高于执行价格时,期权买方通过行使期权,可以用低于市场价格的执行价格买入外汇,在此基础上减去期权费,即为买方的净收益。随着汇率的不断上升,看涨期权买方的收益不断上升。当即期汇率小于执行价格时,买方放弃行使期权,其亏损是一常量,即期权费,这就是最大的亏损。看涨期权买方的收益和损失可用公式表示为

$$R = \begin{cases} S - X - P & (S > X, 行使期权) \\ -P & (S \leq X, 放弃行使期权) \end{cases}$$

其中,$S$ 为即期汇率,$X$ 为执行价格,$P$ 为期权费。

根据以上公式可画出看涨期权买方盈亏状态图($P/L$ 图),如图 11-4 和图 11-5 所示。

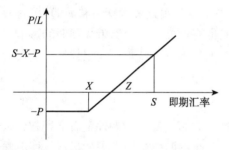
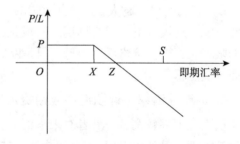

图 11-4  看涨期权买方盈亏状态图　　　图 11-5  看涨期权卖方盈亏状态图

期权卖方与买方是交易对手,买方的盈利就是卖方的亏损,卖方的盈利就是买方的亏损。

图 11-4 和图 11-5 中,$Z$ 点被称为临界点。

$$看涨期权临界点 = 执行价格 + 期权费 = X + P$$

看涨期权通常是负有外汇债务的进口商和借款者为避免外汇汇率上升风险而常使用的工具,通过买入外汇看涨期权以实现保值。在看涨期权有效期内,如果市场即期汇率高于或等于期权的协定价格,就执行期权;如果市场即期汇率低于期权的协定价格,就放弃期权。

例如,美国某公司从英国进口价值 1.25 万英镑的商品,3 个月后向英国出口商付款,当时的即期汇率为 GBP/USD:1.363 0。为避免到期实际支付时因英镑汇率上升而带来的风险,该公司购入一份英镑美式看涨期权,期权价格为每英镑 0.01 美元,执行价格为 GBP/USD:1.363 0,如果 3 个月后英镑升值 GBP/USD:1.408 0,进口商执行期权。

如果不采取保值措施，该进口商将多支付：$(1.4080-1.3630)\times 12\,500=562.5$（美元）。

由于采取保值措施，该进口商实际获得收益：$(1.4080-1.3630-0.01)\times 12\,500=437.5$（美元）。

通过分析看涨期权盈亏状态图可知，如果市场即期汇率为 1.373 0，进口商没有任何收益和损失；如果低于这一数值，则进口商可以不执行期权。在这种情况下，最大的损失不过是期权费 125 美元，这样英镑成本事先得以锁定。

### （二）看跌期权的收益和损失

看跌期权买方的损益公式为

$$R=\begin{cases}S-X-P & (S<X,\text{行使期权})\\ -P & (S\geqslant X,\text{放弃行使期权})\end{cases}$$

其中，$S$ 为即期汇率，$X$ 为执行价格，$P$ 为期权费。

当即期汇率低于执行价格时，看跌期权买方行使期权，获得价差收益，随着市场汇率不断下降，看跌期权买方的获利越来越大；当即期汇率高于执行价格时，看跌期权买方放弃行使期权，其最大损失仅为期权费。因此，看跌期权买方与看涨期权买方的损益模式类似，损失有限，区别仅在于方向不同。由于看跌期权汇率变动不会成为负值，因此看跌期权买方的收益随着汇率下降而增加，但增加是有限的。

看跌期权买方的损益模式如图 11-6 所示，看跌期权卖方的损益模式如图 11-7 所示。

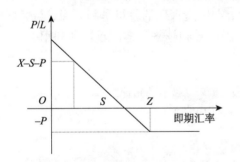

图 11-6　看跌期权买方盈亏状态图

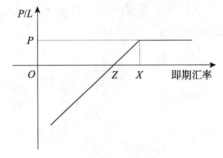

图 11-7　看跌期权卖方盈亏状态图

同样，在图中，$Z$ 点是看跌期权买卖双方盈亏的临界点。

$$\text{看跌期权临界点}=\text{执行价格}-\text{期权费}=X-P$$

看跌期权通常是持有外汇债权的出口商和投资者为避免外汇汇率大幅下跌的风险而实现保值的工具。在看跌期权的有效期内，如果市场即期汇率低于或等于期权的执行价格，则行使期权；如果市场即期汇率高于期权的执行价格，则放弃行使期权。

例如，美国的一家出口商 7 月向英国出口货物，预计 2 个月后收到 62 500 英镑，外汇市场即期汇率 GBP/USD：1.363 0。此时，期权市场 9 月到期执行价格 GBP/USD：1.356 0 的欧式英镑看跌期权费为 1 英镑 = 1.84 美分。每份期权合同交易的佣金为 16 美元。

假如预测 2 个月后即期汇率下跌，美国出口商可买入 2 份英镑看跌期权，共支付期权费及佣金 62 500 × 0.018 4 + 16 × 2 = 1 182（美元）。

9 月，外汇应收款到期时，若英镑即期汇率 GBP/USD：1.326 0，美国出口商通过执行看跌期权，可获收益：(1.356 0 − 1.326 0) × 62 500 − 1 182 = 693（美元）。

若不采取保值措施，则美国出口商 2 个月后收到 62 500 英镑兑换成美元时，将损失(1.363 0 − 1.326 0) × 62 500 = 2 312.5（美元）。

假如到期市场汇率为 GBP/USD = 1.323 0，则不执行期权，美国出口商仅损失 1 182 美元。

外汇期权交易在国际招标中有非常重要的防范风险的作用。国际招标中的中标率很低，投标方的外汇资金风险很高。如果利用远期外汇交易或期货交易对投标金额进行汇率风险防范，假如投标未中，因保值目的而进行的远期外汇交易或期货交易反而成了暴露头寸，变成了汇率风险来源，所以此时利用远期外汇交易或期货交易是不恰当的。利用期权交易则不存在上述问题，所以在国际招标中往往利用期权交易进行保值。

由于外汇期权交易的灵活性，它除了作为理想的避险保值工具之外，还具有外汇投机的作用。利用外汇期权交易进行投机的种类有很多，投机者预期汇率趋涨时，做"多头"投机交易，即购买外汇看涨期权；反之，预测汇率趋跌时，则做"空头"投机交易，即购买外汇看跌期权。在汇率波动频繁且波幅剧烈时，期权投机者进行双向期权交易。由于投机者同时买入的两个期权的执行价格或到期日不同，在市场频繁剧烈波动时，一笔合约的亏损可用另一笔合约的盈利来弥补，尤其是双向期权，无论汇率是上升还是下跌，投机者都可以抓住盈利机会，所以双向期权的价格高于单向期权。

总之，外汇期权由于独特的风险收益特性，在风险管理的投机牟利方面，与远期外汇交易和外汇期货交易相比，显得更加灵活，因而受到越来越多的重视和利用。

 扩展阅读 11.2　索罗斯做空日元看跌期权，投机获利 10 亿美元

## 第三节　金融互换交易

### 一、金融互换交易的产生与发展

互换交易是指两个或两个以上当事人按共同商定的条件，在约定时间互换一系列支付的金融交易。目前，金融互换已成为长期资金筹措与资产负债管理中防范汇率和利率风险的最有效的金融工具之一，日益受到世界各大金融机构、证券公司和跨国企业的重视。金融互换曾被西方金融界誉为 20 世纪 80 年代以来最重要的金融创新，已成为各国银行、国际组织、跨国公司积极参与运用的新型金融工具，并且形成了有着独立报价和交易程序的互换市场。许多大型的跨国银行或投资银行机构都提供互换交易的服务，其中最大的互换交易市场是伦敦和纽约的国际金融市场。

互换业务起源于 20 世纪 70 年代发展起来的平行贷款和背靠背贷款。当时许多国家

实行外汇管制，限制资本的自由流动，使直接对外融通资金变得困难，一些企业为逃避外汇管制便采取了平行贷款和背靠背贷款的政策。

平行贷款是分别由不同国家的两个母公司给对方设在本国境内的子公司提供相同金额的贷款，在交易指定的到期日，各自归还所借货币。这项交易并不通过外汇市场进行，但外汇市场上的汇率可供双方决定互贷金额时参考。平行贷款为非本国居民提供了避免因汇率或利率上升而造成风险损失的工具，一般没有汇兑风险，但是这种贷款是两个独立的协议，有违约的风险。背对背贷款是两个国家的母公司直接提供贷款，贷款的币种不同但币值相等。背对背贷款尽管有两笔贷款，但却签订一个贷款协议，协议中明确如果一方违约，另一方有权自动从所欠的贷款中扣除损失，作为补偿。这就使双方贷款的风险降低，而一个贷款协议也使文件工作得以简化。1979 年英国取消了外汇管制后，平行贷款或背对背贷款这一金融创新在国际金融市场作为长期外汇资产负债的有效保值工具而继续流行。背对背贷款从流程上看已具备了货币互换的基本形态。

20 世纪 80 年代是金融互换交易发展的第二阶段，人们逐渐认识到互换交易在低成本、高收益的资金融通方面的重要作用及利用互换交易进行投机获利的诀窍。由于存在同种货币浮动利率与固定利率、不同货币利率之间的差异，因此套利套汇成为可能。

第三阶段是构造金融互换市场、提高互换交易的效率的时期。在互换交易及其市场发展的初期，主要是一些发达国家的投资银行、证券公司、商业银行等充当互换中介机构，为各种各样的交易者牵线搭桥，安排互换交易，这是一种效率较低的经营方式。随着互换市场的发展，互换中介机构开始以最终使用者的身份先与一个互换最终使用者直接签订互换合同，然后寻找互换交易另一方，再与另一个互换最终使用者签订反方向的互换合同，以此完成整个互换交易。

在互换交易和互换市场的效率提高后，互换交易的规范化和标准化又促进了互换市场的进一步发展，使互换成为如期货合同那样的标准交易商品。人们可以获得互换的连续报价，一旦参与互换，成交将只是瞬间的事，既解除了互换中介机构对于最终能否为单个互换交易配对的后顾之忧，也提高了互换的流动性，并在此基础上发展了其他种类的互换。互换在 20 世纪 80 年代上半期得到飞速的发展，1982 年全球互换市场交易额仅有 30 亿美元，到 1985 年就猛增到了 2 000 亿美元，并且发展了二级互换市场，标志着互换市场进入了成熟阶段。互换市场已成为规模以万亿美元计的全球市场，其影响几乎波及大部分金融市场。

## 二、互换交易与掉期交易的区别

互换与掉期的英文都是"swap"，形式上完全一致，但是互换和掉期是不同性质的交易。外汇市场的掉期是指双向的外汇买卖交易，即买进某一日交割的甲货币、卖出乙货币的同时，卖出另一个交割日的甲货币而买回乙货币。这两笔外汇买卖货币相同，买卖方向相反，交割日不同。在这种双向交易中，期初交换本金，到期日反向交换本金，期初和期末的汇价不同，在期初和期末之间不存在利息的交换。金融互换是债务或资产的币种互换交易，不仅可以有期初和期末的本金不同的货币交换，而且有一连串的利息互换。具体来讲，它们之间的主要区别如表 11-4 所示。

表 11-4 互换交易与掉期交易的区别

| 不同点 | 互换交易 | 掉期交易 |
|---|---|---|
| 市场 | 资本市场 | 外汇市场 |
| 期限 | 一年以上中、长期货币或利率的交换 | 一年以内的货币交易 |
| 形式 | 货币互换、利率互换、交叉互换，互换前后交割的汇率是一致的 | 前后两个相反交易的汇率是不一致的 |
| 目的 | 降低长期资金筹措成本、在负债管理中防范利率和汇率风险 | 资金头寸上的管理 |

### 三、金融互换的作用

金融互换的主要作用包括：①交易双方利用比较优势进行的套利活动可降低筹资成本或提高资产收益，一方面可以在尚未涉足的市场上获得成本较低的资金，另一方面可以比较容易筹措到任何期限、币种、固定或浮动利率的资金（因此互换市场也被称为最佳筹资市场）；②转移与防范中长期汇率变动风险和利率变动风险；③互换作为资产负债管理的新型工具，具有较大的灵活性，可调整财务结构，使资产负债实现最佳搭配，更有效地管理资产负债；④互换交易额不增加举债总额，是资产负债表外业务，可被用于规避外汇管制的规定、利率管理规定及税收方面的限制等。

按照金融互换的作用，可以将互换分为：①初级市场，即筹资互换市场，是指人们为降低筹资成本，利用各自筹资的相对优势进行互换的市场。②二级市场。该市场的交易内容包括互换转让、再互换等业务，可灵活进行反向互换和主动终止互换。二级市场的发展一方面是为了在现有资产负债状况下，转移与防范汇率和利率风险，实现资产负债有效管理；另一方面是因为互换交易在资产负债管理上的广泛运用和互换市场流动性的提高，英、美的一些企业和投资银行倾向于把互换看作可买卖的"证券"，力图促使合同标准化和市场惯例化。

### 四、货币互换

#### （一）货币互换的概念

货币互换（currency swap）是指以一种货币表示的一定数量的资本及在此基础上产生的利息支付义务，与另一种货币表示的相应的资本及在此基础上产生的利息支付义务进行相互交换。因此，货币互换的前提是存在两个在期限与金额上利益相同而对货币种类需要相反的交易伙伴，然后双方按照预定的汇率进行资本额互换，完成互换后，每年按照约定的利率和资本额进行利息支付互换，协议到期后，再按原约定汇率将原资本额换回。货币互换除不同货币之间本金的互换外，利息方面可以是不同货币之间的浮动利率与浮动利率互换，不同货币之间的固定利率与固定利率互换或不同货币之间的固定利率与浮动利率互换。

货币互换起源于 20 世纪 70 年代，当时金融市场并不开放，许多国家实行外汇管制的金融制度，限制了本国企业在境外融资的机会。例如，美国公司甲在中国有分公司丙，中国公司乙在美国有分公司丁。如果两个子公司都需要向母公司借钱，而这两个国家实施的是外汇管制的金融政策，就对它们有了限制。为此，中美两家公司达成协议：由中国公司乙向美国公司甲的子公司丙贷款，而由美国公司甲向中国公司乙的子公司丁贷款。这就是所谓的平行或对等贷款。这是跨国公司为应对某些国家的外汇管制政策而采取的对策，是一种时代的产物。

随着时代的发展、金融市场中国界的消除，外汇管制被逐渐取消。但由于外汇汇率的不稳定性所隐含的风险，直接贷款仍然不是各跨国公司融资的首选。早期的"平行贷款""背对背贷款"就具有货币互换规避汇率风险、降低成本的功能。但无论是"平行贷款"还是"背对背贷款"都仍然属于贷款行为，在资产负债表上将产生新的资产和负债。而货币互换作为一项资产负债表外业务，能够在不对资产负债表造成影响的情况下达到同样的目的。

最早的互换业务是 IBM 与世界银行之间由所罗门兄弟投资银行作为中介人进行的货币互换，世界银行将其 2.9 亿美元的固定利率美元债务与 IBM 的瑞士法郎和德国马克债务进行了互换。当时双方的情况是：在此之前，IBM 采用多种货币筹资方法，运用自身的优势已在联邦德国和瑞士资本市场分别筹集了固定利率马克和瑞士法郎资金。1981 年，当美元兑马克和瑞士法郎急剧升值时，IBM 从其贬值的外汇负债中获得了资本收益（以美元衡量），此时仅需较少的美元即可归还原来所借外汇债务本息，德国马克从 1980 年 3 月的 USD/DEM = 1.93 跌至 1981 年 8 月的 USD/DEM = 2.52，因此 IBM 支付 100 德国马克利息的美元费用从 51.81 美元减少到 36.68 美元。此时如果把用外币本息支付的债务转化为用美元支付的债务，IBM 可立即获得资本收益。在预测了汇率变动方向后，IBM 决定实现这种转换，脱离原来的交易。而当时世界银行希望筹集固定利率的德国马克和瑞士法郎低利率资金。世界银行具有 AAA 级信誉，能从市场上筹集到最优惠利率的美元借款，于是世界银行发行了两种欧洲美元债券，一种与 IBM 的马克债券期限一致，另一种与 IBM 的瑞士法郎债券期限一致。互换后，世界银行同意支付 IBM 所发行德国马克与瑞士法郎债券的全部未来利息和本金，而 IBM 同意支付世界银行所发行美元债券的全部未来利息和本金，IBM 由此大赚了一笔。

### （二）货币互换的作用

（1）降低筹资成本。借款人可以利用某些有利条件，通过举借另一种利率较低的货币进行货币互换，换成所需要的货币，来降低所需货币的借款成本。

（2）有利于企业和金融机构避免汇率风险。

（3）调整资产和负债的货币结构。借款人可以根据外汇汇率和各种货币的利率变化情况，不断调整资产和负债的货币结构，使其更加合理。

（4）借款人可以间接进入某些优惠市场。如果借款人直接进入某些优惠市场有困难、受到资信等级方面的限制，或者费用太昂贵，借款人可以通过借入某一种货币取得较有利的利率，然后经过互换，调换成另一种货币。这种方法相当于借款人间接地进入某些优惠市场。有些国家的政府有规章条令，阻碍进入某种欧洲资本市场，而通过货币互换交易即可绕过这样的人为障碍，自由地、间接地进入其中。具体来说，两个独立的筹资者利用各自在国际金融市场上筹资的相对优势，筹措到一笔到期日和计息方法相同但货币不同的资金，可通过中介机构签订互换协议降低筹资成本。资信卓著的借款人将筹措的硬币调换成利率高的软币，再进行一次固定利率的软硬币互换，保证套利成功。公司可以将在低利率市场筹集的资金进行固定利率货币互换，以达到无须付出高昂利率即可有效地在国外资本市场筹措所需资金的目的。已经以适当货币发行了债券的公司或银行，可以将发行债券所筹措的资金与其他货币进行互换交易，避免汇率风险，实现资本收益。

### （三）货币互换的交易

货币互换主要有以下几个基本步骤：

（1）期初本金互换。达成互换交易后，双方按协定汇率互换本金。互换汇率一般以即期汇率为基准，也可采用当时的远期汇率。在货币互换中，期初的本金互换可以是实际上的转移，也可以是名义上的互换，基本步骤可以省略，但对应的利率水平可能会有所不同。这样，对于那些已经提款使用的贷款，仍然可以使用货币互换业务来管理汇率风险。无论是名义上的还是实际上的互换，最终必须确定各自本金的数额，目的有两个：将来按不同的货币定期支付利息；期末换回如数的本金。

（2）期间利息互换。货币互换中所规定的汇率，可以是即期汇率、远期汇率或双方协定的汇率，但对应于不同的汇率水平利率水平也会有所不同。

（3）期末换回本金。协议到期时，双方换回期初确定的互换本金数。至此，互换交易结束。

例如，某涉外公司有一笔日元贷款，金额为 10 亿日元，期限为 7 年，利率为固定利率 3.25%，付息日为每年 6 月 20 日和 12 月 20 日。2014 年 12 月 20 日提款，2021 年 12 月 20 日到期归还。公司提款后，将日元兑换成美元，用于采购生产设备。产品出口得到的收入是美元收入。

可以看出，该公司的日元贷款存在汇率风险。2021 年 12 月 20 日，公司需要将美元收入换成日元还款。到时如果日元升值、美元贬值（相对于期初汇率），则公司要用更多的美元来买日元还款。这样，由于公司的日元贷款在借、用、还上货币不统一，就存在汇率风险。

公司为控制汇率风险，可以与银行做一笔货币互换交易。双方规定，交易于 2014 年 12 月 20 日生效，2021 年 12 月 20 日到期，使用的汇率为 USD/JPY = 109。这一货币互换过程如下。

（1）在提款日（2014 年 12 月 20 日），公司与银行互换本金：公司提取贷款本金，同时支付给银行，银行按约定的汇率水平向公司支付相应的美元。

（2）在付息日（每年 6 月 20 日和 12 月 20 日），公司与银行互换利息：银行按日元利率水平向公司支付日元利息，公司将日元利息支付给债权人，同时按约定的美元利率水平向银行支付美元利息。

（3）在到期日（2021 年 12 月 20 日），公司与银行再次互换本金：银行向公司支付日元本金，公司用日元本金还贷，同时按约定的汇率水平向银行支付相应的美元。

由于在期初与期末，公司与银行均按预先规定的同一汇率（USD/JPY = 109）互换本金，且在贷款期间公司只支付美元利息，而收入的日元利息正好用于归还原日元贷款利息，从而使公司完全避免了未来汇率变动的风险。

扩展阅读 11.3　中俄货币互换中国亏了吗？

## 五、利率互换

### （一）利率互换的概念

利率互换（interest rate swap）产生于货币互换业务的不断发展，是将计息方法不同（一方以固定利率计息，另一方以浮动利率计息）或利率水平不一致的同一币种的债权或债务进行转换的方式。与货币互换的不同之处在于，利率互换是在同一种货币之间展开的，而且利率互换一般不进行本金互换，而只是以不同利率为基础的资本筹措所产生的一连串利息的互换，并且即便是利息也无须全额交换，仅对双方利息的差额部分进行结算。利率互换作为一项常用的债务保值工具，用于避免中长期利率风险。

利率互换的产生主要是互换双方出于各自比较优势的考虑。将比较优势理论应用到利率互换中，就是期望通过规避各自劣势与优势互补，达到降低资金成本、实现增值的目的。在金融市场上，一些公司在固定利率市场上具有比较优势，而另一些公司则在浮动利率市场上具有比较优势。在取得新贷款时，一家公司期望借入浮动利率的贷款时却只能得到固定利率的贷款，而另一家公司想借入固定利率的贷款时得到的却是浮动利率的贷款。由此在两家公司间便可能产生利率互换的愿望。交易双方通过利率互换交易可以将一种利率形式的资产或负债转换为另一种利率形式的资产或负债。通常情况下，当利率看涨时，将浮动利率债务转换成固定利率较为理想，而当利率看跌时，将固定利率转换为浮动利率较好，从而可以规避利率风险、降低债务成本，同时还可以用来固定自己的边际利润，便于债务管理。利率互换的前提是固定利率与浮动利率之间存在利率差。在协议条款既定的条件下，利率差越大，通过互换彼此获得的利息降低债务成本的效果也就越明显。

利率互换的发生必须存在两个前提条件：①存在信用差异。利率互换双方因信用等级不同而存在筹资成本差异。信用等级高的一方，筹资成本会低于信用等级低的一方，即前者筹资时要支付的利率会低于后者，而且前者易筹到固定利率的资金，后者往往要从短期浮动利率市场上筹款。②存在相反的筹资意向。信用等级较高的一方尽管在发行固定利率或浮动利率债券时都需支付利率，但它希望或是宁愿支付浮动利率；而信用等级较低的一方恰恰相反，在发行固定利率或浮动利率债券时，尽管也需要支付较高的利率，但它希望或是宁愿支付固定利率。这样双方以某种形式沟通后可达成协议，进行利率互换，其结果是信用等级高的以较低的成本获得资金，而信用等级低的以较低的利率筹措到资金。

标准利率互换的主要内容包括：

（1）由双方签订一份协议；

（2）根据协议，双方各向对方定期支付利息，并预先确定付息日期；

(3) 付息金额由相同名义本金确定，以同种货币支付利息；

(4) 互换一方是固定利率支付者，固定利率在互换之初商定；

(5) 另一方是浮动利率支付者，浮动利率参照互换期内某种特定的市场利率加以确定，双方互换利息，不涉及本金的互换。

### （二）利率互换的报价

利率互换与货币互换一样，互换双方寻找相匹配的互换对方是困难的。为了解决这个矛盾，金融机构加入互换业务中，在互换双方之间充当媒介，然后又在互换过程中成为直接交换对手互换银行。可以充当互换银行的金融机构包括投资银行、商业银行、独立的互换经纪人和自营商。互换银行的加入不仅降低了成本，而且使互换速度加快、效率提高，也使互换市场形成了一些惯例和标准。比如利率互换的报价，通常表示为在一定名义本金的基础上的固定利率和浮动利率的相互对应。

典型的利率互换价格是指市场一定期限的浮动利率（一般指 LIBOR）与一个固定利率的交换，而以固定利率表示的价格。在任何一个时点，交易商都会提供一个买方报价（同 LIBOR 收入对应的准备支付的固定利率）和一个卖方报价（支付 LIBOR 的同时希望得到的固定利率）。买方报价和卖方报价之间的价差，是互换银行完成一笔互换交易的成本和利润。

利率互换价格也是货币互换价格的基础。利率互换价格所依据的是市场利率行情，但是利率行情仅有一个相对水平，并没有绝对的标准。资金市场上交易靠信用，不同等级的信用可产生不同的价格，因此市场上给出利率互换价格行情通常是利率互换参考价格。利率互换参考价格以固定利率表示，该固定利率报价由两个部分组成：对应一定期限的国库券收益率加上一个加息率。报价方也是报出买卖双价：买价是报价方支付固定利率（收取浮动利率）的价格；卖价是报价方收取固定利率（支付浮动利率）的价格。

利率互换价格一方面反映了市场利率水平和对长期利率趋势的预期，另一方面也反映了互换的交易费用、风险、经纪人之间的竞争及市场本身对固定资金利率的需求状况。一国中长期国库券价格波动（影响该国库券收益率）与该国货币互换价格有密切关系。一般来说，互换价格与国库券收益率成正相关关系。而市场因素影响加息率，加息率是支付浮动利率的交易方需要用来抵补风险的一个费用，加息率一般是 50~70 个基本点，其大小主要取决于报价人各自的头寸状况、市场对一定期限固定利率资金的供需情况、竞争程度，以及交易对手的国别和信用等。

### （三）利率互换的作用

通过利率互换，客户可以获得低于市场利率的固定利率贷款或浮动利率贷款以降低筹资成本，或者可以重新改善和组合债务结构，使债务结构具有灵活性，以利于对债务的管理。同货币互换一样，利率互换对资产负债表没有影响，会计规则也未要求把利率互换列在报表的附注中。这种表外业务形式不需要附注说明，因此可对外保密，同时也没有额外的税务损失。利率互换不涉及本金，双方仅是互换利率，风险也只限于应付利息这一部分，当从浮动利率互换为固定利率时，还可以排除利率变化风险，在利率趋势看涨时更为有利，所以风险很低。

## （四）利率互换的交易

例如，A、B两公司在国际金融市场上筹集金额相等的某种欧洲货币贷款。由于A、B公司信用等级不同，筹资的利率有高低之别，在固定利率和浮动利率之间形成了各自的相对优势，如表11-5所示。

表 11-5　A、B两公司筹资成本比较

| | A 公司 | B 公司 | 比较成本（A－B） |
|---|---|---|---|
| 固定利率筹资成本 | 10% | 12% | 2% |
| 浮动利率筹资成本 | LIBOR | LIBOR + 0.5% | 0.5% |
| 两个市场潜在的套利利润 | | | 1.5% |

从表 11-5 可以看出，无论是固定利率筹资还是浮动利率筹资，A 公司所用成本都比 B 公司低。但从相对优势来看，以固定利率来筹款，A 公司可比 B 公司节省成本 2%，而以浮动利率来筹款，A 公司只比 B 公司降低成本 0.5%。这样，在两种不同利率筹款情况下，A 公司以固定利率筹资有相对优势，B 公司以浮动利率筹资有相对优势。A 公司以固定利率 10%筹资，B 公司以浮动利率 LIBOR + 0.5%筹资，然后进行互换，B 公司付给 A 公司 10.75%，A 公司付给 B 公司 LIBOR，其过程如图 11-8 所示。

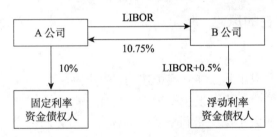

图 11-8　A、B公司利率互换的流程图

通过互换，A 公司的实际筹资成本为 10% － 10.75% + LIBOR = LIBOR － 0.75%，比直接借浮动利率节约 0.75%。

而 B 公司的实际筹资成本为 (LIBOR + 0.5%) + 10.75% － LIBOR = 11.25%，比直接借固定利率节约 12% － 11.25% = 0.75%。

A、B 公司分别以低于浮动利率和固定利率 0.75%的利率筹集资金，对 A 公司来说既降低了筹资成本，又可得到将来利率下降的好处；对 B 公司来说，既降低了筹资成本，又避免了将来利率上涨的风险。

如果预测日后利率会提高，A 公司就会相应地提高交换的利率条件，比如由原来的 10.75%提高到 10.85%，浮动利率仍为 LIBOR，则互换后的实际成本 A 公司为 LIBOR－0.85%，B 公司为 11.35%，双方分别节约成本 0.85%和 0.65%。

但是筹资条件较优的 A 公司也不能把交换的利率条件提得太高，即互换条件有个最高限度，比较利益差不能为较优公司一家独吞，否则对方为了避免利率上涨造成的损失，宁可以自己的筹资条件在金融市场上筹集固定利率资金。现实中双方对比较利益差的分配由双方信用度及谈判能力决定。交换双方还可以通过中介机构互换。中介机构赚取交易双方收与付之间的利率差价，同时提供信用以支持互换交易的进行并保护互换交易双方免受对方违约的损失。

货币互换和利率互换可分别进行，也可交叉进行，也就是互换的第三种形式——交叉互换（cross swap）。这是一种固定利率的货币与另一种浮动利率的货币互换的交易，或者是不同货币的固定利率与浮动利率的互换。因为该业务同时涉及利率和汇率问题，技术上比较复杂。

这里介绍一个交叉利率互换实例。1982年7月，法国雷诺汽车公司（简称雷诺公司）与日本野村证券公司（简称野村公司）通过美国银行家信托公司达成一笔交易：在互换期初，野村公司以借入的固定利率日元资金买进浮动利率的美元债券，并以当天日元兑美元汇价对雷诺公司所借入的浮动利率美元资金进行互换。在互换到期日，野村公司将买进的浮动利率美元债券的本金和利息通过银行家信托公司付给雷诺公司，雷诺公司以此归还所借入的浮动利率美元债务本息；同时由雷诺公司将固定利率的日元本金和利息通过银行家信托公司付给野村证券公司，野村公司以此归还所借入的固定利率日元资金本息。这样，雷诺公司在因有关法规阻碍不能借入固定利率日元资金的情况下，将浮动利率的美元债务转换成固定利率的日元债务；而野村公司由于从雷诺公司取得日元本金和利息，使投资的美元资产避开汇率风险得到保值。

## 六、互换交易中存在的风险

### 1. 信用风险

信用风险是指对方或中间人在互换中违约，中止协议规定的支付。这种信用风险的产生是由于利率与互换时的水平发生了很大的变化，或者对方破产，没有能力继续执行互换协议。这种风险的大小取决于利率变化的程度及对方的信誉。

### 2. 基础风险

基础风险发生在基准利率互换之间，如收到的浮动利率是根据伦敦银行同业拆放利率，而支付的浮动利率是根据商业票据的利率，当两种利率之间的差距变化时，就会产生风险。为避免基础风险，只能在交易中避免这种互换。

### 3. 期限风险

期限风险是指收到利息和支付利息的时间不同。这样有可能一方面要支付利息，而另一方面利息还没有收到。为了保证支付利息，需要另外融资，才能解决期限不匹配的问题。

**金融衍生产品市场的风险管理功能**

金融衍生产品也称为金融衍生工具，是在金融原生产品基础上演变出来的产品。所谓金融原生产品，是指票据、利率、外汇、债券、股票等。金融衍生产品是一种双方或多方建立的合同，其合同价值取决于或派生于原生工具的价格及其变化。从定义中不难看出衍生产品交易的直接对象是合约,而非合约上载明的标的物。金融衍生产品的特点是"以小搏大",即高杠杆比例。金融合约价值可以数十倍于保证金价值,这使投资人可以用低成本获得高收益,但同时要承担很高的风险,诸如巴林银行、中航油等微观层面以及墨西哥金融危机、亚洲金融危机,特别是2008年由美国的次贷危机引发的全球性金融危机等宏观层面的风险事件,使人们对衍生品市场存在模糊、错误的认识,这对我国衍生产品市场的发展形成了很大的障碍。此处以衍生产品市场发生的实际案例作为着眼点,力求揭示衍生产品市场的重要功能及其风险形成的真正原因,以厘清对衍生产品市场的认识,更好地发展我国的衍生产品市场。

### 一、几个典型案例

**1. 利用期货管理风险的案例**

某石化公司是由浙江两集团共同投资兴办、专业生产PTA的现代化大型民营石化企业。该公司在生产经营的过程中面临的主要风险包括原油价格下跌造成的PTA产品价格下跌的系统性风险。根据价格波动和自身的生产经营情况,公司灵活多样地利用了期货市场。

PTA企业经常会面临PTA价格下跌的风险,因此主要进行卖出套期保值操作。据相关负责人介绍,2016年11月,原油价格下跌导致PTA现货价格下挫,再加上下游需求萎缩、成品库存偏高,该企业决定在PTA期货市场进行卖出套保操作。

"当时,PTA1705合约价格在5 650元/吨附近,现货价格为5 700元/吨,公司在期货市场卖出4 000手(折合两万吨)。等2017年1月找到下游需求方,并且签订合同后,再买入平仓,平仓价格为4 600元/吨,现货成交价格为4 350元/吨。"该负责人表示,经过上述操作,期货卖出套保盈利(5 650-4 600=1 050元)大部分抵消了现货下跌的损失(5 700-4 350=1 350元),达到了保值的效果。

**2. 利用远期管理风险的案例**

2020年,人民币对美元汇率从当年5月7.15的最弱位置涨至11月的6.58附近,升值幅度近8%,国际投行普遍调高了对2021年人民币汇率的预测值,基本都从此前的6.5~6.7区间调整至6.2~6.4区间,引得出口企业紧急运用远期结汇锁定未来外汇敞口。

对于企业而言,如果选择当前锁定2021年的所有外汇头寸,那么从2021年1月到12月,远期结汇的价格为6.607 4~6.766 3,呈现逐月贬值。如果2021年人民币对美元升到6.3附近,而企业现在不锁定敞口,2021年同样一笔100万美元的收入可能只能兑换630万元人民币,现在办理远期结汇后则可确保拿到670万元人民币,而且这也方便企业提前进行财务规划。

**3. 利用期权管理风险的案例**

白糖期权上市以来,地处内蒙古甜菜糖主产区的某糖业公司积极探索学习利用期权这一新的金融工具,开辟了涉糖企业期权套保的新天地。

2017年4月19日,白糖期权在郑商所上市,进一步丰富了企业的避险手段和空间。对于该公司来讲,期权套保具有一些独特优势,这是其在期权上市初期就积极参与进来的直接动力。

该公司认为,与期货套保相比,买入期权套保所需资金量相对较少,套保头寸的损失是可控的，不会出现期货套保中追加保证金的窘境。作为一家民营糖企，期权套保能够缓解企业资金周转压力，提升套保头寸的可预见性，稳定现货经营节奏。可以说，期权套保在一定程度上实现了对期货套保的优化。

2018年10月初，白糖期货价格迎来一轮阶段性反弹，为糖企在新榨季进行套保提供了较好时机。该公司在5 200—5 250元/吨价位陆续建立套保持仓，同时买入执行价格为5 300元/吨的虚值看涨期权，权利金仅为75元/吨。采取这一保护性策略的逻辑在于，如果后市继续上涨，看涨期权带来的收益可以弥补期货套保头寸的损失，相当于利用期权为期货头寸上了一份价格"保险"，而付出的成本只是少量权利金或者"保险费"。10月22日，白糖期权901合约价格一度上涨至5 247元/吨，白糖期权905合约价格一度接近5 300元/吨，前期在5 200元/吨附近入场的期货套保头寸已经出现较大亏损，但正是因为有看涨期权的保护，企业可以在价格反弹期间继续增加套保的空头仓位，有底气和信心提高综合套保价位和预期利润空间。

到了10月下旬，随着南方甘蔗糖厂加入开榨行列，白糖供应高峰逐步到来，市场供应压力较大，该公司期货部判断，10月上中旬的反弹并非反转，后市上涨动力不足，因此计划卖出看涨期权。10月23日，该公司在期货主力合约价格5 100—5 200元/吨附近分别卖出行权价为5 000元/吨和5 100元/吨两个浅实值看涨期权，获得200—300元/吨期权费。11月26日，白糖期权901系列合约到期，期货价格已低于5 000元/吨。在这一过程中，由于卖出期权能够获得权利金收入，相当于增加了企业销糖收益，企业现货销售价格因此每吨提高了200多元。若市场价格突破行权价，该公司也做好了被行权的准备，即备货进入交割环节，而此时相当于是在一个更高的价位上实现了现货销售。

4. 利用互换管理风险的案例

我国某上市公司获得某国贷款5 000万美元，期限为3年，借贷成本为美元6个月LIBOR＋0.65%，每半年计息付息一次。当时美元的市场利率处在3.3%～4%的历史低水平，但是该公司认为未来3～5年，美元利率有上升的趋势，担忧如果持有浮动利率债务，利息负担会越来越重。同时，由于利率水平起伏不定，公司也无法精确预测贷款到期的利息负担，难以进行成本预算与控制。因此，该公司希望将该贷款的浮动利率固定下来。中国银行及时为公司做了利率互换的交易，于1993年5月将该公司的浮动利率债务转换成美元固定利率债务。经过互换，在每个利息支付日，该公司只需向中国银行支付固定利率5%，而收入的USD6M LIBOR＋0.65%正好用于支付外国政府贷款利息。于是，该公司将今后3年的债务成本一次性地固定在5%的水平上，从而达到锁定债务成本、管理债务利率风险的目的。在该贷款存续期间，美联储曾连续7次加息，最高至7%左右，其后至贷款期结束，一直未低于5.3%。该公司由于做了利率互换，一直以5%的固定利率偿还本息，不但成功地固定了债务成本，还减少了近300万美元的债务利息。

二、案例分析

衍生产品市场本质上是一个专门买卖风险的市场，也是一个风险管理的市场。作为一种新型的风险管理手段，衍生工具的特点主要有下面几个。

1. 日益重要和成熟

经过三十余年的发展，衍生产品对经济和金融的促进作用主要表现为风险管理。美国农产品的每笔大宗国际贸易都要通过相关期货市场进行相应的套期保值交易，以规避价格风险。贸易商的这种通行做法不仅是获得银行贷款的基本条件之一，而且已经成为通行的国际惯例。我国80%的铜生产企业和贸易商都利用铜期货交易来管理财务风险，最为典型的就是江西铜业。随着规模的扩大，其套保水平和保值量不断提高。1995—2004年，江西铜业期货每吨铜的平均价位比现货高出100～200元，也高出交易所当月结算平均价（如图11-9所示）。

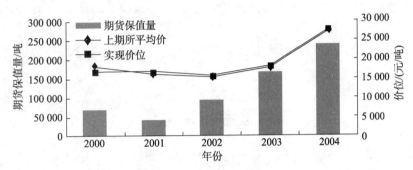

图11-9　江西铜业期货保值量与实现价位、上期所均价变化趋势

#### 2. 使用范围广泛

世界掉期与衍生品协会公布的研究成果显示，"世界500强"中有92%的公司有效地利用衍生产品工具来管理和对冲风险，这些公司分布于全球26个国家，从宇航业到办公与电子设备批发业，涉及行业十分广泛。此外，风险管理功能也为实施政府宏观调控政策提供了绝佳工具。美国政府农业期权试点的实质是对农业政策的深化改革，政府对农业生产的补贴通过期权市场直接与农场主发生紧密联系，不仅使政府粮食价格政策更具合理性、政府补贴最小化，而且能够起到保护农业生产者利益的作用。

#### 3. 具有低成本优势

这是源于衍生工具的保证金交易所具有的高杠杆性。保证金一般为5%甚至更低，风险管理者只需动用少量资金就能获得大量相关资产的控制权，从而实现以较小的代价、较少的资金支出对较大规模的资产进行风险管理。而且，衍生工具的交易佣金是相关现货交易的几十分之一、几百分之一，甚至几千分之一。由于其交易大部分是通过固定的法律程序，经公平报价或询盘而达成的，谈判成本几乎为零。哈佛大学教授罗伯特·默顿（Robert Merton）认为："使用金融衍生工具进行资产负债风险管理的成本只相当于使用现货的1/10～1/20。鉴于金融衍生工具低成本的特征，金融衍生工具将成为全球金融市场的主流。"

#### 4. 更为灵活方便

一般来说，衍生交易控制风险的方法并不改变原有基础业务的风险暴露趋势，而是在表外建立一个风险暴露趋势与原有业务刚好相反的头寸，从而实现表外业务与表内业务风险的对冲，克服资产负债管理为了达到资产负债在结构上的均衡所付出的种种代价，对表内业务基本没有影响。同时，衍生产品市场的流动性可以对市场价格变化作出灵活反应，并随基础交易头寸的变动而随时调整，较好地解决了传统风险管理工具管理风险时面临的时滞问题。

### 5. 具有更高的准确性

衍生产品具有很高的灵活性，可以根据不同投资者的需要进行组合，将标的资产和衍生工具分别定价，从而分离风险，有助于投资者认识、分离各种风险构成和正确定价，使其能根据各种风险的大小和个人偏好更有效地配置资金。而在金融衍生产品交易出现之前，所有的企业只能通过对应融资、借贷外汇、海外迁移及其他资产负债表上的方式来管理金融风险，都有成本过高和被卷入另一种风险的可能。衍生产品交易时已将交易对象的未来价格锁定在某一点（远期、期货），或某一区间（期权），或将债务成本锁定（互换）。

讨论：结合案例与案例分析内容，说明金融衍生产品在风险管理中的应用及其重要意义。

## 思考与练习

1. 给出下列名词的解释：外汇期货交易；外汇期权交易；看涨期权；看跌期权；货币互换；利率互换。
2. 外汇期货交易与远期外汇交易有何区别？
3. 简述外汇期货交易和外汇期权交易的主要区别。
4. 说明外汇期权的种类和影响外汇期权价格的主要因素。
5. 试述货币互换、利率互换的应用。
6. 如果你是某公司的财务经理，3个月后你公司有一笔外汇收入，外汇汇率变动可能给你公司带来损失。你将如何应用金融衍生交易防范风险？
7. 随着汇率波动加剧，越来越多的企业开始运用外汇衍生品防范汇率风险。试述外汇衍生交易对企业的作用和风险。
8. 通过查阅资料，简述中国外汇衍生品市场的发展历程。
9. 3月6日，美国一出口商向加拿大出口一批货物，价值500 000加元，以加元结算，3个月后收回货款。美国出口商用外汇期货交易来防范汇率风险。已知一份加元期货合约的标准价值为 C$100 000，即期汇率为 USD/CAD = 1.177 9，6 月期货价格为 CAD/USD = 0.849 0。进口商如何利用期货交易防范汇率风险？（假设6月6日即期汇率为 USD/CAD = 1.182 0，6月期货价格为 CAD/USD = 0.826 0）
10. 美国一出口商于5月中旬出口一批货物至英国，预计1个月后将收到125 000英镑，此时外汇市场上的即期汇率为 GBP/USD：1.315 0，PHIX期权市场上6月到期的欧式看跌期权，执行价格为1.300 0，保险费为0.24美分/英镑，并且已知每笔期权合同的佣金为16美元，1月期美元年利率为5%。如果美国出口商预期英镑将有所贬值，可能为 GBP/USD：1.300 0。美国出口商将怎样利用期权套期保值？
11. A公司在市场上可以借到固定利率的瑞士法郎，也可以LIBOR + 0.50%的浮动利率借到美元，但A公司预期瑞士法郎有可能升值，希望借入浮动美元债务。B公司在市场上可以借到固定利率的瑞士法郎，但利率将比A公司借瑞士法郎利率高0.5%。当然B公司也可以LIBOR + 0.1%浮动利率借到欧洲美元，但B公司希望借入固定利率的瑞士法郎债务。A 公司在与 B 公司进行货币互换时，最多可以节约多少成本（以年率表示）？

12. 甲银行向货币市场借入浮动利率为 LIBOR + 0.5% 的短期贷款，向企业放出固定利率为 8% 的长期贷款；乙银行发行固定利率为 7% 的长期债券，将资金投入货币市场得到 LIBOR + 0.5% 的浮动利率。设计一个互换方案，使甲、乙双方平分利差。

13. 3 月 10 日，某投机者在 CME 以 1 英镑 = 1.496 7 美元的价位卖出 4 手 3 月期英镑期货合约；3 月 15 日，该投机者在 CME 以 1 英镑 = 1.471 4 美元的价位买入 2 手 3 月期英镑期货合约；3 月 20 日，该投资者在 CME 以 1 英镑 = 1.517 4 美元的价位买入另外 2 手 3 月期英镑期货合约平仓。计算总盈亏。

## 我国外汇衍生品市场发展进程

即测即练　　　　扫码答题

# 第十二章

# 国际信贷业务

【学习目标】
- 熟悉国际信贷的概念、类型和形成原因
- 掌握各类国际贸易信贷的概念、特征和形式
- 了解保理业务的概念、特点、程度及其对进口商、出口商和银行的好处
- 了解项目贷款、国际租赁和国际债券等国际信贷形式的基本知识

信贷业务随处可见,不仅存在于个人、企业之间,国家间也存在借贷活动。随着全球经济一体化的步伐逐渐加快,国际间的经济往来越来越频繁,国际信贷业务也发展迅速。国际信贷业务使资本在国家间得到了更加有效的配置,对发达国家和发展中国家都有积极的意义。本章介绍几种主要的国际信贷业务的概念、特点和业务流程,并提供相关案例帮助读者更好地理解国际信贷业务对一国经济发展的意义。

## 第一节 国际信贷

### 一、国际信贷的概念

国际信贷又称国际借贷或国际贷款,是指一国的政府、银行及其他金融机构和企业在国际金融市场上,从外国政府或金融机构借入货币资金的一种信用活动。国际信贷的资金来源主要包括国家财政资金、欧洲货币资金和石油美元。

国际信贷是国际间资本流动和转移的表现,是国际经济活动的一个重要方面,包括国际短期信贷和国际中长期信贷。随着世界经济的发展和国际经济协作的日益加强,国际信贷也获得了长足的发展,国际信贷的种类层出不穷。20世纪70年代以后,国际金融市场又推出了新的国际信贷方式——项目贷款。国际信贷特别是政府和国际金融机构的贷款一般具有期限长(中期信贷1~5年;长期信贷10年左右,最长可达20~30年,甚至40~50年)、数额大、利率优惠等特点,但贷款条件也较为严格。当前,国际上巨额对外贸易合同的签订、大型成套设备的出口,都与对外贸易信贷结合在一起。通过国际信贷一方面可以融通资金,另一方面可以避免或减少外汇风险的损失。

### 二、国际信贷的类型

国际信贷种类较多,主要有以下几种分类方法。

(1)按贷款的期限,可分为短期贷款(不超过1年)、中期贷款(1年以上,一般2~5年)和长期贷款(5年、10年、20年甚至更长)。

(2)按贷款的利率,可分为无息贷款、低息贷款、中息贷款和高息贷款。

(3)按贷款使用的货币和优惠情况,可分为硬贷款和软贷款。硬贷款使用币值较坚挺的硬货币(一般为美元),利率也较高,国际复兴开发银行的贷款就是硬贷款。软贷款条件优惠,一般为无息或低息贷款,而且还款方式灵活。国际开发协会的信贷属于软贷款。

(4)按借款和还款的方法,可分为统借统还贷款、统借自还贷款和自借自还贷款等。统借统还贷款是由政府统一对外借款,这些资金或由国家集中使用,或拨给地方、企业,借款本息由政府负责偿还。统借自还贷款是由政府出面统一对外借款,再将款项分给有需求的单位使用,各使用单位负责偿还所用贷款的本息。自借自还贷款是使用单位自己借款,自己偿还贷款本息。

(5)按贷款的来源,可分为政府贷款、国际金融组织贷款、国际银行贷款、私人银行贷款、联合(混合)贷款等。

## 三、国际信贷的成因及经济影响

### (一)国际信贷的成因

在国际经济的发展过程中,一方面,发达国家出现了大量的过剩资本,当这些资本在本国找不到有利的投资环境时,就要突破国界,向资金短缺而市场又较为广阔的经济不发达国家或地区输出;另一方面,发展中国家为了加速本国经济发展,需要大量资本,在自有资金缺乏的情况下,需要引进外资,以弥补不足。

经济活动国际化的发展、战后经济一体化的兴起,使不同社会制度国家之间经济交往的障碍大大减少。世界市场出现了不同社会制度、不同发展阶段国家之间的商品交换、资金融通、科技交流和劳动力流动的崭新局面。国际经济发展的现实和前途,对国际信贷的发展产生了深远的推动作用。

### (二)国际信贷的经济影响

国际信贷的积极影响主要体现在以下几个方面:

(1)在国际信贷业务中,可以利用资金来源丰富和灵活方便的特点,筹集资金来发展本国的经济建设。

(2)在国际信贷中,各国政府和国际金融组织的贷款,利率比较优惠,贷款期限也比较长,而且有一定的援助性质,这就为一些发展中国家提供了有利的贷款条件。

(3)借款国可以通过国际银行、各国政府、国际金融机构或非金融机构等多种途径筹集巨额资金。

(4)借款国利用国际信贷引进先进技术和设备,提高本国产品的质量,加强出口商品的竞争力,进一步促进出口贸易的发展。

(5)发达国家利用向发展中国家借贷的机会,实现了商品和资本的输出,解决了国内的生产和就业等经济问题。贷款国通过信贷方式达到对其资金保值与增值的目的。

国际信贷的消极影响有：因国际信贷要支付利息，所以受债权国财政与货币政策变化的制约和国际金融市场动荡的影响；利率风险较高；贷款会加重借款国的财政负担。

扩展阅读 12.1　全面抛弃美元？美国制裁使俄罗斯考虑国际借贷时转向"人民币"

## 第二节　国际贸易信贷

### 一、国际贸易短期信贷

#### （一）国际贸易短期信贷的概念

国际贸易短期信贷是从事贸易的进出口商、进出口银行及相关贸易参与人之间所提供的期限在 1 年以内的各种贸易信贷。

进出口的贸易活动中，在商品的采购、仓储、出运的各个阶段，以及与此相关的制单、签订合同、申请开证、承兑、议付等环节，都可能发生资金的短缺，都要以不同的方式得到融资的便利。这势必会引起出口商与进口商之间以及进出口商与进出口商所在地银行之间的商业信用或银行信用关系，以加速商品的流通，促进贸易的完成。在这些贸易信贷过程中，为了满足进出口方购买或出口商品的某种资金的短期需要，产生了短期贸易信贷。

#### （二）国际贸易短期信贷的类型

与进出口贸易资金融通有关的国际贸易信贷形式繁多，其适用范围较广，可以从不同的角度进行分类。

（1）根据提供信用对象的不同，可分为商业信用和银行信用。

商业信用是指出口商和进口商在商品形态上相互提供的信用，反映了出口商与进口商之间因赊购、赊销商品而形成的债务关系。对出口商来说，提供商业信用的过程，同时也是其商品资本转化为货币资本的过程。商业信用主要通过票据来实现。

银行信用是在商业信用的基础上发展起来的。银行信用是由银行以货币形态提供给出口商或进口商的信用，它反映的是银行向出口商或进口商提供贷款所发生的债务关系。银行能把社会上暂时闲置的游资集中起来，形成巨额的借贷资本，因此银行信用的范围不像商业信用那样，要受出口商品的方向和数量的限制，而是可以随意提供给任何一个出口商或进口商。

在各国的银行制度中，商业银行除经营与国内工商业有关的短期信用业务，并办理与国际结算有关的业务外，在很多国家的银行体系中，还常常设有专业的对外贸易银行，专门经营与对外贸易有关的信贷业务。

（2）根据贸易信贷接受对象的不同，可分为对出口商的信贷与对进口商的信贷。对出口商的信贷主要包括进口商对出口商的预付款、经纪人对出口商的信贷和银行对出口商的信贷；而对进口商的信贷主要包括出口商对进口商提供的信贷、银行对进口商提供的信贷等。

（3）根据提供信用工具的不同，可分为承兑信用和放款信用。

### （三）国际贸易短期信贷的特点

国际贸易短期信贷实现了资本投资过程与贸易的结合。在贸易过程中，无论是出口商还是进口商，无论是经纪人还是贸易的直接参与者，在发生资金短缺时，都可以向银行直接贷款或到银行办理各种商业票据的承兑贴现业务。从实物的横向流转上看，国际贸易短期信贷实现并帮助了商品（或劳务）在国与国间更迅速地转移；从资金价值增值的纵向过程来看，它又具有资本投资的属性。国际贸易短期信贷具有以下特点。

（1）信用关系是国际贸易短期信贷的根本特点。在商品采购、仓储、运输的各个阶段，无论是出口商还是进口商如果遇到资金困难，都可以通过对方或银行提供的信用来解决。在商品的转手过程中，信用成为最关键的因素。

（2）投资交易量较小、周期较短。一般来说，与中长期贸易信贷相比，短期贸易信贷的投资对象和领域是交易量较小、交易频繁的一般制成品、中间产品和原材料等，而不能涉足大型成套设备的贸易。从投资周期上看，它一般只投资于资金交易量小、周转期在1年以内的贸易活动。

（3）经营的业务方式十分复杂，涉及面广，兼顾出口和进口。

（4）短期信贷的利率以市场利率为基础，而且经常调整。

（5）短期信贷的风险较低，如发生风险国家一般不予特别担保，而且受市场调节的影响，政府的干预较少。

### （四）国际贸易短期信贷中对出口商的信贷

**1. 银行对出口商的信贷**

（1）打包放款。打包放款是指在采用信用证结算方式的条件下，出口商品装运前，出口商作为信用证的受益人，在组织商品生产、加工、揽货和包装的过程中，以进口商开立的不可撤销信用证为抵押，由结算银行给予的资金支持。银行向出口商发放打包放款的依据是出口商收到的国外订货凭证。

（2）出口押汇。出口押汇是出口商在货物发运之后，将货运单据交给银行，并出具以全套单据作为抵押品的抵押书，银行审核单证相符之后进行议付，即对汇票或单据扣除押汇日至预计收回款项之日期间的利息后付给对方。然后银行将单据寄交开证行索回货款以冲回原垫付资金。

（3）票据贴现。票据贴现是商业银行的一种特殊放款业务，是指出口商在票据到期前向银行融通资金，由银行买入未到期票据的行为。票据贴现是国际贸易中出口商融通资金的一种重要方式。

**2. 进口商对出口商的信贷**

（1）具有保证性质的预付款，是进口商执行合同的保证，通常称为定金。如果预付款的期限很短，占交易金额的比重不大，那么这种预付就具有保证性质。出口商要求进口商支付定金,是担心在供货期内货价下跌,进口商会拒绝执行合同,是为了约束进口商。保证性质的预付款,其金额一般相当于货价可能的下跌幅度。

(2)具有信贷性质的预付款,即进口商向出口商提供的信贷。

### (五)国际贸易短期信贷中对进口商的信贷

**1. 银行对进口商提供的信贷**

(1)承兑信用。出口商有时不完全相信进口商的支付能力。为了使汇票的付款有保证,出口商有时会提出汇票由银行承兑的条件。如果银行同意承兑汇票,就必须在规定的期限内兑付汇票。进口商则应在付款日前将款项交付承兑银行,以便其兑付出口商开出的汇票。办理承兑的银行不一定是进口商本国的银行,也可以是第三国银行。

(2)放款。银行对进口商放款的方式有透支和商品抵押放款两种。透支是指进口商可以向银行签发超过其往来账户余额一定金额的支票。商品抵押放款是进口方银行应进口商要求开立以出口商为受益人的凭货物单据支付的信用证,出口商提交货运单据,作为开证银行代付货款的保证。

(3)进口押汇。进口押汇是指进口商向开证银行出具抵押申请书,开证银行在取得进口单据和货物绝对所有权的条件下,同意先替进口商向出口商垫付货款。与出口押汇一样,进口押汇也有信用证进口押汇和托收进口押汇之分。

**2. 出口商对进口商提供的信贷**

(1)开立账户信贷。开立账户信贷是指出口商和进口商在订立协议的基础上,出口商发货后,将进口商应付的货款借记在进口商账户下,而进口商则将这笔货款贷记出口商账户,进口商在规定的期限内支付货款。

(2)票据信贷。进口商凭银行提交的单据承兑出口汇票,或者出口商将单据直接寄交进口商,进口商在一定期限内支付出口商的汇票。汇票期限的长短就是贷款期限的长短,它依据商品性质、买方资信及汇票能否在银行贴现而定。

## 二、国际贸易中长期信贷——出口信贷

出口信贷属于国际贸易中长期信贷。贸易短期信贷兼顾出口与进口需要,而出口信贷专注于促进本国商品的出口,加强本国商品的国际竞争力。目前,出口信贷已成为一种常用的信贷方式,在国际贸易中具有十分重要的作用。出口信贷的主要形式有卖方信贷、买方信贷、混合贷款和福费廷等。

### (一)出口信贷的概念

出口信贷是一种国际信贷方式,是指一国政府为支持和扩大本国大型设备等产品的出口,增强国际竞争力,对出口产品给予利息补贴、提供出口信用保险及信贷担保,鼓励本国的银行或非银行金融机构对本国的出口商或外国的进口商(或其银行)提供利率较低的贷款,以解决本国出口商的资金周转困难,或满足国外进口商对本国出口商支付货款需要的一种国际信贷方式。出口信贷与资本性货物相联系。

二战前，出口信贷较多地采用向外贷款、向内贷款、票据贴现放款等方式，这些方式在战后虽然仍采用，但在当代最重要、最常见的是买方信贷，除此之外，还有卖方信贷、福费廷、信用安排限额、混合信贷等。

## （二）出口信贷的主要特点

（1）投资周期较长，风险较高。短期贸易信贷的投资周期通常为1年或1年以内，资金周转较快，因而投资风险较低；而出口信贷都在1年以上，甚至长达5年以上，投资周期长，周转慢，相应的投资风险也较高。

（2）投资领域侧重出口的大型设备。短期贸易信贷的投资对象是一般的制成品、中间产品或原材料，并兼顾出口与进口需要；而出口信贷的主要对象则是大型机械设备或技术的贸易，交易额度较大，其投资的重点是急"出口"之所需，为本国产品（主要是成套设备）与技术的出口提供直接或间接的服务。

（3）有贷款用途的限制。贷款只能用于提供贷款国的大型机械设备或技术的出口。

（4）中长期限贷款。出口信贷的贷款期限都在1年以上，甚至5年以上，最长不超过10年。出口信贷是各国争夺销售市场的一种融资手段。

（5）比例贷款。为了减少可能出现的风险，最高贷款额一般不超过贸易合同金额的85%。

（6）利率较低。短期贸易信贷在利率收取与信贷条件方面与本国金融市场上的融资方式类似，也不受某些国际协定的约束；而出口信贷利率收取与信贷的条件则与国内一般的融资有明显的区别，即向本国出口商或国外进口商提供的中长期贷款的利率明显低于国内市场的利率，差额由国家补贴。

（7）与信贷保险紧密结合。由于这种投资方式提供的信贷偿还期限长、金额大，其风险较高，为保证投资资金的安全，发达国家一般都设有国家信贷保险机构，若发生贷款不能收回的情况，信贷保险机构将利用国家资金给予赔偿。这种方式实际上是利用国家力量来加强本国出口商在国际市场上的竞争力，促进资本货物的出口。

综上所述，出口信贷具有明显的国家资助的性质，这也是20世纪以来各国产业结构和经济形势变化的必然结果。

## （三）卖方信贷

### 1. 卖方信贷的概念和流程

卖方信贷是指出口方银行向本国出口商（卖方）提供贷款，以支持出口商因向外国进口商赊销大型机器设备等资本品所面临的融资需要。由于出口方银行是向本国出口商即卖方提供的贷款，因此称之为卖方信贷。

在卖方信贷中，出口商以延期付款方式向进口商出售资本货物。通常的做法是在签订合同后，进口商先付15%~20%的定金，其余货款在若干年内分期偿还，每半年偿还一次（包括利息）。出口商则通过与所在地银行签订贷款协议融通资金，利用陆续收到由进口商支付的货款分期偿还银行贷款。卖方信贷的业务流程如图12-1所示。

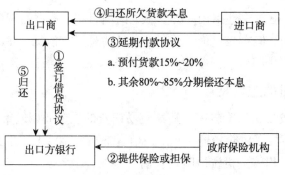

图 12-1　卖方信贷业务流程

**2. 卖方信贷的利弊**

利用卖方信贷，出口商除支付利息外，还要支付信贷保险费、承担费、管理费等。出口商通常会将这些附加费用加在货价上，因此通过卖方信贷购进的货物的价格高于以其他方式购进的货物的价格，一般高出 3%~4%，有时高达 8%~10%。由于进口商对这些附加费用及相关信息不够了解，出口商有可能借此获得更多的利润。对于进口商或进口方银行来说，以这种方式进口商品的手续比较简单，只需要与出口商打交道，无须进行多方面的洽谈。

我国从 1980 年开始办理卖方信贷，主要用于支持我国机电设备、成套设备和船舶的出口。卖方信贷采用 3 年以上延期收汇的方式，享受卖方信贷的出口项目需是经财政部同意的项目且需取得进口方银行的保证凭信。卖方信贷预收 15%~20%的定金，贷款金额不超过合同金额扣除定金部分。出口卖方信贷从借款到还清短则几年，长则十几年，因而需对每个贷款项目建立完整的档案，严格管理。

## （四）买方信贷

**1. 买方信贷的概念和特点**

买方信贷是为了支持本国出口商向国外出口大型机器设备，出口方银行直接向进口商或进口方银行提供的信贷，进口企业用这笔资金支付货款。由于这种信贷的借款人为买方，故称之为买方信贷。其信贷额一般是合同金额的 85%，其余的 15%是定金。定金在合同签订时先付 10%，第一次交货时再付 5%。贷款额按交货进程由出口方银行向进口商或进口方银行支付，亦即出口方银行向进口商或进口方银行提供的贷款。

买方信贷主要具有下列特点。

（1）使用买方信贷的出口，需要分签两个合同，一个是由买卖双方签订的进出口合同，另一个是由卖方银行与买主或买方银行签订的贷款合同。贷款合同以贸易合同为前提，但又独立于贸易合同。因此，买方信贷的手续比卖方信贷更为复杂。

（2）出口交易存在商务和财务两个方面的明显分界线。按照买方信贷的安排，出口商只负有商务方面的责任，即提供高质量的产品，保证迅速交货，令人满意地完成建厂和装配任务（若这是合同内规定的任务），保证设备的正常运转，提供担保书等。出口商一旦履行了这些要求，就不再有其他责任，因为合同内所规定的有关财务方面的安排是由提供买方信贷的金融机构即出口方银行负责的。

（3）虽然买方信贷规定由出口方银行向进口商或进口方银行提供贷款，但这笔资金不得从出口国转移到进口国境内。出口方银行只能依进口商（或借款者）的指示，凭交货单据向出口商支付货款。这笔款项就是贷款合同中规定向进口商提供的信贷，由进口商负责偿还。

**2. 买方信贷的形式**

（1）直接买方信贷。直接贷款给进口商的信贷称为直接买方信贷，做法是进口商与出口商签订贸易合同后，再与出口方银行签订贷款协议。然后进口商支付15%～20%的现汇定金，其余货款用出口方银行提供的买方信贷以现汇付款方式支付给出口商。进口商对出口方银行的欠款本息按贷款协议分期偿还。直接买方信贷的业务流程如图12-2所示。

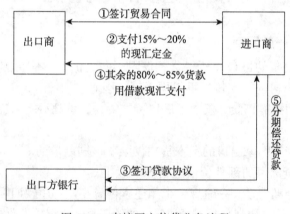

图 12-2　直接买方信贷业务流程

（2）间接买方信贷。贷款给进口方银行的买方信贷称为间接买方信贷，做法是进出口双方银行根据贸易合同签订法律上相对独立的贷款协议。进口方银行将贷款转贷给进口商用于以现汇向出口商付款，同时进口方银行需根据贷款协议分期向出口方银行偿还贷款本息。进口方银行和进口商之间的债权债务由双方商定清偿结算。间接买方信贷的业务流程如图12-3所示。

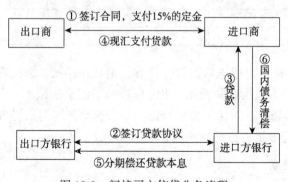

图 12-3　间接买方信贷业务流程

间接买方信贷比直接买方信贷更常用，因为间接买方信贷对进口商、出口商、进口方银行、出口方银行都有明显的好处。

对进口商而言，应用间接买方信贷，有关信贷手续和相关费用由银行处理，可以集中精力关注货物的技术、质量等级、包装、价格和有关的贸易条件等自己熟悉的领域。买方信贷费用由进口方银行和出口方银行双方商定，并由进口方银行支付给出口方银行，这笔费用往往少于卖方信贷下由出口商支付给出口方银行的费用。

对出口商而言，可以简化手续和改善财务报表。因为出口商出口货物时收入的是现汇，制定出口价格时无须考虑附加的信贷手续费等费用，只需参考同类商品的国际市场价格；此外，由于收入现汇，没有卖方信贷形式下的应收账款，可以改善财务报表情况。

对出口方银行而言，买方信贷是向进口方银行提供的，一般而言，银行信用大大高于商业信用（企业信用），出口方银行贷款安全收回的可能性较大。

对进口方银行而言，承做买方信贷业务可拓宽与企业联系的渠道，增加业务量和收益。

### 3. 买方信贷的一般原则

（1）接受买方信贷的进口商所得贷款仅限于向提供买方信贷国家的出口商或在该国注册的外国出口公司进行支付，不得用于第三国。

（2）进口商利用买方信贷，仅限于进口资本货物，一般不能以贷款进口原材料和消费品。

（3）提供买方信贷国家出口的资本货物仅限于该国制造的。若该货物是由多国部件组装的，则提供信贷国家的部件价值应占50%以上。

（4）贷款均为分期偿还，一般规定半年还本付息一次。还款期限根据贷款协议的具体规定执行。其利率受"出口信贷君子协定"的约束，该协定是工业国家为了协调彼此的出口信贷政策，在经济合作和发展组织内就贷款额、还款期限和利率等达成的"君子协定"，详见表12-1。"君子协定"的指导思想是限制主要出口国家对出口信贷的竞争性补贴。

表 12-1 "君子协定"的最长信贷期限和最低利率

| 国家类别 | 最长信贷期限/年 | 最低利率（1978年）/% | | 最低利率（1996年）/% | |
| --- | --- | --- | --- | --- | --- |
| | | 2~5年 | 5年以上 | 2~5年 | 5年以上 |
| 高收入国家 | 5 | 7.75 | 8 | 商业参考利率 | 只给予贷款 |
| 中等收入国家 | 8.5 | 7.25 | 7.75 | 10.05 | 10.55 |
| 低收入国家 | 10 | 7.25 | 7.50 | 9.20 | 9.20 |

利用买方信贷，进口商或进口方银行要支付信贷保险费、承担费、管理费等。因此，贸易合同的货物价格不包括这些费用，更能反映设备的真实成本。买方信贷比卖方信贷更为流行，在买方信贷中，间接买方信贷用得更普遍。我国与欧美各国银行签订的出口信贷合同多数属于贷给我方银行的买方信贷。

### （五）福费廷业务

#### 1. 福费廷的概念和特点

福费廷（forfaiting）即包买远期票据业务，是出口信贷的类型之一。这是一种较新的融资方式，主要用在延期付款的大型设备贸易中，出口商把经进口商承兑并由一流银行行担保的、期限为半年以上到五六年的远期汇票,无追索权地售予出口商所在地的福费廷机构,是提前取得现款的一种资金融通形式。

**2. 福费廷的业务流程**

福费廷的业务流程见图12-4。出口商准备采用福费廷融资方式时,应在签署贸易合同前,向福费廷机构提出申请,得到福费廷机构的报价和选择期。选择期是从福费廷机构提出报价到出口商作出融资决定之间的时期。选择期内福费廷机构单独承担利率或汇率风险,因此若选择期超过48小时,福费廷机构要收取一定的费用作为风险补偿。选择期最长不超过1个月,一般只有几天。在此期间,出口商可以根据福费廷机构的报价,加入融资成本,与进口商进行谈判。

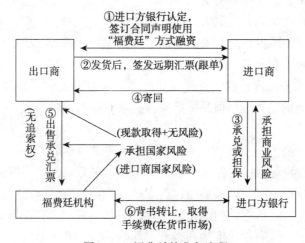

图12-4 福费廷的业务流程

贸易合同签署后,出口商将承做福费廷的决定及有关事项通知福费廷机构,选择期到此结束,福费廷业务进入承担期,即从合同签署到货物交割之间的时期。若出口商不能交货,从而不能出售远期票据,要向福费廷机构缴纳承担费。若福费廷机构资金不足,未能按约定包买票据,则要赔偿出口商以更高的代价融资所承受的损失。在承担期间,出口商要向福费廷机构提供进口许可证、外汇许可证、印花税支付证明等单据以便福费廷机构审查贸易的合法性。

在发货之前,若征得进口商的同意,出口商可预先出具票据,完成承兑、担保、无追索转让背书等工作。在发货之后,这些票据连同运输单据提交授权银行,由其加注票据的出票日期和到期日。

进口商把完整的票据提交福费廷机构时,后者需要核实汇票、本票、保付或保函的有关签字,这项工作往往请出口方银行代为办理。若票据审核无误,福费廷机构立即买下这些票据。出口商解除了一切收汇风险得到资金融通。包买商则获得了有担保的应收账款,可以到期收款,也可以在二级市场转售票据实现投资收益。

**3. 福费廷业务的利弊**

对出口商来说,通过福费廷业务进行融资,最大的好处是转嫁了风险。出口商出售远期票据后,立即获得现汇收入,避免了汇率风险。福费廷的固定利率融资可以有效地消除利率风险。首先，这种业务的无追索权特征可以使它避免信用风险。其次，由于福费廷业务一般存在选择期，出口商可以通过提高产品售价转嫁融资费用。最后，出口商可以摆脱贷款回收工作，也不必支付相关的费用。办理福费廷业务，银行虽然要向出口商收取各项费用，但这些费用都可以转移到货价上由进口商承担，所以对出口商来说可以减少信贷管理的费用。但是，这种融资方式的费用较高，对出口商有不利影响。

对进口商来说，福费廷的主要优点是在信誉不佳的情况下，也可便利地获得中期融资，保证贸易的顺利进行。此外，与买方信贷等融资方式相比，手续比较简便。但是，进口商必须寻找担保银行并支付担保费；同时，它必须以更高的进口价格的形式承担出口商转嫁的融资成本。

对福费廷机构来说，主要优点是收益率较高，明显高于它所报出的贴现率。此外，由于所购票据可以在二级市场上转让，使它拥有较强的选择性。但是，它无追索权地承担了各种收汇风险。为减少风险，需要详细了解担保行的信誉。如果邀请一流金融机构进行风险参与，还要支付相应的费用。

对于担保行来说，福费廷的主要优点是提供了获取可观的保费收入的机会。此外，担保行保留对进口商的追索权。但是，担保行必须对进口商的资信有全面的了解，承担的风险比较高。

对于某些风险较高的福费廷业务，福费廷机构还邀请当地的一流金融机构进行风险参与。作为代价，福费廷机构需要负担保费。同时，它必须保证债权凭证和进口方银行的担保是有效的，否则无权向风险参与银行索赔。风险参与银行提供的是独立于进口方银行担保之外的担保，但是它承担的是第二性的付款责任，只有在担保行违约的前提下才进行赔偿。风险参与使福费廷机构获得双重保险，也给风险参与银行带来新的收入来源，这对福费廷业务的发展有一定的促进作用。

### （六）混合信贷

**1. 混合信贷的概念**

混合信贷是在出口信贷的基础上发展起来的一种新型贷款形式，是由政府贷款、出口信贷和商业银行贷款混合组成的一种贷款。

向借款国提供的贷款，必须用于购买贷款国的资本商品和劳务。根据国际惯例，在出口信贷中，无论是买方信贷还是卖方信贷，进口商都要按设备总货款一定的比例向出口商支付现汇定金。由于近年来出口信贷利率不断调高，不利于某些发达国家设备的出口，因此一些发达国家为扩大本国的设备出口，加强出口竞争力，在出口方银行发放出口信贷的同时，出口国政府还从预算中拿出一笔资金，作为政府贷款或给予部分赠款，与出口信贷一同发放，以满足出口商或进口商支付当地费用与设备货款的需要。政府贷款或赠款占货款总额的比例视当时的政治经济情况以及出口商或进口商的资信状况而有所不同，一般占货款金额的 30%～50%。

**2. 混合信贷的形式**

西方国家提供混合信贷的形式大致可分为以下两种。

（1）一般混合贷款。外国政府和银行联合为某一项目贷款，但政府不出面签订贷款协议,而是利用两国银行间已有的买方信贷协议的额度和形式,在贷款条件上给予优惠。这种方式的特点是:资金来源不同,用款的渠道和方式相同。

(2)平行混合贷款。外国政府和信贷机构分别为某一项目提供政府贷款和买方信贷。首先由双方政府以议定书的形式,根据项目贷款原则确定金额和比例,然后由双方有关银行分别签订政府的金融协议和买方信贷协议,按协议规定分别用款。这种方式的特点是:项目的资金来源不同,用款的渠道和方式也不同。因为很难保证同步用款,所以需要在合同生效条款中另加限制性条款,即该合同须在有关政府贷款协议和买方信贷均生效后才能生效。

### (七)信用安排限额

信用安排限额是指出口商所在地的银行为了扩大本国一般消费品或基础工程的出口,给予进口商所在地银行以中期融资的便利,并与进口商所在地银行进行配合,促进较小贸易和金融业务的成交。

信用安排限额是20世纪60年代后期出现的一种新型的出口信贷形式。信用安排限额有以下两种形式。

**1. 一般用途信用限额,有时也称购物篮信用**

在这种形式下出口商所在地银行向进口商所在地银行提供一定的贷款限额,以满足对方许多彼此无直接关系的进口商购买该出口国消费品的资金需要。这些消费品是由出口国众多且彼此无直接关系的出口商提供的,出口方银行与进口方银行常常相互配合,促成交易。双方银行在总信贷限额下,采取中期贷款的方式,再逐个安排金额较小的信贷合同,给进口商资金融通,以向出口商支付。较小信贷合同的偿还年限为2~5年。

**2. 项目信用限额**

在这种形式下出口方银行向进口方银行提供一定贷款限额,以满足进口国的企业购买出口国的基础设备或基础工程建设的资金需要。这些设备和工程往往由几个出口商共同负责。项目信用限额与一般信用限额的条件与程序相似,不过借款主要用于购买工程设备。

## 第三节  保付代理业务

保付代理业务最早起源于18世纪的英国,并在20世纪50年代的美国和西欧国家发展成型。近20年来,保理业务在世界各国的国际贸易和国内贸易中都得到了广泛应用。与国外保理业务的迅速发展相比,我国的国际保理业务起步较晚,发展也十分缓慢。但我国加入世贸组织后,保付代理业务明显呈现增长势头。

### 一、保付代理的概念

保付代理(factoring)简称保理,应用于国际间的保理则称为国际保理。国际统一私法协会《国际保理公约》对保理的定义是:保理是指卖方、供应商、出口商与保理商间存在的一种契约关系。根据该契约,卖方、供应商、出口商将其现在或将来的基于其与买方(债务人)订立的货物销售或服务合同所产生的应收账款转让给保理商,由保理商为其提供下列服务中的至少两项：贸易融资、销售分户账管理、应收账款的催收、信用风险控制与坏账担保。

### （一）贸易融资

出口商在发货或提供技术服务后，将单据递交保理商，保理商立即以预付款形式向出口商提供不超过单据金额80%的无追索权融资，相应地按市场优惠利率加上适当的加息率（通常为2%）计算利息，基本上可以解决出口商因赊销而引起的资金占用问题。

### （二）销售分户账管理

在卖方续做保理业务后，保理商会根据卖方的要求，定期或不定期向其提供关于应收账款的回收情况、逾期账款情况、信用额度变化情况、对账单等各种财务和统计报表，协助卖方进行销售管理。

### （三）应收账款的催收

保理商一般有专业人员和专职律师进行账款追收。保理商会根据应收账款逾期的时间采取信函通知、打电话、上门催款直至采取法律手段等方式催收应收账款。

### （四）信用风险控制与坏账担保

卖方与保理商签订保理协议后，保理商会为债务人核定一个信用额度，并在协议执行过程中，根据债务人资信情况的变化对信用额度进行调整。对于卖方在核准信用额度内的发货所产生的应收账款，保理商提供100%的坏账担保。也就是说，如果进口商拒付货款或不按期付款，保付代理组织不能向出口商行使追索权，需自行承担全部风险。这是保理业务最主要的内容。

保理业务能够很好地解决赊销中出口商面临的资金占压和进口商信用风险的问题，因而在欧美、东南亚等地日渐流行，在世界各地发展迅速。

## 二、保理业务的类型

根据保理业务涉及保理的情况，通常可分为双保理模式和单保理模式，其中双保理模式是目前国际上最为流行的形式，在欧洲和北美开展的保理业务大多采用这一模式，而单保理模式则更多地用于国内保理业务中。

### 1. 双保理模式

出口商所在地的保理组织与进口商所在地的保理组织有契约关系，它们分别对出口商的履约情况及进口商的资信情况进行了解，并加以保证，促进交易的完成与权利义务的兑现。

### 2. 单保理模式

单保理模式又分为直接进口保理和直接出口保理。前者是进口商所在地保理组织直接与出口商联系，并对其汇款，一般不通过出口商所在地的保理组织转送单据，在美国这种情况较多。后者是出口商所在地的保理组织直接与进口商联系，并对出口商融资，一般不通过进口商所在地的保理组织转送单据。

## 三、保理业务的程序

出口商欲通过保理业务，将赊销后的应收款项售予保理组织，取得资金融通的便利，与保理组织签订保理协议，规定双方必须遵守的条款与应负的责任。协议有效期一般为1年，但近年来不再规定明确的有效期，保理组织与出口商每半年会谈一次，调整协议中一些过时的、不适宜的条款。对于国际保理业务，出口保理商与进口保理商之间签有国际保理协议，出口保理商与出口商之间也签有国际保理协议。

签订协议后，保理业务一般通过下列三个流程进行，每一个流程又分为若干步。

流程一：额度申请与核准

第一步，出口商寻找有合作前途的进口商。

第二步，出口商向出口保理商提出续做保理的需求，将进口商的名称及有关情况报告给本国保理组织，并要求为进口商核准信用额度。

第三步，出口保理商将上述资料整理后，通知进口商的保理组织，并要求进口保理商对进口商进行信用评估。

第四步，进口保理商对进口商的资信进行调查，并将调查结果及可以向进口商提供赊销金额的具体建议通知出口保理商。

第五步，若进口商资信可靠，向其提供赊销金额建议的数字也积极可信，出口保理商就会将调查结果告知出口商，并对出口商与进口商的交易予以确认。

流程二：出单与融资

第六步，如果进口商同意购买出口商的商品或服务，出口商根据进口保理商核准的信用额度开始供货，并将附有转让条款的发票寄送进口商。

第七步，货物装运后，出口商把有关单据售予出口保理商。

第八步，出口保理商通知进口保理商有关发票详情。

第九步，若出口商有融资需求，出口保理商付给出口商不超过发票金额80%的融资款。

流程三：催收与结算

第十步，进口保理商于发票到期日前若干天开始向进口商催款。

第十一步，进口商于发票到期日向进口保理商付款。

第十二步，进口保理商将款项付给出口保理商。如果进口商在发票到期日90天后仍未付款，进口保理商做担保付款。

第十三步，出口保理商扣除融资本息（如有）及费用，将余额付给出口商。

## 四、保理业务对进口商、出口商和银行的好处

**1. 对出口商的好处**

（1）手续比较简便，操作简单。保理业务既不像银行贷款那样需要复杂的审批手续、可行性评估等，也不像抵押贷款那样需要办理抵押品的移交和过户手续。

（2）有利于改善企业的财务结构和财务指标。保理商提供的是无追索权融资，出口商可以将这种应收款看作正常的销售收入，而不必像银行贷款或其他形式的融资那样记

在资产负债表的负债栏内,所以资产负债表中的负债不仅不会增加,反而会使表中资产增加,改善负债/资产比率。

(3)增加营业额和利润。对于新的或现有的客户提供更有竞争力的付款条件,以拓展海外市场,增加营业额。出口商将货物装运完毕后,可立即获得现金,满足营运需要,加速资金周转,促进利润增加。

(4)降低风险。只要出口商的商品品质和交货条件符合合同规定,在保理商无追索权地购买其票据后,出口商就可以将信贷风险和汇价风险转嫁给保理商,出口商可以得到100%的收汇保障。

(5)节约管理成本。资信调查、账务管理和账款追收都由保理商负责,减轻了出口商的业务负担,可以节约管理成本。

**2. 对进口商的好处**

(1)进口手续简化。经常往来的进出口双方,可根据交易合同规定,定期发货寄单。通过保理业务,买方可以迅速得到进口物资,按约定条件支付货款。这样可以极大地节省开证、催证等的时间,简化进口手续。

(2)降低进口成本,增加营业额。保理业务适用于以商业信用购买商品,进口商通过保理商进行支付结算。这样,进口商不需要向银行申请开立信用证,不必交付押金,从而可以减少资金积压,降低进口成本。同时,利用这种有利的付款条件,能以有限的资本购进更多货物,加快资金流动,增加营业额。

(3)增加利润。凭借公司的信誉和良好的财务表现而获得卖方的信贷,无须抵押担保,省去了开立信用证和处理繁杂文件的费用,在批准信用额度后,购买手续简化,进货快捷。由于加快了资金和货物的流动,生意更兴旺,可以增加利润。

**3. 对银行的好处**

对商业银行而言,开办保理业务不仅丰富了业务品种,拓宽了市场范围,而且可以带来可观的利润。一般来说,作为出口保理商的银行,除了可以获得发票金额 0.1%~0.4%的佣金外,还可以通过向出口商提供融资服务获得收益;作为进口保理商的银行,由于承担买方信用风险,因此佣金比例更高,一般为发票金额的 0.4%~1%,并可以收取一定的银行费用和单据费用。

扩展阅读 12.2　北方建设国际保理业务案例

## 第四节　国际信贷的其他形式

### 一、项目贷款

20世纪70年代以来,石油、天然气、交通运输、电力等大型国际工程项目日益增多。这些项目的开发耗资巨大且周期长,项目的投资风险超出了项目投资者所能够和愿意承担的限度，传统的融资方式已不能满足此类大型、巨型项目融资的要求。在这种情况下，一种新型的国际信贷方式——项目贷款应运而生，并获得了快速发展。

### （一）项目贷款的概念和特点

项目贷款是指为特定的工程项目提供贷款，贷款人用该项目所产生的现金流量和收益作为偿还贷款的资金来源，并将该项目或经营该项目的经济单位的资产作为贷款的担保。由于项目的建造所需资金数额大、期限长、风险高，单独一家银行难以承担全部贷款，所以项目贷款往往采用银团贷款方式。其特点如下：

（1）贷款人不是凭主办单位的资产与信誉作为发放贷款的原则，而是根据为营建某一工程而组成的承办单位的资产状况及该项目完工后的经济效益作为发放贷款的原则。传统的贷款方式是向主办单位发放贷款，项目贷款是向承办单位发放贷款。

（2）不是一两个单位对该项贷款进行担保，而是与工程项目有利害关系的更多单位对贷款可能发生的风险进行担保，以保证工程按计划完工、营运，有足够的资金偿还贷款。

（3）工程所需资金来源多样化，除贷款取得建设资金外，还要求外国政府、国际组织给予援助，参与资金融通。

（4）项目贷款是"无追索权或有限追索权"融资方式。贷款风险高，贷款利率偏高。

### （二）项目贷款的参与人

项目贷款涉及多方面的参与人，包括主办单位、承办单位、外国合伙人、项目贷款人、设备供应人、担保方、项目设施使用方或项目产品的购买方、项目建设的工程承包方、外国政府官方保险机构、托管人和中介机构。他们各自在项目贷款和项目建设中的职责与作用不同。

**1. 主办单位**

主办单位即项目的主管单位和部门，负有督导项目实施落实的责任。贷款虽非根据主办单位的保证而发放，但如发生意外的情况，导致项目所创造的收入不足以偿付债务，主办单位在法律上负有拿出差额资金用以偿债的责任。因此，贷款人发放贷款时，对主办单位的资信情况也十分关注。

**2. 承办单位**

承办单位有独资的，也有与外商合资的，是专门为工程项目筹措资金并经营该工程而设立的独立组织。承办单位直接参与项目投资和项目管理，并承担项目债务责任和项目风险。承办单位的组织形式可以分为契约式合营、股权式合资和承包三种，需要根据项目的具体情况选择合适的承办单位组织形式。

**3. 外国合伙人**

外国合伙人是由承办单位选择的。一项巨大的工程项目是否有资力雄厚、信用卓著、经营能力强的外国合伙人参与是贷款人提供贷款的重要考虑因素。此外，外国合伙人有可能另行对该项目提供贷款，也可协助该工程项目从国外市场融通资金，并且可以利用外国合伙人入股的产权基金。

### 4. 项目贷款人

商业银行、非银行金融机构、一些国家政府的出口信贷机构及国际金融组织都可以是项目贷款人。贷款规模和项目风险是决定参与银团的银行数目的重要因素。一般来说，贷款金额越高，项目风险也越高，需要越多的银行组成银团以分担风险。

### 5. 设备供应人

运输机械设备、电力、原材料等供应商的资信与经营风格是贷款人考虑是否发放贷款的因素之一，因此项目设备的供应人在保证项目按时竣工方面发挥重要作用。争取以延期付款方式向供应商支付货款，是承办单位获得信贷资金的一条渠道。

### 6. 担保方

除了项目投资者通常要为项目公司借入的项目贷款提供一定的担保以外，贷款人为了进一步降低风险，有时还会要求东道国中央银行、外国的大银行或大公司提供保证，特别是完工保证和偿债保证。

### 7. 项目设施使用方或项目产品的购买方

项目使用方或项目产品的购买方通过与项目公司签订项目产品的长期购买合同或项目设施的长期使用协议，为项目贷款提供重要的信用支持。

### 8. 项目建设的工程承包方

承包公司是决定工程技术成败的关键因素，其信誉在很大程度上可以直接影响贷款人对项目建设风险的判断，因此其技术水平和声誉是能否取得贷款的因素之一。

### 9. 外国政府官方保险机构

银行等信贷机构为工程项目提供贷款，常常以能否取得政府官方保险机构的信贷保险为先决条件，这些机构也是项目贷款的主要参与人。

### 10. 托管人

在国际大型工程项目的资金筹措中，往往有托管人介入。他们的主要职责是直接保管从工程产品购买人处所收取的款项，用以偿还对贷款人的欠款。托管人保证在贷款债务清偿前，承办单位不得提取或动用这笔款项。

### 11. 中介机构

由于项目融资规模巨大，涉及不同国家的当事人，因此项目投资者或贷款人往往需要聘请具有专门技能与经验的专业人士和中介机构来完成组织安排工作。这些中介机构有项目融资顾问、法律顾问、税务顾问等，他们在项目融资活动中发挥着非常重要的作用，在某种程度上甚至可以说是决定项目融资成败的关键。

### 12. 政府机构

政府机构在项目融资中也起着很重要的作用。政府机构可为项目开发提供土地或特许经营权，为项目提供条件优惠的出口信贷或贷款担保、投资保险，甚至为项目批准特殊的外汇政策或税务政策等，这些对于完成一次成功的项目融资都十分重要。

### (三) 项目贷款的类型

项目贷款主要有无追索权和有限追索权两种类型。其中有限追索权的项目贷款是目前国际上普遍采用的一种项目贷款形式。

**1. 无追索权项目贷款**

无追索权项目贷款对贷款人来说风险很高,一般很少采用。它是指贷款机构对项目的主办单位没有任何追索权,只能依靠项目所产生的收益作为还本付息的来源,并可在该项目的资产上设立担保权益,除此之外,项目主办单位不再提供任何信用担保。如果该项目中途停建或经营失败,其资产或收益不足以清偿全部贷款,贷款人也无权向主办单位追偿。

**2. 有限追索权项目贷款**

通常意义的项目贷款,均指这种有限追索权项目贷款。在有限追索权项目贷款中,贷款人除依赖项目收益作为偿债来源,并可在项目单位的资产上设定担保物权外,还要求与项目完工有利害关系的第三方当事人提供各种担保。第三方当事人包括设备供应人、项目产品的买主或设施的用户、承包商等。当项目不能完工或经营失败,项目本身资产或收益不足以清偿债务时,贷款机构有权向上述各担保人追索。但各担保人对项目债务所负的责任,仅以各自所提供的担保金额或按有关协议所承担的义务为限。

### (四) 项目贷款的担保

由于项目贷款中,贷款金额大、时间长、风险高,贷款人普遍要求承诺和担保,以防范风险。借款国的政府为了本国经济的发展,要做出一些承诺和担保,尤其在政治上、政策上和自有资金的投入上都要持务实的态度,以降低项目风险,增强外国银行和外商的投资信心。项目贷款的担保有直接担保、间接担保、有限担保、抵押担保和默示担保。

**1. 直接担保**

直接担保是指担保人为项目单位即借款人按期还本付息而向贷款人提供的直接保证。具体形式有三种:①责任担保,多数是由主办单位提供的。一旦借款人违约,则担保人承担连带责任。②银行和其他金融机构的担保。担保人的主要义务是:"如借款人未按期还本付息,则由担保人承担支付义务。"担保书中的其他内容大都是保护贷款人利益的保护性条款。③购买协议。主办单位与贷款人之间的协议。协议一般约定:"若项目不能按期完工,以致影响项目贷款的偿还,则由主办单位买下所有贷款款项。"

**2. 间接担保**

间接担保是指担保人为项目单位即借款人按期还本付息而向贷款人提供的间接保证。间接保证的主要形式有:①货物是否收取均需付款合同;②设施(或劳务)是否使用均需付款合同;③取得货物付款合同;④按固定价格与数量供应原材料合同。

**3. 有限担保**

在项目贷款的担保中一般采用有限担保形式。有限担保是指担保人为项目单位在时间上、金额上,或同时在时间和金额上提供的有限保证。在时间上的有限担保是担保人把担保限定在一个特定时间内,如限定按期完工担保,完工后担保解除。为满足贷款人的要求，项目单位常把完工担保条件写入承包商的承建合同中。

#### 4. 抵押担保

抵押担保是指项目单位将设于借款国的项目设施及其他财产抵押给贷款人，作为担保。实际项目贷款中，贷款人还要求项目单位向其转让项目合同项下的权利和权益，如货物是否收取均需付款合同项下的收益、保险赔偿金的收益和承建合同项下的索赔收益等，以免与项目有关的收益为他人所得，从而为贷款人收回本息提供一定的保证。

#### 5. 默示担保

默示担保在我国称为见证书，是指由当地政府或项目主办单位根据贷款人或项目单位的要求签发的一种表示对项目支持的信函。默示担保是道义上的承诺，无法律约束。但是默示担保的信函由项目所在地政府发出，这种信函虽无法律约束力，但有道义责任。国际银团认为当地政府既然认可并批准该项目，即可避免日后当地政府放弃该项目的情况发生。

## 二、国际租赁

### （一）国际租赁的概念

狭义的国际租赁即跨国租赁，是指分别处于不同国家或不同法律体系下的出租人与承租人之间的一项租赁交易。国际租赁对承租人的作用包括：为承租人提供了一种有效的、成本较低的国际融资工具；提高了承租人的外汇使用效率；可根据实际情况选取不同的租金支付方式；租赁公司为承租人提供全方位的服务，加快了承租人获取资金的速度。国际租赁对出租人的作用包括：扩大了设备的销路；可以获得较高的收益；能够享受税收和加速折旧的优惠。

租赁贸易是当代经济交易中最为活跃的一种贸易方式。发达国家的固定资产投资，超过 1/3 是通过租赁贸易方式实现的。无论在国内贸易还是在国际贸易中，租赁市场均是一个对供需双方都很有吸引力的市场。

### （二）国际租赁的形式

#### 1. 经营租赁

经营租赁主要是满足经营上的临时需要和季节性需要而租赁资产。经营租赁由租赁公司提供用户所需的设备，并负责设备的保养维修；用户按租约交租金，租用期满退还设备。

经营租赁的特点如下。

（1）租期较短，承租人在每次租约期间所支付的租金不足以偿付出租人为购买设备的资本支出及利润，在美国称为"不完全付清"租赁。

（2）经营租赁所出租的设备一般属于需要高度保养管理技术的、技术进步快的泛用设备或机械等。承租人使用这种设备的期限一般较短。承租人之所以租而不买，一为避免资金积压，二为防止技术落后。

（3）出租人一般负责设备的保养维修，租金中包括这项费用。

（4）承租人预先通知出租人，可中止租赁合同。

## 2. 融资租赁

融资租赁，即由租赁公司出资购买用户选定的设备，然后出租给承租人，在设备使用期内，双方不得随意终止合同；出租人保留设备的所有权，承租人拥有使用权；设备的维修由承租人负责，租赁公司在租赁期内把设备的价款、利息、手续费等全部以租金的形式向承租人收取。

融资租赁具有筹资和租赁的双重职能。融资租赁的主要形式有直接融资租赁、杠杆租赁和售后租赁。

融资租赁的主要特点如下。

（1）承租人在租约期间分期支付的租金数额足以偿付出租人为购置设备的资本支出并有盈利，在美国称为"完全付清"的租赁。

（2）租约期满，承租人对租赁设备有留购、续租或退租三种选择。留购时有两种价格选择，即用实际价格或名义价格购买。

（3）设备的维修保养一般由承租人负责。

（4）租赁合同一经签订，原则上承租人不得解除租约。

（5）承租人负责检查制造商提供的设备，并代出租人接受这项资产。出租人对设备的质量与技术条件不予担保。

## 3. 综合租赁

综合租赁是与其他贸易方式相结合的租赁。例如，租赁业务与补偿贸易、来料加工、包销等贸易方式的结合，扩大了出租人和承租人之间的贸易往来。综合租赁大多以实物产品的形式支付租金。

综合租赁的主要特点如下。

（1）租赁是所有权和使用权相分离的一种物资流动形式。

（2）租赁是融资与融物相结合，物资与货币间交流的运动形式。

（3）租赁是国内外销售的辅助渠道。

## 4. 衡平租赁

出租人从银行借得60%～80%的资金，本身投资设备价款的20%～40%购买设备，将设备出租给承租人。由于这种租赁方式享有减税较多的优惠，可以降低租费向用户出租。

衡平租赁的特点如下。

（1）在法律上至少要有三方面的关系人，即承租人、出租人和贷款人。

（2）一般衡平租赁还牵涉其他两方面的关系人：物主托管人和契约托管人。前者的职责是为出租人的利益保持设备的主权，后者的职责是为贷款人的利益保持设备的抵押权。

（3）贷款人对出租人提供的贷款成为衡平租赁的基础。由于契约托管人拥有出租设备的抵押权，故贷款人不得对出租人行使追索权。

（4）租金偿付须保持均衡，每期所付租金不得相差悬殊。

（5）出租人只投资设备价款的20%～40%，却可得到100%的税务优惠。

（6）租约期满，承租人按租进设备残值的公平市价留购该设备或续租，不得以象征性价格付款留购该设备。

### 5. 回租租赁

回租租赁由出租人从拥有和使用设备的单位买入该设备,然后将该设备返租给原单位使用,原单位成为承租人,按租约规定支付租金。

回租租赁业务主要用于已使用过的设备,通过返租,原设备的所有者可将出售设备所得的资金另行投资或做他用,使资金周转加快。

### (三)国际租赁程序

(1)选定设备。

(2)承租人向国内租赁公司申请租赁,在国内租赁公司掌握并了解承租人所需设备的技术条件、商务条件及承租人财务状况的条件下,国内租赁公司与承租人洽谈租赁条件,并签订租赁合同。

(3)国内租赁公司就用户指定的设备物件与国外制造商洽谈,并签订买卖合同。

(4)国内租赁公司与国外租赁公司洽谈将其购买的设备转让给国外租赁公司并向其提出租赁申请,租进该项设备。

(5)国内租赁公司与国外租赁公司商讨租赁条件,签订租赁合同。

(6)国外租赁公司向国外制造商缴付设备价款,购进设备。

(7)国外制造商向承租人发运货物,承租人做好报关、运输、提货及检验工作。

(8)承租人按期向国内租赁公司缴付租金。

(9)国内租赁公司向国外租赁公司缴付外汇租金。

(10)租进设备的维修保养,按合同规定与不同租赁方式的惯例,由承租人、制造商或出租人负担。

(11)租赁合同期满,根据规定,对设备进行不同方式的处理。

### (四)国际租赁的利弊

#### 1. 对承租人的利弊

(1)有利因素。企业无须自筹大量资金即可引进先进设备,并能迅速加以利用、投产、创造利润,而且能高效率地使用有限的资金,使承租人腾出资金用以扩大投资项目。与利用出口信贷购买设备相比,承租人用租赁引进设备是全额融资,资金的利用率高;而利用出口信贷要支付定金,须垫付设备价款15%的现金。与利用商业银行贷款购买设备相比,采取租赁方式引进设备有下列好处:租赁期限一般长于商业银行借款期限,有的租赁基期可达15年以上;无须交存商业银行借款常须交纳的"抵偿结存",可以降低筹资成本;在资产负债表中反映不出流动负债比率削弱,不影响承租人股票债券的上市与进一步融资能力;将借款与购买设备的两道手续简化为一道手续——租赁,因此环节减少,手续简便,到货快,可及时投产。

(2)不利因素。租金总计高于直接购买的价格,租金的利率一般高于贷款利率。对租赁设备只有使用权,没有所有权,因而不得随意处理、改造设备结构或构件。出租人因本国税法变更而使其出租成本增加时,由承租人负担,从而加大了承租人的成本。

#### 2. 对出租人的利弊

(1)有利因素。出租人租赁出口机器设备、运输工具等,具有扩大出口、推销商品的作用。特别是在国际经济不景气、市场销售条件恶化、机器设备生产开工不足的情况下，利用租赁是扩大市场的一种手段。作为出租人的外国租赁公司，大多为银行的附属机构，或以银行为主要股东，因而易于取得银行优惠利率的信贷，可以降低租金，延揽租赁客户。一些发达国家，如美、英、法等国税法上均对出租人给予税收优惠；出租人通过租赁还可向承租人提供设备的维修、零配件的更换、技术培训与咨询等服务，扩大无形贸易出口，赚取更多的外汇。

（2）不利因素。收回资金周期长，影响资金周转。在租赁基期内，租赁物归出租人所有，尽管设备投保但仍要承担一定风险。

## 三、政府与金融机构贷款

### （一）政府贷款

政府贷款，又称国家贷款、外国政府贷款或双边官方援助性贷款，是指一国政府利用财政资金向另一国政府提供的优惠性贷款。

政府贷款是具有双边经济援助性质的优惠性贷款。政府贷款的期限较长，属于中、长期贷款，一般是10年、20年或30年。政府贷款属于优惠性质的贷款，分为无息贷款和计息贷款两种。无息贷款即贷款免付利息，但要支付一定的手续费；计息贷款即贷款要支付利息，但其赠与成分应高于25%。所谓赠与成分，就是根据贷款的利率、偿还期限、宽限期和综合贴现率等，计算出衡量贷款优惠程度的综合性指标。政府贷款的赠与成分均超过25%，因此都属于具有国际经济援助性质的优惠贷款。

**1. 政府贷款的特点**

（1）政府贷款是以政府的名义进行的双边政府间贷款，因此需要经过各自国家的政府通过，完成法定批准程序。

（2）一般在两国政治、外交关系良好的情况下进行，是为一定的政治、外交关系服务的。

（3）属于中长期无息或低息贷款，是具有经济援助性质的贷款。

（4）一般受贷款国的国民生产总值、财政收支与国际收支状况的制约，因此规模不会太大。

**2. 政府贷款的影响因素**

政府贷款既然是利用国家财政资金向外国政府提供的优惠贷款，必然受下列各种政治、经济因素的影响与制约。

（1）政局的稳定与外交关系的改善。提供贷款与借入贷款的国家的政局基本上处于稳定或趋于稳定的状态，至少是提供贷款国政府相信借款国政府的局势趋于稳定，这是进行政府贷款的前提。如果提供贷款国的政局不稳定或者处于政变动荡，则很难对外提供贷款。提供贷款与借入贷款的两国政府相互之间的外交关系与政治气氛是否良好，也是影响提供政府贷款与否的一个因素。

（2）提供贷款国政府的财政收支状况。国家财政收支良好时，该国政府所能提供的政府贷款可能多一些；而当该国财政状况恶化时，可能提供的贷款就会少一些。但是，实行赤字预算财政政策的国家，即使预算赤字很大，仍然对外提供一定的政府贷款。

（3）提供贷款国的国际收支状况。向外国提供优惠性的政府贷款，会影响其国际收支状况，表现为国际支付的增加；当借款国还款或支付利息时，则表现为国际收入的增加。因此，当一国国际收支状况良好，国际收支呈现顺差并拥有相当的外汇储备时，可能提供的贷款就会多一些；而当该国国际收支状况恶化，国际收支出现逆差，黄金或外汇储备流失时，可能提供的政府贷款就会减少。

### 3. 政府贷款的机构和条件

（1）贷款机构。政府贷款是利用国家财政资金进行的借贷，一般由政府的财政主管或通过财政部由政府设立的专门机构办理。例如，美国国务院下设"国际开发署"，日本经济企划厅下设"海外经济协力基金"，科威特政府设有"阿拉伯经济发展基金会"，这些都是办理政府间双边贷款事宜的专门机构。

（2）贷款程序。一般来说，贷款程序主要分为如下三个步骤。

①申请贷款。借款国通过对所需贷款的建设项目进行可行性研究，编制可行性研究报告、建设项目实施计划书及其他有关贷款申请文件，一般经本国驻贷款国的大使馆向贷款国政府转达贷款申请。

②审查与承诺。贷款国政府对申请贷款文件进行研究与审查，在认为可行的情况下，结合本国情况，研究决定贷款的金额、利率使用条件和偿还期限等事宜，并将作出的决定由外交部门通知贷款国，这一过程即承诺。

③协商与签字。两国政府就贷款条件和事项进行协商，达成协议后，签字并宣布生效。如果一笔贷款包含几个建设项目，可在贷款总协议签订后逐项签订贷款协议，也可由总协议一次签订。如果贷款必须分年度使用，可分年度再签订协议。所有贷款协议由专门机构执行。

（3）贷款期限。贷款期限均在贷款协议中予以规定，具体包括下面三部分。

①贷款的使用期，或称提取期限。一般规定1～5年。

②贷款的偿还期。一般规定从某年开始在10年、20年或30年内，每年分一次或两次偿还贷款的本金和利息。

③贷款的宽限期。贷款使用后的一段时间内只付息不还本的期限，一般规定5年、7年或者10年。

（4）贷款的附加条件。政府贷款虽为优惠性质，但它毕竟要为提供贷款的国家的政治、外交与经济利益服务。政府贷款除去贷以现汇（可自由兑换外汇）外，有时还会规定下面一些附加条件。

①借款国所得贷款限于购买贷款国货物，从而带动贷款国商品出口，扩大其商品输出规模。

②限制取得贷款的国家采用公开招标方式，或者只能从包括经济合作与发展组织成员国在内的以及发展援助委员会所规定的发展中国家和地区的"合格资源国"采购商品。

③使用政府贷款时，连带使用一定比例贷款国的出口信贷。这样既可以带动贷款国民间金融资本的输出和商品输出，又可以获得使用出口信贷时进口国应付的5%～15%的现汇收入。

扩展阅读 12.3  中国政府两优贷款推动落实"一带一路"倡议

## （二）国际金融机构贷款

**1. 国际货币基金组织贷款**

国际货币基金组织所经营的主要业务就是发放贷款，但它所发放的贷款不同于国际金融市场上的贷款，而是划分为若干类型，具有以下特点。

（1）贷款方式特别，以采用成员的货币"购买"外汇（弥补国际收支差额所需的外汇）的形式出现。成员还款时，则以原来购入的外币购回本国或本地区货币。

（2）贷款对象仅限于成员政府，对私人企业和组织概不贷款。国际货币基金组织只与成员的财政部、中央银行或其他类似财政金融机构往来。

（3）贷款用途仅限于解决成员国际收支不平衡的短期资金需要，用于贸易和非贸易经常项目支付。贷款期限一般为3~5年，利率较低。

（4）贷款额度受成员缴纳的份额限制，与其份额成正比。

**2. 世界银行贷款**

世界银行即国际复兴开发银行。

（1）贷款政策

①银行贷款只贷放给成员。世界银行只向成员政府或由成员政府、中央银行担保的机构提供贷款，但也曾向某些成员管辖下的机构提供贷款。

②贷款一般与世界银行审定批准的特定项目相结合。该项贷款必须用于借款国的特定项目，而且是经过银行审定，认为在经济上和技术上是可行的，并且是借款国政府最优先考虑的。只有在极为特殊的情况下，才发放非项目贷款。

③借款国确实不能以合理条件从其他来源得到贷款。

④贷款只贷放给有偿还能力的成员。世界银行是一个金融机构，它主要依靠在国际货币市场上借入资金向成员提供贷款，必须确保其贷出的资金能如期回收，因此它只贷给有偿还能力的成员。

⑤世界银行在决定承诺贷款前，首先要审查申请国或地区的偿债能力，审查的范围包括管理能力、宏观经济政策、部门经济政策、金融政策、财政状况、货币制度、预算制度、开支管理制度。其次要了解该国或地区的技术水平、出口、国际收支、外债、创汇能力、对进口依赖程度、资源分配结构及能否从其他来源取得外援等方面的情况。

（2）贷款特点

①贷款须与特定的工程项目相联系。这些工程项目须经世界银行精心挑选，详细核算，严密监督和系统分析。借款国或地区必须向世界银行提供有关经济、财政及贷款项目等方面的情况和全部资料。世界银行提供项目建设费用的全部或部分外汇需要。项目中的当地费用开支部分，世界银行只在特殊情况下才提供。

②贷款期限较长。世界银行贷款短则数年，最长可达30年，平均约为17年，宽限

期 4 年左右。期限较长，是因为贷款结合建设项目进行。这是世界银行贷款受借款国或地区欢迎的主要原因之一。

③贷款利率参照资本市场利率，但一般低于市场利率。

④手续严格。从提出项目到取得贷款，一般需要 1 年半到两年时间。世界银行审定贷款的手续总的来说是科学严谨的。借款国或地区取得贷款不仅可以得到利率较低的资金，而且可以学到较为先进的技术知识和管理经验，有利于提高贷款使用的经济效率和还款能力。

⑤贷款必须如期归还。世界银行的贷款一般不能拖欠或改变还款日期。

### 3. 国际开发协会贷款

国际开发协会是世界银行的一个附属机构，专门对较穷的发展中国家发放条件较宽的长期贷款。

国际开发协会的任务，主要是向较穷的发展中国家的公共工程和发展项目提供比世界银行贷款条件更优惠的长期贷款。协会提供的资金称为信贷，世界银行提供的资金则称为贷款。二者的区别在于，协会的信贷条件比较优惠，原则上只贷给较穷的发展中国家。开发协会的贷放部分称为软贷款，实际上只贷给成员政府，不收利息，只收 0.75% 的手续费，对未用部分的信贷收 0.5% 的承担费。信贷期限较长，可达 50 年，并有 10 年宽限期（前 10 年不必还本），第二个 10 年每年还本 1%，其余 30 年每年还本 3%。

因为协会集中援助最贫穷国家，其援助的项目的特点是：投资收益率高，同时又能提高生产率；应用的技术较简单，使低收入阶层也能掌握，并可减少项目建设费用；平均费用低，以便能够建设更多的项目；提供一系列的帮助，如在农业项目中提供良种、化肥、信贷、技术援助等，最大限度地提高生产率和收入。

### 4. 国际金融公司贷款

世界银行的贷款以成员政府为对象，而对私人企业贷款需由政府担保，因此在一定程度上限制了世界银行业务活动的开展。为了扩大对私人企业的国际贷款，根据美国国际开发咨询局的建议，在世界银行下设立了国际金融公司。该公司配合世界银行，资助成员，特别是发展中国家私人企业，使其获得增长，以促进成员的经济发展。国际金融公司对发展中国家私人企业的新建、改建、扩建等项目提供贷款（不需要政府担保），促进外国私人资本在发展中国家投资，促进发展中国家资本市场的发展。

国际金融公司的贷款对象主要是亚非拉发展中国家的制造业、加工业及开采业，如建筑材料、纺织、造纸、肥料、机械、化工、采矿、公用事业、旅游业等。此外，该公司还贷款给当地的开发金融机构，通过联合投资活动，在组织工业发达国家的资本输出方面起着重要作用。

## （三）国际商业银行贷款

### 1. 国际商业银行信贷的含义

国际商业银行信贷是一国借款人在国际金融市场上向外国贷款银行借入货币资金。国际商业银行信贷包含三层含义。

（1）国际商业银行信贷是在国际金融市场上进行的。国际金融市场有传统的国际金融市场和新型的国际金融市场两种。新型的国际金融市场是指20世纪50年代末期在西欧各国形成的欧洲货币市场。目前，欧洲货币市场已发展成为世界上规模最大的国际金融市场。

（2）国际商业银行信贷是在一国借款人与外国贷款银行之间进行的。银行信贷的当事人包括债务人与债权人。债务人是世界各国的借款人，包括银行、政府机构、企业、国际机构；债权人则是外国的大商业银行。贷款银行可以是独家的，也可以是由多家银行组成的贷款银团。

（3）国际商业银行信贷是采取货币资本（借贷资本）形态的一种信贷关系。无论是最初的贷放或最终的收回，银行信贷均采取货币资本形式。目前，世界上有150多种货币（纸币），但仅有40多个国家的货币可自由兑换，大多数国家的货币不能自由兑换，因而不能充当国际信贷使用的货币。

**2. 国际商业银行信贷的种类**

国际商业银行贷款按贷款期限分为短期信贷、双边中期信贷、银团贷款三类。

（1）短期信贷即1年期以下的贷款，短则1天、1周、1个月、3个月，长则6个月、1年。商业银行短期信贷都是在银行间通过电话、电传成交，事后以书面形式确认，完全凭银行同业间的信用。

（2）双边中期贷款即一家银行对另一家银行提供的金额在1亿美元左右的贷款，贷款期限为3～5年。这种贷款双方要签订贷款协议。

（3）银团贷款（又称集团贷款、辛迪加贷款）即金额大（超过1亿美元）、期限长（1年期以上）的贷款。一般是由一家银行牵头，组成由几家或更多的银行参与的银团，共同提供贷款。牵头银行为主要贷款银行，其他银行为参与银行。借款者只同牵头银行签订贷款协议。

**3. 国际商业银行信贷的条件**

（1）贷款者的选择。在国际资金市场上筹措资金时，一般来讲，借款者要对贷款者做必要的调查研究，然后再决定是否进一步商谈。通常在国际资金市场上，借款者对贷款者选择的条件，首要的并不是借入货币的种类、利率水平的高低等问题，而是贷款者的信誉、贷款者所提供资金的来源和可靠程度。

（2）货币选择。银行信贷所使用的货币是提供信贷的重要条件之一。一般可分为硬币与软币两大类。硬币是指币值比较稳定、汇率较坚挺的货币；软币是指币值不稳定、汇率趋于下跌的货币。国际银行信贷中，在货币选择上借贷双方的利益是对立的。一般来说，借款人选择软币作为信贷货币较为有利，因为软币的贬值会相对地减轻债务负担；相反，贷款银行选择硬币有利，因为硬币增值会带来额外收入。但是，货币的选择不是由借款人或贷款银行单方面决定的，而是由借贷双方议定的。在国际金融市场上，软币的利率一般高于硬币的利率。因此，借款者在选择银行信贷应使用的货币时，不能只考虑各种货币的软硬情况，而应把汇率和利率结合起来考虑。

（3）贷款的利率。伦敦银行同业拆放利率是指在伦敦欧洲货币市场上，银行与银行之间1年期以下的短期资金借贷利率，银行的商业贷款都是以这个利率为计算基础的。在伦敦市场上常见的伦敦银行同业拆放利率报价有两个即贷款利率和存款利率。二者之差就是贷款银行的营业收入。通常所说的伦敦银行同业拆放利率一般是指贷款利率。通常情况下，国际金融市场上银行间同业贷款，除按伦敦银行同业拆放利率支付利息外，如果贷款期限超过1年，则依期限的长短分别再加上一个附加利率，这个附加的利率称为加息率。

借款者在借款时，对伦敦银行同业拆放利率的确定方法主要有：由借贷双方按伦敦市场上某一主要银行的同业拆放利率报价，磋商确定；由贷款方银行确定；以贷款方银行的同业拆放利率报价同另一家不参与该项贷款的银行的同业拆放利率报价的平均值计算；以指定的两家或三家不参与该项贷款的银行同业拆放利率报价的平均值计算。

## 思考与练习

1. 简述国际信贷的形成原因及经济影响。
2. 国际贸易短期信贷有哪些类型？
3. 什么是保付代理业务？有什么作用？
4. 简述出口信贷的概念、形式及特点。
5. 简述福费廷业务对进口商和出口商的利弊。
6. 简述福费廷业务的概念和特点。
7. 简述福费廷业务与国际保付代理业务的区别。
8. 什么是项目贷款？有哪些类型？
9. 简述国际租赁的概念、特点和类型。
10. 比较经营租赁和金融租赁。
11. 试述国际项目贷款的主要风险与风险控制。
12. 简述政府贷款的作用和意义。

商业保理与银行保理

即测即练 扫码答题

# 第十三章

# 外汇风险防范

【学习目标】

- 了解外汇风险的基本概念及其构成因素
- 知道外汇风险的产生原因和测度方法
- 识别外汇风险的类型及不同经济主体面临的外汇风险
- 熟悉外汇风险的管理原则、过程及策略
- 掌握外汇风险的防范方法

随着全球经济一体化的不断深入,各国之间的贸易往来也愈发频繁。国际贸易的迅速发展,使防范外汇风险成了涉外企业、跨国公司、银行和国家关注的问题。近年来汇率波动幅度加大,无疑对外汇风险管理提出了更严峻的挑战。

## 第一节 外汇风险概述

### 一、外汇风险的概念

外汇风险是指一个经济实体、组织或个人,一定时期内在国际经济、贸易、金融等活动中,由于汇率变动而引起以外币计价的资产与负债的价值上升或下跌可能造成的损益。汇率变动可能给以外币计价的资产或负债的所有者带来损失,也可能带来收益。当外汇汇率上升时,若以外币计价的资产大于以外币计价的负债,则给所有者带来收益;若以外币计价的资产小于以外币计价的负债,则给所有者带来损失。若外汇汇率下降,则情况相反。由此可见,外汇风险产生于汇率变动的不确定性,当汇率向有利于当事人的方向变化时,就产生风险报酬;当汇率向着不利于当事人的方向变化时,就产生风险损失。风险正是指这种未来结果的不确定性——外汇风险不单指损失,也可能指意外收益。通常情况下,人们提到外汇风险时总是强调它可能带来的损失,以至风险被误认为是损失,这是需要澄清的。风险带来的后果可能有三种情况:一是不赔不赚,二是损失,三是收益。风险和损失不能等同,风险是对未来的一种预期,而损失是对已发生事件结果的具体描述。只要存在导致损失的可能性,就可以认为存在风险,但是只有当风险实际发生并造成不良后果时,才可以称之为损失。由于存在风险变动的意外收益,所以在经济生活中,有些经济主体愿意承担外汇风险,以期获得风险报酬。

## 二、外汇风险的构成因素

在国际经济活动中，若以本币收付，不存在货币兑换的问题，就没有外汇风险；若出口商要求进口商在签订贸易合同时预先支付外币（非出口商所在国的货币），出口商可以按当时的汇率进行兑换，对出口商来说，也不存在外汇风险；若进口一批货物，不使用本币，如美国的一家公司使用出口中得到的英镑购买等额的英国商品，也不存在外汇风险。但是，进出口双方中一方不存在外汇风险并不意味着另一方也不存在外汇风险，可能是一种风险的转嫁。例如，使用本币计价时，本国可以摆脱外汇风险，但是本币对外国人来说是外币，外国企业仍然面临外汇风险。

构成外汇风险的因素有本币、外币和时间。缺少其中任何一个因素，企业便不会面临外汇风险。外汇风险的高低与时间成正比，时间越长，汇率变动的可能性越高，外汇风险也越高。但是，在同样长的时间内，汇率波动并不一样，因为影响汇率的各种因素处于不断运动的过程之中。这三个因素也可归结为外汇风险产生的两个前提条件：一个是地点差，一个是时间差。外币、本币之间存在汇率折算是因为地点差的存在。如果没有时间差，即在同一个时点上，当然也就没有外汇风险。外汇风险的防范从根本上说就是消除时间差和距离差。

从国际外汇市场外汇买卖的角度来看，买卖同一种外汇未能抵消的部分，面临汇率变动的风险，未抵消部分为"受险部分"或"外汇敞口"，包括直接受险部分和间接受险部分。直接受险部分是经济体参加以外币计价结算的国际经济交易而产生的，其所承担的外汇风险金额是确定的；间接受险部分是因汇率变动对一国经济的盛衰、国内物价水平的升降和经济结构的调整等宏观经济变量产生影响，而使国民经济的所有部门和各行各业在一定程度上承受的外汇风险。间接受险部分是那些不使用外汇的部门及个人承担的风险，该风险的金额是不确定的，也难以量化，只能进行定性分析，所以在考虑外汇受险部分时不考虑这一部分。

## 三、外汇风险的特性

一般来说，决策者会事先考虑预测到的汇率变化并加以处理。只有预料之外的汇率变动才会产生外汇风险。或然性、不确定性和相对性是外汇风险的三大特性。

外汇风险的或然性是指外汇风险可能发生也可能不发生，不具有必然性。

外汇风险的不确定性是指外汇风险给持有外汇或有外汇需求的经济实体可能带来损失，也可能带来收益，具体取决于在汇率变动中的经济实体债权债务地位和汇率变动的方向。

外汇风险的相对性是指外汇风险带给交易一方的损失，就是交易对方的收益。大多数外汇风险具有相对性，但在外汇期权交易中可能出现单面性。

## 四、外汇风险产生的原因

外汇风险产生的根本原因是汇率的变化。根据汇率决定理论，影响汇率变动的因素极为复杂。一般来说，这些因素主要包括汇率制度变化、财政和货币政策、通货膨胀率、经济增长率、国际收支状况、利率、国际政治局势的变化等。在外汇管制的国家中汇率变动还受国家政策法规的影响和制约。

**1. 汇率制度变化**

不同的汇率制度产生不同的汇率变动规律，金本位制度和固定汇率制度下，汇率波动较小，外汇风险不高，常被人们忽略。随着布雷顿森林体系解体，世界各主要经济大国都采取浮动汇率制度，浮动汇率制度下各国不再规定法定货币含金量和汇率波动的上下限，汇率上下波动成为正常现象，各种经济、政治因素常常使外汇汇率在短期内大起大落，加大了国际金融领域的动荡和国际贸易、国际借贷及其他涉外经济活动中的外汇风险。另外，浮动汇率制度赋予各国自行决定汇率的权力，各国中央银行为了将汇率控制在一个合理的水平上，以实现有利于本国经济发展的目标，会频繁干预外汇市场，尤其是主要货币国加强货币合作，共同干预外汇市场，对汇率波动起着不容忽视的作用。

**2. 财政和货币政策**

一国的财政和货币政策对汇率波动起着决定性作用。根据购买力平价和利率平价理论，在一定条件下，汇率由两国的通货膨胀率和利率决定，如果一国实行紧缩性的货币政策，提高利率，降低通货膨胀率，在对应国家货币价值不变的情况，将导致本币升值，外汇汇率下跌。相反，如果一国实行放松银根的膨胀性货币政策，则利率下跌，通货膨胀率上升，最终将引起外汇汇率的上浮，进而产生各种外汇风险。财政政策可以通过税收和财政支出两大政策手段调节整个社会的货币需求。如果财政赤字扩大，货币需求增加，在货币供应不变时，将提高利率，从而引起汇率的改变。

**3. 物价水平变化**

当一国的货币流通量大于实际需求量时，就会导致物价上涨，这意味着货币的对内贬值。在市场经济条件下，对内贬值必然会影响一国货币的对外价值，最终导致本币的对外贬值，即本国货币汇率下跌。同时，由于货币的国内购买力下降，物价上涨，会导致短期资本外逃，造成资本项目逆差，从而影响汇率。针对当前国际贸易情况，一方面，美元汇率的不断下行推动物价持续上升，全球性的通货膨胀问题变得极为严重；另一方面，原材料市场供需矛盾急剧加大，导致原材料价格大幅上涨，从而使企业的生产成本不断提高。

**4. 经济与金融发展变化**

未来世界经济运行变数加大，经济发展变幻莫测，特别是金融创新不断深化，金融衍生工具种类越来越多。这些衍生金融工具大都是高杠杆交易，在规避外汇风险的同时也将风险进一步放大，一旦预测失误，所带来的损失往往是致命的。

**5. 国际收支**

国际收支是对外币汇率起连接作用的因素，因为国际收支状况决定外汇的供给和需求。如果一国国际收支出现顺差，外币收入增加，本币相对外币升值，外币贬值，外汇行市随之下跌；相反，如果一国国际收支出现逆差，外币收入减少，外汇需求必然大于供给，外汇行市随即上涨。可见，国际收支状况直接引起外汇供求关系的变化，进而对汇率产生直接影响。

#### 6. 利率的变化

利率是资金的使用价值,也是一国货币的时间价值,其升跌变化直接关系资金供给者和使用者的成本与收益。从长期的动态作用看,利率的变化会导致物价的变动,物价的变动会影响进出口和国际资本的流出与流入,进而引起汇率的变动。

#### 7. 国家的政治局势

国家的政治局势也是造成外汇风险的原因之一。如果一国政局动荡,经济发展缓慢,必然会引起本币贬值,外汇风险增加。

### 五、外汇风险的测度

外汇风险的测度方法包括直接度量法和间接度量法。外汇风险的直接度量法是衡量汇率的波动给有关外汇市场经济主体的外汇资产价值带来影响的度量方法。通过这类金融风险度量方法,外汇市场经济主体的管理者可以直接掌握汇率发生变动的情况下外汇投资组合的损失。直接度量外汇风险的方法主要有外汇敞口分析法、VAR 度量法和极端情形度量法。企业通常使用回归的方法度量汇率波动与企业价值变动之间的关系,从而间接描述外汇风险。

#### 1. 外汇敞口分析法

外汇敞口分析是衡量汇率变动对银行当期收益的影响的一种方法。外汇敞口主要来源于资产、负债及资本金的货币错配。当在某一时段内,银行某一币种的多头头寸与空头头寸不一致时,所产生的差额就形成了外汇敞口。在存在外汇敞口的情况下,汇率变动可能会给银行的当期收益或经济价值带来损失,从而形成汇率风险。在进行敞口分析时,银行应当分析单一币种的外汇敞口,以及各币种敞口折成报告货币并加总轧差后形成的外汇总敞口。对单一币种的外汇敞口,银行应当分析即期外汇敞口、远期外汇敞口及即期、远期加总轧差后的外汇敞口。对因存在外汇敞口而产生的汇率风险,银行通常采用套期保值和限额管理等方式进行控制,具体包括净汇总敞口计量方法、总汇总敞口计量方法、汇总短敞口计量方法。

(1) 净汇总敞口计量方法。净汇总敞口(NAP)计量方法是使用银行中各外币多头头寸所形成的长敞口减去空头头寸所形成的短敞口后取绝对值。如果外汇敞口的组合中各外币间的变动程度高度相关,短敞口与长敞口之间的外汇风险就可以相互抵消。在这种情况下,利用净汇总敞口计量方法来衡量银行的外汇风险是最合适的。计算公式为

$$NAP = |L - S| \qquad (13\text{-}1)$$

其中,$L$ 为各外币多头的长头寸,$S$ 为各外币空头的短头寸。净汇总敞口计量方法是以德国金融监管当局为代表的一些国家的银行业所使用的计算银行外汇风险的方法。

(2) 总汇总敞口计量方法。总汇总敞口(GAP)计量方法是使用银行中各外币多头头寸所形成的长敞口加上空头头寸所形成的短敞口。如果外汇敞口组合中各外币间的变动完全不相关,短敞口与长敞口之间的外汇风险不能相互抵消。在这种情况下,利用总

汇总敞口计量方法来衡量银行的外汇风险是最合适的。计算公式为

$$GAP = |L + S| \quad (13\text{-}2)$$

其中，$L$ 为各外币多头的长头寸，$S$ 为各外币空头的短头寸。总汇总敞口计量方法是以日本金融监管当局为代表的一些国家的银行业所使用的计算银行外汇风险的方法。

（3）汇总短敞口计量方法。汇总短敞口（BAP）计量方法则是选择银行中各外币多头头寸所形成的长敞口和空头头寸所形成的短敞口之间值较大的一方。计算公式为

$$BAP = \max(L, S) \quad (13\text{-}3)$$

其中，$L$ 为各外币多头的长头寸，$S$ 为各外币空头的短头寸。汇总短敞口计量方法是巴塞尔委员会所要求的在银行衡量外汇风险时计算外汇总敞口的方法。中国银行业在 2004 年 3 月 1 日起实施的《商业银行资本充足率管理办法》中也指出，中国商业银行中外币总净敞口的计量采用的是 BAP 计量方法。

外汇敞口分析是银行业较早采用的汇率风险计量方法，具有计算简便、清晰易懂的优点。但是，外汇敞口分析也存在一定的局限性，主要是忽略了各币种汇率变动的相关性，难以揭示由于各币种汇率变动的相关性所带来的汇率风险。

**2. VAR 度量法**

VAR 模型利用金融理论和数理统计理论把一种资产组合的各种市场风险结合起来用一个单一的指标（VAR 值）来衡量。VAR 值是衡量各种市场风险的一个指标，其金融意义是金融资产在正常市场波动下未来潜在的最大损失。

VAR 值是在正常的市场条件下和给定的置信度内，某一金融资产或资产组合在未来特定持有期内的最大可能损失，其公式为

$$p(w(\Delta t, x) \leqslant VAR) = 1 - c \quad (13\text{-}4)$$

其中，$x$ 为风险因素（如利率、汇率等市场因子），$c$ 为置信水平，$\Delta t$ 为持有期，$w(\Delta t, x) = w(t, x) - w(t_0, x)$（大于 0 是收益，小于 0 是损失）为损益函数，$w(t_0, x)$ 为资产的初始价值，$w(t, x)$ 为 $t$ 时刻资产的预测价值。

若某金融机构在某天 99% 的置信度下的 VAR 值为 –500 万美元，则该金融机构可以以 99% 的可能性保证未来 24 小时内由于市场因素的变化而遭受的损失不会超过 500 万美元。

从 VAR 的统计定义中可以看出 VAR 值是由持有期 $\Delta t$、置信水平 $c$ 和风险因子 $x$ 三个基本要素组成的：持有期可以为一天、一周甚至是一个月等，具体资产的持有期可以根据该资产的流动性强弱来确定，对于流动性较好的金融资产（如外汇、股票等），一般会比较关注持有期较短的 VAR 值，相应地对于流动性较弱的金融资产（如债券等）会比较关注持有期较长的 VAR 值；置信度主要是根据金融机构对风险的厌恶程度决定的，选取的置信度越大，则说明金融机构对风险的厌恶程度越大；由 VAR 值的计算过程可知，风险的度量是先通过把风险映射成为风险因素，通过风险因素描述资产价值的变化，进一步反映资产面临的风险大小。

若令 $W_0$ 为资产的初始价值，在给定的置信度 $c$ 下，资产在持有期内的最小价值为

$W^* = W_0(1+R^*)$，VAR 值的计算公式为

$$\text{VAR} = W_0 - W^* = W_0 - W_0(1+R^*) = -W_0 R^* \qquad (13\text{-}5)$$

由计算公式可知，求解 VAR 值实际上就是求解在给定的置信水平下的最小收益率 $R^*$。进一步，若该资产的未来收益率是一个随机的过程，假定未来收益率 $R$ 的概率密度函数为 $f(R)$，若要求给定置信度下 $c$ 的资产未来最低收益率 $R^*$，有

$$c = P(R \geqslant R^*) = \int_{R^*}^{x} f(R) \mathrm{d}R \qquad (13\text{-}6)$$

或

$$1 - c = P(R \langle R^*) = \int_{-x}^{R^*} f(R) \mathrm{d}R \qquad (13\text{-}7)$$

无论 $R$ 的分布是离散的还是连续的，尾部是厚还是薄，式（13-6）和式（13-7）对于任何分布都是有效的。

VAR 方法的本质是通过对资产历史信息的掌握预测未来，但是 VAR 方法对于未来波动的预测给出的不是一个具体的定值，而是一个概率分布，对概率分布进行假定以后通过历史信息对概率分布的参数进行估值。不同 VAR 模型的区别在于对概率分布的不同假设。VAR 的计算方法主要有三种，即历史模拟法、蒙特卡罗模拟法和分析法。

历史模拟法是 VAR 的计算方法中最直观、最简单的，它是一种基于经验的简单的方法，不需要对市场因子的概率统计分布做假设，直接根据 VAR 方法的定义计算即可。可以通过一个例子说明其主要步骤：假如要计算 95% 置信度下某项金融资产的 VAR 值，则首先需要将该资产的收益率时间序列按照由小到大的顺序排列，然后找出第（5% 样本总数）个收益率序列样本点，该数值乘以其头寸就是在给定持有期的 95% 置信度下的 VAR 值。

蒙特卡洛模拟法本质上和历史模拟法是非常相似的，都是先将收益率序列由小到大排序，然后根据给定的置信度找出相对应的收益率序列，从而进一步得到 VAR 值。但不同于历史模拟法，蒙特卡洛模拟法中使用的收益率序列是通过随机数发生器产生的，并不是历史数据，而随机数发生器产生数据依据的是根据历史数据计算出来的均值、方差等统计特征。所以蒙特卡洛模拟的假定是历史与未来的变化情形是相同的。

VAR 值计算方法中的分析法一般也称为方差–协方差法，与前两种模拟方法是角度完全不同的计算方法。其主要步骤为：首先根据收集到的历史数据计算出收益率序列的方差、均值、相关系数等统计特征；然后假定收益率序列服从某种分布，一般来说，大多假定为正态分布，根据历史数据计算出来的统计特征把相应概率分布的参数估计得出；最后根据假定的分布和估计得出的参数，根据式（13-6）可以计算出给定置信度的最低收益率，该数值乘以其头寸就是在给定持有期和置信度下的 VAR 值。

**3. 极端情形度量法**

虽然 VAR 较为准确地测量了金融市场在正常波动情形下资产组合的外汇风险，但实际金融市场中极端波动情形和事件时有发生。如果发生这些事件，经济变量间和金融

市场因子间的一些稳定关系就会被破坏，原有外汇市场因子之间的相关性、价格关系及波动性都会发生很大改变，而VAR在这种极端市场情形下存在较大的估计误差。为此，可以采用EVT、CVAR、Copula、ES等方法测量极端金融市场情形下的外汇风险。

**4. 间接度量**

汇率的变动对宏观经济变量发生作用，再通过种种经济的传导机制，最终使企业的价值发生改变。这种未预期到的汇率变动所引起的公司价值的变化也称外汇风险暴露。公司通常使用回归的方法度量汇率波动与公司价值变动之间的关系，从而间接描述外汇风险。

外汇风险暴露是指公司价值因外汇变动的影响而产生的变动，亦即外汇的变动会影响公司的现金流量。模型表示如下：

$$R_{it} = a_0 + a_{ix}e_{xt} + a_{it} \tag{13-8}$$

其中，$R_{it}$为公司在$i$时期的营业收入变动率，$e_{xt}$为汇率变动率，$a_0$为常数项，$a_{it}$为残差值。

用回归方法测量外汇经济风险暴露的优点在于：计算过程非常简便，并且其结果以数量的形式表示出来，简单明了，便于公司的管理人员进行其他定量分析。但该方法也存在一些不足：①在计算外汇风险暴露时，只能计算整个外汇风险暴露，而难以将外汇经济风险暴露与外汇交易风险暴露、外汇会计风险暴露区分开来；②在选择模型形式时，若对模型形式的选择根据主观判断进行，则具有较大的随意性；③在构造模型时，难以将影响公司价值的所有因素均引入模型中，从而在计算的外汇风险暴露中，既有外汇风险暴露也包含了其他因素引起的风险暴露，从结果上直接表现为模型的拟合效果均不是很好；④进行参数估计时，需要大量的数据，常常出现数据不足或数据难以获得的情况。

扩展阅读 13.1　中国企业外汇风险管理现状

## 第二节　外汇风险的类型

外汇风险的类型可按照不同的标准划分。以下从风险承受对象的角度分析外汇风险的种类（见图13-1）。

### 一、企业面临的外汇风险

企业面临的外汇风险主要有交易风险、会计风险和经济风险三种。在经营活动中的风险为交易风险，在经营结果中的风险为会计风险，在预期经营收益中的风险为经济风险。

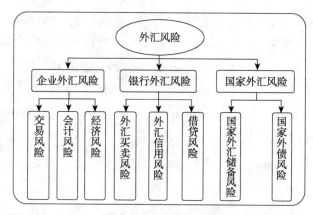

图 13-1　外汇风险的类型

### （一）交易风险

交易风险（transaction risk）是指企业在以外币计价或结算的交易中，从交易发生到交易完成的这段时间里由于外汇汇率波动而引起应收资产与应付债务价值发生变化的风险，是一种流量风险。交易风险的结果是经营主体实实在在地损失一定量以本币计量的经济价值。外汇交易风险的作用机制见图 13-2。

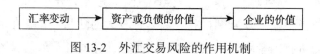

图 13-2　外汇交易风险的作用机制

凡是涉及外币结算或收付的任何商业活动或投资行为都会产生交易风险。交易风险从本质上看，应归于经济风险，但是由于交易风险的发生机制简单、直接且数量巨大，因此将交易风险单列。可以将交易风险细分为：以外币计算的赊购或赊销；以外币偿付的借款和贷款；未履行的外币远期合同；其他将来可取得的外币资产及应支付的外币负债。

（1）在进出口贸易中，如果在支付外币货款时，外汇汇率较合同签订时上升，进口商将付出更多的本国货币或其他外币；如果在收进外币货款时，外汇汇率较合同签订时下跌，出口商将兑换到更少的本币或其他外币，从而产生交易风险。

例如，我国某外贸公司从美国进口一批价值 20 万美元的设备，合同规定 3 个月后以美元结算，签订合同时美元的汇率是 USD/CHY：6.485 0/60。3 个月后，该外贸公司需购买美元支付货款，如果付款时的美元汇率是 USD/CHY：6.585 0/60，该外贸公司将付出比签订贸易合同时更多的本币，损失人民币 2 万元。由此可知，在进口贸易中，如果对进口商来说，贸易合同是以外币结算的，当外汇汇率在支付外币货款时比签订贸易合同时上涨了，进口商将付出更多的本国货币；而对出口商来说，在以外汇结算的出口贸易中，外汇汇率在支付外汇货款时比签订贸易合同时上涨了，出口商将收到更多的本国货币。当外汇汇率降低时，结果正好相反。

（2）在资本输出中，如果在外币债权债务清偿时外汇汇率下跌，债权人只能收回相对更少的本币或其他外币；在资本输入中，如果在外币债务清偿时外汇汇率上涨，债务人将付出更多的本币或其他外币,从而产生交易风险。

例如,某美国公司借入95亿日元,年利率为5%, 3年后一次还本付息。3年支付利息14.25亿日元,到期还本付息109.25亿日元。签约时市场汇率为USD/JPY：109.00/10。如果3年后市场汇率变为USD/JPY：104.00/10,那么该公司需用美元购进日元偿付日元债务。由于日元汇率上升,要用9 134.62万美元（＝95亿日元/104.00）来偿还95亿日元的本金,另外还要用1 370.19万美元（＝14.25亿日元/104.00）来支付14.25亿日元的利息,共需支付1.050 5亿美元。而按签约时的汇率计算,偿还109.25亿日元的本息,公司只需支付1.002 3亿美元（＝109.25亿日元/109.00）。可见,由于美元汇率下跌,公司多支付了482万美元（1.050 5亿–1.002 3亿）。

### （二）会计风险

会计风险（accounting risk）,又称折算风险（translation risk）、换算风险、转换风险或账面风险,是指跨国公司的母公司与海外子公司合并财务报表时由于汇率变化而引起资产负债表中某些以外币计量的资产、负债、收入、费用等项目在折算为本币时金额发生变动的风险,是一种账面损失的可能性,所以是一种存量风险。

会计核算是企业经营管理的主要内容之一,一般通过编制资产负债表反映其经营状况。企业在编制综合财务报表时使用的报告货币称为记账本位货币（reporting currency）,企业在经营活动中流转使用的各种货币称为功能货币（functional currency）。企业通常以本币进行会计核算,而跨国公司的海外子公司的财务报表大多按所在国的当地货币进行表述。因此,拥有外币资产负债的企业就要将原来以外币度量的各种资产和负债,按一定汇率换算成本币来表示,以便汇总编制综合的财务报表。一旦功能货币与记账本位货币之间的汇率发生变动,如记账本位货币升值,同样多的功能货币的价值在账面上就减少了,这就是会计风险。会计风险在合并会计报表的过程中,只影响国内母公司的账面价值,海外子公司的实际经济价值并没有减少。这也是它不同于交易风险的地方。例如,某跨国公司在美国的子公司年初收回货款20万美元,按当时的市场汇率USD/CHY：6.456 0/66,折算成129.12万元人民币。假如年底总公司合并财务报表时,市场汇率变为USD/CHY：6.356 0/66,那么20万美元只能折合127.12万元人民币,这就使合并财务报表的账面价值减少了2万元人民币。

会计风险的大小除与企业进行会计转换时以外币计价资产和以外币计价负债的金额大小有关外,还与企业采用的会计转换方法有关。进行会计转换的基本方法通常有下面三种。

（1）流动/非流动法（current/noncurrent method）。对流动资产（包括现金、应收账款、存货）和流动负债（主要是应付账款）采用现行汇率（进行会计转换时的市场汇率）折算;对非流动资产（主要是固定资产）和非流动负债（主要是长期负债）采用历史汇率（资产负债发生时的汇率）折算。在这种方法中,只有流动资产和流动负债面临转换风险。这是最古老的方法,美国已不采用,但现在仍有一些国家在采用。

（2）货币/非货币法（monetary/nonmonetary method）。对货币性资产（包括现金和应收账款）和货币性负债（应付账款和长期负债）采用现行汇率折算;对非货币性资产（包括存货和固定资产）采用历史汇率折算。在该方法中，只有货币性资产和货币性负债面临转换风险。

（3）现行汇率法（current rate method）。对所有的资产和负债项目均按现行汇率折算。在这种方法下，所有转换的资产和负债项目都面临转换风险。现行汇率法已成为美国公认的习惯做法，并逐渐为其他国家所采用。

对存货、固定资产及长期负债以风险性和非风险性进行的划分如表 13-1 所示。

表 13-1　三种换算方法判断存货、固定资产及长期负债的风险性

| 项目 | 流动/非流动法 | 货币/非货币法 | 现行汇率法 |
| --- | --- | --- | --- |
| 存货 | 风险性 | 非风险性 | 风险性 |
| 固定资产 | 非风险性 | 非风险性 | 风险性 |
| 长期负债 | 非风险性 | 风险性 | 风险性 |

### （三）经济风险

经济风险（economic risk），又称经营风险（operation risk），是指由于外汇汇率发生意外波动而引起企业未来收益发生变化的一种潜在的风险。风险的高低主要取决于汇率变动对企业产品的销售额、利润率、成本价格的影响程度。潜在的经济风险直接关系企业在海外的经营效果和投资收益。由于交易风险和折算风险的影响是一次性的，而经济风险影响的时间较长，所以企业必须对经济风险的防范给予足够的重视。

经济风险分析是跨国公司从整体上预测、规划和进行经济分析的一个具体过程。经济风险有下面三个特点。

（1）带有主观意识。因为它取决于一定时期内公司预测未来现金流量的能力，而公司的这种能力是千差万别的。

（2）不包括可预期的汇率变动。因为公司管理当局或广大投资者在评价预期收益或市场价值时，已把预期的汇率变动列入预估营业结果及市场价值的评估之中了。

（3）经济风险的影响比交易风险和折算风险的影响大。因为这种风险不但影响公司在国内的经济行为与收益，还直接影响公司在海外的经营收益或投资收益。

此外，企业还面临税收风险（tax exposure），即因汇率的变动而引起的应税收益或应税损失。这是一种范围比较小的风险，因国而异，但也不可忽视。

会计风险、交易风险、经济风险的区别如图 13-3 所示。

从损益结果的衡量上看，交易风险和会计风险均可根据会计程序进行，可以用一个明确的具体数字表示，具有静态性和客观性的特点。而经济风险的衡量则需要根据经济分析，从企业整体经营上进行预测、规划和分析，涉及企业财务、市场、生产、价格等方面，因此带有一定的动态性和主观性的特点。

从衡量风险的时间看，交易风险和会计风险的损益结果只突出了企业在过去已经发生的交易在某一时点的外汇风险的受险程度，而经济风险则要衡量将来某一段时间内出现的外汇风险，如短期（1 年以内）、中期（1～5 年）及长期（5 年以上）的不同时间段内，汇率的波动对以上各期的现金流量、外汇经济风险的受险程度及企业资产

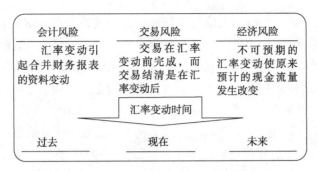

图 13-3 会计风险、交易风险、经济风险的区别

价值的变动将产生不同的影响。因此,经济风险的影响随时间段的不同而有所不同。

从企业不同管理层次的角度看,可以从单笔外汇交易,也可以从子公司经营的角度衡量交易风险的损益结果。而经济风险则只能从公司整体考察。这一整体可以是跨国公司的全局,也可以是子公司的全局。会计风险一般只能从母公司的角度衡量其受险程度。

交易风险和会计风险是汇率变动对过去的、已发生的以外币计价交易的影响,经济风险则是汇率变动对未来纯收益的影响。交易风险关系到现金流动,对企业造成真实损益,即汇率变动给交易风险的承担者带来实实在在的损失或者收益。会计风险则不同,主要影响企业资产负债表和利润表,与现金流动无关,只造成账面上的损益。

## 二、银行面临的外汇风险

对于银行而言,外汇风险主要来自外汇业务经营过程中汇率的变动。具体来说,银行面临的外汇风险主要有三种,即外汇买卖风险、外汇信用风险和借贷风险。

### (一)外汇买卖风险

外汇买卖风险是指银行在经营外汇买卖业务中所面临的汇率变动的风险。银行对客户的外汇交易在实务中表现为银行向客户提供各种金融服务(如即期、远期外汇交易),此时,银行外汇交易属被动交易。由于客户买卖外汇的金额与交割日期不可能完全一致,因此在某一个时间点上,银行所持有的外汇买卖余额就难免有多余或短缺的情形发生,这就形成了外汇敞口头寸。这种多头或空头的银行外汇敞口头寸会受到汇率波动的影响。当外汇汇率上升时,银行持外汇多头可获利而持外汇空头则会受损,因为银行的外汇多头要抛出而空头要补进,在外汇汇率上升的情况下,抛多头可增加营业收入,而补空头则会增加营业支出。同样道理,外汇汇率下跌时,银行持外汇空头可获益而持外汇多头则会受损。

例如,假定某银行原有 1.03 亿日元多头,现以 USD/JPY:100.00/50 的汇价买进 300 万美元、卖出 3.015 亿日元,因此银行在美元上是多头,在日元上是空头。这种多头和空头就是受险部分。如果市场汇率变为 USD/JPY:98.00/50,银行抛多头补空头就要遭受损失,银行抛出 300 万美元将损失 600 万日元;如果市场汇率变为 USD/JPY:102.00/50,银行平盘就可获益,抛出 300 万美元可多收 600 万日元。

银行的外汇敞口头寸不完全是由外汇买卖金额的不相称所致,也可能是因外汇交易期限不相称所致。换言之,银行无论是在与客户进行被动交易,还是主动进入市场进行外汇头寸调整交易,银行经常会发生资金期限结构不平衡的情形。有时虽然外汇买卖的金额相等,其外汇头寸是持平的,避免了汇率变动风险,但其买卖外汇的交割日期却不一定也能相同,因而在某一个时点仍难免发生外汇资金和本币资金的余缺。一种情况是银行买外汇交割日期在卖外汇交割日期之前,如买即期 300 万英镑,卖 30 天远期 300 万英镑,此时银行可立即得到英镑收入,而英镑支出比较迟缓;第二种情况是银行卖外汇交割日期在买外汇交割日期之前,如卖 90 天远期 300 万英镑,买 180 天远期 300 万英镑,此时银行英镑支出在前,英镑收入在后。若外汇买卖交割期限不匹配,当本币与外币之间汇率发生波动时,银行就要处于汇率波动的风险之中。

由此可见,银行在外汇交易中,只要交易金额或交易期限不相称,就会存在外汇敞口头寸,从而面临外汇风险。

### (二)外汇信用风险

外汇信用风险是因交易对方违约而给银行外汇资产和负债带来的风险。这也是银行在外汇业务经营过程中经常面临的一种外汇风险,具体表现为以下几个方面。

(1)与同业交易中,由于交易对方违约而使银行平盘时可能遭受损失。例如,甲银行与乙银行达成一笔 1 个月的远期外汇交易,甲银行以 USD/JPY:100.00/50 的汇率买入 300 万美元、卖出 3.015 亿日元。当 1 个月到期时,乙银行违约,不履行该笔远期交易的交割责任,因而导致甲银行只能以即期汇率平盘。如果 1 个月后市场即期汇率变为 USD/JPY:102.00/50,那么甲银行与原来的交易相比损失了 600 万日元。

(2)代客买卖中,客户不能或不愿履行外汇合约的交割而造成的风险。

(3)外汇贷款中,客户不能如期还本付息而带来的风险。

在外汇买卖中,银行面临的信用风险还有两种特殊的形式:①交割风险。在交割日或到期日当天,银行根据交易合约已作出支付,而交易对方因突发原因(如倒闭)未能按期履行合约交割责任,从而使银行蒙受损失。②国家风险或主权风险。这是由交易对方所在国政府用法令形式强迫交易对方停止付款而造成的违约风险。这种风险一般存在于严格外汇管制的情况下或战争时期。

从某种程度上讲,外汇信用风险比外汇买卖风险造成的后果更严重。因此,详细考察对方的资信、加强风险防范十分重要。

### (三)借贷风险

借贷风险是指银行在经营国际信贷业务中所面临的汇率变动风险,包括对外负债风险和对外贷款风险。在以本币计值的业务中,如果外汇汇率上升,则会增加银行的负债成本,从而使银行蒙受损失。在银行的对外贷款业务中,如果贷款货币的汇率下跌,则会使银行收回的贷款本息遭受损失。

## 三、国家面临的外汇风险

国家面临的外汇风险有国家外汇储备风险和国家外债风险。

## （一）国家外汇储备风险

国家外汇储备风险（foreign exchange reserve risk）是指一国所有的外汇储备因储备货币汇率的变动而面临的风险，主要包括国家外汇库存风险和国家外汇储备投资风险。

自 1973 年布雷顿森林体系解体后多数国家实行浮动汇率制度以来，世界各国外汇储备都面临同样的运营环境，即储备货币多元化，储备货币以美元为主，包括美元在内的储备货币汇率波动很大。这使各国的外汇储备面临汇率变动的风险。由于外汇储备是国际清偿力最主要的构成部分，是一国国力大小的重要象征，因此外汇储备面临的风险一旦变为现实，其造成的后果将十分严重。

## （二）国家外债风险

外债是在任何给定时刻，一国居民欠非居民的以外币或本币为核算单位的、已使用而尚未清偿的、具有契约性偿还义务的全部债务。外债有四个要素：①必须是居民与非居民之间的债务；②必须是具有契约性偿还义务的债务；③必须是一个时点的外债金额，如已签订借款协议而尚未提款，则不构成借款国的外债；④外债的组成不仅包括以外币表示的债务，还包括以本币表示的债务。

国家外债风险是指债务国因缺乏偿还能力，无法如期偿还已经到期的外债本息，从而直接引起债务国及相关地区的金融市场波动所发生的风险。当债务国因经济困难或其他原因的影响不能按期如数地偿还债务本息，致使债权国与债务国的债务关系不能如期了结时，债权国与债务国正常的经济活动就会受到影响，甚至波及世界经济的发展。外债问题牵涉面很广，可变因素很多，所以对一国的外债水平或外债偿还能力需要从多方面、多角度去分析与估量。

国际债务本来是一种普遍现象，但 20 世纪 70 年代以来，由债务危机引起的、震惊全世界的国际金融危机不断发生，以至国际债务成了全球关注的重要课题。

 扩展阅读 13.2　外汇风险准备金下调为 0，企业更易规避外汇风险

# 第三节　企业外汇风险的防范方法

外汇风险是一种可能性，通过采取一定的措施，可以避免风险或者化险为夷。企业应该从自己的经营目的出发，在保证预期收益的前提下，积极稳妥地采取适当的防范措施，将风险损失降至最低，以取得最大的收益。企业面临的外汇风险主要是交易风险、会计风险和经济风险。企业外汇风险防范就是评估外汇风险的性质，在预测汇率变动的基础上，按照一定的风险管理战略，运用各种管理技术防止汇率变动对企业造成的不利影响。企业防范外汇风险的目的是保值，从根本上讲就是取消产生外汇风险的时间差和地点差。因此，凡是取消外汇风险产生的时间差、地点差而达到保值目的的手段和方法，

都是外汇风险的防范措施。

## 一、交易风险的防范

交易风险是指能在现实中引起盈亏的风险。交易风险的防范主要可分为内部经营法、套期保值法和国际信贷法。内部经营法是将交易风险作为企业日常管理的一个组成部分，通过采取一些经营策略对其加以防范、管理，尽量减少或防止风险性净外汇头寸的产生。套期保值法是当内部经营不足以消除净外汇头寸时，利用远期外汇市场、期货市场、期权市场及互换市场等外汇交易市场进行套期保值，以降低交易风险。国际信贷法是指在国际收付中，企业利用国际信贷的形式，一方面获得资金融通，一方面转嫁或抵消外汇风险。

### （一）内部经营法

#### 1. 货币选择法（choice of invoicing currency）

在商品进出口、劳务输出、资本借贷等国际经济交易中，需要双方签订合同，在合同中载明支付条款和结算货币。企业可以通过选择涉外业务中的结算货币减少外汇风险。货币的选择实际上是外汇风险由谁来承担的问题，因此选择以何种货币进行结算是一个关键的问题，其重要程度并不亚于确定交易价格。结算货币通常是在本国货币、交易对方国货币和第三国货币之间进行选择。对交易双方来说，为避免承担外汇风险，都应以本币来结算，本币结算实际上是风险的转嫁。对一方来说是本币，对另一方就一定是外币，因此在进出口贸易中，至少有一方需要承担外汇风险。

（1）在对外交易中，应尽力争取使用本国货币计价结算，这样可以使交易主体避开货币兑换问题，从而避免外汇风险。在出口中用本币计价结算，就如同商品在国内销售；在进口中用本币作为支付手段，不仅能避免使用外汇付款时外汇汇率上升造成的风险损失，还有利于成本核算。选用本国货币计价结算的前提是对方能够接受从而不使企业丧失贸易机会。

（2）选择可自由兑换货币，如美元、日元、欧元等。选择可自由兑换货币本身并不能减少外汇风险，因为可自由兑换货币的汇率也是不断变动的。但选择可自由兑换货币可使企业日后在汇率变动对己不利时，易于通过国际金融市场进行各种套期保值，实现外汇风险的转移。

（3）争取"收硬付软"，即出口商争取用硬币结算，进口商争取用软币结算。硬币的汇率具有上升的趋势，软币的汇率具有下降的趋势。对于出口商或外币债权人而言，使用硬币结算，虽然这些货币未来不一定升值，但长远来看贬值的可能性也小，具有保值的作用；进口商或外币债务人则应争取使用软币结算，以避免汇率上升带来的损失。

对于我国涉外企业来说，由于美元在我国进出口贸易结算中的比重很大，决定了它在"一篮子货币"中的权重很高，导致我国外贸结算货币汇率的波动主要还是表现为美元的汇率波动。但是，由于欧元、日元等主要货币的币值变动并不完全一致，长期使用美元结算不容易分散汇率风险，因此以出口为主的中小型外贸企业应选择合同履行期间相对于美元较为强势的货币进行计价结算，即"收硬付软"，就能在一定程度上冲抵人民币兑美元汇率波动带来的价值损失。当然这需要企业对汇率行情走势有一定的认识和把握。此外，若条件允许，在与周边国家开展的边境贸易中选择人民币计价也未尝不可。例如，出口到东南亚市场的商品可以用人民币计价，通过灵活选择不同的计价货币，把汇率风险降到最低。

在实际业务中，由于交易双方的货币选择是相对的，且货币的选择与利益有关，僵硬地坚持"收硬付软"这一原则就会影响成交。在浮动汇率制度下，货币的走势及软硬区分变得难以预测和把握，为避免汇率风险，企业应根据进出口商品的供求状况、交易习惯及销售意图等，把它视作谈判的一个条件，灵活应用，综合考虑。

（4）采用多种货币组合法，即选择两种以上的货币进行计价和付款，对结算货币进行保值，以避免汇率波动的风险。在一项国际交易中选择两种以上货币结算是 20 世纪 50 年代后出现的一种保值措施。该方法的基本思路是：在国际外汇市场上，各国货币汇率的变动在一定时期往往不一致，可以互相调节。在一项交易中使用两种及以上货币计价和付款，当其中一种或几种货币升值，而另外一种或几种货币贬值时，可以用升值的货币带来的收益抵消贬值的货币带来的损失，从而减少外汇风险。这一方法也体现了公平、公正的原则。进出口双方可以风险共担、利益共享。

### 2. 提前或推迟结汇法（leads & lags）

提前或推迟结汇法又称迟收早付或迟付早收法，是指在国际支付中，当预期某种货币将要升值或贬值时，将收付外汇的结算日期提前或推迟，以达到避免外币汇率变动风险或获取外币汇率变动收益的目的。提前或推迟的基本做法如下。

（1）预期外币汇率将要上升时，出口商或外币债权人应尽量推迟收汇日期，以期获得计价货币汇率上浮的利益；而进口商或外币债务人则应争取提前付汇，以避免将来计价货币升值要多支付本国货币。

（2）预期外币汇率将要下跌时，出口商或外币债权人应争取提前收汇，以避免计价货币贬值带来的损失；而进口商或外币债务人则应尽量推迟付汇日期，达到用较少的本币换取计价货币的目的。具体操作如表 13-2 所示。

表 13-2　提前或推迟结汇法

| 汇率变动趋势 | 预期外币将升值 | 预期外币将贬值 |
| --- | --- | --- |
| 出口商（收外币） | 推迟收汇 | 提前收汇 |
| 进口商（付外币） | 提前付汇 | 推迟付汇 |

由于提前或推迟结汇变更了结算日期，这种方法一般更常见于跨国公司内部。跨国公司内部的提前或推迟结汇是从母公司利益出发的。这会使某些子公司的利益受到损失，另一些子公司获得收益，最终从母公司的总体范围来看，利益有所增加。另外，这种措施在资金的筹集和运用方面也存在一些问题：首先，提前支付和延期收汇的企业必须为此筹措所需资金；其次，延期支付和提前收汇的企业必须及时为这笔资金找到合适的运用渠道。该方法具有一定的外汇投机性质，因为它涉及在预期基础上采取行动，以期获得外汇风险收益。最后，提前或推迟支付会影响有关国家的国际收支，对于实行强

制性结售汇制的国家应在外汇管制允许的范围内使用这一方法。

### 3. 在合同中设立保值条款

企业在涉外活动中并不一定能完全如愿地选择结算货币。如果在交易中不得不使用对方愿意接受的货币，则可采用货币保值法，即在合同中加列保值条款，对结算货币用某种稳定的价值单位进行保值。常用的保值法主要有以下几种。

（1）黄金保值条款。在签订贸易合同时，按当时的黄金市场价格将应支付的合同货币金额折合成若干黄金，到实际支付日，若黄金价格变动，支付的货币金额也相应变动。

黄金保值条款是一种传统的货币保值条款，从二战到 20 世纪 70 年代初的 30 年左右的时间里，黄金的美元价格基本上是固定的，因此黄金具有保值作用。1974 年黄金非货币化之后，黄金与货币之间的固定联系不复存在，因此黄金保值条款也失去了存在的基础。

（2）价格调整保值条款，又称加价保值与压价保值。在国际贸易中未必都能做到"收硬付软"，有时出口不得不以软币成交，进口不得不以硬币支付，这时就需要运用价格调整保值条款。

加价保值主要用于出口贸易，是指出口商接受软币计价成交，将汇率损失摊入出口商品价格，以转嫁外汇风险损失。按照国际惯例，加价保值公式为

加价后商品价格 = 原出口商品价格 × （1 + 计价货币预期贬值率）

压价保值主要用于进口贸易，是指进口商接受硬币计价成交，将汇率变动可能造成的损失从进口商品价格中剔除。压价保值公式为

压价后商品价格 = 原进口商品价格 × （1 − 计价货币预期升值率）

例如，某英国公司出口货物，合同签订以软币计价，6 个月后收汇。以市场即期汇率 GBP/USD：1.360 0/10 计价，其价值 10 万英镑的货物的美元报价为 13.6 万。已知美元对英镑 6 个月远期汇率贴水 60 个点，贴水率 0.006 0/1.360 0 = 0.44%。该出口商预计出口收汇时美元贬值，卖出美元远期以防范外汇风险。到期收汇时，按远期汇率交割，仅收回 13.6 万/1.366 0 = 9.956（万英镑），亏损 0.044 万英镑。于是，英国公司采取加价保值策略，将美元贴水率计入美元报价中，则新的出口价为 13.6×（1 + 0.44%） = 13.659 8（万美元）。出口商的收益得到保证。

（3）外汇保值条款，又称货币风险条款，是指在合同中规定货币汇率变化幅度，从签约成交到实际结算付款的这段时间内，当交易结算货币发生贬值或升值且贬值或升值超过双方规定的幅度时，适当调整汇率，实际收付的外汇金额按调整过的汇率计算；或者当结算日支付货币汇率下跌超过合约规定的幅度时，则按原合同金额和结算日支付货币的汇率重新调整支付金额，从而使交易双方按一定比例共担外汇风险损失。

在国际贸易合同中，外汇保值条款作为一项防范外汇风险的有效手段，使用已非常普遍。

例如，美国某公司出口商品到法国，合同价格为 2 000 万欧元。为防止欧元汇率的变动给双方带来损失，双方在合同中设立了外汇保值条款，内容为：①基本汇率区间设定为 EUR/USD：1.168 8/98～1.188 8/98，即若支付时市场实际汇率在此区间内，则合同价格保持不变；②如果支付时欧元升值或贬值，实际汇率在此基本汇率区间之外，超出

部分由双方分担。

在实际支付期内，如果市场汇率为 EUR/USD：1.178 8/98，在设立的基本区间内，法国进口商共计支付 2 000 万欧元。

如果市场上欧元升值为 EUR/USD：1.192 8/38，超出协定区间 40 个点。按保值条款，合同汇率应调整为 EUR/USD：1.190 8/18（1.188 8/98 + 0.004 0/2），则法国进口商实际支付 2 000 ×1.190 8/1.192 8 = 1 996.65（万欧元），少支付 3.35 万欧元，有效地防止了外汇风险。

（4）一揽子货币保值条款。交易双方在合同中规定用支付货币与多种货币组成的一揽子货币的综合价值挂钩的保值条款，即订立合同时确定支付货币与一揽子货币中各种货币的汇率，并规定每种入选货币的权重和汇率变化的调整幅度，如到期支付时汇率变动超过规定的幅度，则按支付时的汇率调整，以达到保值的目的。特别提款权（SDR）就是由国际货币基金组织创设的由多种货币进行定值的复合货币。实践证明，这是一种有效而实用的保值措施，在企业进出口业务及国际债权债务结算的应用中，收到了良好的效果。

例如，日本某公司从美国进口 100 万美元的货物，签约时即期汇率为 USD/JPY：110.00/10。为避免结算日美元汇率上升而增加进口成本，该公司便以 SDR 进行保值。假设签约时，1SDR = 1.412 0 美元，100 万美元折合 1 000 000/1.412 0 = 70.82（万 SDR）。如果结算日美元汇率上升为 USD/JPY：113.00/10，1SDR = 1.386 0 美元，则该公司为支付 100 万美元的货物需支付 70.82×1.386 0×113.10 = 11 101.50（万日元）。若不保值，则需支付 1 000 000×113.10 = 11 310（万日元）。相比之下，节约 11 310–11 101.50 = 208.50（万日元）。

### 4. 配对管理法

这是一种使外币债权和外币债务相互抵消以消除外汇风险的管理方法。具体做法有如下两种。

（1）平行法是通过安排同一种货币的债权与债务相互抵消来消除外汇风险。具体包括三种：第一种是交易者通过创造一个与存在风险相同货币、相同金额、相同期限、相反方向的外汇流动，使外汇资金有进有出，避免外汇风险。例如，某公司在发生一笔 1 000 万加元的出口业务时，如果能同时签订一笔 1 000 万加元的进口合约，并且使付款时间与收款时间一致，那么该公司 1 000 万加元的进口支出即可用同时取得的 1 000 万加元的出口收入来支付，以消除外汇风险。与用远期交易的保值方法相比，这种方法可以节省银行手续费、外汇买卖价差和保险费，提高经济效益。第二种是在外汇交易中做到收付币种一致，借、用、收、还币种一致，以避免或减少风险。第三种是在交易中使用多种货币，软硬货币组合，多种货币表示的头寸并存，由此使多空相抵消或在一个时期内各种收付货币基本平衡。该方法比前两种方法更具灵活性，效果也比较显著。

（2）组对法是通过使不同货币的债权与债务相互抵消来消除外汇风险。一般是选择维持固定汇率或汇率呈稳定的正相关关系的两种货币。例如，西班牙的货币比塞塔与葡萄牙的货币埃斯库多有稳定的正相关关系，因此如果有比塞塔收入，也可以用埃斯库多的支付来配对，二者同升同降，避免较大汇率风险。但是这种方法没有使风险完全消除，如果这些货币之间的关系出现了偏离，那么组对的预期结果将无法实现。当然，若两国货币呈稳定的负相关关系，同时保有两国货币的多头或两国货币的空头，也可避免风险，减少损失。

配对管理大大减少了在外汇市场上买卖外汇的必要性。但配对管理要求跨国公司内部或跨国公司与其他公司之间存在双向的资金流动。这种资金流动的双向性一旦遭到破坏，对方不能如期支付，配对管理就会处于困境，企业将面临融资困难。另外，配对管理还会影响本币资金的周转。

### （二）套期保值法

利用外汇市场的外汇交易进行套期保值主要是通过创造与未来外汇收入或支出相同币种、相同金额、相同期限的债务或债权，以达到消除外汇风险的目的。

**1. 远期外汇交易法**

远期外汇交易法是指具有远期外汇债权或债务的企业与银行签订远期外汇交易合同，通过买卖远期外汇消除外汇风险的方法。拥有外汇债权或债务的企业和银行达成的远期外汇买卖本身具有外汇风险所包含的时间、本币、外币三要素。利用远期合同法，把时间结构从将来转移到现在，并在规定的时间内实现本币与外币的冲抵，可以使进出口商消除外汇的时间差和地点差的影响，最大限度地减少外汇风险。

目前，在我国外汇市场上可利用的交易工具较少的情况下，远期外汇交易是我国企业防范外汇风险用得最多的一种方法。

例如，某公司出口一批商品，收到10万美元的3个月远期汇票，为防止到期美元贬值，该公司与外汇银行签订卖出10万美元3个月远期合同，远期汇率为USD/CNY：6.476 0/6.479 5。3个月后，应收账款进账，该公司把收到的10万美元交付银行，获得人民币647 600元。由于做了外汇远期交易，把将要收进的外币以相同的金额、时间和币种流出，从而消除了时间差与地点差带来的风险。

远期外汇交易的优点包括：远期外汇交易程序比较简单，操作也不复杂；远期外汇交易在交易时不要求有实际的资金收付，只需支付手续费和风险保证金，约定在未来期限内交割的这种预约交易形式不记入资产负债表，因此不会影响公司目前的财务状况；远期外汇交易比较灵活。

远期外汇交易的缺点包括：远期外汇合同规定的远期汇率既受即期汇率的影响，又受两种货币利差的影响，潜在的干扰因素较多；展期或注销需另外交纳手续费，增加了保值的潜在成本；对企业预期汇率变动的能力要求较高，在外汇市场无效率的情况下，企业打算利用金融市场合同进行避险操作，必须对未来汇率作出基本准确的预测；对于外贸企业来说，外汇收付期限和交割日一般很难确定。

我国远期外汇交易是一种相当重要的外汇避险工具，且它明显带有结售汇制度的特点。从我国外汇市场现有可供选择的实践经验和金融工具来看，这种基于远期合约性质的远期结售汇是目前企业最主要的汇率避险工具，在金融衍生工具中的比重高达91%。我国银行不但开设人民币与外币的远期外汇交易，也开办外币与外币的远期外汇交易，这样企业不但可以规避外币与人民币兑换的交易风险，也可以规避外币与外币兑换的交易风险。

### 2. 掉期交易法

掉期交易法主要运用于客户目前持有某种甲货币而需要另一种乙货币，经过一段时间又将收回乙货币并换回甲货币的情况。通过掉期交易可以固定换汇成本，防范风险。

### 3. 外汇期货交易法

外汇期货交易法是指通过外汇期货市场进行外汇期货买卖以消除外汇风险的方法，具体有多头套期保值和空头套期保值两种方法。多头套期保值是指进口商为防范付款日计价结算货币汇率上升带来的风险损失，在签订贸易合同时就在期货市场上先买进外汇期货，在期货交割日再卖出期货合同对冲。空头套期保值是指出口商为防范收款日计价结算货币贬值带来的风险损失，在签订贸易合同时，就在期货市场上先卖出外汇期货，收回货款时再买进外汇期货合同进行对冲。

### 4. 外汇期权交易法

外汇期权交易法是指通过外汇期权市场进行外汇期权买卖，以消除外汇风险的方法，具体有进口商买进看涨期权和出口商买进看跌期权两种方法。

### 5. 互换交易法

互换交易法是指通过利率互换和货币互换，防范筹资外汇风险的方法。

### 6. 外汇借款法

企业在拥有预期外汇收入时，可借入一笔与预期外汇收入相同币种、相同金额、相同期限的资金，并立即将其出售换回本币。到结算日一旦外汇汇率下跌，则外汇收入的风险损失可由外汇借款的风险报酬来弥补。外汇借款法的具体程序如下：

（1）出口企业在签订贸易合同后，立即在金融市场上借入所需外币；

（2）在即期外汇市场卖出外币取得本币，将本币资金投入经营取得收益；

（3）执行贸易合同后，出口商收汇，用收回的货款偿还借款本金和利息。

例如，某出口企业有一笔 100 万美元的外汇收入，3 个月后收汇。为防止美元贬值的风险，该企业从银行借入 3 个月期限的美元 100 万，并将这笔美元在现汇市场上卖出。3 个月后，用到账的 100 万美元外汇收入偿还银行贷款本息。这样，即使美元严重贬值，对该企业也无影响。

值得注意的是，由于外汇借款法要支付银行贷款利息，所以这种防范外汇风险的方法有一定的成本。只有利息的支出小于汇率波动所造成的损失时，才能起到保值和避免风险的作用。

### 7. 外汇投资法

当企业有预期外汇支出时，可买入一笔与预期支出外汇相同币种、相同金额、相同期限的外汇，并将其进行同期限的投资。等到付款日，可用收回的外汇支付外汇债务，如果外汇汇率上升，则可以用外汇投资的风险收益抵补外汇支出的风险损失。一般来说，投资的市场是短期货币市场,投资的对象为规定到期日的银行定期存款、银行承兑汇票、国库券、商业票据等。

这里要注意的是,投资者如果用本币投资,则仅能消除时间差。只有把本币换成外币再投资,才能同时消除货币兑换的地点差的风险。

投资法和借款法都是通过改变外汇风险的时间结构来避险,但二者却各具特点:前者是将未来的支付移到现在,后者是将未来的收入移到现在。

### (三) 国际信贷法

国际信贷法是指在国际收付中,企业利用国际信贷形式,一方面获得资金融通,一方面转嫁风险。国际信贷主要有出口信贷、福费廷、保付代理三种形式。

**1. 出口信贷**

出口信贷(export credit)是指在大型成套设备出口贸易中,出口方银行向本国出口商或外国进口商提供低利率贷款,以解决本国出口商资金周转困难或满足外国进口商资金需要的一种融资业务。出口信贷又分为买方信贷和卖方信贷。

卖方信贷是指出口方银行向出口商提供信贷,使出口商允许进口商延期支付货款。出口商可以利用卖方信贷避免外汇风险。出口商在向本国银行借得外币资金后,若预测将来汇率变动对己不利,便按当时汇率将外汇贷款卖出,换成本币补充企业的流动资金,以加速资金周转。至于出口商所欠外汇贷款,则用进口商的分期付汇来陆续偿还。这样,出口商的外币负债(从本国银行取得的外币贷款)为其外币资产(应向进口商收取的货款)所轧平,消除了风险。所借外币的利息支出也可用提前兑换的本币在国内的投资收益加以弥补。

买方信贷是指出口方银行直接向进口商或进口方银行提供信贷,进口商用这笔资金支付货款。买方信贷分为直接买方信贷和间接买方信贷两种。直接买方信贷是直接贷款给外国的进口商,即借款人是外国进口商,但需有进口方银行的担保。间接买方信贷是贷款给外国的进口方银行,即借款人是进口方银行,无须其他银行的担保,再由进口方银行将贷款交给进口商。买方信贷是出口信贷中应用最广泛的形式。从总体上讲,买方信贷对进口商、出口商和银行都是有利的。进口商利用买方信贷,在与出口商的贸易谈判中无须考虑信贷因素,避免了对价格构成缺乏了解的问题,可以争取到物美价廉的商品;可以在签订贸易合同的同时,获得大部分的货款,应付账款可以提前支付,避免了远期汇率升值的不利变动带来的风险损失,能有效地防范汇率风险。

**2. 福费廷**

福费廷是指在延期付款的大型设备贸易中,出口商把经进口商承兑的5年以内的远期汇票无追索权地卖断给出口商所在地的金融机构,以提前取得现款的资金融通方式。在福费廷业务中,出口商及时得到货款,并及时地将这笔外汇换成本币。它实际上转嫁了两笔风险:一是把远期汇票卖给金融机构,立即得到现汇,消除了时间风险,且以现汇兑换本币,也消除了价值风险,从而使出口商把外汇风险转嫁给了金融机构;二是福费廷是一种卖断行为,把到期进口商不付款的信用风险也转嫁给金融机构,这也是福费廷交易与一般贴现的最大区别。

### 3. 国际保理业务

国际保理业务是指出口商以商业信用方式出售商品时，在货物装船后立即将发票、汇票、提单等有关单据卖断给承购应收账款的财务公司或专业机构，收进全部或大部分货款，从而取得资金融通的业务。出口商在对收汇无把握的情况下，可以应用国际保理业务避免风险。由于出口商能够及时地收到大部分货款，与托收结算方式相比，不仅避免了信用风险，还减少了汇率风险。

以上三种国际信贷中，出口信贷与福费廷属中长期融资，而国际保理业务则是短期贸易信贷的一种。在利用国际信贷方面，进出口企业还可利用进口押汇、信用证打包放款、出口押汇来减轻外汇风险。

此外，还有投保规避法。企业向保险公司投保汇率变动险，如果汇率波动幅度在保险公司规定的幅度内，则由保险公司负责赔偿企业遭受的损失，但是对超过规定波动幅度的汇率损失，保险公司不负责赔偿。尽管投保规避法可以在一定程度上补偿企业的风险损失，但不足之处是企业运用这种方法避免外汇风险的成本很高，而且汇率变动所产生的外汇收益必须归保险公司所有。

企业进行交易风险防范最理想的方法需要具有以下特征：可行性高、操作简便、成本低、潜在高收益性和高保值性。但在实际中是不存在这种方法的。企业应根据自身的目标、管理水平、抗险能力、汇率波动幅度等对交易风险防范方法作出选择。

对于采取积极策略的企业，即具有高风险偏好的企业，如果企业有较高的管理水平，可以首选外汇期货来防范外汇交易风险。在条件允许时还可采用期权交易。对于采取中间策略的企业，即风险偏好较低的企业，如果风险管理水平低，则最好采用选择有利计价货币法。选择方法时还要考虑外汇市场的情况。在外汇市场上汇率波动幅度较小且预计这种情况还会继续的情况下，外汇交易风险较低，企业应选择成本低、保值性好的方法，如选择有利计价货币、远期外汇交易。在外汇市场波动幅度较大的情况下，采取积极策略的企业可以运用具有潜在高收益性的方法，如外汇期货、外汇期权交易。

## 二、会计风险的防范

会计风险是指跨国公司的母公司与海外子公司合并财务报表时由于汇率变化而引起资产负债表中某些以外币计量的资产、负债、收入、费用等项目在折算为本币时产生金额变动的风险。一般认为，识别会计风险，一要看企业是否有外币交易，二要看企业交易发生日与财务报表日的汇率是否发生了变动。

会计风险管理的基本原则是增加硬币资产，减少硬币负债；减少软币资产，增加软币负债。通常的做法是实行资产负债匹配保值。这种方法要求在资产负债表上以各种功能货币表示的受险资产与受险负债的数额相等，以便其会计风险头寸（受险资产与受险负债之间的差额）为零。只有这样，汇率变动才不致带来任何折算上的损失。通常可以通过以下几个步骤实现对资产负债匹配的保值。

（1）弄清资产负债表中各账户、各科目上各种外币的规模，并明确会计风险的大小。

（2）根据风险头寸的性质确定受险资产或受险负债的调整方向。如果以某种外币表示的受险资产大于受险负债,就需要减少受险资产,或增加受险负债,或者双管齐下。反之,如果以某种外币表示的受险资产小于受险负债,则需要增加受险资产,减少受险负债。

(3)明确调整方向和规模后,要进一步确定对哪些账户和科目进行调整。这正是实施资产负债匹配保值的困难所在,因为有些账户或科目的调整可能会带来相对于其他账户、科目调整更大的收益性、流动性损失,或造成新的其他性质的风险。因此,需要认真对具体情况进行分析和权衡,决定科目调整的种类和数额,才能使调整的综合成本最低。

一般来说,会计风险管理与交易风险管理方法一样也可在货币市场、远期市场、期权市场和期货市场上使用合同来避险;或者使用提前或延后支付、选择结算与借贷货币、冲抵头寸、货币和信用互换、合同价格调整等方法。

会计风险管理的基本方法见表13-3。表 13-3 中升、贬值是指子公司所在国货币(记账本位货币)的升、贬值。

表 13-3　会计风险管理基本方法

| | 若功能货币为软币 | | 若功能货币为硬币 |
|---|---|---|---|
| 减少软币资产 | 预卖软币远期<br>减少软币现金、短期债权<br>减少软币证券投资<br>收紧软币信用<br>提前收回软币应收款 | 增加硬币资产 | 预买硬币远期<br>增加硬币现金、短期债权<br>出口用硬币计价<br>放松硬币信用<br>延迟收回硬币应收款<br>增加硬币证券投资 |
| 增加软币负债 | 增加软币借款<br>进口用软币计价<br>推迟支付软币应付款 | 减少硬币负债 | 减少硬币借款<br>提前偿付硬币应付款 |

对于分支机构较多的跨国公司,应该进行集中套期保值。集中套期保值是集中管理与控制会计风险的主要手段,它要求国外分支机构将其多种货币的风险暴露程度报告持续地送到母公司总部。只要把风险暴露程度按货币与国家汇总后,集中协调的套期保值政策就可以抵消潜在的损失,从而防止各子公司进行反复的套期保值,造成不必要的浪费。例如,一家美国公司在中国有一家子公司,该子公司的净资产是 10 万元人民币,显然这 10 万元人民币会随着美元与人民币汇率的变动而使其净资产的等值美元发生变化。为了避免汇率变动带来的风险和损失,美国公司可以签订一份远期合同,到期向外汇交易者以约定的汇率用人民币换取美元,以产生的人民币负债抵消人民币资产。

### 三、经济风险的防范

经济风险是由意料之外的汇率变动影响企业未来现金流量,最终对企业的获利能力和整体价值造成影响。以德国大众公司为例,20 世纪 70 年代以前,该公司通过低价格、低维修费用建立起出口地位。但是,70 年代德国马克大幅升值使大众汽车的出口价格猛增，结束了该公司依靠价格进行竞争的历史。仅1974年一年，该公司为维持市场份额的降价销售就损失了3.1亿美元。为了进行长期竞争，大众公司改变了产品线，改进汽车质量及样式，向中高收入阶层推出高品质汽车，重新确立了优势地位。

防范经济风险的目标是预测和防止非预期汇率变动对企业未来净现金流的影响。这一目标要求跨国公司及时发现市场出现的不均衡状况，并随时采取措施。因此，对经济风险的管理需要从长期入手，从经营的不同侧面全面考虑企业的发展。经济风险管理针对以上影响经济风险的要素，采取如下策略。

（1）经营多样化。跨国公司在生产、销售等方面应该实行分散化策略，即企业在全球范围内分散其销售市场、生产基地和原料来源地，或随汇率变动及时调整原材料、零部件来源，随汇率变动及时调整销售数量、销售价格。如果企业的经营在国际范围内实现分散化，它就可以在市场出现不均衡时处于有利位置，并作出积极反应。这种策略可以使跨国公司面临的经济风险自动降低。例如，某美国公司在德国的子公司因欧元升值而失去了部分世界市场，同时，在日本的子公司却因日元的贬值而增加了部分世界市场。这对跨国公司总体来说，不过是市场在其内部的重新分配，从而避免了损失。这种经营方针对降低经济风险的作用还体现在主动调整经营结构上。当汇率出现意外变化时，比较不同国家或地区的子公司的生产和销售状况，据此迅速调整总公司内部的生产基地和销售市场，增加富有竞争力的子公司的份额，减少竞争能力弱的子公司份额，使整个公司竞争力增强，可避免单一生产经营可能遭受的经济损失。

人民币汇率波动的频率越来越频繁，基于人民币升值的预期，我国外贸企业将面临两种选择：一是保持本币价格不变以维持原有利润率，但会损失销量、缩小市场份额；二是降低本币价格以保住市场份额，但会降低原有利润率。在本币升值的情况下，外贸企业在决定提高价格之前，必须先考虑提价后会失去的销售额。一般来说，商品需求价格弹性越大，提价后失去的销售额就越多，则应回避提价策略。这时应努力扩大销量，取得市场份额。例如，戴尔公司面对中国潜力巨大的中低端个人电脑市场，决定在中国市场上普遍调低产品价格，这一低价策略使戴尔公司在中国市场销售额增长超过61%，从市场份额的扩大上赚取利润。反之，若规模效应和价格弹性都低，则最好提高商品价格。一般来说，出口商品的价格可以提高一些，但提高的幅度低于外币贬值的幅度。同时，由于出口商仅部分提高商品出口价格，其出口利润率将部分降低，出口商将自行承担其余部分外汇风险损失。

（2）融资多样化。涉外企业应该在多个资金市场上寻求多种资金来源和资金去向，在筹资和投资两方面都做到多样化。由于通货膨胀预期心理的不确定性，各种长期金融工具对实际经济变化的调节速度和效率都不及短期信用工具。跨国公司可以用不同资本市场筹资工具融资，还可以以多种货币、多样渠道筹资，尤其是可多借软币等，有时还可以通过使融资的货币组合与生产经营使用的货币组合相匹配来降低经济风险。在筹资方面，需从汇率和利率两方面考虑。较理想的情况是从货币趋于贬值的国家借款，另外就是从多个国家的金融市场借入多种货币。前者比较进取，如果跨国公司预期正确，可以从中获得好处；后者则较保守，多种货币中有的升值、有的贬值，互相抵消，使外汇风险有所降低。在投资方面，跨国公司同样应向多个国家投资，创造多种货币的现金流。这样在汇率变动时，所收入的外汇有的升值、有的贬值，互相抵消，从而降低外汇风险。当然，若对某货币在未来升值有把握，可以增加对该货币的投资，以获取汇率上浮的利益。另外，债务与投资在币种、数量、期限上相匹配，也可以避免可能遭受的外汇风险。

我国涉外企业的外汇资产是以美元为主，日元、欧元、澳元、瑞士法郎等货币所占比重很小，这也导致了企业外汇资产的汇率风险很高。基于这个原因，在条件允许的情况下，涉外企业应调整外汇资产的币种结构，并适当提高日元、欧元等货币的比重，通过降低美元所占比重来分散风险。

## 思考与练习

1. 给出下列名词的解释：外汇风险；外汇敞口；交易风险；会计风险；经济风险；买方信贷；卖方信贷；功能货币；计价货币。
2. 试述外汇风险的构成因素。
3. 试述外汇风险的测度方法。
4. 企业从事对外经济交易可能遇到哪些外汇风险？应采取哪些方法防范外汇风险？
5. 某跨国公司的母公司在美国，一个子公司在英国，一个子公司在德国。如果预期欧元对美元将上浮，英镑对美元将下浮，跨国公司内在进口和出口业务中，将如何应用提前收付和推迟收付？请填下表。

|  | 英国 | 美国 | 德国 |
| --- | --- | --- | --- |
| 英镑计价（对英国收付） |  | 进口：<br>出口： | 进口：<br>出口： |
| 美元计价（对美国收付） | 进口：<br>出口： |  | 进口：<br>出口： |
| 欧元计价（对德国收付） | 进口：<br>出口： | 进口：<br>出口： |  |

6. 某进出口企业出口一批货物到美国，预计 3 个月后收到货款 10 万美元。同时，该企业与法国一家公司签订了一份从加拿大进口通信设备的合同，该企业 3 个月后用加元支付进口设备货款 117 790 加元，折合 10 万美元。该企业应如何进行外汇风险管理？
7. 在进出口贸易中，应如何坚持"收硬付软"原则？
8. 跨国公司为防范外汇经济风险，应采取哪些策略和措施？
9. 结合我国目前的外汇储备规模，分析我国外汇储备可能面临的风险，以及如何防范外汇储备风险。
10. 论述国家应如何防范外债风险，并分析我国目前是否面临外债风险。

### 疫情下的国际债务架构

扫码答题
即测即练

# 第十四章

# 国际金融机构

【学习目标】
- 了解国际金融机构的概念、特点及构成
- 掌握各国际金融机构建立的宗旨和组织构成
- 熟知各国际金融机构的资金来源和主要业务活动

国际金融组织是超国家的金融机构，为促进各国的经济交流和合作、维护世界金融体系稳定发挥着巨大的作用。本章介绍国际金融机构体系的形成与发展，以及国际货币基金组织及其他主要国际金融机构的基本情况。

## 第一节 国际金融机构概述

### 一、国际金融机构的概念及构成

国际金融机构，又称国际金融组织，是指为处理国际间金融活动往来，由多国共同建立的金融组织。这类金融机构多以银行的形式出现，有时也以基金、协会等形式出现。

国际金融机构大致有以下划分方式：①按地区，可以分为全球性国际金融机构（世界银行、国际货币基金组织）和区域性国际金融机构（亚洲开发银行）；②按职能，可以分为主要从事国际间金融事务协调和监督的国际金融机构、主要从事各种期限信贷的国际金融机构和主要从事国际清算的国际金融机构。

### 二、国际金融体系的发展历程

为适应国际经济发展的需要，曾先后出现各种进行国际金融业务的政府间国际金融机构。其发端可以追溯到 1930 年 5 月在瑞士巴塞尔成立的国际清算银行（Bank of International Settlements，BIS）。它是由英国、法国、意大利、德国、比利时、日本的中央银行及代表美国银行界的摩根保证信托投资公司、纽约花旗银行和芝加哥花旗银行共同组成的，目的是处理一战后德国赔款的支付和解决德国国际清算问题。此后，其宗旨改为促进各国中央银行间的合作，为国际金融往来提供额外便利，以及接受委托或作为代理人办理国际清算业务等。国际清算银行建立时只有 7 个成员国，截至 2020 年 10 月已发展到 63 个国家或地区的中央银行或货币当局。

二战后建立了布雷顿森林国际货币体系,并相应建立了几个全球性国际金融机构作为实施这一国际货币体系的组织机构,也是目前最重要的全球性国际金融机构,即国际货币基金组织(IMF)。

1957年到20世纪70年代,欧洲、亚洲、非洲、拉丁美洲、中东地区的国家为发展本地区经济的需要,通过互助合作方式,先后成立了区域性的国际金融机构,如泛美开发银行、亚洲开发银行、非洲开发银行等。这些国际金融机构在重大的国际经济金融事件中协调各国的行动,提供短期资金缓解国际收支逆差、稳定汇率,提供长期资金促进各国经济发展。

## 三、国际金融机构的特点

### (一)国际金融机构是政府间的金融组织

国际金融机构是以国家为参与单位,由各国共同组成的世界性或区域性的联合组织。国际金融机构在成员国派驻代办处,成员国参加国际金融机构活动的形式包括派出代表参加该机构的年会及临时性的磋商会议。国际金融机构在协调国际经济矛盾和加强金融合作方面起着重要的作用。

### (二)国际金融机构是股份公司式的企业组织形式

国际金融机构是由成员国共同出资、共同管理,按照股份制形式经营的经济实体,在组织机构、入股方式和资金来源等方面与股份制企业极为相似。国际金融机构的决定权与出资成正比例关系,出资最多的国家委派代表组成的执行董事会管理日常经营业务。

### (三)国际金融机构有很强的政治色彩,活动受经济大国控制

国际金融机构是成员国政府间进行政治经济合作和交往的渠道和论坛。成员国在机构内的发言权是以其在世界经济中的经济实力为基础的,因此国际金融机构的领导权掌握在西方发达国家手里,发展中国家的建议和意见往往得不到反映,甚至很少付诸实施。例如,国际货币基金组织和世界银行就一直处于以美国为首的西方发达工业国家的控制之下。

## 四、国际金融机构的作用

国际金融机构建立的时间和背景虽然不同,但都是为了加强各国的经济合作,解决世界经济、金融领域的问题,并形成了一些共同的法规和规则,为国与国之间的对话和协商提供渠道,以此促进世界经济贸易的发展,其作用主要体现在以下几个方面。

(1)加强世界或区域性经济、金融合作关系,推动经济一体化发展进程,促进各国政府间的联合协作。

(2)制定并维护共同的货币金融制度,稳定汇率,保证国际货币体系的运转,促进国际贸易增长。

(3)组织各成员国商讨国际金融领域的重大事件,并进行协商解决。

(4)为成员国提供长短期的金融信贷,帮助出现金融危机或债务危机的国家提供短期资金,缓解其国际收支危机。

扩展阅读 14.1　国际金融机构在应对疫情对经济冲击中的作用

## 第二节　国际货币基金组织

### 一、国际货币基金组织的宗旨

国际货币基金组织（IMF）是全球性政府间国际金融机构，是根据 1944 年 7 月在美国布雷顿森林召开的联合国和联盟国家国际货币金融会议上通过的《国际货币基金协定》建立的。国际货币基金组织于 1945 年 12 月 27 日正式建立，1947 年 3 月 1 日开始工作，同年 11 月 15 日成为联合国的一个专门机构，总部设在华盛顿。国际货币基金组织、世界银行集团和关税与贸易总协定共同构成战后国际经济秩序的三大支柱。国际货币基金组织负责货币金融事务，世界银行集团负责财政援助与经济开发事务，关税与贸易总协定负责国际贸易事务。

国际货币基金组织的宗旨如下：

（1）设立一个常设机构就国际货币问题进行研究和协商，促进国际货币合作。

（2）促进国际贸易扩大和发展、各成员的就业和收入水平的提高及生产资源的有效开发利用。

（3）稳定货币汇率，保持成员之间有秩序的汇兑安排，避免竞争性的货币贬值。

（4）协助各成员建立经常性贸易的多边支付体系，消除妨碍国际贸易增长的外汇管制。

（5）在有充分保障的前提下，向成员提供临时性的资金援助，以增强其信心，使其能在不危害本国和世界经济的情况下，纠正国际收支失衡。

（6）根据上述宗旨，缩短成员国际收支失衡的时间，减轻失衡的程度。

上述宗旨中，主要有两点：一是向成员提供短期贷款，以平衡其国际收支的暂时性不平衡；二是促进成员的汇率稳定，消除外汇管制。总的来说，国际货币基金组织对世界经济的发展和国际金融秩序的稳定起到了积极的作用：帮助国际收支严重失衡的国家缓解经济困难，促进世界贸易的正常进行和顺利发展；它对汇率制度的规定和管理，促进了世界金融秩序的相对稳定；能随着世界经济状况的演变，适时进行重大的金融改革，以维持国际货币体系的正常运转；通过提供资料、交流信息、培训人员、技术援助等形式，促进国际金融研究和实践活动的广泛发展。

### 二、国际货币基金组织的组织机构

国际货币基金组织的成员分两种：参加 1944 年布雷顿森林会议，并在 1945 年 12 月前正式加入的称为创始成员，共有 39 个；在此之后参加该组织的，称为其他成员。截至 2020 年 12 月底，国际货币基金组织的成员已达 189 个。只有先成为国际货币基金组织的成员，才有资格成为世界银行集团的成员。中国是国际货币基金组织的创始成员之一，中国的合法席位是 1980 年 4 月 17 日恢复的。

国际货币基金组织的组织机构包括理事会、执行董事会、总裁、临时委员会、发展委员会及各业务机构。

 扩展阅读 14.2　国际货币基金组织的改革机遇

**1. 理事会**

理事会是国际货币基金组织的最高权力机构，由各成员委派一名理事和副理事组成，任期 5 年，其任免由成员决定。理事通常由该成员的财政部长或中央银行行长担任，有投票表决权。副理事在理事缺席时才有投票权。

理事会的主要职权是：批准接纳新的成员；批准 IMF 的份额规模与特别提款权的分配，批准成员货币平价的普遍调查；决定成员退出 IMF；讨论有关国际货币制度的重大问题。理事会通常每年开一次年会，一般同世界银行理事会年会联合举行，必要时可以举行特别会议。

**2. 执行董事会**

执行董事会是 IMF 负责处理日常业务工作的常设机构，初期由 12 人组成，目前由 24 名执行董事组成，任期 2 年。执行董事包括指定与选派两种。执行董事由持有基金份额最多的 5 个成员即美国、英国、德国、法国和日本各派一名，中国、俄罗斯与沙特阿拉伯各派一名。选派董事由其他成员按选区轮流选派。

执行董事会的职权主要有：接受理事会委托定期处理各种政策和行政事务，向理事会提交年度报告，并随时对成员经济方面的重大问题，特别是有关国际金融方面的问题进行全面研究。执行董事会每星期至少召开三次正式会议，履行《国际货币基金组织协定》指定的和理事会赋予它的职权。当董事会需要就有关问题进行投票表决时，执行董事按其所代表的国家或地区的投票权进行投票。

**3. 总裁**

总裁是 IMF 的最高行政长官，其下设副总裁协助其工作。总裁负责管理 IMF 的日常事务，由执行董事会推选，并兼任执行董事会主席，任期 5 年。总裁可以出席理事会和执行董事会，但平时没有投票权，只有在执行董事会表决双方票数相等时，才可以投出决定性的一票。虽然 IMF 和世界银行都是全球性机构，但二者仍处于西方国家的控制之下。通常，总裁由西欧人担任，而世界银行集团总裁则由美国人担任，这是权力分配中的一种默契。

自国际货币基金组织根据 1944 年签订的《国际货币基金协定》于 1945 年 12 月成立后，迄今共有 13 位欧洲人出任 IMF 总裁，其中包括 5 位法国人。2011 年 7 月 5 日，IMF 宣布克里斯蒂娜·拉加德被选为该组织下一任总裁，拉加德成为 IMF 成立以来的首位女总裁。现任总裁是克里斯塔利娜·格奥尔基耶娃，于 2019 年 10 月 1 日出任，任期 5 年。

### 4. 常设部门

IMF 设有 16 个职能部门，负责经营业务活动。此外，IMF 还有 2 个永久性的海外业务机构，即欧洲办事处（设在巴黎）和日内瓦办事处，并在纽约联合总部驻派一位特别代表。

## 三、国际货币基金组织的资金来源

国际货币基金组织主要的日常业务活动是向出现国际收支逆差的成员提供贷款，其资金主要来自成员缴纳的份额、借款和信托资金。

### （一）份额

份额是指成员加入国际货币基金组织时必须认缴的款项。成员缴纳的份额是国际货币基金组织的主要资金来源。各成员在国际货币基金组织份额的大小也决定了其在国际货币基金组织的投票权、借款的数额及分配的特别提款权数量。成员的国民收入、黄金和外汇储备、平均进出口额等是决定成员份额的重要因素。成员的份额由理事会决定，每隔 5 年对各成员的份额重新审定一次，并对部分成员的份额进行调整。

1975 年以前，成员份额的 25%要以黄金缴纳，其余部分以本国货币缴纳，存放于本国中央银行，但国际货币基金组织可以随时动用。在 1976 年牙买加会议以后，国际货币基金组织废除了份额的 25%由黄金缴纳的条款，改以用特别提款权或该组织指定的货币缴纳。国际货币基金组织刚成立时，成员缴纳的份额为 76 亿美元。随着新成员的加入及份额的不断调整，份额总数在不断增加。2015 年 11 月 30 日，IMF 将特别提款权的权重调整为：美元占 41.73%，欧元占 30.93%，人民币占 10.92%，日元占 8.33%，英镑占 8.09%，中国也一跃成为 IMF 第三大份额国，这也可谓是人民币进入 IMF 特别提款权（SDR）货币篮子后的又一大利好。

成员在国际货币基金组织中投票权的多少与其缴纳的份额成正比。每个成员都有 250 票的基本投票权。在此基础上，按照成员在国际货币基金组织中认缴的份额，每 10 万美元增加一个投票权。如果一个成员的份额是 1 亿美元，那么该成员的投票权应该是 1 250 票（250＋1 000），到投票日，投票权根据上述两项计算出的票数，还要作以下调整：国际货币基金组织贷出成员的货币每达 40 万美元，则给该成员增加一票；成员从国际货币基金借款，每借 40 万美元，则将该成员的投票权减少一票。因此成员投票权的多少由该成员所认缴的份额和借款的数目共同决定。国际货币基金组织协议规定，重大问题须经全体成员总投票权的 85%通过才能生效。美国在国际货币基金组织的各项活动中起着重要的作用，其在国际货币基金组织的表决权近 20%，因此任何重大问题不经美国同意都无法予以实施。针对美国的这种否决权，西欧工业国家曾以建立"十国集团"予以抗衡，而发展中国家则以建立"24 国集团"来抗衡。目前，"十国集团"（除美国之外）和"24 国集团"的投票权均已超过 15%，它们的集体行动也构成对重大提案的否决权。

成员在国际货币基金组织的借款限额与其份额是密切相关的。首先，成员认缴的份额决定了其向 IMF 提供资金的最高限额。成员在加入 IMF 时必须全额缴纳份额：25%

必须以 SDR 或广泛接受的货币，其余以成员本币缴付。其次，份额基本上决定了成员在 IMF 决策中的投票权。IMF 每个成员的投票权由基本票加上每 10 万 SDR 的份额增加的一票构成。第三，成员可从 IMF 获得的融资数额（贷款限额）以其份额为基础。例如，在备用和中期安排下，成员每年可以借入份额 200%以内的资金，累计最多为份额的 600%。特殊情况下的贷款限额可能更高。

### （二）借款

借款是国际货币基金组织向成员借入的资金。目前，IMF 有两个借款安排：一是借款总安排（General Arrangements to Borrow, GAB），设立于 1962 年，有 11 个参加国。该协议规定国际货币基金组织在国际短期资金发生巨额流动、可能引发货币危机时，可从十国集团成员借入总额为 60 亿美元以内的资金，贷给发生危机的成员，以帮助其稳定货币汇率。这笔资金由十国分摊，其中美国分担 20 亿美元，英国和联邦德国各为 10 亿美元，其余各国从 1 亿到 5.5 亿美元不等。二是借款新安排（New Arrangements to Borrow, NAB），设立于 1997 年。借款新安排规定，当 IMF 没有足够的美元基金向成员提供金融援助时，或者为了排除危害国际金融体系稳定的潜在危险而急需大量现金时，成员同意向 IMF 贷款。在启动借款总安排（GAB）之前，IMF 会先启动借款新安排。

国际货币基金组织有权以借款方式扩大其资金来源。但是，为了保证份额是国际货币基金组织的基本资金来源，执行董事会规定了总借款的限度，未偿还额和未动用的借款额一般不得超出份额的 60%，若该比例超过 50%，执行董事会要加以控制。国际货币基金组织可以根据需要选择借款币种和借款来源。对国际货币基金组织的借款限制是：如果它想借入某一成员的货币，但不是从该货币的发行国，而是从其他国家借入，则必须征得该货币的发行国的同意。

### （三）信托基金

IMF 信托基金设立于 1976 年 1 月，废除黄金条款后，国际货币基金组织决定将其持有的黄金的 1/6（2 500 盎司）分 4 年以市价卖出，用所获利润的一部分建立一笔信托基金，按优惠条件向低收入发展中国家提供贷款。

## 四、国际货币基金组织与中国

中国是国际货币基金组织的创始国之一。国际货币基金组织创立时中国在其中的份额为 5.5 亿美元，1980 年 4 月 17 日中国席位恢复后，增加到 12 亿特别提款权，同年 11 月，中国的份额又随同 IMF 的普遍增资而进一步增加到 18 亿特别提款权。随着中国经济的发展，中国与国际货币基金组织的关系一直在发展。2015 年 11 月 30 日，国际货币基金组织执董会批准人民币加入特别提款权（SDR）货币篮子，新的货币篮子于 2016 年 10 月 1 日正式生效。人民币成为 SDR 五大货币之一。2015 年 12 月 18 日美国国会通过了 2016 财年的拨款法案，也宣告国际货币基金组织延宕 5 年的份额改革终于完成。IMF 总裁拉加德通过声明表示欢迎，中国也将跃升为 IMF 的第三大成员，仅次于美国和日本。

中国与国际货币基金组织的关系是双向、平等互利的。中国曾于 1981 年和 1986 年从国际货币基金组织借入 8.8 亿美元和 7.3 亿美元的贷款,用于弥补国际收支逆差。中国已提前偿还这两笔贷款。目前中国在国际货币基金组织是净债权国。国际货币基金组织为中国提供一系列的技术援助,帮助中国建立符合国际标准的货币银行统计体系和国际收支统计体系,建立了外债检测体系。在完善银行、会计、审计等法规制度,加强金融监管等方面,国际货币基金组织也提供了宝贵的技术支持。

中国同样为国际货币基金组织的发展做出了巨大的贡献。中国于 1994 年和 1999 年两次向国际货币基金组织提供 1 亿特别提款权和 1 313 万特别提款权贷款,用以帮助重债国家的债务调整。1997 年亚洲金融危机爆发后,中国积极参与国际货币基金组织向泰国提供的一揽子援助,向泰国提供 10 亿美元。更为重要的是,中国在金融危机爆发后,坚持人民币不贬值,为维护亚太地区形势的稳定做出了重大贡献。同时作为发展中国家,中国始终致力于维护发展中国家的利益,在国际货币基金组织中凡是有利于发展中国家的正当要求和主张,中国均给予支持。中国还积极参与有关国际货币体制改革的讨论,为改革国际货币体系而努力。

## 第三节　世界银行集团

### 一、世界银行

世界银行集团由国际复兴开发银行与国际开发协会、国际金融公司、多边投资担保机构、国际投资争端解决中心五部分组成,其中前三个机构是世界银行的主要机构。

#### (一) 世界银行的定义

世界银行是国际复兴开发银行的简称,是根据布雷顿森林会议上通过的《国际复兴开发银行协定》于 1945 年 12 月成立的国际金融公司,1946 年 6 月开始营业,1947 年 11 月成为联合国下属的一个专门机构。只有国际货币基金组织的成员才有权申请加入世界银行。世界银行是世界银行集团中成立最早、提供贷款最多的金融机构,总部设在华盛顿。凡参加布雷顿森林会议并于 1945 年 12 月 31 日前在《国际复兴开发银行协定》上签字的国家为世界银行的创始成员。此后,任何国家都可以按规定程序提出申请,由理事会审查批准后加入世界银行。按照世界银行的协定规定,参加世界银行的国家必须是国际货币基金组织的成员,而国际货币基金组织的成员不一定都要加入世界银行。

扩展阅读 14.3　世界银行发展历程

按照《国际复兴开发银行协定》(以下简称《协定》)的规定,世界银行的宗旨是:
(1) 通过对生产事业的投资,协助成员经济的复兴与建设,鼓励不发达国家对资源的开发。

（2）通过担保或参加私人贷款及其他私人投资的方式，促进私人对外投资。当成员不能在合理条件下获得私人资本时，可以用该行自有资本或筹集的资金来补充私人投资的不足。

（3）鼓励国际投资，协助成员提高生产能力，促进成员国际贸易的平衡发展和国际收支状况的改善。

（4）在提供贷款保证时，应与其他方面的国际贷款配合。

（二）世界银行的组织机构

世界银行在联合国总部及世界各大金融中心，如纽约、东京、巴黎都设有办事处，还在 40 多个国家和地区派有常驻代表。世界银行由理事会、执行董事会、行长和业务机构组成。

**1. 理事会**

理事会由每个成员任命的一名理事和副理事组成。该职位通常由该成员的财政部长、中央银行行长或级别相当的一名高级官员担任。理事和副理事任期五年，可以连任。如果一个国家同时是世界银行、国际金融公司（IFC）或国际开发协会（IDA）的成员，其任命的理事和副理事同时也担任 IFC 和 IDA 理事会的理事和副理事。除非另行说明，则他们也在国际投资争端解决中心（ICSID）行政理事会中担任本国的代表。多边投资担保机构（MIGA）的理事和副理事单独任命。理事会在每年 9 月召开一次会议，必要时可召开临时会议。副理事没有投票权，只有在理事缺席时，副理事才有投票权。

理事会的主要职责是：接受成员和中止成员资格；增加或减少核定股本；决定世界银行净收入的分配；决定执行董事根据《协定》中的诠释提出的申诉；作出同其他国际组织合作的正式和全面安排；终止世界银行业务；增加当选执行董事人数；审批《协定》修正案。

**2. 执行董事会**

执行董事会由理事会授权，负责处理世界银行的日常事务。按照《国际复兴开发银行协定》第五条第 4（b）款的规定，首任执行董事会由 12 名执行董事构成。要增加当选执行董事人数，需经理事会投票决定，赞成票需达到总票数的 80%。1992 年 11 月 1 日之前，执行董事人数为 22 名，其中 17 名是通过选举产生的。1992 年，鉴于有多个新成员加入世界银行，当选执行董事人数增加到 20 名。俄罗斯和瑞士等国的两个新增席位使执行董事总数达到 24 名。在 2010 年开始的任期内，执行董事增加 1 名，总数达到 25 名。①执行董事会选举产生执行董事会主席，兼任世界银行行长。

**3. 行长**

行长是世界银行的最高行政长官，由执行董事会选出，一般由美国人担任。行长下设副行长若干人，协助行长工作。行长可以任免银行的高级职员和工作人员。世界银行规定，理事、副董事、执行理事、副执行理事不得兼任行长，行长无投票权，只有在执

---

① 资料来源：世界银行网站（www.shihang.org）（2020-08-01）。

行董事会表决双方票数一样时，才可以投决定性的 1 票。

### （三）世界银行的资金来源

世界银行的贷款约占世界银行集团年贷款的 3/4，其资金主要来自成员缴纳的股金、借款、债权转让和净收益。

#### 1. 成员缴纳的股金

与国际货币基金组织相似，世界银行的成员在加入时也需缴纳一定数额的股金，每个成员认缴数额的多少取决于该成员的经济实力。成立初期，世界银行的法定资本为 100 亿美元，全部资本为 10 万股，每股 10 万美元。凡是成员均要认购世界银行的股份，认购额由申请成员与世界银行协商并经世界银行董事会批准。一般来说，一个成员认购股份的多少根据该成员的经济实力，同时参照该成员在国际货币基金组织缴纳的份额大小而定。成员认购股份的缴纳有两种方法：一是成员认购的股份先缴 20%，其中 2% 要用黄金或美元缴纳，18% 用成员的货币缴纳；二是其余 80% 的股份，当世界银行催交时，用黄金、美元或世界银行需要的货币缴付。

世界银行和国际货币基金组织（IMF）采用加权投票制。世界银行的重大问题都要由成员投票决定，而各成员的投票权则由其持有的股份决定。《国际复兴开发银行协定》规定，世界银行成员资格面向 IMF 的所有成员开放。每个成员都享有基本投票权 250 票。此外，每缴纳股金 10 万美元增加 1 票。而一成员缴纳股金的多少是根据该成员的经济实力并参照其在国际货币基金组织中缴纳的份额决定的。第二阶段世界银行投票权改革完成后，世界银行前六大成员分别为美国（15.85%）、日本（6.84%）、中国（4.42%）、德国（4.00%）、法国（3.75%）和英国（3.75%）。

#### 2. 借款

世界银行实有资本有限，且不能像商业银行那样吸收存款，因此它主要通过借款的方式筹集资金，这也是世界银行资金的主要来源。

世界银行通过两种发行债券的方式筹集资金：一是直接向成员政府、政府机构或中央银行出售债券；二是通过投资银行、商业银行等包销商向私人投资市场出售债券。后一种方式的比重不断提高。世界银行贷款中约有 70% 依靠发行债券作为资金来源。债券的发行对象为养老基金、保险机构、公司、个人投资者等，一般发行时间为 2~25 年，发行利率为 3%~12%。随着贷款业务的不断发展，通过发行债券筹措的资金也在不断增加。

#### 3. 债权转让

世界银行向政府或公共企业贷款，不过一个政府（或"主权"）必须保证贷款的偿还。贷款的基金主要来自发行世界银行债券。这些债券的信用被列为 AAA（最高）。由于世界银行的信用非常高，它可以以非常低的利率贷款。大多数发展中国家的信用比这个贷款的信用低得多，即使世界银行向受贷人提取约 1% 的管理费，世界银行给这些国家的贷款对这些国家来说也是非常有吸引力的。

#### 4. 净收益

世界银行从 1946 年开始营业以来，除第 1 年有小额亏损外，每年都有盈余，且逐年增长。这些收益大部分留作世界银行的贷款资金。

## 二、国际开发协会

国际开发协会（IDA）成立于 1960 年 9 月 24 日，是世界银行的一个附属机构，总部设在华盛顿，是专门向贫穷的发展中国家提供长期优惠贷款的国际金融组织。

### （一）国际开发协会的建立和宗旨

世界银行虽然在 20 世纪 40 年代后期注重将贷款转向发展中国家，但是许多欠发达国家由于不能满足世界银行的借款要求，无法获得所急需的大量外来资金以摆脱贫困和发展经济。这种情况到 20 世纪 50 年代越来越严重。这些国家需要更宽松的贷款条件和更优惠的贷款。在美国的提议下，世界银行的成员决定建立一个向贫困国家提供特别贷款的机构，即国际开发协会。

国际开发协会成立的宗旨是专门向发展中国家提供比世界银行的贷款条件更为宽松的长期信贷，以促进其经济发展和国内居民生活水平的提高，作为世界银行贷款的补充，推动世界银行目标的实现。

### （二）国际开发协会的组织机构

国际开发协会的组织机构与世界银行相似，最高权力机构是理事会，下设执行董事会，负责日常业务。它和世界银行是两块牌子一班人马，从经理到内部机构人员均由世界银行相应的机构人员担任。世界银行的行长和副行长兼任国际开发协会的经理和副经理。两个机构在法律上和财务上相互独立，二者的股本、资产和负债相互分开，同时业务也分开进行。国际开发协会也是按股份公司形式组织起来的，投票权的分配与成员认缴的股本成正比。

### （三）国际开发协会的资金来源

**1. 成员认缴的股本**

成员认缴股份的 10% 必须以自由外汇支付，其余的 90% 以本国货币支付。成员认缴的股本总额，按其在世界银行认购股份的比例确定。

**2. 成员提供的补充资金**

成员缴纳的股本有限，远远不能满足成员不断增长的信贷需要。同时协会有规定，协会不得依靠各国际金融市场发行债券来筹集资金。因此，协会要求各成员政府不断地提供补充资金，以维持其业务活动。

**3. 世界银行的拨款**

世界银行从 1964 年起，每年从净收益中拨出一部分款项给国际开发协会。

**4. 国际开发协会本身业务经营的净收入**

协会本身业务经营的净收入是指协会经营业务所获得的净收益，但这部分款项为数甚少。

## 三、国际金融公司

### （一）国际金融公司的建立和宗旨

根据协定，世界银行只能向成员政府提供贷款，如果向企业等机构贷款，须有政府担保，这在一定程度上限制了世界银行业务的发展。为了促进对成员私人企业的国际贷款，在美国国际开发咨询局的提议下，经世界银行成员协商，于1956年正式成立了国际金融公司（IFC）。它是世界银行的一个附属机构，1957年又成为联合国的附属机构，总部设在华盛顿。其成立的目的是扩大对成员私人企业的国际贷款或代替世界银行参与股份投资。只有世界银行的成员才有资格成为国际金融公司的成员。

国际金融公司的宗旨是：配合世界银行的业务活动，向成员特别是其中的发展中国家的重点私人企业提供无须政府担保的贷款或投资，鼓励国际私人资本流向发展中国家，以推动这些国家的私人企业的成长，促进其经济发展。

### （二）国际金融公司的组织机构

国际金融公司作为世界银行的附属机构，其管理方法和组织机构与世界银行相同。国际金融公司的总经理由世界银行的行长兼任，国际金融公司的内部机构和人员也由世界银行相应的机构和人员兼任。

### （三）国际金融公司的资金来源

国际金融公司的资金来源包括：①成员认缴的股金。国际金融公司在成立时法定资本为1亿美元，分为10万股。成员认缴的股金必须是黄金和可兑换货币。成员认缴股金的份额决定其投票权的多少。②通过发行国际债券，在国际资本市场上借款。③世界银行和成员政府提供的贷款。④国际金融公司的投资收益和转让股本所获资金。

## 四、多边担保机构

多边担保机构（MIGA）创立于1984年4月，是世界银行集团中的最新成员。它的宗旨是减少商业性投资障碍，通过提供担保及技术支持等服务，促进成员之间相互以生产为目的的投资，特别是对不发达国家的投资。多边担保机构的主要业务包括：①为外国投资者担保由于非商业性风险所造成的损失；②为发展中国家建立和改善投资环境提供咨询服务，以引导更多的外资流入。多边担保机构主要对以下三类风险提供担保：①由于投资所在国的资本管制造成的货币汇兑和转移风险；②由于投资所在国的法律变动而使投资者失去投资所有权的风险；③由于成员内部武装冲突或动乱而造成的风险。

## 五、国际投资争端解决中心

国际投资争端解决中心（ICSID）是世界银行集团的一个促进投资、仲裁投资争端的国际性机构，成立于1966年10月，总部设在华盛顿。

国际投资争端解决中心的宗旨和任务是：制定调解或仲裁投资争端规则，受理调解或仲裁投资纠纷方的请求，处理投资争端等问题，为解决成员与外国投资者之间的争端提供便利，促进投资者与东道国（或地区）之间的相互信任，从而鼓励国际私人资本向发展中国家流动。该中心解决争端的程序分为调停和仲裁两种。

国际投资争端解决中心的组织机构有：①理事会。为最高权力机构，由各成员派 1 名代表组成，每年举行一次会议，世界银行行长为理事会主席。②秘书处。由秘书长负责，处理日常事务。其成员包括世界银行成员及其他被邀请国。

## 第四节　国际清算银行

### 一、国际清算银行的建立和宗旨

国际清算银行（BIS）是由英国、法国、德国、比利时、意大利、日本的中央银行同美国摩根保证信托公司、纽约花旗银行、芝加哥花旗银行于 1930 年 2 月在荷兰海牙签订协议，共同出资组建的，总部设在瑞士巴塞尔。中国人民银行于 1996 年 9 月正式加入国际清算银行。1996 年 11 月中国认缴了 3 000 股的股本，实缴金额为 3 879 万美元。2005 年 6 月 1 日，经追加购买，中国共有该行 4 285 股股本。中国人民银行是该行亚洲顾问委员会的成员。

国际清算银行成立的宗旨最初是处理一战后德国对协约国赔款的支付和处理同德国赔款的"杨格计划"的有关业务。现在的主要任务是促进中央银行间的合作，为国际金融业务提供便利，在国际金融清算业务中充当受托人或代理人。国际清算银行通过中央银行向国际金融体系提供一系列的专业化服务，是一家办理中央银行业务的金融机构，被称为"中央银行的银行"。

### 二、国际清算银行的组织机构

国际清算银行是以股份公司的形式建立的，主要决策和管理机构包括股东大会、董事会、管理委员会。

**1. 股东大会**

股东大会是最高权力机关，每年 6 月在巴塞尔召开一次股东大会，只有各成员中央银行的代表参加表决。选票按有关银行认购的股份比例分配，而不管在选举的当时掌握多少股票。每年的股东大会通过年度决算、资产负债表和损益计算书、利润分配办法和接纳新成员等重大事项的决议。在决定银行章程、增加或减少银行资本、解散银行等事项时，应召开特别股东大会。除各成员的中央银行行长或代表作为有表决权的股东参加股东大会，所有与该行有业务关系的中央银行代表均被邀请列席。

**2. 董事会**

董事会是经营管理机构，由 13 名董事组成。比利时、德国、法国、英国、意大利和美国的中央银行行长是董事会的当然董事，这 6 个国家可以各自任命 1 名本国工商和金融界的代表作为董事，董事会可以 2/3 的多数通过选举选出其他董事，但最多不超过 9 人。董事会设主席 1 名，副主席若干名，每月召开一次例会，审议银行日常工作，决议以简单多数票作出，票数相等时由主持会议的主席投决定票。董事会主席和银行行长由同一人担任。董事会根据主席建议任命 1 名总经理和 1 名副总经理。

### 3. 管理委员会

管理委员会由总经理、副总经理、货币经济部主任、银行部主任、首席法律顾问等成员组成。

## 三、国际清算银行的资金来源

### （一）成员缴纳的股金

国际清算银行的股份资本不仅可以由各个国家的中央银行认购，而且私人机构或个人也可以认购。但认购股份的私人机构或个人没有投票权。

### （二）各国中央银行的存款

目前全球约有 80 家中央银行将其 10% 的外汇储备和 3 000 多吨黄金存于该行。

### （三）向成员中央银行的借款

国际清算银行向各成员的中央银行借款以补充资金不足。

# 第五节　亚洲开发银行

## 一、亚洲开发银行的建立和宗旨

亚洲开发银行（Asia Development Bank，ADB），简称亚行，是由联合国亚太经济合作委员会资助成立的亚洲及太平洋地区的区域性政府间金融机构，也是仅次于世界银行的第二大开发性国际金融机构。亚行于 1966 年 11 月正式成立，同年 12 月正式开始营业，总部设在菲律宾首都马尼拉。

亚行的成员不仅包括联合国亚太经济合作委员会的成员或准成员，联合国及联合国专门机构的非本地区的经济发达国家也可加入。亚行从最初的 31 个成员扩展到包括美国、英国、德国、加拿大等非本地区国家在内的 68 个成员，其中有 49 个成员来自亚洲地区。

亚行的宗旨是，向成员提供贷款、投资和技术支持，协调成员在经济、贸易方面的政策，并同联合国及其专门机构进行合作，以促进亚太地区的经济发展。其具体任务是：①为亚太地区发展中成员的经济发展筹集与提供资金；②促进公、私资本对亚太地区各成员的投资；③帮助亚太地区各成员协调经济发展政策，以便更好地利用自己的资源在经济上取长补短，并促进其对外贸易的发展；④对成员拟定和执行发展项目与规划提供技术援助；⑤以亚行认为合适的方式，同联合国及其附属机构，向亚太地区发展基金投资的国际公益组织，以及其他国际机构、各国公营和私营实体合作，并向其展示投资与援助的机会；⑥发展符合亚行宗旨的其他活动与服务。

## 二、亚洲开发银行的组织机构

亚行设有理事会、董事会、行长及办事机构。

**1. 理事会**

理事会是亚行的最高权力机构,负责接纳新成员、变动股本、选举董事长和行长、修改章程等。理事会由各成员任命的 1 名理事和 1 名副理事组成,任期由各成员决定。理事会每年举行一次会议。

**2. 董事会**

董事会是亚行的执行机构,由理事会按照不同地区选举产生,共由 12 名董事组成,其中 8 名来自亚太地区、4 名来自其他地区,任期 2 年,可以连任。中国自 1986 年加入亚行后,作为单独地区指派董事和副董事。董事会根据理事会的授权,负责亚行的日常业务。

**3. 行长**

行长是亚行的法定代表和最高行政长官,必须是本区域成员的公民,由理事会选举产生,任期 5 年,可以连任。行长无投票权,但在董事会表决有关两方票数相等时,可以投决定性的一票。亚行自成立以来,行长一直由日本人担任。

**4. 办事机构**

除总部外,亚行还在借款多的国家和地区设有常驻代表处。亚行的年会一般在 5 月召开,主要议题是探讨亚太地区的经济金融形势、发展趋势和面临的挑战,推动亚行作为地区性开发机构在促进本地区社会经济发展方面发挥作用。会议同时对亚行的年度业务进行审议,并通过亚行年度报告、财务报告、外部审计报告、净收入分配报告、预算报告等。

### 三、亚洲开发银行的资金来源

亚洲开发银行的资金来源主要有以下四部分。

#### (一) 普通资金

这是亚行开展业务活动最主要的资金来源。普通资金来源于亚行的股本、借款、普通储备金、净收益和预缴股本、特别储备金等。

**1. 股本**

亚行建立时法定股本为 10 亿美元,分为 10 万股,每股面值 1 万美元。亚行首批认缴股本分为实缴股本和待缴股本,二者各占一半。实缴部分股本分 5 次交纳,每次交 20%。其中,每次交纳金额的 50%用黄金或可兑换货币支付,另外 50%用本国货币支付。亚行每 5 年对法定股本进行审查,并根据业务需要考虑是否增资。实缴股本可用于普通资金贷款的拨付,而待缴股本则作为亚行从国际资本市场筹集资金的后盾。

**2. 借款**

从 1969 年开始,亚行开始从国际金融市场借款。主要方式有:亚行以发行债券的方式从国际资本市场上借款;与有关国家的政府、中央银行及其他金融机构直接安排债券销售;直接从商业银行贷款。

### 3. 普通储备金

按照亚行的有关规定,亚行理事会每年把业务净收益的一部分作为普通储备金。

### 4. 净收益和预缴股本

亚行对其经营业务所得的净收益不做分红;成员在法定认缴日期之前认缴的股本即为预缴股本,都可以作为亚行的资金来源。

### 5. 特别储备金

对1984年以前发放的贷款,亚行除收取利息和承诺费以外,还收取一定数量的佣金以留作特别储备金。

## (二)开发基金

### 1. 亚洲开发基金

亚洲开发基金创建于1974年6月,基金主要来自亚行发达成员的捐赠,用于向亚太地区贫困国家或地区发放优惠贷款,并经常得到补充。除捐赠外,理事会还根据亚行章程的规定,从各成员缴纳的未核销实缴股本中拨出10%作为基金的一部分来源。

### 2. 技术特别援助基金

亚洲开发银行于1967年成立了技术特别援助基金,用于资助发展中成员购置设备、培训人员、聘请专家、从事部门研究并制订有关国家或部门的发展计划。资金的来源为亚行成员的捐款、亚洲开发基金拨款、亚行经营业务的净收益、日本特别基金捐款等。

### 3. 日本特别基金

在1987年举行的亚行第20届年会上,日本政府表示,愿出资建立一个特别基金,用于加速亚行内发展中成员的经济增长。亚行理事会于1988年3月10日决定成立日本特别基金。日本特别基金的主要目的是帮助发展中成员进行经济结构调整,以适应世界经济环境的变化,开拓新的投资机会,促进富裕成员对发展中成员的资本投资。

### 4. 日本扶贫基金

2000年5月,亚行决定成立日本扶贫基金,用以资助亚行的扶贫项目。日本计划向亚行捐款100亿日元,重点支持向发展中成员贫困人口提供经济和社会服务项目,帮助亚行的贫困成员脱贫计划持续进行。

## (三)联合融资

亚行的联合融资是指一个或一个以上的外部经济实体与亚行为某一项目融资。亚行的最大融资伙伴多是一些官方机构和多边组织,如出口信贷机构和商业银行。

# 第六节 亚洲基础设施投资银行

## 一、亚洲基础设施投资银行的建立和宗旨

亚洲基础设施投资银行(AIIB)简称亚投行,是一个政府间性质的亚洲区域多边开

发机构，重点支持基础设施建设，总部设在北京。成立宗旨是促进亚洲区域的建设互联互通化和经济一体化的进程，并加强中国及其他亚洲国家和地区之间的合作。亚投行的法定资本为 1 000 亿美元。

扩展阅读 14.4　亚投行：国际经济金融合作发展"推进器"

## 二、亚洲基础设施投资银行的组织机构

2014 年 10 月 24 日，包括中国、印度、新加坡在内的 21 个首批意向创始成员国的财长和授权代表在北京签约，共同决定成立亚洲基础设施投资银行。2015 年 6 月 29 日，《亚洲基础设施投资银行协定》签署仪式在北京举行，亚投行 57 个意向创始成员国财长或授权代表出席了签署仪式。2015 年 12 月 25 日，亚洲基础设施投资银行正式成立，全球迎来首个由中国倡议设立的多边金融机构。2016 年 1 月 16 日至 18 日，亚投行开业仪式暨理事会和董事会成立大会在北京举行。截至 2020 年 10 月，亚投行有 103 个成员，包括 82 个正式成员和 21 个意向成员。

亚投行的治理结构分理事会、董事会、管理层三层。理事会是最高决策机构，每个成员在亚投行有正副理事各一名。董事会有 12 名董事，其中域内 9 名、域外 3 名。管理层由行长和 5 位副行长组成。

## 三、亚洲基础设施投资银行的业务政策及投资方向

亚投行的业务政策是坚持国际性、规范性和高标准，确保专业运营、高效运作、透明廉洁。亚投行将借鉴现有多边开发银行在环境及社会框架、采购政策、项目管理、债务可持续性评价等方面的经验和做法，制定严格并切实可行的高标准业务政策。同时，亚投行将避免其他多边开发银行曾走过的弯路，寻求更好的标准和做法，以降低成本和提高运营效率。

作为由中国提出创建的区域性金融机构，亚投行的主要业务是援助亚太地区国家的基础设施建设。在全面投入运营后，亚投行将运用一系列支持方式为亚洲各国的基础设施项目提供融资支持——包括贷款、股权投资及提供担保等，以振兴包括交通、能源、电信、农业和城市发展在内的各个行业投资。

# 思考与练习

1. 简述国际金融机构的类型和作用。
2. 简述国际货币基金组织的资金来源和主要业务活动。
3. 世界银行的贷款业务有何特点？

4. 世界银行由哪几部分组成?
5. 简述亚洲开发银行的资金来源和主要业务。
6. 亚洲开发银行的宗旨是什么?
7. 简述国际清算银行的宗旨及其业务活动。
8. 地区性金融机构包括哪些机构?
9. 亚洲基础设施投资银行的业务政策及投资方向是什么?
10. 简述亚洲基础设施投资银行的组织机构。

### 亚投行给发展中国家注入动力

扫码答题
即测即练

# 第十五章

# 国际金融体系

【学习目标】
- 掌握国际金融体系的概念与框架
- 了解国际金本位制度的基本内容与崩溃原因
- 熟悉布雷顿森林体系的主要内容与解体原因
- 理解欧洲货币体系形成的原因与欧元启动对国际金融市场的影响
- 知道牙买加体系的主要内容

伴随着国际经济交往的加深,各国需要对货币的一系列问题进行协调。从历史的演化角度看,国际金融体系经过了金本位制、布雷顿森林体系、牙买加体系,这些体系在不同的阶段都发挥过积极的作用。当今世界还出现了区域货币一体化、全球资本市场日益融合的新现象。欧洲货币体系是现行货币体系的重要内容之一,也是国际货币体系发展史中的重要组成部分,尤其是欧洲经济货币联盟的建立和欧元的诞生,对现行的国际金融体系产生了重要影响。

## 第一节 国际金融体系概述

### 一、国际金融体系的概念

国际金融体系是由国际货币制度、国际金融机构及相应的国际规则或惯例组成的有机整体。国际金融体系和国际金融制度是两个相近的概念,但又不同。"体系"是指某种有规则、有秩序的有机体整体,而"制度"具有刚性和法律强制性。一种体系可以是习惯缓慢发展的结果,也可以是某些法律文件和行政合作的结果。

国际金融体系是一个十分复杂的体系,既包括一些非正式的国际惯例与做法,如早期的国际金融体系就是参与者基于共同利益的自愿合作形成的,也包括基于正式的法律文件和行政合作而产生的规章制度及在国际货币关系中起协调、监督作用的国际金融机构。

### 二、国际金融体系的一般框架

国际金融体系一般由国际汇率制度的确定、国际收支及其调节机制、国际储备资产的确定、国际货币的合作和管理四个方面的内容构成。这四个方面各有其特定的功能，又相互联系，构成有机的整体。

**1. 国际汇率制度的确定**

汇率的变动会影响各国的国际收支，从而影响世界经济的发展。因此，汇率在国际金融体系中占据中心地位。汇率制度决定着：一国货币与另一国货币之间比价依据的确定；货币比价波动的确定；维持汇率采取的措施；能否自由兑换成支付货币等。

**2. 国际收支及其调节机制**

国际金融体系的重要内容之一是各国如何有效地克服国际收支调节机制的失灵和不健全，使整个国际金融体系正常运行。

**3. 国际储备资产的确定**

国际储备资产是各国政府为了弥补国际收支赤字、保持汇率稳定及应付紧急需求所持有资产的总称。作为国际储备的资产最重要的一点是国际的协调和国际的普遍接受性。国际储备的确定是国际金融体系的组成部分之一。国际性的规则和制度将安排整个国际社会需要多少储备资产，新的储备资产如何供应与创造等。

**4. 国际货币的合作和管理**

各国经济发展的程度不同，也有着不同的经济目标和宏观政策，为了协调各国的国际货币活动及与此有关的经济政策，就产生了国际货币的合作和管理问题。国际货币机构和组织制定各国所共同认可和遵守的规则、惯例或制度，以此来协调各国的国际货币活动及相关的经济政策。

## 第二节　国际金本位制度

### 一、国际金本位制度的形成

金本位制度是一种以黄金作为本位货币的货币制度。英国政府于 1816 年率先颁布了黄金本位制法案，决定发行金币，规定 1 盎司黄金等于 3 英镑 17 先令，银币作为辅币。随后，德国、法国、美国分别在 1871 年、1874 年、1897 年实行了金本位制度，使金本位制度具有了国际性，从而形成了国际金本位制度。

金本位制度的形式有三种：金币本位制、金块本位制、金汇兑本位制。

#### （一）金币本位制

金币本位制是典型的金本位制。在这种货币制度下，国家法令规定以黄金作为货币金属，以一定重量和成色的金铸币充当主币。在金币本位制下，金铸币具有无限法偿能力。

金币本位制的主要特点是：由国家以法定的重量和成色的黄金铸成金币流通，其他金属辅币和银行券可以自由兑换成金币或黄金；允许黄金自由铸造、买卖、贮藏和输出输入；各国根据金币的重量及成色确定各自的黄金官价，以此确定各国货币之间的汇率；国家的货币储备及国际结算均使用黄金，并且作为国际间最后的清偿手段。

金币本位制是一种相对稳定的货币制度，不会发生货币贬值现象，在一定程度上限制了汇率波动，有利于调节国际收支。金币本位制的缺陷是受黄金的供求关系影响较大。

### （二）金块本位制

金块本位制是金币本位制派生出来的变相金本位制度。一战期间，西方国家的经济受到重创，为了维持庞大的军费开支，各国相继冻结了黄金的外流，并且收回流通中的金币，使用完全不能兑换黄金的纸币，从而标志着金币本位制的瓦解。1925年，英国为了维护英镑的国际储备地位，首先实行了金块本位制。与标准的金币本位制不同的是，在金块本位制下：政府无须再铸造金币，只需储存金块作为发行储备；金币仍然作为本位货币，但在国内不流通；原有的金币停止在市面流通，以纸币取而代之；纸币虽规定有含金量，却不能兑换成等量的黄金；纸币虽然不能兑现，但可以购买不低于400盎司的金块。由于金块的价格比较昂贵，非一般家庭所能购买，因此金块实际上是一种办理国际结算的支付手段。

金块本位制实行的条件是保持国际收支平衡和拥有大量的平衡国际收支的黄金储备。一旦国际收支失衡，大量黄金外流或黄金储备不敷支付时，金块本位制将难以维持。1929年爆发了全球性的经济危机，英国、法国、比利时、荷兰、瑞士等国先后放弃了这一制度。

### （三）金汇兑本位制

金汇兑本位制也是金币本位制废除后兴起的一种金本位制度，与金块本位制同时并存。这种制度的特点是：规定本国货币的含金量，但既不发行金币，也不贮藏用于对外支付的黄金；国内只流通国家发行的纸币和银行券作为法定的流通货币；纸币和银行券虽然不能兑换成黄金，但可以兑换成外汇，而外汇可以在国外兑换成黄金；本国货币与另一个实行金本位制度国家的货币保持固定比价，并将大量黄金或外汇存放该国，从而间接地将本国货币与黄金联系起来，即变相地实行金本位制度。

由于这种制度的突出特征表现为本国货币"钉住"别国货币，因此这种货币制度实际上是一种附庸的货币制度。实行这种制度的国家多为殖民地或附属国家，如一战前的印度、马来西亚及一些拉美国家。随着1929年国际金本位制度的瓦解，金汇兑本位制也不复存在。

## 二、国际金本位制度的特征

### （一）黄金作为国际支付手段，充当了世界货币

黄金充当世界货币是国际金本位制度的基础。当时各主要工业国家都实行金本位制度，各国的货币都规定了含金量。一些实行金汇兑本位制的国家规定了货币的含金量，其货币与实行金币本位制国家的货币挂钩。但事实上，由于黄金运输不便、储备不能生息及当时英国经济上的至尊地位，使英镑代替黄金执行国际货币的各种职能。当时世界经济基本上仍以国家和地区为单位，国际贸易是国际经济关系的主要形式。英国是世界经济的大国，其有形贸易和无形贸易均在国际贸易中占主导地位，英镑成为全世界广泛

使用的国际货币，而且持有英镑比持有黄金更方便、可靠、有利可图。因此，当时各国银行的国际储备多数是英镑，而不是黄金。

### （二）汇率由金平价决定，是典型的固定汇率制度

在金本位制度下，各国货币都规定有含金量，其货币的含金量之比形成的金平价决定了它们之间的兑换比率，外汇市场上的实际汇率以金平价为基础在黄金的输入点和输出点之间上下波动。由于黄金可以自由输出入，汇率不可能变动到黄金输入点和输出点之外。在金币流通的国家内，金币还可以自由铸造，从而具有调节市场上货币流通量的作用，保证了各国货币之间的比价相对稳定，是典型的固定汇率制度。美国、英国、法国、德国等国家的货币汇率在实行国际金本位制度的三十多年里没有变动过。

### （三）国际收支的自动调节机制

国际金本位制度下的国际收支的自动调节机制被休谟（Hume）称为"价格-铸币流动机制"。其作用过程是由于每一个国家的货币供给包括黄金和以黄金作为发行后备的纸币，因此在逆差国黄金外流，货币供给下降，在顺差国黄金内流，货币供给上升，导致逆差国的国内价格下降，而顺差国的国内价格上升。价格的变化鼓励了逆差国的出口，抑制了其进口，直至其国际收支逆差消失。在顺差国则发生相反的变化，即国内物价上涨，抑制了该国的出口，而鼓励了其进口，直至其顺差消失。因此，金本位制度对各国国际收支有调节作用。

国际金本位制度下的国际收支自动调节机制实现的前提是各国必须遵守三项原则：

（1）将本币与一定数量的黄金固定下来。

（2）实现黄金可以自由输出入，各国最高金融当局应随时按官价无限制地买卖黄金和外汇。

（3）各国中央银行或其他货币当局发行纸币时必须有一定量的黄金做储备。该国的经济有充分的灵活性，即货币数量的变化能充分影响物价的变化，物价的变化又能充分影响进出口的变化。

## 三、国际金本位制度的崩溃

从国际金本位制度的实践来看，在其形成后的一段时间内，由于世界黄金供应比较充分，各国也基本上能遵守三项原则，因此它有利地促进了世界经济的繁荣与发展。但是，随着时间的推移，国际金本位制度的局限性也日益暴露，主要表现在：首先，随着世界经济的迅速发展，货币供应量受到黄金产量的限制，无法满足世界经济增长和维持稳定汇率的需要。尤其是世界黄金存量集中在极少数国家手中，其他国家的金本位制度难以维持，黄金的产量与需求的矛盾，以及黄金分布的相对不均使国际金本位制度面临危机。其次，世界经济发展不平衡，国际收支失衡成为长期存在的现象。金本位制度下的自动调节机制不能保证国际收支失衡得到纠正，难以维持黄金的自由输出入。再次，金本位制度下，货币当局不能通过扩张性货币政策刺激总需求，消除失业。然而，在各个国家不断增强其经济职能的过程中，政府倾向于推行通货膨胀政策以缓解国内各种矛盾，使纸币与黄金的自由兑换难以维持。最后，由于国际政治上的冲突，一些国家为了

对外扩张和备战，大量发行纸币，进一步削弱了金本位制度的基础。国际政治冲突成为金本位制度瓦解的催化剂。

20 世纪 30 年代世界经济危机爆发，掀起了黄金抢购风潮，各国加紧推行通货膨胀。英国的国际竞争力日渐衰退，黄金流失严重，1931 年英国被迫放弃金本位制度。紧接着在美国爆发了美元危机，美国黄金市场面临枯竭，不得不放弃金本位制度。到 1936 年，各国相继放弃了金本位制度，整个国际金本位货币体系土崩瓦解。

### 四、国际金本位制度的评价

从总体上看，国际金本位制度是一种比较稳定的、理想的国际货币制度，对于当时的世界经济发展起到了一定的积极作用，主要表现在以下几个方面。

（1）有效地控制了通货膨胀。在金本位制度下，各国货币都规定了含金量，如果纸币发行量过多，银行将无法保证纸币对黄金的自由兑换，因此有效地控制了通货膨胀。由于黄金生产量较低，物价还表现出下降趋势。

（2）保证汇率的稳定。由于外汇市场上的汇率围绕黄金输送点上下波动，幅度较小，基本上是稳定的，汇率的稳定有助于消除国际经济中的不确定因素，促进国际贸易和国际金融的发展。

（3）可以依靠市场机制调节国际收支，政府不需要付出干预行为涉及的各种代价。

## 第三节 布雷顿森林体系

布雷顿森林体系是根据布雷顿森林协定于二战之后建立的以美元为中心的国际货币制度。

### 一、布雷顿森林体系的创建

国际金本位制度彻底瓦解后，整个国际货币市场陷入了一片混乱之中。各国国际收支出现严重危机、货币汇率不稳定、货币战不断发生，国际金融市场动荡不安。此时，二战刚刚结束，战败国联邦德国、意大利、日本的国民经济陷入崩溃境地，而英国、法国等虽然取得胜利，却付出了惨痛代价，经济实力大为削弱。为了重建国际金融秩序，抚平各国战争创伤，使其尽快恢复发展，世界经济需要一种新的国际货币体系。

### 二、布雷顿森林体系的主要内容

布雷顿森林体系的主要内容是以《国际货币基金协定》的法律形式确定下来的。

**1. 规定以美元作为最主要的国际储备货币，实行以黄金-美元为基础的、可调整的固定汇率制度**

在布雷顿森林体系下，美元取代黄金成为主要的国际储备资产。美元直接与黄金挂钩，规定每盎司黄金等于 35 美元（1 美元含金量为 0.888 671 克），各国政府或中央银行可随时用美元向美国政府按这一比价兑换黄金。各国货币按固定比价与美元挂钩，从而间接地与黄金挂钩。各国政府有义务通过干预外汇市场使汇率波动不超过上下各 1%的幅度。只有当一国国际收支发生"根本性不平衡"时，才允许其货币升值或贬值。平价的变动要得到国际货币基金组织的同意。实践中，平价变动小于 10%时，一般可以自行决定。只有当平价变动大于 10%时，才需国际货币基金组织的批准。由于各国货币均与美元保持可调整的固定比价，因此各国货币相互之间实际上也保持着可调整的固定比价，整个货币体系成为一个可调整的固定汇率货币体系。

布雷顿森林体系的美元与黄金挂钩，各国货币与美元挂钩，又被称为"双挂钩"。这实质上是以美元来充当国际货币，黄金作为美元的后盾，通过可自由兑换来维持美元的信誉。

**2. 建立一个永久性的国际金融机构，促进国际货币合作**

根据《布雷顿森林协定》成立了国际货币基金组织，以加强各成员在货币金融领域的合作，稳定货币汇率。国际货币基金组织成为战后国际货币体系的核心，是布雷顿森林体系赖以维持的基本运行结构。国际货币基金组织的主要职能有监督、磋商、资金融通，在一定程度上起到了维持国际金融秩序稳定的作用。时至今日，国际货币基金组织作为调节国际货币、贸易和投资的三大国际经济机构之一，协作功能不断增强，在全球范围内协调和治理国际金融危机、经济危机等方面发挥日益重要的作用。

**3. 国际货币基金组织提供贷款，缓解成员之间的国际收支不平衡**

《国际货币基金协定》第 3 条规定，每个成员向国际货币基金组织缴纳份额 25%的黄金，后改为以可兑换货币或特别提款权缴纳，其余部分则以本币缴纳。成员需要从国际货币基金组织贷款时，可以用本币向国际货币基金组织按规定程序购买一定数额的外汇，将来在规定的期限内再以黄金或自由货币购回本币，偿还借用的外汇。

**4. 取消经常账户外汇管制，对国际资金流动进行限制**

《国际货币基金协定》第 8 条规定，成员不得限制经常项目的支付，不得采取歧视性货币政策，在可兑换的基础上实行多边支付。但是以下三种情况除外：①成员在战后过渡时期可以延迟履行货币可兑换性的义务。国际货币基金组织本希望废除经常账户外汇管制的过渡时期不超过 5 年，实际上到 1958 年年末主要工业国家才取消了经常账户的外汇管制，实现了货币的自由兑换。②成员政府可以对资本账户实行管制以抵消游资冲击等不利影响。由于二战期间国际资金流动的投机色彩浓厚，给国际货币体系的稳定带来了非常大的冲击，因此布雷顿森林体系允许对资本账户实行管制。各国均严格限制资金的国际流动。③成员有权对"稀缺货币"采取暂时性的兑换限制。根据规定，当成员的国际收支持续出现盈余，并且该成员货币在国际货币基金组织的库存下降到其份额的 75%以下时，国际货币基金组织可将该货币宣布为"稀缺货币"。其宗旨是促使盈余国主动承担调整国际收支的责任。这一条款实际上从未得到真正实施，国际收支调节的责任是由逆差国承担的。

### 三、布雷顿森林体系的解体

布雷顿森林体系的建立对世界经济的恢复与发展起到了至关重要的作用，但是由于其自身存在无法克服的缺陷，最终布雷顿森林体系还是走上了解体的道路。

### （一）布雷顿森林体系的缺陷

布雷顿森林体系的缺陷主要表现在以下几个方面。

（1）整个国际货币体系以一国经济地位为基础。把国际货币体系建立在美国经济地位的基础上，一旦美国的经济地位发生变化，国际货币体系也必然随之动荡。这是布雷顿森林体系的根本缺陷。

（2）缺乏弹性的固定汇率制度。布雷顿森林体系是一种固定汇率制度，限制了各国利用汇率杠杆来调节国际收支的作用，严重地影响各国实现宏观经济目标的各种政策。

（3）自身无法克服的"特里芬难题"。布雷顿森林体系在清偿能力、信心、调整性方面的固有缺陷是导致其解体的根本原因。在该体系下，随着世界经济的发展，需要增加国际清偿能力，即增加国际储备（美元）。而增加美元国际储备，美国的国际收支必然长期持续逆差，使人们对维持美元与黄金间的可兑换性产生怀疑，对美元的清偿能力丧失信心。要维持各国对美元的信心，美国必须纠正其逆差，这又使国际清偿能力不足。要维持以美元为中心的布雷顿森林体系，保持"双挂钩"原则的实现，美国有两个基本责任：第一，要保证各国中央银行以35美元一盎司的官价向美国兑换黄金，以维持各国对美元的信心。美国履行其兑换义务，必须具有比较充足的黄金储备，这是布雷顿森林体系的基础。第二，美国要向各国提供足够的清偿力——美元，以解决各国对美元的需求。然而这两个问题，信心和清偿力是有矛盾的。美元供给太多就会有不能兑换黄金的风险，从而发生信心问题；而美元供给太少就会发生国际清偿力不足的问题。也就是说，要满足世界经济和国际贸易不断增长的需要，国际储备必须有相应的增长，这必须有储备货币供应国——美国的国际收支赤字才能完成。但是各国手中持有的美元数量越多，则对美元与黄金之间的兑换关系越缺乏信心，并且越要将美元兑换为黄金。这个矛盾终将使布雷顿森林体系无法维持。最早指出布雷顿森林体系中的信心和清偿力矛盾的是美国耶鲁大学教授特里芬，故称之为"特里芬难题"。

事实上，"特里芬难题"不仅是布雷顿森林体系的缺陷，也是任何以一种货币为国际储备货币的货币制度的弱点。"特里芬难题"充分体现了理论的高度预见性，最终布雷顿森林体系就是因为这一根本缺陷走向崩溃的。

### （二）布雷顿森林体系解体的过程

#### 1. 美元停止兑换黄金

在美国的国际收支危机不断恶化的情况下，美国的黄金储备大量流失，到1971年8月，美国官方储备资产下降到120亿美元，官方美元债务上升到506亿美元，即外国官方持有的美元额相当于美国黄金存量折合美元价值的4倍以上，终于导致1971年8月15日美国宣布实行"新经济政策"，对外采取两大措施：一是停止美元兑换黄金，终止每盎司黄金35美元的官方兑换关系；二是征收10%的临时进口附加税，以遏制国际贸易赤字增长趋势，并通过外交途径迫使相关国家货币对美元升值。"新经济政策"的实行，意味着美元与黄金脱钩，此时布雷顿森林体系已名存实亡。

### 2. 固定汇率的波幅扩大

美元停止兑换黄金并没有阻止美元危机与美国国际收支逆差的继续发展,使国际金融市场陷入混乱。"十国集团"于 1971 年 12 月在美国华盛顿的史密森学会大厦举行财政部部长和中央银行行长会议,达成"史密森协议"(又称华盛顿协议),其主要内容包括:①美元对黄金贬值 7.8%,黄金官价从每盎司 35 美元提高到 38 美元;②美国取消 10%的进口附加税;③各国货币对美元汇率波幅由原来的不超过 ±1%扩大到 ±2.25%。1973 年 2 月,由于美国的国际收支逆差严重,美元信用骤降,在国际金融市场上再次出现抛售美元,抢购德国马克、日元和黄金的现象,美国政府不得不在 1973 的 2 月 12 日宣布美元兑黄金再贬值 10%,黄金价由每盎司 38 美元贬值到 42.22 美元。

### 3. 固定汇率制度垮台

美元的再度贬值,仍然不能从根本上解决美元危机,在 1973 年 3 月西欧又出现抛售美元,抢购黄金、德国马克、日元的现象,迫使西欧和日本的外汇市场关闭 17 天之久。西方国家经过磋商与斗争最终达成协议,放弃固定汇率,实行浮动汇率,至此,布雷顿森林体系的各国钉住美元,与美元建立固定比价的制度彻底垮台,终告解体。

正如"特里芬难题"所说的,布雷顿森林体系是一种虚弱的国际货币体系,美国的国际收支无论出现盈余还是赤字,都会给布雷顿森林体系的运转带来困难,因而最终垮台。另一个原因是调节机制失灵。由于国际货币基金组织的贷款能力有限,调整汇率的次数很少,各国调节国际收支失衡主要是以牺牲国内宏观经济目标为代价的。同时,国际收支调节压力的不对称性,造成了世界性的巨大的国际收支不平衡。一方面,由于美元的特殊地位,美国对其国际收支不平衡可以自行调节;另一方面,国际货币基金组织可以通过贷款促使赤字国纠正其国际收支不平衡,但对盈余国的调节责任却没有监督措施,也没有执行稀缺货币条款。上述缺陷导致国际货币争端频繁,国际货币关系逐渐出现混乱,使布雷顿森林体系不得不解体。

## 第四节 牙买加体系

布雷顿森林体系解体后,世界各国都在努力寻找一种更加稳定、更加适合世界经济发展的国际货币体系,牙买加货币体系就在这样的环境中孕育而生了。

### 一、牙买加体系的创建

布雷顿森林体系解体后,国际货币金融关系动荡,美元地位不断下降,许多国家实行浮动汇率制度,汇率波动频繁。世界各国都希望建立一种新的国际货币制度,以结束这种混乱局面。为此,各国政府和金融学界进行了长期的探索与交流。1971 年 10 月,国际货币基金组织理事会委托执行董事着手研究改革世界货币制度的措施。1976 年 1 月,国际货币基金组织国际货币制度临时委员会在牙买加首都金斯敦召开会议,达成了关于国际货币制度改革的《牙买加协定》。该协定内容在同年 4 月以 85%的多数票通过的第二次《国际货币基金协定》修正案中得到肯定,并于 1978 年 4 月 1 日起生效,自此国际货币制度进入牙买加体系。

## 二、牙买加体系的主要内容

牙买加体系是一个以美元为中心，国际储备多元化的浮动汇率体系。其主要内容如下。

### 1. 承认浮动汇率与固定汇率共存，成员可以自由选择汇率制度

在牙买加体系下，成员可根据国情自由选择汇率制度，因此固定汇率制度和浮动汇率制可以并存。但成员的汇率政策应接受国际货币基金组织的监督，并与之保持协商。国际货币基金组织要求各成员在物价稳定的条件下寻求持续经济增长，稳定国内经济，缩小汇率的波动幅度，避免以操纵汇率的方式调整国际收支或获取不公正的竞争利益。国际货币基金组织有权要求成员解释其汇率政策，并推行适当的国内经济政策以促进汇率体系的稳定。

扩展阅读 15.1　牙买加体系下主要拉美国家汇率改革的影响及其经验

### 2. 提高特别提款权在储备资产中的地位

牙买加货币体系一个重要的内容就是以特别提款权为储备资产，实行"黄金非货币化"，即废除黄金官价，黄金与货币完全脱离联系，取消了成员之间以及成员与国际货币基金组织之间须用黄金支付的义务。允许各成员中央银行自由参加黄金市场交易。同时，国际货币基金组织按市价拍卖部分黄金，所得利润主要用于援助低收入的国际收支逆差国家。国际货币基金组织在计算份额和贷款上使用特别提款权计值，扩大特别提款权的发行额和特别提款权的其他业务范围。

### 3. 扩大对发展中国家的资金融通

国际货币基金组织以出售黄金所得收益扩充"信托基金"，以优惠条件向不发达国家提供贷款，帮助它们解决国际收支上的困难。同时，国际货币基金组织扩大信用贷款部分的总额，由占成员份额的100%增加到145%，并放宽"出口波动补偿贷款"，由占份额的50%提高到75%。

### 4. 国际收支调节手段多样化

牙买加体系下，国际收支的调节主要通过国内经济政策、汇率机制、利率机制、国际协调、国际金融市场的媒介作用、外汇储备变动及其证券与投资等手段联合起来进行。

## 三、对牙买加体系的评价

牙买加体系对维持国际经济运转和推动世界经济发展起到了积极作用。首先，取消黄金的作用，削弱了美元的主导地位。通过国际储备多元化摆脱了布雷顿森林体系的基准货币国家美国与依附国家相互牵连的弊端，在一定程度上解决了"特里芬难题"，使

信心和清偿力的矛盾得到缓解。其次，以浮动汇率为主的混合汇率体系可以灵活地适应不断变化的国际经济状况，各国汇率可以根据市场供求状况自发调整，使一国的宏观经济政策更具独立性和有效性，不必为维持汇率稳定而丧失国内经济目标。最后，由于多种国际收支调节机制并行，引入国际市场、国际商业银行等扩展调节国际收支的渠道，在一定程度上缓解了布雷顿森林体系调节机制失灵的问题。

牙买加体系只是对布雷顿森林体系的修改，在汇率调整的监督、国际收支的调节、国际储备的创造等方面没有硬性的统一标准。许多西方经济学家认为，牙买加体系只是一种过渡性的措施，并没有形成一种体系，因而称之为"无体系的体系"。随着国际经济关系的变化与发展，牙买加体系的弊端也日益暴露出来。

### 1. 特别提款权没有发挥国际货币基金组织所期望的作用

牙买加货币体系的一个重要内容就是废除了美元本位制，确立了特别提款权本位制，并期望其成为国际储备中的主要资产。但事实上特别提款权并没有完成国际货币基金组织赋予它的使命，以至于学术界对特别提款权的定义及其未来的发展有着很多质疑。

### 2. 国际货币汇率波动加大

浮动汇率制度为主的混合汇率体制，使各国汇率政策有了更大的灵活性，但是却造成了汇率频繁剧烈的波动。汇率的波动刺激了外汇投机活动，加剧了国际金融市场的动荡。国际货币基金组织对各国汇率的大幅波动缺乏有效的监管，对国际贸易与国际经济产生了消极影响。

### 3. 缺乏有效的国际收支调节机制

牙买加货币体系确立以来，国际货币基金组织并未对国际收支调节机制作出明确的规定，也无相应的制裁措施，其后果是国际收支顺差国与逆差国都不愿承担调节的责任。发达国家为了实现本国的经济目标，使本币汇率偏离均衡汇率而剧烈波动，严重影响了国际货币体系的稳定；发展中国家不得不采用各种贸易保护手段强制收支平衡。全球性的国际收支失衡的局面日趋严重。

由于牙买加体系尚不完善，随着世界经济全球化和知识化趋势不断强化，国际贸易和国际金融不断发展，进一步改革国际货币体系，建立合理而稳定的国际货币新秩序成为各国关注的焦点。

## 第五节　国际金融一体化

国际金融一体化是世界经济一体化发展的必然结果，是当前的热点问题。国际金融一体化加强了各国、各地区之间在金融领域的相互依存关系，促进了彼此之间的经济与贸易交往。国际金融一体化是经济全球化的重要环节，其最新发展是金融区域化。欧洲金融一体化是金融区域化的成功范例。

### 一、国际金融一体化的影响

国际金融一体化是指各国或地区在金融业务、金融政策等方面相互依赖、相互影响，最终形成世界范围内的金融制度、机构及业务上趋同的状况和过程。国际金融一体化已经成为世界经济发展不可逆转的趋势，主要表现为：各国金融制度与政策倾向一体化；全球金融市场一体化；金融机构与业务国际化；资本流动自由化、国际化。这是世界金融一体化最突出的表现。

**1. 金融市场的开放增加了金融体系的不稳定性**

国际金融一体化使各国银行与其海外分支机构之间的资金调拨打破了国界障碍，银行对国际金融市场依赖加深。随着金融市场的开放和"银行链"的加长，整个系统都潜伏着危机，国际金融一体化增加了金融体系的不稳定性。

**2. 国际资金流动加大了金融市场的监管难度**

国际金融市场上的大批游资在各国金融市场间流入流出，引发大量的套汇、套利等投机活动，使监管难度加大。国际金融一体化加剧了资金流动过程中给资金输入国带来的输入性通货膨胀，对该国的金融业造成了冲击。

**3. 国际金融一体化对于各国经济动荡具有放大作用**

在国际金融一体化的趋势下很难保持本国独立的经济政策不受世界经济冲击。一国经济和金融形势的不稳定，通常会通过金融一体化下畅通的资金渠道向相关国家迅速传递，并在传递中起到巨大的放大效应。1997年泰国金融市场上泰铢的大幅贬值，迅速波及印尼、韩国和新加坡，最终引发了亚洲金融危机。国际金融一体化和国际金融市场内在不稳定是这场金融危机的主要原因。

## 二、金融区域化

金融区域化的产生背景是在世界范围内争夺资源与市场的战争中，经济实力中下等的国家处于十分不利的劣势地位，这些国家逐渐认识到必须通过金融区域合作，以整体实力共同维护各国利益。另外，在亚洲金融危机中明显可以看出大量资金迅速跨国流动，风险投资基金和投资银行高杠杆运作给国际金融投机资本的炒作提供了机会。当发生金融狙击时，任何一个中小国家的经济都很难承受这种冲击。综合以上两个因素，一些经济发展程度相近的国家为了各自的经济利益和政治地位开展区域性的金融合作。

20世纪50年代到90年代国际上先后出现过100多个地区性的经济金融组织，其中2/3是90年代以后才出现的。经济全球化是推动金融区域化发展的主要动力。由于历史的原因，世界各国在政治体制、经济基础、资源配置、科学技术和文化教育等方面存在很大的差异，从而导致各国经济发展的严重不平衡，主要表现为发达国家经济快速发展而发展中国家的经济发展相对缓慢。经济全球化的兴起，使贫富差异越来越大。为了确保本国的经济利益及参与国际事务时的地位与权利，一些经济发展程度相同或相近的国家逐渐走到一起，为了共同的利益组成贸易集团或经济金融联盟，从而产生了区域性的经济金融合作。这样不仅满足了本地区经济发展的需要、降低了生产成本、促进了资源的最佳配置、增强了本地区的整体经济实力及应对国际竞争的能力，还提高了本地区在国际社会中的政治地位和作用。

金融区域化从 20 世纪 90 年代以后迅速发展，最著名且对世界经济、金融、贸易具有巨大影响的区域性经济金融合作组织主要有欧洲经济与货币联盟、北美自由贸易区和亚太经济合作组织。

### 三、欧洲金融一体化

欧洲金融一体化是欧洲经济发展的客观趋势，对东亚、非洲等地的区域金融一体化起着示范和催化作用。

#### （一）欧洲金融体系的主要内容

欧洲金融体系的主要内容包括欧洲货币单位、稳定汇率机制和欧洲货币合作基金。

**1. 欧洲货币单位**

欧洲货币单位（European Currency Unit，ECU），简称埃居，是欧洲货币体系的核心，也是欧元的前身。欧洲货币单位是一篮子货币。各国货币在 ECU 中所占的权重按其在欧共体内部贸易中所占权重及其在欧共体 GDP 中所占权重加权计算，每 5 年调整一次权数，但若其中任何一种货币比重的变化超过 25%，可随时对权数进行调整。各种货币在 ECU 中的比重确定之后，即可计算一个 ECU 等于多少美元、日元等。

ECU 的发行有特定的程序。在欧洲货币体系成立之初，各成员国向欧洲货币合作基金（EMCF）提供国内 20%的黄金储备和 20%的美元及其他外汇储备，EMCF 以互换的形式向各成员国发行数量相当的 ECU。其中，黄金储备按 6 个月前的黄金平均市场价格或按前一个营业日的两笔定价的平均价格计算，美元是按市场汇率定值。在创立之初，EMCF 共向各国提供了 230 亿 ECU。

在欧共体内部，ECU 具有计价单位、支付手段和储备资产的职能。它被作为计算汇率波动幅度指示器的基础，还被用于发放贷款、清偿债务及编制共同体统一预算等。

**2. 稳定汇率机制**

稳定汇率机制是欧洲货币体系的核心组成部分，是平价网体系与货币一篮子体系的结合，该机制中每一个参加国都确定本国货币与欧洲货币单位的可调整的固定比价，称之为中心汇率，据此建立每对成员国货币间的中心汇率。平价网体系下，EMCF 规定了成员国之间汇率允许波动的范围，最大范围为中心汇率的 ± 2.25%，因为个别成员国实力较弱，允许其货币汇率的波动幅度扩大到 ± 6%。如果两国的货币汇率达到允许波动的上限或下限，货币当局必须在外汇市场上进行强制性干预，实现汇率机制的稳定。货币一篮子体系是 EMCF 对成员国货币和 ECU 的中心汇率制定一个最大偏离界限，它也是稳定汇率机制的重要组成部分。最大偏离界限等于成员国货币和 ECU 的中心汇率的 ± 2.25%（1 − 权数）。最大偏离界限的 ± 75%是偏离警戒线。当成员国货币对 ECU 中心汇率偏离达到警戒线时，该国货币当局应采取措施，以避免达到最大偏离界限。

欧洲货币体系的成员国对其货币的汇率具有双重干预义务：本国货币对 ECU 中心汇率偏离达到最大偏离界限或本国货币对其他成员国货币的中心汇率偏离达到最大波动幅度时，应进行干预。当成员国的货币汇率偏离情况无法通过外汇市场干预及其他相关调节政策予以纠正时，允许放弃原中心汇率，建立新的中心汇率。

欧洲货币体系以两个中心汇率为核心，对内实行固定汇率制度，对外实行联合浮动的汇率制度，即为该体系的汇率机制，但由于各国经济发展不平衡，要维持中心汇率的稳定难度较大。

### 3. 欧洲货币合作基金

欧共体在 1973 年 4 月设立了欧洲货币合作基金。其作用是：加强干预外汇市场的能力，打击投机活动，稳定成员国货币之间的汇率和维持汇率联合浮动；向成员国提供信贷，平衡国际收支。欧共体规定，各成员国需缴纳其 20%的黄金储备和外汇储备，作为共同体的共同储备。欧洲货币合作基金贷款方式有三种：①不超过 45 天的短期贷款没有任何限制，还可享受 3%的利息补贴，该贷款只向稳定汇率机制的参加国提供；② 9 个月以下的短期贷款用于帮助成员国解决短期国际收支失衡问题；③中期贷款的期限为 2~5 年，用于帮助成员国解决结构性国际收支问题。欧共体对每一个成员国的贷款都有一定的限额，对弱币国家的贷款严格控制在定额之内。

## （二）欧元

### 1. 欧元的诞生与运作

早在 1971 年，欧共体就提出在共同体内部创立单一货币的计划，直到 1999 年 1 月 1 日欧元启动，历经 28 年。

1979 年 3 月，欧洲货币体系开始生效，正式实施欧洲货币计划，创立欧洲货币单位埃居、欧洲汇率机制和欧洲货币基金，但是各成员国仍保留了本国货币，而且没有从根本上解决欧洲货币汇率变动风险的问题。真正意义上的货币一体化是从《德洛尔报告》开始的。欧共体在 1985 年 6 月决定成立经济与货币联盟委员会，于 1989 年 4 月以雅克·德洛尔为首的委员会提出建立欧洲货币联盟的《德洛尔报告》，建立欧洲货币联盟、创建单一货币成为欧共体的主要目标。《德洛尔报告》提出分三步实现货币联盟。1992 年 2 月 7 日，著名的《马斯特里赫特条约》在荷兰签订。由于该条约是在荷兰边陲小镇马斯特里赫特首脑会议上达成一致的，故也称《马约》。该条约对《德洛尔报告》中关于建立欧洲经济与货币联盟的具体实施步骤进行了修改，制定了各成员国加入经济与货币联盟的标准，于 1993 年 11 月正式生效，同时欧洲联盟（欧盟）正式成立。《马约》是欧洲经济和货币联盟最基本的条约，有欧洲宪法和欧洲经济宪法之称。《马约》正式提出建立欧洲货币联盟和引入单一货币欧元的设想。《马约》的签订具有里程碑的意义，为欧元的诞生确立了时间表，规定分三个阶段实施货币一体化计划。

第一阶段，从 1990 年 7 月 1 日至 1993 年年底。主要目标是：实现各成员国之间资本的自由流动，促进金融市场一体化；协调各成员国的经济政策，建立相应的监督机制；实现所有成员国加入欧洲货币体系的汇率机制，扩大欧洲货币单位的运用范围。

第二阶段，从 1994 年 1 月 1 日至 1997 年。主要目标是通过协调各成员国之间的经济与货币政策，建立独立的欧洲货币管理机构，为统一货币做技术和程序上的准备，减小各国货币汇率的波动。

第三阶段，1997 年至 1999 年 1 月 1 日，建立统一的欧洲货币和独立的欧洲中央银行，实行不可逆转的固定汇率，引进单一货币。

欧共体在实施货币一体化的计划中，于1994年1月在法兰克福成立了欧洲货币机构，它是欧洲中央银行的前身。欧洲中央银行在1998年6月12日成立。1995年5月15日，欧盟马德里首脑会议决定，1999年1月1日为欧元启动日。

《马约》规定，参加货币联盟的成员国必须达到下列标准：①通货膨胀率不得超过通货膨胀水平最低的三个国家的简单平均数1.5个百分点；②政府财政赤字不得超过国内生产总值的3%；③政府的债务累计额不得超其国内生产总值的60%；④长期国债的收益率低于通货膨胀水平最低的三个国家平均数的2%；⑤货币汇率必须维持在欧洲货币体系规定的幅度内，至少有两年未发生过货币贬值；⑥成员国中央银行的法则法规必须同《马约》规定的欧洲中央银行的法则法规相兼容。

根据上述规定，在1998年5月欧盟首脑会议上，经欧盟委员会及欧洲货币机构评审，并经欧洲议会表决通过了德国、法国、意大利、荷兰、比利时、卢森堡、奥地利、爱尔兰、芬兰、西班牙和葡萄牙11个国家为首批加入欧元区的成员国。英国、瑞典、丹麦因国内政治原因持观望态度，不愿第一批加入，希腊则因未能按时达到标准被暂时排除在外。

1999年1月1日，欧元作为法定货币，以1∶1的比率取代埃居，到2002年1月1日，欧洲中央银行开始发行欧元的纸币和硬币，欧元与各成员国的货币磨合运行半年以后，到2002年7月1日，欧元成为欧盟发行的唯一法定货币，各成员国货币退出历史舞台，由欧元完全取代。

在由欧盟11国组成的欧元区中，各国的中央银行不再拥有货币政策的决策权，欧洲中央银行担负起制定整个欧元区的货币政策的历史重任。根据《马约》的规定，欧洲中央银行体系由欧洲中央银行成员国中央银行构成，在这一体系中，欧洲中央银行是决策控制的主体，追求价格的稳定是体系的基本目标。欧元的启动与运作所面临的最大问题是内部均衡与外部均衡的协调。内部均衡是指如何均衡成员国之间的经济发展差异；外部均衡是指欧元对美元、日元比价的稳定性。欧洲中央银行能否协调内外均衡，发挥其应有职能，直接关系到欧元在国际金融格局中的地位。

欧洲中央银行由行长理事会、执行董事会领导。执行董事会由欧洲中央银行行长和四个副行长组成，行长理事会是在执行董事会的基础上加上欧元区成员国中央银行的行长。执行董事会是欧洲中央银行的执行机构，人选由银行界的杰出人物担任，任期8年，不得连任。

欧洲中央银行的结构与美国联邦储备委员会类似，但欧洲中央银行权力分散，工作人员较少，各成员国的银行交出制定货币政策的权力，但成员国银行可以各种形式施加影响。按照这种结构，欧洲中央银行的行长的角色非常重要，要协调各成员国银行的行动，以一个统一的声音向外界说话。

欧元货币政策由行长理事会制定，由执行理事会执行。欧洲中央银行具有法人身份，主要任务是确定和实施欧共体的货币政策。《马约》将欧洲中央银行的货币政策规定为：制定和执行共同体的货币政策；进行外汇交易活动；持有和管理成员国的官方外汇储备；促进支付体系的顺利运行。

2002年1月1日，欧元正式进入流通。2008年金融危机、2009年欧债危机等多番"洗礼"之后，欧元区扩展至19个成员国，覆盖3.4亿人口，欧元在国际支付中所占份额约为36%，占所有央行外汇储备总额的20%，成为全球第二大流通货币和第二大储备货币。2018年以来，随着美欧关系发生变化，欧洲政要有关提升欧元国际地位、借助欧元推进欧洲一体化的呼声不断高涨。

 扩展阅读15.2　英国"脱欧"

**2. 欧元的影响**

欧元的诞生意味着国际金融格局进入一个崭新的阶段，将对国际经济产生深远的影响。

欧元的启动，首先受影响的是美元，对美元的特权地位产生强烈的震撼作用，使欧洲不再以美元作为主要的国际储备和国际结算手段，这就意味着许多国家可能会抛弃或减少美元而采用或适当增加欧元作为本国的储备货币。美元作为国际贸易中介货币的作用也将减小，欧元的出现将使各国减少对美元的依赖。这无论是对美国还是欧盟，无论是对促进国际汇率稳定、促进储备货币多元化，还是促进世界经济增长都是有利的。

欧元的启动消除了欧洲各国原有汇率的不确定性，降低了货币兑换成本，促进了各国贸易发展，使欧元更好地服务于统一的大市场。欧元的实施使欧元区内物价更加透明，所有的商品都用欧元标价，因此价钱低的商品更有竞争力，从而增强了各企业的独立意识和风险意识。

欧元的启动也有负面影响，最突出的问题就是各成员国的货币主权被剥夺，不能自主选择通货膨胀率、利率等。欧元在一定程度上削弱了各国国内财政政策的作用，部分学者对欧元的前景表示担忧，但无论如何，欧元的成功发行与流通已是一个不争的事实。

总而言之，欧元的启动将加速欧盟成为一个更加统一、团结和强大的整体，使欧盟在贸易、外交、政治上日益统一，加强欧洲在世界事务和国际格局中的地位。

## 思考与练习

1. 简述国际金融体系的演变过程。
2. 对国际金本位进行评价。
3. 简述布雷顿森林体系的内容与缺陷。
4. 简述牙买加体系的主要内容。
5. 对牙买加体系进行评价。
6. 什么是"特里芬难题"？为什么说它是构成布雷顿森林体系的致命缺陷？
7. 简述国际金融一体化的影响。
8. 试述欧元的诞生与运作给国际金融格局带来的影响。

扫码答题 即测即练

# 第十六章

# 国际金融监管

**【学习目标】**
- 熟悉国际金融监管的概念和内容
- 了解国际金融监管的目标和必要性
- 说明巴塞尔新资本协议的三大支柱
- 知道国际金融监管的最新发展趋势
- 掌握我国的金融监管

相对而言，金融部门有很大的系统性风险，如信用风险、利率风险、汇率风险、国家风险等，各种风险之间还存在连锁反应。随着银行及其他金融机构的国际化经营，金融风险在国家之间相互转移、扩散的趋势日益增强，加强金融监管的国际合作的需求日益迫切，全球化金融监管已经成为大势所趋。

## 第一节 国际金融监管概述

### 一、国际金融监管的概念及内容

金融监管是金融监管主体（通常是一国政府或政府的代理机构）为了实现监管的目标而运用法律、法规和政策手段对金融业的市场准入与退出，以及各种金融业务活动进行监督和管制。金融监管包括对金融机构市场准入、业务范围、市场退出等方面的合规性、达标性的要求，对金融机构内部组织结构、风险管理和控制等方面的合规性、达标性的要求。其目的是维护金融业的稳健运行，消除由于垄断、外部性、产品的公共性、信息的不完整性、过度竞争等造成的金融市场失灵、社会资金分配效率下降，最终使各金融主体公平竞争，保证货币政策的有效实施，为社会经济的平稳发展提供一个良好的金融环境。国际金融监管是国内金融监管的延伸和扩展，除了包括国内金融监管的所有内容外，还应该包括以下两项内容。首先是各国政府或政府的代理机构对在外国经营的本国金融机构的分支机构或附属机构、在国内经营的外国金融机构、流入本国的国际资本、流出本国的资本等进行监督和管制。其次是各国政府必须通过协调和合作减少金融风险的国际传播。国际金融的监管对象是国际金融机构，包括国际银行、国际证券机构、国际保险机构和国际信托机构等。它们共同构成了当今世界国际金融监管的主体。

## 二、国际金融监管的类型

国际金融监管主要有两个目的：保证金融体系的安全和稳定、防范和化解金融风险；保护存款人和投资者的利益。基于这两个目的，金融监管主要有以下三种类型。

### （一）系统性监管

关注整个金融系统的健康，保证个别金融机构的风险不至于冲击整个经济体系的安全。这类监管是中央银行或银行监管部门的主要任务，因为中央银行在稳定宏观经济、维护金融市场和减少系统性风险等方面有较强的能力。

### （二）审慎性监管

关注个别金融机构的健康程度，强调分析和监控金融机构资产负债表、资本充足率、信贷风险、市场风险、利率风险、汇率风险、营运风险及其他审慎性指标。监督管理者应履行职责，建立有效管理各种风险的体系，促进信息披露，并要求金融机构接受外部机构（如会计师事务所）的监督，公司治理结构和风险管理体系也应定期接受监管机构的监督检查。其目标是保护消费者利益，防止因为个别金融机构的倒闭而影响整个经济体系的平稳运行。

### （三）业务发展方式监管

关注金融机构如何与其顾客开展业务，注意保护消费者利益，如信息披露、诚实、统一、公正、公平等。在与顾客打交道时，应制定正确的行为规则和行动指南，注重规范业务实践。

## 三、国际金融监管的必要性

**1. 跨国银行的扩张和海外资产的急剧膨胀，增加了国际金融体系的风险性，使加强金融监管的国际合作成为必需**

在金融自由化的影响下，许多国家一度放松了对金融业的管制，如降低国际间金融机构在活动范围上的壁垒，放宽或解除外汇管制，允许资金较自由地流入流出；放宽对各类金融机构经营范围的限制，允许业务适当交叉；允许新金融市场的设立等。这些措施使金融业的结构发生了深刻变化，海外业务和海外资产不断增加。与此同时，电子金融机构的发展也使监管当局很难判断其业务是完成于国内还是国外，离岸金融业务的拓展使部分金融机构远离了监管当局的视野。在这种情况下，对金融风险的有效防范，仅在一国之内是远远不够的，也是根本无法完成的。为了有效监管金融机构的境外业务和离岸业务，有效防范金融风险，必须加强国际金融的监管，加强国际合作。

**2. 金融创新的不断发展也要求加强金融监管的国际合作**

20 世纪 80 年代后，国际金融市场上创新不断，表现最为突出的就是金融衍生品交易的迅速发展。尽管金融创新包括金融衍生工具的创新，其重要动机之一是转移和分散风险，但从全球或全国的角度来看，创新是无法从根本上消除风险的。相反，在利益的驱动下，金融机构还可能在更广阔的范围内和更大的数量上承担风险，而一旦潜在的风险变为现实，其破坏性也会大大超出传统意义上的金融风险。

**3. 国际金融机构的全球合作使国际金融监管成为必需**

随着各国金融市场的开放，各国金融机构之间也建立了日益广泛和深入的业务合作关系，包括资金融通、应收应付的代理等。当国际金融市场出现大幅震动、金融危机爆发时，金融危机不仅会通过这些分支机构进行传播，还会通过金融机构的往来关系进行传播。显然，要确保金融监管的效力，防范金融风险，提高各国金融与经济安全，也必须在全球范围内加强国际金融监管合作。

**4. 国际资本的快速流动和现代金融犯罪的升级及世界范围内发生的逃避管制也客观要求加强金融监管的国际合作**

20 世纪 90 年代的墨西哥和东南亚金融危机都深刻地表明，短期国际资本流动可能对一国或多国金融带来极大冲击，甚至可能给世界金融带来严重影响。面对国际上大量的短期资本，在非制度的国际货币体系下，汇率的相对稳定只能依赖各国货币政策的通力合作，通过双边或多边谈判及政策的协调予以解决。

**5. 在金融全球一体化的背景下，各国金融发展水平和金融制度上的差异要求加强金融监管的国际合作**

由于历史和现实等多方面的原因，各国的金融制度安排存在较大的差异，如分业经营和混业经营的区别、分业监管和混业监管的区别、侧重法规性监管和侧重自律性监管的区别等。在金融机构跨国经营成为大势所趋的情况下，缺乏有效金融监管的国际合作，将无法保证金融监管目的的实现。正是在经济和金融全球化及一体化的背景下，各国开始重视金融监管机构的国际合作，制定了一系列国际金融监管原则，提高了国际金融监管的规范化，降低了国际金融服务业中不平等竞争的程度，增强了国际金融体系的安全性。在这个过程中，巴塞尔银行委员会发挥了极其重要的作用。从 1975 年发布《对银行的国外机构的监督》开始，1983 年发布了被称为第二个《巴塞尔协议》的《对银行国外机构监督的原则》，1988 年发布了第三个《巴塞尔协议》，1997 年发布了《有效银行监管的核心原则》，2004 年通过了《巴塞尔新资本协议》。2010 年 9 月 12 日，巴塞尔银行监管委员会宣布，各方代表就《巴塞尔协议Ⅲ》的内容达成一致。根据这项协议，商业银行的一级资本充足率将由目前的 4% 上调到 6%，同时计提 2.5% 的防护缓冲资本和不高于 2.5% 的反周期准备资本，这样核心资本充足率的要求可达到 8.5%～11%。总资本充足率要求仍维持 8% 不变。此外，还将引入杠杆比率、流动杠杆比率和净稳定资金来源比率的要求，以降低银行系统的流动性风险，加强抵御金融风险的能力。这些协议显示了委员会对银行监管持之以恒的关注和重视。尽管这些协议不具有法律强制性，但由于其适应了国际银行监管的需要，得到了国际银行业和各国监管当局的普遍重视。一些国际性的组织，如国际清算银行、国际货币基金组织等，也都在通过合作来加强国际金融监管的合作。国际金融监管正以前所未有的速度得到越来越多国家的重视。

扩展阅读 16.1　后危机时期国际金融监管改革

## 四、国际金融监管的目标

### （一）金融监管目标

金融监管起因于"市场的失效"，因此金融监管的目标是纠正"市场的失效"及由此引起的金融资源配置不合理、收入分配不公平和金融不稳定。具体体现在以下几个方面：

（1）促进全社会金融资源的配置与政府的政策目标相一致，提高整个社会金融资源的配置效率。

（2）消除因金融市场和金融产品本身的原因使某些市场参与者面临金融信息收集和处理能力上的不对称，避免因这种信息不对称造成的交易不公平。

（3）克服或消融超出个别金融机构承受能力的涉及整个经济或金融体系的系统性风险。

（4）促进整个金融业的公平竞争。

### （二）国际金融监管目标

国际金融监管目标从宏观上说是在全球范围内保持整个金融体系的稳定性，避免出现金融危机，维护社会公众的利益。主要体现在以下几个方面：

（1）稳定性目标，即保持国际金融市场的稳定性，保持经济主体对国际金融体系的信心；

（2）促进性目标，即促进国际金融市场有序高效的发展，促进各经济主体的健康稳健经营；

（3）一致性目标，即维护各经济主体实现金融监管政策的一致性，以切身维护各经济体的利益为主要目标。

### （三）国际金融监管改革目标

2007年源于美国次贷危机、波及全球的金融危机充分暴露了发达经济体主要金融机构业务模式、发展战略方面存在的根本性缺陷，以及金融监管方面存在的漏洞。危机过后，二十国集团成为国际经济金融治理最重要的平台，二十国集团领导人系列峰会明确了国际金融监管的目标和时间表。

2009年4月2日召开的伦敦峰会明确提出，建立强有力的、全球一致的金融监管框架，主要包括：重新构建监管架构识别和应对宏观审慎风险；扩大金融监管范围，将系统重要性金融机构、市场和工具纳入审慎监管范围；改进金融机构的薪酬机制；提高金融体系资本的质量和数量，遏制杠杆率累积；改革国际会计规则，建立高质量的金融工具估值和准备金计提标准等。

2009年9月25日召开的匹兹堡峰会进一步指出，建立高质量的监管资本，缓解经济周期效应，巴塞尔委员会应在2010年年底完成资本和流动性监管改革，主要经济体从2012年年底开始实施新的资本和流动性监管标准；实施稳健的薪酬机制原则，提升金融体系稳定性；改进场外衍生品市场，2012年年底前所有标准化的场外衍生合约通过中央交易对手方清算；2010年年底提出降低系统重要性金融机构道德风险的一揽子方案。

2010年6月25日召开的多伦多峰会首次明确了国际金融监管的四大支柱：一是强大的监管制度，确保银行体系能够依靠自身力量应对大规模冲击，采用强有力的监管措施强化对冲基金、外部评级机构和场外衍生品监管；二是有效的监督，强化监管当局的目标、能力和资源，以及尽早识别风险并采取干预措施的监管权力；三是风险处置和解决系统重要性机构问题的政策框架，包括有效的风险处置、强化的审慎监管工具和监管权力等；四是透明的国际评估和同行审议，各成员必须接受国际货币基金组织和世界银行金融部门评估规划和金融稳定理事会的同行审议，推进金融监管国际新标准的实施。

2010年11月11日首尔峰会批准了巴塞尔委员会资本和流动性改革方案，要求各成员从2013年1月1日开始实施，并于2019年1月1日全面达到新的监管标准；同意金融稳定理事会关于降低系统重要性金融机构道德风险和解决"太大不能倒"问题的政策框架、工作方案和时间表；要求所有成员将金融监管新标准纳入本国或本地区的监管法规和政策，并通过国际评估监控和推动所有成员一致地实施新标准。

### 五、国际金融监管的原则

（1）合法原则。一切金融活动和金融行为都必须合法进行，一切金融监管都必须依法实施。

（2）公正原则。金融监管部门在实施金融监管的过程中，必须站在公正的立场上秉公办事，保证金融活动的正常秩序，保护各方的合法权益。

（3）公开原则。金融监管的实施过程和实施结果都必须向有关当事人公开，必须保证有关当事人对金融监管过程和金融监管结果信息的知情权。

（4）公平原则。金融监管的实施要考虑金融市场全部参加者的利益，保证交易各方在交易过程中的平等地位，不得有任何偏袒。

（5）控制系统风险的原则。应该将监管的重点放在控制系统风险上，对个别风险实行由个别金融机构自身承担的原则。

（6）内部监管和外部监管相结合的原则。审查金融机构的资格、保障金融市场的竞争秩序等外部监管如果没有金融机构的有效配合，难以收到预期效果。而如果把希望寄托在内部监管上，则难免发生冒险经营行为和风险。

（7）母国与东道国共同监管的原则。在金融国际化、跨国银行成为普遍现象的条件下，母国与东道国建立联系、交换信息，共同完成对跨国银行的监管可以获得事半功倍的效果。

## 第二节 巴塞尔协议

### 一、巴塞尔协议产生的历史背景

20世纪60年代以来，资本主义国家银行国际化有了迅速发展，许多国家的银行跨出国界，在国外设立分支机构。进入20世纪70年代，各国跨国银行的网络更是迅速覆盖了全球，同时，由于跨国银行的发展使金融资本的国际化发生了深刻变化，其规模和活动范围已经十分广阔和深远，呈现纵横交错和无所不及的格局，国际银行业风险空前增大。跨国银行的国际银行业务活动仅依靠母国进行监管令人有鞭长莫及之感，而东道国似乎也不便过分监管，况且要保证国与国之间的银行业在同一起跑线上进行公平竞争，需要对所有参与国际银行活动的银行实行有效的规范化管理。与此同时，回避管制的金融创新也得到了大力发展，金融创新使银行业务冲破了原来的分工界限，这其中既有机遇，也有挑战，对传统的银行监管体制形成了重大冲击，客观上需要一个全新的监管体系。

对于国际银行监管的重视始于 1974 年。当时，美国的富兰克林银行和联邦德国的赫斯塔特银行破产，同时瑞士的联合银行、联邦德国的土地银行、英国的劳埃德银行分别产生了大约 1 亿美元的亏损，这一系列国际银行危机震惊了整个金融界。

为了加强对国际银行业的监督和管理，1974 年 9 月，在国际清算银行的支持下，"十国集团"（包括美国、英国、法国、联邦德国、意大利、比利时、瑞典、荷兰、日本、加拿大）及瑞士和卢森堡的中央银行首脑在瑞士的巴塞尔开会，首次讨论跨国银行的国际监督和管理问题。在会议上，决定实行联合监督而建立了一个常设委员会，即巴塞尔银行委员会。1975 年 9 月 26 日，该委员会达成第一个契约《对银行的国外机构的监督》，简称《巴塞尔协议》（Basle Concordat）。这个契约的诞生在世界范围内产生了普遍的影响，标志着国际银行业的协调监管正式开始。

## 二、巴塞尔委员会的组成

巴塞尔委员会由 12 国金融当局的银行监督官员组成。它是一个常设机构，每年召开三次例会，讨论有关国际监管的事宜。巴塞尔委员会的成员国包括美国、英国、法国、联邦德国、意大利、比利时、瑞典、日本、加拿大、卢森堡、荷兰和瑞士。该委员会的第一任主席由英格兰银行业务监督处主任彼得·华盛顿担任。1977 年以后，该委员会的主席曾长期由英格兰银行业务监督处主任彼得·库克担任，所以国际上又将其称为库克委员会。巴塞尔委员会的宗旨是使国际银行机构受到充分的监督，其会员相互合作以便协调对国际银行的监管，并制订适应各自国内监督制度的计划，以维护整个银行体系的安全。

巴塞尔委员会设立的目的是实现国际银行间更紧密的合作，就银行业的监管问题提供一个正式的讨论场所，以便达成一致意见或协议，并且努力改善从事国际银行业务的银行监督工作。委员会的秘书处设在巴塞尔的国际清算银行，并经常在此召开会议。

委员会的工作主要包括三个方面：一是改善国际银行业的监管技巧和效能；二是建立资本充足度的最低标准及研究在其他领域内制定标准的有效性；三是为了改善全球银行业监管工作与世界各国监管机构交换信息和意见。

## 三、三个《巴塞尔协议》

### （一）1975 年《巴塞尔协议》

1975 年 9 月 26 日，巴塞尔委员会达成第一个契约《对银行的国外机构的监督》，简称《巴塞尔协议》。之后，1975 年 12 月，"十国集团"和瑞士中央银行正式批准了这个文件,将其称为第一个《巴塞尔协议》,又称《神圣条约》,其主要内容包括以下几点。

(1)引言。协议的宗旨是制定国际合作监督的指导原则,按股权原则分为多数股子银行、少数股子银行;监督的主要方向是流动性、清偿力和外汇头寸,三者互有影响。

(2)合作的必要性。任何银行国外机构都不能逃避监督,母国与东道国共同肩负监督职责;东道国有责任监督境内的外国银行。

(3)东道国与母国的监督责任和利益。外国分行的流动性主要由东道国监督,但是子银行的流动性由总行负道义上的责任;外国分行的清偿能力主要由总行负责,外国子银行的清偿力监督主要由东道国负责。但是,关于外汇头寸管理,该协定并未讲清楚。

(4)合作的目的。合作的目的是实行指导原则,为此监督当局之间互通情报,克服银行保密法限制,允许总行直接检查其海外机构,否则东道国当局代为检查。

第一个《巴塞尔协议》通过之后,由于它适应了当时国际银行业监管的需要,所以受到各国的普遍重视。1978 年确定的《综合资产负债表》被称为《巴塞尔协议》通过之后的一大进展,它把跨国银行的总行、国内外支行、子行视为一个整体,从全球的角度考虑其资本的充足性、流动性、清偿力、外汇头寸、贷款集中性及面临的风险。《综合资产负债表》统一了检查标准,避免了个别评估的片面性,而且强调了股权原则和母国当局监督的主导性作用。

### (二)1983 年《巴塞尔协议》

由于 1975 年《巴塞尔协议》有许多欠缺之处,如合作范围过于狭窄,只限于 12 国,各国的监管仍缺乏有效的协调和统一,央行最后贷款人的职责也不够明确。1982 年,西方银行体系再次出现了危机,国际银行监管的缺陷又一次暴露无遗。1982 年,意大利最大的私人银行安布鲁西亚被宣布违约,同时其设在卢森堡的附属机构安布鲁西亚银行控股公司也宣布破产。在事件的发展过程中,意大利中央银行弥补了安布鲁西亚银行3.7 亿美元的损失,但对该银行卢森堡附属机构的债务却不愿意再承担赔偿责任,卢森堡当局不同意。结果,安布鲁西亚银行控股公司的破产事件殃及 250 家银行,损失高达 4.5 亿美元。

1983 年 5 月,"十国集团"和瑞士又通过了第二个《巴塞尔协议》,即修改后的巴塞尔协议——《对银行国外机构监督的原则》,又称《新神圣条约》。

新修订后的《巴塞尔协议》吸收了部分《综合资产负债表》的内容,进一步明确监督责任的分配,并力争把该协议的准则推向全世界,将其扩大到成员国之外。其主要内容如下。

(1)引言。用综合法检查一家银行的全球经营业务;协商处理银行的健全经营,不涉及中央银行的最后贷款人作用;母国与东道国不仅责任分明,而且应当合作。委员会将与一切类似集团联系,将指导原则变为世界性的。

(2)银行外国机构类型。与 1975 年的协议一样,新增规定有:掌握银行全部和多数股权的工商业公司是非银行机构。

(3)监督银行外国机构的原则。基本原则有两条:一是任何银行不得逃避监管;二是这种监管应当充分。为此还增加了新的监督内容:如果母国当局对其海外银行监督不充分,东道国可以禁止这些银行在其境内经营,或者自己加强对这些银行的监督。此外还强调指出,综合监督原则并不排除东道国对个别银行的监督。

(4)对银行外国机构的监督。重申银行流动性、清偿力和外汇头寸监督的三个领域,新发展的是监督分工方面。新协议规定,分行的清偿力监督由母国当局负责,但是子行的清偿力监督是"东道国与母国的联合责任"。这一点与旧协议不同。新协议还明确规定,合资银行清偿力监督由东道国负主要责任,如果合资银行中一国占有多数股权,那么其清偿力监督由东道国和母国共同负责。母国之所以负责,是由于总行控制分行的流动资产和流动负债,总行应从全球角度综合管理其流动性。对于子行的流动性管理,主要责任和旧协议一样,由东道国当局承担。但是不同之处是,总行应开具保函,保证对子行提供备用信贷。对合资银行的流动性管理也做如此规定。关于外汇监督,新协议明确规定,母国与东道国当局联合负责。母行当然要管理其全球外汇头寸,而东道国只管理其境内外汇交易和外汇风险。显然,新协议与旧协议相比,分工要明确得多,更有利于实际操作,也更有利于对国际银行业的监管。

### (三)1988年《巴塞尔协议》

虽然前两个《巴塞尔协议》对监督责任有比较明确的划分,但也有不少漏洞,引起了广泛的批评。它所倡导的国际监督的范围与性质仍有极大的局限性,协议本身也存在不少问题。1987年12月10日,库克委员会在瑞士巴塞尔召开了国际清算银行对银行进行管制和监督常设委员会会议,通过了如何衡量和确定国际清算银行资本的内容及监督标准的巴塞尔协议。1988年7月,"十国集团"各成员国中央银行行长聚会于瑞士巴塞尔国际清算银行,通过了由巴塞尔委员会制定的《关于统一国际银行资本衡量和资本标准的协议》,也就是第三个《巴塞尔协议》。这个协议的目的在于建立国际清算银行的资本充足监管框架,以加强国际银行体系的稳健和安全,并确保国际各银行间的公平竞争。1988年《巴塞尔协议》的主要内容如下。

**1. 资本的组成**

巴塞尔委员会将资本分为两级,即核心资本与附属资本。核心资本包括股本和公开储备,这部分至少要占用银行资本基础的50%,作为资本基础的第一级。巴塞尔委员会认为,核心资本是银行资本中最重要的组成部分,它是市场判断资本充足的基础,与银行的盈利能力和竞争能力关系极大。附属资本作为资本基础的第二级,其总额不得超过核心资本总额的100%,包括未公开的储备、重估储备、一般准备金或一般呆账准备金、混合性债务资本工具和长期次级债务。

**2. 资本的风险权重**

巴塞尔委员会认为,根据资产的相对风险程度,对资产负债表上各类资产及表外项目,制定用来计算资本金的风险加权比率,是评估银行资本是否充足的一个好方法。它的优点在于:可以在较公平的基础上,对结构可能不同的银行体系进行国际间的比较;可以更加容易地衡量资产负债表外项目的风险;不阻止银行持有流动资金或风险较低的其他资产。

在银行需要面对的各种风险中,最主要的是信贷风险,即对方不能还款的风险。该协议将风险权数由低到高设立了五档:0、10%、20%、50%和100%。

表内项目分为四级。①风险权数为 0 的资产，包括：现金；在本国中央银行的存款；对本国政府或本国中央银行的债权；由本国中央银行发放的证券；由本国中央政府担保或者用现金担保而发放的贷款。②风险权数为 20%的资产，包括：对国际性金融组织的债权；对与国际货币基金组织达成的与其借款总安排相关的特别贷款抵押协议；由国家注册的银行或由此类银行担保的债权；本国 1 年期内的债权及由外国银行提供担保的 1 年内到期的贷款；由本国银行作担保的贷款和对外国中央银行以本国货币计值的贷款；托收中的现金款项。③风险权数为 50%的贷款，包括：完全以居住用途的房产作抵押的贷款，这些房产由借款人所占有使用或由他们出租。④风险权数为 100%的贷款，包括：对私营部门的债权；对境外银行 1 年以上的债权；对外国中央银行的债权；对国内公共部门所属商业公司的债权；银行自身的固定资产、不动产及其他投资；其他银行发行的长期融资工具和其他资产。

表外项目则采取将其本金乘以信用转换系数，得出的数额根据资产负债表内同等性质的项目进行加权，从而获得相应的信贷风险等级。巴塞尔委员会将表外项目分为五类：①短期的可自动清偿和与贸易相关的或有负债，如有海运船货作抵押的跟单信用证，信用风险转换系数为 20%；②与特定交易相关的或有负债，如履约担保书、投标担保书等，信用风险转换系数为 50%；③初始期限超过 1 年的票据发行授信额度（NIFS）和循环承购便利（RUFS），信用风险转换系数为 50%；④贷款的替代形式，如担保、银行贷款等，信用风险转换系数为 100%；⑤同利率和汇率相关的有关项目，如汇率互换、期权业务等，与上面的不同，需要特别处理。

**3. 资本的目标标准比率**

为长期保证国际银行拥有一个统一稳健的资本比率，巴塞尔委员会要求，从文件公布之日起，在将近 5 年的过渡期内，银行要逐步建立所需要的资本基础，到 1992 年年底，银行的资本对加权风险资产的目标标准比率应达到 8%，其中核心资本至少为 4%。这一比率被称为资本充足比率。

**4. 过渡期实施安排**

为了保证顺利地过渡到新的监管体系，巴塞尔委员会同意安排一个过渡期，并且以 1990 年年底为界设立了一个中期标准，即在 1990 年年底，银行资本充足比率应达到 7.25%，其中至少有一半为核心资本，到 1992 年年底，过渡期结束。此时银行资本充足率应能达到《巴塞尔协议》规定的 8%，其中核心资本最少达到 4%，附属资本成分不能超过核心资本，附属资本成分中的长期次级债务不能超过核心资本的 50%。

## 四、《有效银行监管的核心原则》

巴塞尔委员会于 1997 年 4 月提出了《有效银行监管的核心原则》，并于同年 9 月下旬在中国香港召开的国际货币基金组织和世界银行年会上正式通过，要求世界各国金融监管当局在 1998 年 10 月之前认可。巴塞尔委员会将与其他有关组织一起，督促各国加快实施《银行业有效监管的核心原则》的进程。这是继 1988 年版的《巴塞尔协议》之后，在国际银行监管领域又一份具有划时代意义的文件。《有效银行监管的核心原则》共包括 25 条基本原则，分别讲述了银行业的有效监管的前提条件、获准经营的范围和结构、审慎管理和要求、银行业持续监管的方法、信息要求、监管人员的正当权限、跨国银行业务等内容。它几乎囊括了银行业监管的所有基本方面，必将推动国际银行业监管的改革和发展，对国际银行业产生了重大而深远的影响。

### （一）《有效银行监管的核心原则》的主要内容

（1）有效监管的先决条件。原则中说明了建立有效的银行监管应具备的条件。银行监管是促进金融稳定发展的组成部分，而有效的银行监管体系必须依赖以下几个先决条件：①稳健可持续的宏观经济政策；②完善的公共金融基础设施；③有效的市场约束；④高效率解决银行问题的程序；⑤提供适当的系统性保护（或公共安全网）的机制。同时，在有效的银行监管体系下，参与银行监管的每个机构都要有明确的责任和目标，并应享有操作上的自主权；适当的银行监管的法律框架是必要的，其各项条款应包括对银行准入资格的审定及持续监管，要求其遵守法律法规及对监管者的法律保护；还要建立监管者之间分享信息及对信息保密的各项安排。

（2）发照程序和对机构变化的审批。为了形成一个健康的金融体系、明确界定被监管对象，监管当局应明确规定已获得执照并接受银行监管的各类机构可以从事的经营范围。发照机关应有权制定发照标准并拒绝一切不符合标准的申请，发照程序至少应包括审查银行的所有权结构、董事会和高级管理层、经营计划和内部控制，以及预计财务状况等。当申报的所有者是外国银行时，应预先获得其母国监管当局的批准。同时，在银行股权的转让和银行的重大收购方面，银行监管当局必须有权审查和拒绝银行向其他方面转让大笔股权或控制权的申请，且必须有权建立标准，用以审查银行的大笔收购和投资，确保其附属机构或组织结构不会带来过高的风险或影响有效的监管。

（3）持续性银行监管的各项安排。主要包括三方面的内容：①审慎法规与要求的制定和实施。银行业监管程序的一个重要组成部分是监管者有权制定并利用审慎法规和要求来控制风险，具体包括资本充足率、贷款损失准备金、资产质量、流动性风险管理和内部控制等方面。②具备持续进行银行监管的手段。银行监管体系必须包括某种形式的现场和非现场检查；银行监管者必须与银行管理层保持经常性的接触，全面了解银行的经营情况；必须具备在单一和并表的基础上收集、审查与分析各家银行的审慎报告和统计报表的手段；必须有办法通过现场检查或利用外部审计师对监管进行核实。同时，银行监管的一个关键因素是监管者有能力对银行进行综合并表检查。③银行机构的信息安排。银行监管者必须要求银行根据统一的会计准则和做法保持完备的会计记录，从而使监管者真实公正地了解银行的财务状况和盈利水平。

（4）监管者的正式权力。强调银行监管者必须掌握完善的监管手段，以便银行在未能满足审慎要求（如最低资本充足率）或存款人的安全受到威胁时及时采取纠正措施。在紧急情况下，这些措施应包括撤销银行执照或建议撤销银行执照，以保证整个银行系统的安全。

（5）跨国银行业。要求银行监管者对跨国银行监管时，实施并表监管，并强调信息的沟通和共享。具体分为以下两个方面：①母国监督的责任。银行监管者必须实施全球性并表监督，对银行在世界各地的所有业务进行充分的监测并要求其遵守审慎经营的各项原则，特别是其外国分行、附属机构和合资机构的各项业务。并表监管的一项关键因素是与各有关监管者特别是与东道国监管当局建立联系、交换信息。②东道国监管当局的责任。银行监管者必须要求外国银行按东道国国内机构所遵循的高标准从事当地业务，而且从并表监管的目的出发必须有权分享其母国监管当局所需的信息。

### (二)《有效银行监管的核心原则》的意义

(1) 从适用范围看，首先，在地域范围方面，《有效银行监管的核心原则》在其起草和制定过程中有包括中国在内的许多非"十国集团"国家直接参与，并广泛征求了各国监管当局、世界各大商业银行、国际货币基金组织、世界银行及各地区性监管团体的意见，具有广泛性和代表性。而此前巴塞尔委员会发布的文件，包括1988年《巴塞尔协议》在内，在开始时仅有"十国集团"参与，以后才逐渐得到其他国家的认可和承认，被国际社会普遍接受。其次，在国际监管对象方面，巴塞尔委员会以前发布的文件仅适用于国际性银行，而《有效银行监管的核心原则》突破了这一限制，适用于对所有银行的监管。因此，它的影响力和普遍性比以往的文件要大得多。

(2) 在指导思想方面，体现了法律和自律相结合，以自律为主的监管思想。原来的银行监管基本上是沿着一条"监管—逃避监管—再监管"的轨迹发展。1988年《巴塞尔协议》试图将外部监管的要求转变为银行的自我约束。《有效银行监管的核心原则》在这方面有了进一步的发展，从银行业审慎经营的角度出发对商业银行自身的内部控制运行机制和风险约束提出了新的更高的要求。这些要求的实现极大地提高了商业银行自身对各种风险的防范和监控能力，有利于商业银行在金融风险萌芽状态时就能及时发现并进行控制。

(3) 提出了"有效银行监管"的观点。《有效银行监管的核心原则》第一次将银行监管作为一个系统进行研究，全面概括了"有效银行监管"的基本要素，科学地构建了有效银行监管的基本原则体系。以往的文件都只是监管银行业务的某一方面，而《有效银行监管的核心原则》的监管内容和范围十分广泛，从制定银行开业标准、审批开业申请、确定机构设置和业务范围，到审慎监管以确保银行制定并执行合理的发展方针、业务程序以及建立管理信息系统和风险防范系统等，几乎涵盖了银行运行的全过程。监管者在监管活动中，要审查各家银行的风险水平，并依此来分配监管资源。监管的重要内容是通过监管活动，确保银行有足够的资源去承担风险，具体包括足够的资本、稳健的管理、良好的控制制度和会计记录。如果这些监管措施能够得到完全实施，那么各国的银行业将进入一个有序竞争的新时期，从而极大地促进世界各国宏观金融的健康运作和发展。

(4)《有效银行监管的核心原则》提出要与其他监管者密切合作，即金融监管中，国家间的合作有日益加强的趋势。同时，对国际银行业的严格监管将会导致资本重组和结构调整，使更多的资本转向证券业，从而刺激资本市场和证券业的进一步发展。

(5)《有效银行监管的核心原则》列出的核心原则在各种情况下都是必要条件，而不是充分条件。各国在实施有效银行监管的标准时，应根据当地银行的特点、风险和整体状况建立监管体系。银行监管是一个动态函数，必须反映市场的各种变化情况。监管者应根据新情况，定期评估其监管政策及应对方法，这需要一个灵活的法律体系。

## 五、《巴塞尔新资本协议》

1988 年《巴塞尔协议》公布后，便作为国际银行业风险管理的"神圣条约"，被十多个国家采用。然而，在其后十几年的发展过程中，金融市场与金融监管各方面发生了巨大变化，迫切需要对其进行修改。修改资本协议的工作从 1998 年开始，巴塞尔委员会在全球范围内组织了三次对商业银行资本充足率的定量影响测算（QIS），并先后在 1999 年 6 月、2001 年 1 月和 2003 年 4 月在全球范围内征求意见，最终于 2004 年 6 月 26 日国际清算银行召开的"十国集团"（G10）央行行长会议上正式通过《巴塞尔新资本协议》。《巴塞尔新资本协议》是在《巴塞尔协议》基础上的修订。随着"十国集团"央行行长会议上《巴塞尔新资本协议》的正式签署，对该协议长达 5 年的争议宣告结束。长达 239 页的《巴塞尔新资本协议》对全球银行抵御金融风险资金标准作了修改，并于 2006 年年底在"十国集团"开始执行；25 个欧盟成员国、澳大利亚、新加坡等发达国家也表示会利用新协议对商业银行进行监管；部分发展中国家（如南非、印度、俄罗斯等）也采取积极措施克服困难实施新协议。《巴塞尔新资本协议》对银行风险管理的整体思路、方法作了新的总结和规范，在许多方面都有所突破和创新。

许多国际知名的金融专家对《巴塞尔新资本协议》的通过都给予了充分的肯定。西班牙银行行长、巴塞尔银行监管委员会主席卡如纳表示，该协议将保障世界银行业的安全和合理运作，对世界银行业监管具有里程碑意义。欧洲央行行长在会议上表示，《巴塞尔新资本协议》将提高银行风险防范体系和整个金融体系的稳定性，加强金融体系对全球经济持续增长的保障作用。根据《巴塞尔新资本协议》，各国银行将得到更优化的资本配置，它将使各国引入更复杂、更先进的风险管理机制。

### （一）《巴塞尔新资本协议》的目标及范围

《巴塞尔新资本协议》的总体目标是：强化审慎资本要求、监管当局监督检查和市场约束，进一步提高风险管理水平和促进金融稳定。具体而言，就是通过使用相互加强的三大支柱，鼓励银行提高风险管理水平。

巴塞尔委员会鼓励各国监管当局在制定实施《巴塞尔新资本协议》的时间表和方法时，要根据其国内银行系统的情况认真考虑新资本协议框架所带来的益处。考虑到资源及其他条件的限制，可以计划在 2006 年以后实施《巴塞尔新资本协议》，即使在 2006 年年底以后还没有完全执行新资本协议的最低资本要求，各国监管当局也应该先考虑执行新资本协议中的监管、当局监督检查和市场约束的主要内容。各国监管当局还应确保不执行新资本协议的银行应该受到审慎的资本监管、稳健的会计政策和损失准备金计提政策的制约。

### （二）《巴塞尔新资本协议》的三大支柱

《巴塞尔新资本协议》的主要内容可概括为三部分：一是最低资本要求，包括信用风险、市场风险和操作风险三大风险；二是监督部门的监管检查；三是市场约束。这就是互为补充的三大支柱，三大支柱构成有机的整体。这三大支柱在金融监管体系中扮演不同的角色，最低资本要求是核心，监督部门的监督检查与市场约束是最低资本的必要补充手段。三大支柱在现代金融监管中共同发挥作用是新协议与旧协议区别的核心所在。

**1. 第一支柱：最低资本要求**

新协议在第一支柱中继承了旧协议以资本充足率为核心的监管思路，将资本金视为最重要的支柱。最低资本要求建立在旧协议基本内容的基础上，仍然包括三大内容：监管部门对资本的定义、风险头寸的计量及根据风险程度的最低资本要求。其中，就资本的定义和8%的最低资本充足率而言，委员会仍维持旧协议的规则不变，但就风险头寸计量，主要变化在于处理信用风险的方法及对操作风险所需资本的明确规定，提出了更精确和全面的评估信用风险、市场风险和其他风险（银行账户的利率风险，以及包括控制风险、信息技术风险、欺诈风险、法律风险、商誉风险等在内的操作风险）的方案。

新协议重点考虑了其他风险中的操作风险。这样，在新协议关于资本充足率的计算中，对于风险的考虑包括信用风险、市场风险和操作风险，即银行资本充足率8%是银行的资本要求，也是最低的监管资本要求。

巴塞尔委员会提出多种方法以使协议对于信用风险的度量更加精确，其中提出对信用风险进行度量的主要方法有三种：标准化方法、银行内部评级法（IRB 法）、资产组合信用风险模型。新协议的主要创新是内部评级法，即以银行对重大风险要素的内部估计值作为计算资本的主要参数，从而提高资本对风险资产的敏感度。内部评级法又分为内部评级初级法和内部评级高级法。内部评级法由风险构成要素、风险权重函数和资本充足率最低要求三大关键要素构成，其核心是对风险构成要素的评估。这要求银行必须加强内部风险管理。与计量信用风险相类似，在计量市场风险和操作风险方面，委员会也提供了不同层次的方案以备选择。

**2. 第二支柱：监管部门的监督检查**

这一部分是首次被纳入资本协议的框架。新框架认为，为了促使银行的资本状况与总体风险相匹配，监管当局可以采用现场和非现场检查等方法审核银行的资本充足状况。

监管当局的监督检查是新协议的重要组成部分，是其他两大支柱的重要补充，其目的就是确保各家银行建立有效的内部程序，借以评估银行在认真分析风险的基础上设定的资本充足率，其中包括银行是否妥善处理不同风险之间的关系。监管当局要负责监督检查银行所处市场的性质、收益的可靠性和有效性、银行的风险管理水平及以往的化解风险记录，全面判断该银行的资本是否充足；负责培育银行的内部信用评估体系，及早促成由基础法向高级法的过渡，并在此基础上检查银行的资本评估程序和维持资本水平的战略；要求银行提交完备的资产分类制度安排、内部风险评估制度安排等，从而确保与新形势相适应的新方法得到有力的制度保证。而对于监管方法，新协议仍强调现场检查和非现场检查并用的主张。监管遵循四个基本原则：①银行应具备与其风险状况相适应的评估总量资本的一整套程序，以及维持资本水平的战略。②监管当局应检查和评价银行内部资本充足率的评估情况及其战略，以及银行检测和确保满足监管资本比率的能力。若对最终结果不满意，监管当局应采取适当的监管措施。③监管当局希望银行的资本高于最低资本监管标准比率，并应有能力要求银行持有高于最低标准的资本。④监管部门应当争取及早采取干预措施，从而避免银行的资本低于抵御风险所需的最低水平。

如果资本得不到保护或恢复，则须迅速采取补救措施。

**3. 第三支柱：市场约束**

市场约束机制也是第一次被正式引入的。新框架充分肯定了市场具有迫使银行有效而合理地分配资金和控制风险的作用。市场奖惩机制可以促使银行保持充足的资本水平；同时，富有成效的市场约束机制将是配合监管当局工作的有力武器。巴塞尔委员会强调，市场约束具有强化资本监管，帮助监管当局提高金融体系安全、稳健的潜在作用。新协议在适用范围、资本构成、风险暴露的评估和管理程序、资本充足率四个领域确定了更为具体的定量及定性的信息披露内容。监管当局应评价银行的披露体系并采取适当的措施。巴塞尔委员会认为不仅要披露风险和资本充足状况的信息，而且要披露风险评估和管理过程、资本结构及风险与资本匹配状况的信息；不仅要披露定性信息，而且要披露定量信息；不仅要披露核心信息，而且要披露附加信息。委员会建议，复杂的国际活跃银行要全面公开披露核心及补充信息。关于披露频率，委员会认为最好每半年一次，对于过时失去意义的披露信息，如风险暴露，最好每季度一次。不经常披露信息的银行要公开解释其政策。委员会鼓励利用电子计算机等手段多渠道地披露信息，并且希望在发生任何重要变化之后都立即披露。全面、及时、准确的信息披露有助于银行不断强化自身的风险管理机制。

## （三）《巴塞尔新资本协议》的特点

《巴塞尔新资本协议》无疑是对旧协议的一次具有创新意义的扬弃。它比旧协议更复杂、更全面，也更加具体，在许多方面都有创新之处。总体来看，新协议体现了以下几个重要特点。

（1）扩大了资本充足率的约束范围。对诸如组织形式、交易工具的变动提出了相应的资本约束对策。新协议考虑到控股公司下的不同机构并表问题，对于以商业银行业务为主的金融控股公司及证券化资产，重新制定了资本金要求，要求银行提足提全各种类型资产的资本金，从而限制了国际银行业利用资产证券化逃避资本约束的动机；对于单笔超过银行资本总额15%的投资及此类对非银行机构的投资总额超过银行资本规模60%的投资，都要从银行资本中扣除；着手推动与保险业监管机构的合作，以进一步推动新规则的发展。新协议从机构和业务品种方面推广了经典的最低资本比例的适用范围，这为银行业全能化发展环境下，金融业合并监管的形成确定了重要的政策基础。

（2）各国监管机构对于银行资本状况监管的方式和重点出现了重要变化。旧协议局限在基于银行过去和现在的资产负债情况，监测由其反映的风险水平，衡量资本充足率是否符合量化的审慎标准，实际上是一种静态的风险监管，具有较强的"合规性"色彩。新协议转向审查银行的风险管理体系是否完善、合理和有效，关注的是银行如何度量和管理风险及其管理能力，而不是其业务和风险水平是否符合事先规定的随时可能过时的量化标准，从而使监管重点从原来的单一的最低资本充足水平转向银行内部的风险评估体系的建设状况上来。

新协议更加强调各国监管当局结合各国银行业的实际风险对各国银行进行灵活的

监管。这主要是巴塞尔委员会注意到由于历史和现实的原因，不同国家具有不同的金融环境和进入体制差异，因而开始强调各国监管机构承担更大的责任。新协议中，许多风险衡量的水平和指标需要各国监管当局根据实际状况确定，可以自主确定不低于8%的最低资本充足率。

（3）更加灵活、更加动态化的监管规则。新协议有意识地考虑了激励机制问题。对市场风险的计量，早在1996年颁布的《补充规定》中，就允许符合条件的银行可以不再按监管者制定的标准法，而以其内部风险管理模型的计算结果作为确定市场风险资本要求的依据。新协议对信用风险提供了从标准法、初级IRB法、高级IRB法到最为复杂的资产组合信用风险模型的一整套循序渐进的资本金计算方法，对操作风险提供了基本指标法、标准法、内部计量法，银行可以根据业务的复杂程度、本身的风险管理水平等灵活选择使用。通过这种灵活的制度安排，力求建立良好的激励机制，鼓励银行不断改进和完善风险管理系统，进而更为准确地测定一定风险状况下所需的资本金水平。

（4）更加全面的资本管理理念。从微观上讲，新协议对银行面临的信用风险、市场风险和操作风险均提出了配置相应资本的要求。从宏观上讲，鉴于银行自律管理的有限性，新协议强调监管当局的准确评估和及时干预，强调银行资本管理的透明度和市场约束。

《巴塞尔新资本协议》的最大特点和创新之处就在于第一次真正地将资本管理与风险管理挂钩，银行不再是被动地去满足最低资本充足率的要求，而是从强化内部风险管理着手，实现资本水平和风险水平的合理匹配。这可以说是《巴塞尔新资本协议》的一次革命性的进步。

## 六、《巴塞尔协议Ⅲ》

《巴塞尔新资本协议》2007年在全球范围内实施，但正是在这一年爆发了次贷危机。席卷全球的次贷危机真正考验了《巴塞尔新资本协议》。显然，《巴塞尔新资本协议》存在顺周期效应、对非正态分布复杂风险缺乏有效测量和监管、风险度量模型有内在局限性及支持性数据可得性存在困难等固有问题，但不能将美国伞形监管模式的缺陷和不足致使次贷危机爆发统统归结于《巴塞尔新资本协议》。之后巴塞尔委员会对协议中的规则进行修订，2010年提出了《巴塞尔协议Ⅲ》的草案，并在短短一年时间内就获得了最终通过，在11月韩国首尔召开的G20峰会上获得正式批准。《巴塞尔协议Ⅲ》于2013年1月6日发布其最新规定。新规定放宽了对高流动性资产的定义和实施时间，确立了微观审慎和宏观审慎相结合的金融监管新模式，大幅提高了商业银行资本监管要求。建立全球一致的流动性监管量化标准，对商业银行经营模式、银行体系稳健性乃至宏观经济运行将产生深远影响。

### （一）强化资本充足率监管

**1. 改进资本充足率计算方法**

一是严格资本定义，提高监管资本的损失吸收能力。将监管资本从现行的两级分类修改为三级分类，即核心一级资本、其他一级资本和二级资本；严格执行对核心一级资本的扣除规定，提升资本工具吸收损失能力。二是优化风险加权资产计算方法，扩大资本覆盖的风险范围。采用差异化的信用风险权重方法，推动银行业金融机构提升信用风险管理能力；明确操作风险的资本要求；提高交易性业务、资产证券化业务、场外衍生品交易等复杂金融工具的风险权重。

**2. 提高资本充足率监管要求**

将现行的两个最低资本充足率要求调整为三个层次的资本充足率要求：一是明确三个最低资本充足率要求，即核心一级资本充足率、一级资本充足率和资本充足率分别不低于 4.5%（原为 2%）、6%（原为 4%）和 8%。二是引入逆周期资本监管框架，包括 2.5% 的留存超额资本（防护缓冲资本）和 0~2.5% 的逆周期超额资本。三是增加系统重要性银行的附加资本要求，暂定为 1%。新标准实施后，正常条件下系统重要性银行和非系统重要性银行的资本充足率分别不低于 11.5% 和 10.5%；若出现系统性的信贷过快增长，商业银行需计提逆周期超额资本。

**3. 建立杠杆率监管标准**

引入杠杆率监管标准，即一级资本占调整后表内外资产余额的比例不低于 3%，弥补资本充足率的不足，控制银行业金融机构及银行体系的杠杆率积累。合理安排过渡期：新资本监管标准从 2012 年 1 月 1 日开始执行，系统重要性银行和非系统重要性银行应分别于 2013 年年底和 2016 年年底前达到新的资本监管标准。过渡期结束后，各类银行应按照新监管标准披露资本充足率和杠杆率。

### （二）改进流动性风险监管

**1. 建立多维度的流动性风险监管标准和监测指标体系**

建立流动性覆盖率、净稳定融资比例、流动性比例、存贷比及核心负债依存度、流动性缺口率、客户存款集中度、同业负债集中度等多个流动性风险监管和监测指标，其中流动性覆盖率、净稳定融资比例均不得低于 100%。同时，推动银行业金融机构建立多情景、多方法、多币种和多时间跨度的流动性风险内部监控指标体系。

**2. 引导银行业金融机构加强流动性风险管理**

进一步明确银行业金融机构流动性风险管理的审慎监管要求，提高流动性风险管理的精细化程度和专业化水平，严格监督检查措施，纠正不审慎行为，促使商业银行合理匹配资产负债期限结构，增强银行体系应对流动性压力冲击的能力。

**3. 合理安排过渡期**

新的流动性风险监管标准和监测指标体系自 2012 年 1 月 1 日开始实施，流动性覆盖率和净稳定融资比例分别给予 2 年和 5 年的观察期，银行业金融机构应于 2013 年年底和 2016 年年底前分别达到流动性覆盖率和净稳定融资比例的监管要求。

### （三）强化贷款损失准备监管

**1. 建立贷款拨备率和拨备覆盖率监管标准**

贷款拨备率不低于 2.5%，拨备覆盖率（贷款）不低于 150%，原则上按二者孰高的方法确定银行业金融机构贷款损失准备监管要求。

**2. 建立动态调整贷款损失准备制度**

监管部门将根据经济发展阶段、银行业金融机构贷款质量和盈利状况的不同，对贷款损失准备监管要求进行动态化和差异化调整。经济上行期适度提高贷款损失准备要求，经济下行期则根据贷款核销情况适度调低；根据单家银行业金融机构的贷款质量和盈利能力，适度调整贷款损失准备要求。

**3. 过渡期安排**

新标准自 2012 年 1 月 1 日开始实施，系统重要性银行应于 2013 年年底前达标；对非系统重要性银行，监管部门将设定差异化的过渡期安排，并鼓励提前达标：盈利能力较强、贷款损失准备补提较少的银行业金融机构应在 2016 年年底前达标；个别盈利能力较低、贷款损失准备补提较多的银行业金融机构应在 2018 年年底前达标。

扩展阅读 16.2　巴塞尔协议"老"了吗？

## 第三节　国际金融监管的发展趋势

金融监管是一个世界性难题，不仅需要每个国家和地区各自搞好本国、本地区的金融监管，而且需要国际社会进行广泛的监管合作。除了在国际银行监管方面各国应切实按照《巴塞尔新资本协议》进行监管外，目前国际金融领域的新发展，如金融创新的加快、金融衍生工具的快速发展、金融业混业经营发展的趋势等，对金融监管当局提出了新的要求。国际金融监管开始显现许多新的发展趋势。

**1. 从合规性监管向合规性监管和风险监管并重转变**

从监管内容看，过去各国、各地区金融监管当局一直将监管重点放在合规性方面，认为只要制定好市场游戏规则，并确保市场参与者遵照执行，就能实现监管目标。但随着银行业的创新和变革，合规性监管的缺点不断暴露。相对于金融业务的快速发展，这种方法市场敏感度较低，不能及时反映银行风险，相应地监管措施也滞后于市场发展，不能确保有效地防范和化解风险，从而使其有效性常常受到一定限制。因此，各国、各地区金融监管当局在加强合规性监管的同时，开始注重风险监管，注重对风险的及时识别、预警和控制，尤其注重金融机构内部的风险控制和管理，注重考核金融机构识别、衡量、监测与控制风险的能力和水平。鉴于此，国际银行监管组织及一些国家的监管当局相继推出了一系列以风险监管为基础的审慎规则，实现合规性监管向合规性监管和风险监管并重转变。

**2. 从注重传统银行业务监管向传统业务和创新业务监管并重转变**

进入 21 世纪以来，随着金融市场的不断发展，金融机构以金融衍生产品交易、网上银行交易和投资银行业务为主要内容的金融创新业务快速发展。银行业务在创造更大收益的同时,也伴随着更高的金融风险,且更容易扩散,对金融市场和金融机构体系安全造成的冲击也更为直接和猛烈。只注重传统银行业务的监管已经不能全面、客观地反映整个银行业的风险状况,因此各国、各地区金融监管当局在加强对传统金融业务风险监管的同时,开始注重对金融创新业务风险的监管,并制定相应的监管法规和操作指引,以规范业务发展,督促金融机构防范和控制风险。巴塞尔银行监管委员会也为完善金融创新业务风险的监管,特别是其市场风险、对方违约风险及操作风险等的监管作出了巨大的努力,并且取得了成功。

### 3. 规范金融机构的公司治理结构

良好的公司治理结构是单个金融机构和整个金融体系安全稳定的基本保障。如果公司治理结构存在严重问题,其后果可能是灾难性的,因此建立良好的公司治理结构得到了国际金融组织及各国或地区金融监管当局的高度关注。历史上许多金融机构都因治理结构不良而导致危机,1997 年开始的亚洲金融危机的深刻教训之一,就是这些国家或地区金融机构的治理结构存在严重缺陷。一些亚洲国家或地区的金融机构在金融危机过后,都致力于公司治理结构的改革,并将这种改革作为发展的重要保障。许多国际性或地区性组织(如 OECD),根据理论和实践成果,专门起草并发布了关于良好公司治理结构的指引或原则。

### 4. 强调金融机构的内部控制与风险管理体系

尽管金融监管当局建立了诸多监管原则和标准,但这种监管毕竟是外部的。世界金融监管的实践表明,外部金融监管的力量无论多强大,监管的程度无论多细致周密,如果没有金融机构的内部控制相配合,其金融监管的效果会大打折扣。金融机构能否稳健、安全地经营,关键还在于其自身能否实施有效的内部管理,否则不仅不能实现对风险的有效防范与控制,还会增加监管的无效成本,从而阻碍金融机构的发展。

各国监管当局在强调金融机构的内部控制和风险管理体系时,特别强调各金融机构应建立和使用内部评级体系与风险管理模型,通过建立内部评级体系,对客户的信用状况进行评估,并在信用评级的基础上进行统一授信;金融监管机构必须确认该金融机构从事证券的部门和银行的部门分别有独立的会计与控制系统,而这一系统又受金融机构总的风险控制系统控制。金融机构的内部控制是实施有效金融监管的前提和基础。在许多发达国家,银行经营管理层的内控意识很强,将之作为重要的经营管理理念,贯穿整个经营管理体制工作中。国外商业银行通常专门成立独立于其他部门的、只对银行最高权力机构负责的内部审计机构,并建立了健全的内控制度。特别是巴林银行、中航油事件等一系列严重事件的发生都与内控机制上的缺陷或执行上的不力有直接关系。国际金融集团和金融机构在震惊之余,纷纷开始重新检讨和审视自己的内控状况,以免重蹈他人覆辙。许多国家的监管当局及一些重要的国际性监管组织也开始对银行的内部控制问题给予前所未有的关注。

《巴塞尔新资本协议》最重大的变革或贡献就在于它充分强调并鼓励建立内部评级体系,以便及时、客观地反映金融机构的业务风险,并针对这些风险提取相应的资本准备。

**5. 在强调金融法规监管的同时，重视金融机构的自律监管**

20世纪90年代以来，各国在继续强调金融法规监管的同时，金融机构同业自律机制作为增强金融业安全的重要手段之一，金融机构的严格自律监管越来越受重视。以欧洲大陆国家为代表，比利时、法国、德国、卢森堡、荷兰等国的银行家学会和某些专业信贷机构的行业组织都在不同程度上发挥监督作用。金融机构自律监管不是借助政府的力量来强制实施，而是建立在当事人长期从业的基础上，其理论基础是当事人之间的无限多次重复博弈。因为长期从事金融业，必然注重声誉，这成为金融机构在与监管者博弈的过程中自觉遵守金融法规的基础。

**6. 金融监管模式呈现国际化发展趋势**

随着金融国际化的发展及不断深化，各国金融市场之间的联系和依赖性也不断加强，各种风险在国家之间相互转移、扩散便在所难免。例如，1997年7月东南亚爆发的危机就蔓延到许多国家，使整个世界的经济都受到强烈的震动；2008年9月由美国的次贷危机演变为全球性金融危机。金融国际化要求实现金融监管本身的国际化，如果各国在监管措施上松紧不一，不仅会削弱各国监管措施的效应，而且会导致国际资金大规模的投机性转移，影响国际金融的稳定。因此，西方各国致力于国际银行联合监管，《巴塞尔协议》统一了国际银行的资本定义与资本率标准。各种国际性监管组织也纷纷成立，并保持着合作与交流。国际化的另一个体现是，各国对跨国银行的监管趋于统一和规范。金融国际化、金融全球化的迅速发展使金融监管的国际合作变得必不可少。巴塞尔委员会在这方面发挥了重要作用。1988年制定的资本充足率标准被各国广泛采用。《有效银行监管的核心原则》为规范银行监管提出了统一标准。《巴塞尔新资本协议》增加了金融当局的监管约束和市场约束两项新要求，为国际金融监管的进一步发展指明了方向。《巴塞尔协议Ⅲ》确立了微观审慎与宏观审慎相结合的金融监管新模式，大幅提高了商业银行资本监管要求，建立全球一致的流动性监管量化标准。此外，国际货币基金组织、国际证券委员会、支付清算系统委员会、离岸银行金融监管组织等其他国际组织，都对国际金融监管协调合作的加强做出了贡献。随着金融一体化、全球化趋势的不断发展，充分合作基础上的全球统一协调监管已是大势所趋。

**7. 市场约束机制和信息披露制度的强化**

有效的信息披露是加强市场约束的必要条件。各国的金融监管当局越来越强调市场约束对保证金融体系安全的重要作用。美联储认为，未来监管者必须更多地依靠市场纪律（通过有效的公开信息披露）来更多地分担监管责任，减少对政府监管的需要。各国的监管当局大都对金融机构提出了提供能全面反映其流动性状况、风险性大小、盈利性及资本充足率等信息的要求，并要求国际性金融组织提供联合财务报表及相关信息，对金融机构的分支机构、子公司及关联机构的财务信息进行统一披露。同时，金融监管当局一般还要求金融机构向公众披露经审计的年度财务报表及季度或半年公布的报表与其他相关信息。针对金融创新的不断发展，金融机构的表外业务不断增多，许多国家还要求对表外业务进行充分的披露。例如，东南亚金融危机后，韩国制定了严格的信息披露制度，金融监管委员会增加了要求披露的项目，如风险管理、表外交易项目及特别披露内容以加强信息的透明性。

## 第四节 我国的金融监管

### 一、我国金融监管面临的挑战

（1）金融监管资源不足，金融监管的专业化、国际化水平有待提升。金融基础设施助力监管的有效性不足，监管科技水平不高，与金融科技高速发展的趋势相比，监管工具和手段难以满足实际需要。高素质监管人才较为缺乏，资金和技术等资源保障亟待充实，基层监管力量较为薄弱。

（2）科技变革给金融监管带来新的挑战。数字货币、网络安全、信息保护已成为金融监管的全新课题。我国移动支付、线上借贷和互联网保险等走在世界前列，意味着法律规范和风险监管没有成熟经验可以借鉴。

（3）金融体系仍存在内部风险，如结构复杂的高风险影子银行容易死灰复燃，银行业不良资产反弹压力加大，一些中小金融机构资本缺口加速暴露，企业、居民和地方政府债务水平进一步提升，不法金融机构依然存在，非法金融活动屡禁不止等。

（4）金融相关制度存在短板，金融法治不健全。现有法律法规震慑力不足，违法违规成本过低，一些法规专业性操作性不足，金融机构常态化风险处置机制尚待完善，非正规金融体系交易活动缺乏有效约束。社会信用体系不健全，失信惩戒不到位，信息披露机制有效性不够，信息披露不及时、不全面，市场透明度须进一步提高。

### 二、我国应采取的应对措施

#### 1. 建立充分的信息披露和报告制度，积极参与国际金融治理框架重塑

应根据国际上有关银行信息披露的惯例，结合我国的实际情况，建立充分的信息披露制度。由于我国商业银行风险管理能力较弱，各商业银行应参照国际银行业惯例，不断提高风险管理水平和风险信息的公开披露水平。同时，应进一步改革会计制度，提高会计制度的透明度、可信度及与国际通行准则的统一程度。监管当局还应用经济、法律的手段，对信息的虚假披露和不按期披露进行严格处罚，以保证披露信息的真实性、可靠性。

同时，应积极参与国际金融治理框架重塑，深入推动国际金融规则制定和调整，增强国际影响力；应立足国情实施国际监管标准，遵循简单、透明、有效原则，避免教条主义、文牍主义；应加强与国际金融组织的沟通交流，推动多边和双边监管合作，营造有利于"走出去"的良好外部环境，坚决维护国家金融主权、安全和发展利益。

#### 2. 完善金融监管方式，强化金融基础设施对监管的支持保障

金融创新是把"双刃剑"，既能提高市场效率，也会酿成重大风险。监管必须趋利避害，把握好"度"。应注意加强监管而又不能扼杀和阻碍金融创新，把握好金融创新的边界。运用现代科技对金融运行实施动态、实时、持续的风险监管，以便及时化解实际运营中可能存在的风险，提高金融监管效率。

在金融基础设施方面，应持续推动金融市场和基础设施互联互通，不断提升清算、

结算、登记、托管等系统的专业化水平；强化监管科技运用，加快金融业综合统计和信息标准化立法。抓紧建设监管大数据平台，全力推动监管工作信息化、智能化转型；稳步推进金融业关键信息基础设施国产化，防范金融网络技术和信息安全风险；强化基础设施监管和中介服务机构管理，对金融科技巨头，在把握包容审慎原则的基础上，采取特殊的创新监管办法，在促发展中防风险、防垄断；优化监管资源配置，充实监管部门和基层监管力量。

**3. 建立高效的监管决策协调沟通机制**

国家金融管理部门应承担监管主体责任。同时，地方政府在金融监管中也应发挥作用。绝大多数金融机构都是地方法人，地方政府承担国有金融资本管理和风险处置属地责任。特别是对于各种非法金融活动，管理和整治的主体责任都在地方。中央金融管理部门必须与地方政府密切联系，相互支持，协同发力。此外，应进一步强化国务院金融稳定发展委员会的决策议事、统筹协调和监督问责职能，健全监管协调机制。各金融管理部门既要各司其职、各尽其责，又要充分沟通、强化协同。金融政策应与财政、产业、就业、区域等经济社会政策密切配合，推动形成以国内大循环为主体、国内国际双循环相互促进的新发展格局。

**4. 提高金融监管法治化水平，健全宏观审慎、微观审慎、行为监管三支柱**

监管制度应覆盖所有金融机构、业务和产品，对各类金融活动依法实施全面监管。借鉴金融稳定理事会和巴塞尔委员会改革成果，强化资本充足、监督检查和市场约束等要求，抓紧补齐制度短板。根据不同领域、机构和市场的特点，制定差异化、针对性制度，细化监管标准，提升监管精准度。同时，应不断增强制度执行力度，以法律法规为准绳，大幅提高违法成本，将监管工作纳入法治轨道。

金融监管作为整体，应具备宏观审慎视野，以微观审慎为基础，以行为监管为支撑，实现三者既独立又协同的有机统一。应健全宏观审慎管理架构和政策工具，完善逆周期调节和系统重要性金融机构监管，注重防范跨市场、跨区域、跨国境风险传染。同时，应提高微观审慎监管能力，健全以资本约束为核心的审慎监管体系，加快完善存款保险制度，努力做到对风险的早发现、早预警、早介入、早处置，强化行为监管，严厉打击侵害金融消费者合法权益的违法违规行为。

**5. 加强对涉外金融机构和外资金融机构的监管**

随着外资金融机构的大量进入和我国金融机构国际化进程的加快，对国际金融业的监管亟须加强。对于我国金融机构在国外设立的分支机构，金融监管当局应加强与国外金融监管机构的合作；严格境外设立分支机构的审批制度，对境外设立分支机构进行全面评估审核；加强对国内金融机构总部的监管，促使其总部对国外的分支机构进行有效控制和管理。

对于在我国设立的外资金融机构，应通过与国外金融监管当局签订双边和多边协议，建立定期联系制度，以强化监督管理；建立一套科学的监测指标体系和外资金融机构资信等级的评定标准；完善对外资金融机构监管的法律体系，提高监管的有效性和权威性。

扩展阅读 16.3　完善现代金融监管体系

## 思考与练习

1. 金融监管主要有哪几种类型？
2. 国际金融监管的目标是什么？
3. 国际金融监管有哪些原则？
4. 1988年《巴塞尔协议》的主要内容是什么？
5.《有效银行监管的核心原则》的主要内容及其意义是什么？
6.《巴塞尔新资本协议》的三大支柱是什么？
7. 试述国际金融监管的发展趋势。
8. 我国应采取什么样的策略来应对国际金融监管发展的新趋势？

# 参 考 文 献

[1] 霍伟东. 国际金融[M]. 北京：高等教育出版社，2016.
[2] 陈雨露. 国际金融：第六版[M]. 北京：中国人民大学出版社，2019.
[3] 保罗·R. 克鲁格曼，茅瑞斯·奥伯斯法尔德. 国际金融：第十版[M]. 北京：中国人民大学出版社，2016.
[4] 杨娟，王晓东. 国际贸易与国际金融[M]. 北京：清华大学出版社，2020.
[5] 张亦春. 现代金融市场学[M]. 北京：中国金融出版社，2019.
[6] 范小云，陈平. 国际金融：第二版[M]. 北京：高等教育出版社，2019.
[7] 孙俊新. 国际金融理论与案例[M]. 北京：中国金融出版社，2019.
[8] 奚君羊. 国际金融：第3版[M]. 上海：上海财经大学出版社，2019.
[9] 托马斯·普格尔. 国际金融：第16版[M]. 北京：中国人民大学出版社，2018.
[10] 姜波克. 国际金融新编：第六版[M]. 上海：复旦大学出版社，2018.
[11] 史燕平，王倩. 国际金融市场：第三版[M]. 北京：中国人民大学出版社，2020.
[12] 斯蒂芬·瓦尔德斯，菲利普·莫利纽克斯. 国际金融市场导论：第六版[M]. 北京：中国人民大学出版社，2014.
[13] 李晓. 国际货币体系改革：中国的视点与战略[M]. 北京：北京大学出版社，2015.
[14] 胡滨，刘亮，尹振涛. 金融风险与监管——国际研究镜鉴Ⅱ[M]. 北京：经济管理出版社，2019.
[15] 中国银监会国际部. 国际金融监管改革文件汇编：第一辑[M]. 北京：中国金融出版社，2013.
[16] 杨胜刚，姚小义. 国际金融[M]. 北京：高等教育出版社，2013.
[17] 李飞. 金融工程[M]. 北京：机械工业出版社，2010.
[18] 曹龙骐. 金融学：案例与分析：第四版[M]. 北京：高等教育出版社，2015.
[19] 陈学彬. 金融理论与政策[M]. 上海：复旦大学出版社，2012.
[20] 李丹捷，白玮炜. 国际金融学理论与实训[M]. 北京：对外经济贸易大学出版社，2020.
[21] 宋海. 中国汇率制度的选择[M]. 北京：中国金融出版社，2012.
[22] 徐琤. 国际金融学：第2版[M]. 上海：华东理工大学出版社，2017.
[23] 黄志强. 国际金融[M]. 北京：清华大学出版社，2013.
[24] 谢群. 国际金融[M]. 北京：经济科学出版社，2010.
[25] 刘园. 国际金融学[M]. 北京：机械工业出版社，2012.
[26] 张礼卿. 国际金融[M]. 北京：高等教育出版社，2011.
[27] 凯伯. 国际金融：第十三版[M]. 北京：中国人民大学出版社，2012.
[28] 王晓雷. 国际储备的演进与储备货币的价值分析[J]. 国际金融研究，2009，12: 40-48.
[29] 刘园. 国际金融学：第2版[M]. 北京：机械工业出版社，2016.
[30] 乔桂明. 国际金融学：第3版[M]. 苏州：苏州大学出版社，2016.
[31] 郭茂佳. 金融市场学[M]. 北京：经济科学出版社，2005.
[32] 杨长江，姜波克. 国际金融学[M]. 北京：高等教育出版社，2014.
[33] 查尔斯·希尔. 当代全球商务：第9版[M]. 王炜瀚，译. 北京：机械工业出版社，2017.
[34] 何佳. 人民币汇率制度的演变及发展趋势研究[M]. 四川：四川人民出版社，2015.
[35] 胡靖，潘勤华，李月娥. 新编货币金融学[M]. 上海：复旦大学出版社，2018.

[36] 林文浩. 新常态下中国货币政策与汇率政策协调研究[M]. 北京：中国金融出版社，2018.

[37] 刘红，马祯. 国际金融[M]. 北京：对外经济贸易大学出版社，2016.

[38] 潘锡泉. 汇率、汇率变动及其宏观经济效应研究[M]. 北京：中国金融出版社，2017.

[39] 羌建新. 国际货币金融体系改革与中国[M]. 北京：中国发展出版社，2015.

[40] 谢赤，王雅瑜，孙柏. 外汇风险度量：方法与评述[J]. 金融经济，2007, 22: 134-136.

[41] 郭立甫，黄强，高铁梅. 中国外汇风险的识别和动态预警研究[J]. 国际金融研究，2013(2): 4-15.

[42] 蔡佳津. 基于VaR风险度量的人民币汇率实证研究[J]. 中国证券期货，2013(8): 174-176.

[43] 刘子平. 国际金融监管标准实施评估机制研究[J]. 金融监管研究，2019(9): 15-34.

[44] 孙国伟，孙立坚. 古典金本位体系及其现代启示[J]. 世界经济研究，2014(2): 16-22+87.

[45] 郭树清. 完善现代金融监管体系[M]//《中共中央关于制定国民经济和社会发展第十四个五年规划和二〇三五年远景目标的建议》辅导读本[M]. 北京：人民出版社，2020.

# 教师服务

感谢您选用清华大学出版社的教材！为了更好地服务教学，我们为授课教师提供本书的教学辅助资源，以及本学科重点教材信息。请您扫码获取。

**》 教辅获取**

本书教辅资源，授课教师扫码获取

**》 样书赠送**

**财政与金融类**重点教材，教师扫码获取样书

 清华大学出版社

E-mail: tupfuwu@163.com
电话：010-83470332 / 83470142
地址：北京市海淀区双清路学研大厦 B 座 509

网址：https://www.tup.com.cn/
传真：8610-83470107
邮编：100084